キリシタン遺物の考古学的研究
―― 布教期におけるキリシタン遺物流入のプロセス ――

後 藤 晃 一

溪水社

キリシタン遺物の考古学的研究
──布教期におけるキリシタン遺物流入のプロセス──
目　次

図表・写真一覧 …………………………………………………………………………… iii

序　章 …………………………………………………………………………………… 1

第1章　研究史 ………………………………………………………………………… 3

第2章　メダイ論 ……………………………………………………………………… 9
第1節　メダイについて ……………………………………………………………… 9
第2節　メダイの資料概要 …………………………………………………………… 12
　1．出土メダイ一覧　12
　2．伝世メダイ一覧　31
第3節　考察 ……………………………………………………………………………50
　1．メダイの年代について　50
　2．府内型メダイ　60
　3．メダイの形態分類　114
　4．ヴェロニカのメダイについて　142
　5．西洋のメダイ　167
第4節　小結 ………………………………………………………………………… 199
　1．メダイの形態分類　199
　2．府内型メダイ　201
　3．ヴェロニカのメダイ　202
　4．西洋のメダイ　203

第3章　コンタツ論 ………………………………………………………………… 205
第1節　コンタツについて ………………………………………………………… 205
第2節　コンタツの資料概要 ……………………………………………………… 206
第3節　考察 ………………………………………………………………………… 210
　1．コンタツの材質について　210
　2．出土事例から見るコンタツの数について　212

第4節　小結 …………………………………………………………………… 213

第4章　十字架論 …………………………………………………………………… 223
　第1節　十字架について ……………………………………………………… 223
　第2節　十字架の資料概要 …………………………………………………… 223
　第3節　十字架の形態と流入ルート ………………………………………… 232
　第4節　小結 …………………………………………………………………… 233

第5章　結　語──布教期におけるキリシタン遺物の流入形態── …… 249
　第1節　布教期のメダイの形態 ……………………………………………… 249
　第2節　布教期のメダイの時期認定 ………………………………………… 250
　第3節　府内型メダイ ………………………………………………………… 251
　第4節　ヴェロニカのメダイ ………………………………………………… 252
　第5節　フロイスの『日本史』に見られるメダイ ………………………… 252
　第6節　素材から見た布教期メダイの様相 ………………………………… 253
　第7節　メダイ以外のキリシタン遺物 ……………………………………… 253
　第8節　布教期のキリシタン遺物の流入形態 ……………………………… 254

第6章　参考文献一覧 ……………………………………………………………… 259

巻末資料
　Ⅰ　キリシタン資料一覧　メダイ …………………………………………… 268
　Ⅰ　キリシタン資料一覧　コンタ …………………………………………… 312
　Ⅰ　キリシタン資料一覧　十字架 …………………………………………… 316
　Ⅰ　キリシタン資料一覧　聖遺物入 ………………………………………… 324
　Ⅱ　史料一覧表 ………………………………………………………………… 325
　Ⅲ　理化学分析データ一覧［キリシタン遺物の化学組成（蛍光X線分析法）］ ……… 333
　Ⅲ　理化学分析データ一覧［キリシタン遺物の鉛同位体比値］ ………… 337

あとがき ……………………………………………………………………………… 340
索　引
　語句索引　345／メダイの図像　347／遺跡・所蔵名索引　350

図表・写真一覧

第2章
第1節　メダイについて
　　図1　不思議のメダイ･･･ 9

第2節　メダイの資料概要
1．出土メダイ一覧
　　図1　中世大友府内町跡出土メダイ　1･･･ 18
　　図2　中世大友府内町跡出土メダイ　2･･･ 19
　　図3　中世大友府内町跡出土メダイ　3･･･ 20
　　図4　中世大友府内町跡出土メダイ　4･･･ 21
　　図5　中世大友府内町跡出土メダイ　5･･･ 22
　　図6　中世大友府内町跡出土メダイ　6･･･ 23
　　図7　原城跡出土メダイ　1･･･ 24
　　図8　原城跡出土メダイ　2･･･ 25
　　図9　原城跡出土メダイ　3･･･ 26
　　図10　ミゼリコルディア跡･･ 27
　　図11　万才町遺跡出土メダイ･･ 27
　　図12　万才町遺跡［県庁新別館］･･ 27
　　図13　万才町遺跡［県庁新別館］･･ 28
　　図14　勝山町遺跡出土メダイ･･ 28
　　図15　博多遺跡群第111次調査出土メダイ・鋳型･･･････････････････････････････ 28
　　図16　博多遺跡群第111次調査出土メダイ・鋳型･･･････････････････････････････ 29
　　図17　東京駅八重洲北口遺跡出土メダイ･･ 30
　　図18　黒崎城跡5a区出土メダイ･･ 30
　　図19　小倉城三ノ丸跡第6地点5出土メダイ･･････････････････････････････････ 30
2．伝世メダイ一覧
　　図1　島原旧教徒没収品･･･ 36
　　図2　伝世メダイ一覧（b）天草ロザリオ館所蔵メダイ（c）生月町博物館「島の館」所蔵メダイ･･･ 42
　　図3　伝世メダイ一覧（d）茨木市千提寺・下音羽地区所蔵メダイ（f）神戸市立博物館所蔵メダイ･･･ 43
　　図4　伝世メダイ一覧（f）神戸市立博物館所蔵メダイ･･････････････････････････ 44
　　図5　伝世メダイ一覧（f）神戸市立博物館所蔵メダイ･･････････････････････････ 45
　　図6　伝世メダイ一覧（f）神戸市立博物館所蔵メダイ･･････････････････････････ 46
　　図7　伝世メダイ一覧（g）平戸市根獅子町川上茂次氏所蔵メダイ（h）崎津発見日本二十六聖

| | 人記念館所蔵メダイ | 47 |

図8　伝世メダイ一覧（i）丹生出土日本二十六聖人記念館所蔵メダイ ……………………… 48
表1　福井医家伝来資料　図像構成 …………………………………………………………… 37

第3節　考察
1．メダイの年代について
図1　千提寺東氏所蔵メダイ【1304】 …………………………………………………………… 50
図2　千提寺中谷氏所蔵メダイ【1301】 ………………………………………………………… 50
図3　大分市丹生発見メダイ【2009】 …………………………………………………………… 50
図4　福井医家伝来資料【1413】 ………………………………………………………………… 51
図5　府内型メダイ【0112】 ……………………………………………………………………… 53
図6　ヴェロニカのメダイ【0108】 ……………………………………………………………… 53
図7　指輪（中世大友府内町跡第43次調査出土） ……………………………………………… 53
図8　指輪（島原旧教徒没収品） ………………………………………………………………… 53
図9　ヴェロニカのメダイ【1404】（島原旧教徒没収品） ……………………………………… 53
図10　ヴェロニカのメダイの化学組成 …………………………………………………………… 54
図11　指輪の化学組成 ……………………………………………………………………………… 54
図12　鉛同位体比分布図（$^{207}Pb/^{206}Pb - ^{208}Pb/^{206}Pb$） ………………………………… 55
図13　鉛同位体比分布図（$^{206}Pb/^{204}Pb - ^{207}Pb/^{204}Pb$） ………………………………… 55
図14　黒崎城跡5区出土【1501】 ………………………………………………………………… 54
図15　原城跡出土【0301】 ………………………………………………………………………… 54
図16　東京駅八重洲北口遺跡出土【1201】 ……………………………………………………… 56
図17～19　博多遺跡群出土【1101】・【1102】・【1103】 ……………………………………… 56
図20　万才町遺跡出土【0601】 …………………………………………………………………… 57
図21　万才町遺跡［県庁新別館］出土【0701】・【0702】 ……………………………………… 57
図22　勝山町遺跡群出土【0901】 ………………………………………………………………… 57
表1　出土資料の時期認定 ………………………………………………………………………… 52

2．府内型メダイ
図1　府内古図C類 ………………………………………………………………………………… 60
図2　中世大友府内町跡全景写真 ………………………………………………………………… 61
図3　中世大友府内町跡　空撮写真（第12・13・21次調査区） ……………………………… 62
図4　中世大友府内町跡（第12・13・21次調査区）遺構分布図 ……………………………… 63
図5　府内古図に見られるダイウス堂 …………………………………………………………… 64
図6　キリシタン墓（第10次調査区　1号墓ST130） ………………………………………… 65
図7　中世大友府内町跡出土コンタ ……………………………………………………………… 65
図8　中世大友府内町跡出土指輪 ………………………………………………………………… 66
図9　中世大友府内町跡出土チェーン …………………………………………………………… 66
図10　博多遺跡群第111次調査区出土鋳型【1102】 …………………………………………… 66
図11　中世大友府内町跡　第21次調査区遺構分布図 ………………………………………… 67

図表・写真一覧

図	タイトル	頁
図12	府内型メダイ【0112】	68
図13	府内型メダイ【0112】X線画像	68
図14	天草ロザリオ館所蔵バッジ	68
図15	図像を埋め込んだメダイ	69
図16	築町遺跡出土聖遺物入れ	69
図17	蛍光X線分析データ【0112】	69
図18	中世大友府内町跡第12次調査区	70
図19	中世大友府内町跡第12次調査区出土金属製品	71
図20	中世大友府内町跡第13次調査区出土金属製品	72
図21	府内型メダイ理化学分析データ1　【0112】第21次調査区【0101】第12次調査区	73
図22	府内型メダイ理化学分析データ2　【0102】第12次調査区【0103】第12次調査区	74
図23	府内型メダイ理化学分析データ3　【0104】第12次調査区【0105】第12次調査区	75
図24	府内型メダイ理化学分析データ4　【0106】第12次調査区【0107】第12次調査区	76
図25	府内型メダイ理化学分析データ5　【0109】第13次調査区【0110】第13次調査区	77
図26	博多遺跡群第111次調査出土　府内型メダイ【1103】	78
図27	小倉三ノ丸城出土　府内型メダイ【2201】	78
図28	平戸市飯良町在住の作尾藤四郎氏宅伝世キリシタン遺物	78
図29	平戸市伝世府内型メダイ【1801】	79
図30	蛍光X線分析　平戸市伝世府内型メダイ【1801】	79
図31	平戸市伝世府内型メダイ【1802】	79
図32	蛍光X線分析　平戸市伝世府内型メダイ【1802】	79
図33	府内型メダイ　形態名称対象図	79
図34	府内型メダイ　形態分類図	80
図35	段をつけた鈕【1305】	81
図36	装飾的鈕を有するメダイ【1438】	82
図37	鈕の形態別割合	82
図38	面の装飾別割合	82
図39	面の形態別割合	83
図40	第21次調査区出土【0112】	85
図41	化学組成	85
図42	鉛同位体比分布図（$^{207}Pb/^{206}Pb - ^{208}Pb/^{206}Pb$）	85
図43	鉛同位体比分布図（$^{206}Pb/^{204}Pb - ^{207}Pb/^{204}Pb$）	85
図44	第51次調査区出土【0119】	85
図45	化学組成	85
図46	鉛同位体比分布図（$^{207}Pb/^{206}Pb - ^{208}Pb/^{206}Pb$）	85
図47	鉛同位体比分布図（$^{206}Pb/^{204}Pb - ^{207}Pb/^{204}Pb$）	85
図48	第41次調査区出土【0114】	86
図49	化学組成	86
図50	鉛同位体比分布図（$^{207}Pb/^{206}Pb - ^{208}Pb/^{206}Pb$）	86

図 51	鉛同位体比分布図（^{206}Pb／^{204}Pb－^{207}Pb／^{204}Pb）	86
図 52	第 12 次調査区出土【0105】	86
図 53	化学組成	86
図 54	鉛同位体比分布図（^{207}Pb／^{206}Pb－^{208}Pb／^{206}Pb）	86
図 55	鉛同位体比分布図（^{206}Pb／^{204}Pb－^{207}Pb／^{204}Pb）	86
図 56	府内型メダイの化学組成（大分類）	87
図 57	府内型メダイの化学組成（細分類）	87
図 58	中世大友府内町跡第 22 次調査区出土　円錐形鉛製品	92
図 59	鉛同位体比分布図（^{207}Pb／^{206}Pb－^{208}Pb／^{206}Pb）	93
図 60	図 59 の拡大図	93
図 61	鉛同位体比分布図（^{206}Pb／^{204}Pb－^{207}Pb／^{204}Pb）	94
図 62	図 61 の拡大図	94
図 63	円錐形鉛インゴットの鋳型（タイ　ソントー鉱山）	95
図 64	万才町遺跡出土円錐形鉛インゴット	97
図 65	山見沖海底遺跡出土円錐形鉛インゴット	97
図 66	岡豊城跡出土円錐形鉛インゴット	97
図 67	城山遺跡出土円錐形鉛インゴット	97
図 68	駿府城跡出土円錐形鉛インゴット	97
図 69	SAN DIEGO 号出土円錐形鉛インゴット	98
図 70	鉛同位体比分布図（^{207}Pb／^{206}Pb－^{208}Pb／^{206}Pb）	99
図 71	鉛同位体比分布図（^{206}Pb／^{204}Pb－^{207}Pb／^{204}Pb）	99
図 72	万才町遺跡出土鉄砲玉	107
図 73	岡豊城跡出土鉄砲玉	107
図 74	中世大友府内町跡出土火縄銃火挟み（第 43 次調査区）	107
図 75	純銅製府内型メダイ【1801】	111
図 76	純銅製府内型メダイ【0102】	111
図 77	化学組成【1801】	111
図 78	化学組成【0102】	111
表 1	鈕の形態別点数	82
表 2	面の装飾別点数	82
表 3	面の形態別点数	83
表 4	府内型メダイ蛍光 X 線分析データ一覧表	89
表 5	府内型メダイ鉛同位体比データ一覧表	90
表 6	蛍光 X 線分析データ一覧表	92
表 7	確認されている 16 世紀後半〜 17 世紀前葉の N 領域資料（鉛同位体比値）	103
表 8	確認されている 16 世紀後半〜 17 世紀前葉の N 領域資料（鉛同位体比値）	104
表 9	中世大友府内町跡出土金属製品の鉛同位体比値	105
表 10	中世大友府内町跡出土金属製品の鉛同位体比値	106

3．メダイの形態分類

図1	メダイの形態部位の名称	114
図2	メダイの平面形状	114
図3	国内全資料の平面形状の割合	115
図4	国内出土資料の平面形状の割合	115
図5	国内伝世資料の平面形状の割合	115
図6	府内型メダイ平面形状割合	116
図7	府内型を除く出土資料平面形状割合	116
図8	メダイの形態部位の語句説明	119
図9	鈕の形態分類	120
図10	全資料における鈕の形態の割合	121
図11	全資料における鈕の形態の割合（A類統合）	121
図12	出土資料における鈕の形態の割合	122
図13	伝世資料における鈕の形態の割合	122
図14	鈕の形態と平面形状の関係	123
図15	不思議のメダイ	123
図16	伝世資料と出土資料における穿孔方向の割合	124
図17	布教期全資料の穿孔方向の割合	124
図18	出土資料に見られる図像	126
図19	伝世資料に見られる図像	127
図20	全資料に見られる図像	128
図21	図像モチーフのセット	129
図22	国内のメダイで多いモチーフ　1	130
図23	国内のメダイで多いモチーフ　2	131
図24	国内のメダイで多いモチーフ　3	132
図25	出土資料における素材の割合（資料判断別）	132
図26	出土資料における素材の割合	133
図27	府内型メダイを除いた出土資料における素材の割合	133
図28	伝世資料における素材の割合（資料判断別）	133
図29	伝世資料における素材の割合	133
図30	全資料における素材の割合	133
図31	全資料における素材の割合（資料判断別）	133
図32	鉛同位体比分布図（$^{207}Pb/^{206}Pb - ^{208}Pb/^{206}Pb$）	138
図33	図32の拡大図	138
図34	鉛同位体比分布図（$^{206}Pb/^{204}Pb - ^{207}Pb/^{204}Pb$）	139
図35	図34の拡大図	139
表1	東京国立博物館所蔵メダイの平面形状	117
表2	鈕の形態分類結果	121
表3	東京国立博物館所蔵メダイの鈕の形態	122

表4　横穿孔メダイの鈕と面の形態との関係 …………………………………… 124
表5　横穿孔メダイの鈕と面の形態との関係（府内型メダイを除く）………… 124

4．ヴェロニカのメダイについて

図1　中世大友府内町跡第13次調査区出土【0108】……………………………… 153
図2　遺物実測図 ………………………………………………………………… 153
図3　博多遺跡群第111次調査区出土鋳型【1102】……………………………… 154
図4　遺物実測図 ………………………………………………………………… 154
図5　天草ロザリオ館所蔵ヴェロニカメダイ【0801】…………………………… 154
図6　天草ロザリオ館所蔵ヴェロニカメダイ【0802】…………………………… 154
図7　神戸市立博物館所蔵ヴェロニカメダイ【1404】…………………………… 154
図8　中世大友府内町跡第41次調査区【0114】………………………………… 154
図9　中世大友府内町跡第77次調査区【0128】………………………………… 154
図10　博多遺跡群第111次調査【1101】………………………………………… 155
図11　博多遺跡群第111次調査【1103】………………………………………… 155
図12　中世大友府内町跡第43次調査区出土指輪【K01】……………………… 155
図13　島原旧教徒没収品指輪 …………………………………………………… 155
図14　ヴェロニカを描いたメダイ【7008】……………………………………… 155
図15　ヴェロニカを描いたメダイ【7138】……………………………………… 155
図16　聖年銘メダイ【7001】…………………………………………………… 155
図17　鉛同位体比分布図（$^{207}Pb/^{206}Pb - ^{208}Pb/^{206}Pb$）…………………… 164
図18　図17の拡大図 …………………………………………………………… 164
図19　鉛同位体比分布図（$^{206}Pb/^{204}Pb - ^{207}Pb/^{204}Pb$）…………………… 165
図20　図19の拡大図 …………………………………………………………… 165
表1　キリシタン遺物の化学組成 ………………………………………………… 156
表2　キリシタン遺物の鉛同位体比値 …………………………………………… 156
表3　鉛・錫製メダイの図像構成 ………………………………………………… 157
表4　史料一覧表1 ………………………………………………………………… 158
表5　史料一覧表2 ………………………………………………………………… 160
表6　史料一覧表3 ………………………………………………………………… 162

5．西洋のメダイ

図1～5　【7001】・【7002】・【7007】・【7008】・【7000】……………………… 169
図6～12　【7033】・【7005】・【7048】・【7015】・【7043】・【7045】・【7049】……… 170
図13　聖体の図像変化a：日本国内資料【1306】b：17世紀【7002】c：18世紀【7212】… 170
図14～20　【7006】・【7023】・【7024】・【7034】・【7035】・【7036】・【7025】…… 171
図21～22　【7011】・【7211】……………………………………………………… 173
図23～30　【7003】・【7004】・【7009】・【7010】・【7027】・【7037】・【7039】・【7100】……… 178
図31～40　【7015】・【7039】・【7043】・【7045】・【7049】・【7026】・【7173】・【7202】・【7211】・【7249】…………………………………………………………… 179
図41～47　【7132】・【7191】・【7193】・【7212】・【7107】・【7204】・【7044】…… 180

図48	鉛同位体比分布図（^{207}Pb／^{206}Pb － ^{208}Pb／^{206}Pb）	192
図49	図48の拡大図	192
図50	鉛同位体比分布図（^{206}Pb／^{204}Pb － ^{207}Pb／^{204}Pb）	193
図51	図50の拡大図	193
図52	鉛同位体比分布図（^{207}Pb／^{206}Pb － ^{208}Pb／^{206}Pb）	194
図53	図52の拡大図	194
図54	鉛同位体比分布図（^{206}Pb／^{204}Pb － ^{207}Pb／^{204}Pb）	195
図55	図54の拡大図	195
図56	鉛同位体比分布図（^{207}Pb／^{206}Pb － ^{208}Pb／^{206}Pb）	196
図57	図56の拡大図	196
図58	鉛同位体比分布図（^{206}Pb／^{204}Pb － ^{207}Pb／^{204}Pb）	197
図59	図58の拡大図	197
表1	カタルーニャ国立美術館所蔵16～17世紀メダイ	184
表2	カタルーニャ国立美術館所蔵16～17世紀メダイの化学組成	186
表3	カタルーニャ国立美術館所蔵16～17世紀メダイの鉛同位体比値	187
表4	カタルーニャ国立美術館所蔵16～18世紀メダイの化学組成	188
表5	カタルーニャ国立美術館所蔵18世紀メダイの化学組成	188
表6	カタルーニャ国立美術館所蔵16～18世紀メダイの鉛同位体比値	189
表7	カタルーニャ国立美術館所蔵18世紀メダイの鉛同位体比値	189
表8	布教期日本国内メダイの化学組成	190
表9	布教期日本国内メダイの鉛同位体比値	191

第3章　コンタツ論
第4節　小結

図1	中世大友府内町跡　第8次・第48次・第28次・第80次・第12次	214
図2	関連資料　瑠璃光寺跡遺跡・美々8遺跡	215
図3	原城跡	215
図4	興善町遺跡・東京駅八重洲北口遺跡・高槻城キリシタン墓地	216
図5	鉛同位体比分布図（^{207}Pb／^{206}Pb － ^{208}Pb／^{206}Pb）	217
図6	鉛同位体比分布図（^{206}Pb／^{204}Pb － ^{207}Pb／^{204}Pb）	217
写真1	中世大友府内町跡　第8・48次調査区	214
写真2	中世大友府内町跡　第51次調査区	214
表1	キリシタン遺物の化学組成	218
表2	キリシタン遺物の鉛同位体比値	218
表3	コンタ一覧表　1	218
表4	コンタ一覧表　2	219
表5	コンタ一覧表　3	220

第4章　十字架論
第4節　小結
　　図1　原城跡出土十字架1 ……………………………………………… 235
　　図2　原城跡出土十字架2 ……………………………………………… 236
　　図3　原城跡出土十字架3 ……………………………………………… 237
　　図4　原城跡出土十字架4 ……………………………………………… 238
　　図5　出土十字架・聖遺物入れ　磨屋町遺跡／興善町遺跡／万才町遺跡／築町遺跡 ……… 239
　　図6　出土十字架　勝山町遺跡／臼杵出土／臼杵城出土十字架鋳型 …………………… 240
　　図7　出土十字架・鋳型　博多遺跡群出土十字架鋳型／高槻城出土十字架 ……………… 241
　　図8　鉛同位体比分布図（^{207}Pb／^{206}Pb－^{208}Pb／^{206}Pb） ……………………… 242
　　図9　鉛同位体比分布図（^{206}Pb／^{204}Pb－^{207}Pb／^{204}Pb） ……………………… 242
　　図10　図8の拡大図1 …………………………………………………… 243
　　図11　図8の拡大図2 …………………………………………………… 243
　　図12　図9の拡大図1 …………………………………………………… 244
　　図13　図9の拡大図2 …………………………………………………… 244
　　図14　鉛同位体比分布図（^{207}Pb／^{206}Pb－^{208}Pb／^{206}Pb） ……………………… 245
　　図15　鉛同位体比分布図（^{206}Pb／^{204}Pb－^{207}Pb／^{204}Pb） ……………………… 245
　　表1　キリシタン遺物の化学組成 ………………………………………… 246
　　表2　キリシタン遺物の鉛同位体比値 …………………………………… 246
　　表3　出土十字架一覧表 ………………………………………………… 247

キリシタン遺物の考古学的研究
――布教期におけるキリシタン遺物流入のプロセス――

序　章

　本書は、布教期におけるキリシタン遺物の考古学的研究である。本論に入る前に、言葉の定義を明確にしておきたい。まず本書でいう「布教期」とは、日本国内でキリスト教の布教が始まった1549年から、江戸幕府の禁教政策が激しくなる17世紀初頭、具体的には島原の乱の終結する1638年前後までのことを指して使用する。日本国内では、江戸幕府の禁教政策確立後も、潜伏して信仰を守り続けた潜伏キリシタンもいたが、この期間は「布教期」に含めない。また、明治以降キリスト教は再布教がなされるが、それもこの「布教期」には含めない。あくまで16世紀中葉～17世紀前半の、西欧の宣教師が日本に訪れて布教活動を行っていた期間を指す。

　また「キリシタン遺物」については、一言にキリシタン遺物と言っても多岐にわたっているのが現状で、明確に定義づけられて使用されていないことが多い。大航海時代の潮流に乗り16世紀に日本にもたらされた西洋的なもの、あるいは南蛮的なものすべてを指す場合もある。そうした中で、ややもすれば十字をはじめとした「らしき」ものがあれば、すべてキリシタン遺物とされてきた傾向があることも事実である。こうした混乱を避けるために、今野春樹氏[1]は、「キリシタン遺物はキリスト教の祭具や実践に用いる物」としている。筆者も基本的には同感で、本書で取り上げるキリシタン遺物は、やはり宗教的意味合いのある遺物を対象としたい。

　今野氏は前述の定義にしたがい、新発見の期待も込めて「鐘」「瓦」「ディスプリナ」「祭具［聖香油容器・カリス・香炉・聖体顕示台・聖櫃・チボリウム（聖体器）・テカ（携行聖体入れ）・パテナ（聖体皿）・ピクシス（聖体箱）］」「十字架」「メダイ」「墓碑」「木棺」「指輪」「レリカリオ（聖遺物入れ）」「ロザリオ」等を挙げている。この他にもキリスト教的意味合いのあるものとしては、当時の記録に頻繁に出てくる「アグヌス・ディ」や「ノミナ」さらには「聖画」やそれを納めた「聖龕」なども挙げられるであろう。

　本書はキリシタン遺物を考古学的に検証していくことを主たる目的としており、したがって前述のキリシタン遺物の中でも、まずは発掘調査によって出土した遺物が対象となる。これまで発掘調査によって出土したキリシタン遺物は、「瓦」「十字架」「メダイ」「墓碑」「木棺」「指輪」「レリカリオ（聖遺物入れ）」「ロザリオ」である。本書では、これら出土資料の中でも、キリシタンが身につけた道具に焦点を絞り、中でも特に「メダイ」「コンタツ（ロザリオ）」「十字架」を中心に検証を行っていきたいと思う。

　前掲の今野氏の論考にもあるが、キリシタン遺物の研究は「キリスト教学的観点、歴史学

的観点、美術史的観点、考古学的観点からの多角的検証」が必要なことはいうまでもない。本書では考古学的検証を主眼とするが、キリシタン遺物の研究においては、キリスト教学、文献史料、美術史学等の様々な研究とのコラボレーションが不可欠である。これまでに、本書で扱うキリシタン遺物は、すでにそうしたキリスト教学、文献史料、美術史学等の分野から研究がなされ、さらには博物館等で盛んに展示されてきたことも事実である。しかしながら、個別の資料が系統立って研究されたのはほとんどなかったといえるであろう。それは、一つに資料の持つ情報量の限界があったといえる。メダイや十字架など潜伏キリシタンが伝世してきた資料を、個別に検証していく上では、中心となるのはそこに描かれた図像や形の解釈などである。その資料の伝世時期や伝えられた当時の状況が記録に残っていることは、ほとんどないといってもいいため、そうした図像や形態の解釈のみからそれらを推測せざるを得ない。中には描かれている図像自体に時代を推測させるファクターがある場合があるが、そうした資料は残念ながら稀である。その結果、得られる成果としては、あくまでそのキリシタン遺物が何であって、何に使われ、そして何が描かれているかといった成果にとどまらざるを得なかった。

　ところが近年、考古学的発掘調査によってキリシタン遺物が出土するようになり、その限界に新たなファクターを加味することができるようになったのである。つまり、発掘で得られた情報は、キリシタン遺物を時間軸と空間の中で捉えることを可能としたのである。そしてさらに、最近では資料の自然科学的分析も可能となり、キリシタン遺物の研究は新たな見地に足を踏み込むことができたといえる。

　そこで本書では、近年の発掘調査によって出土した資料をまず、考古学的かつ自然科学的分析の成果も加味して検証することによって、これまで研究されてきた伝世資料の位置づけについても再度検証する。そして、出土資料と伝世資料すべての検証を通して、最終的には、布教期におけるキリシタン遺物流入のプロセスを明らかにすることを目的とするものである。

(註)
(1)　今野春樹「キリシタン遺物の諸相－新発見の可能性に備えて－」『キリシタン文化』研究会報 128 号、キリシタン文化研究会、2006、p22-45

第1章 研究史

　本章では、考古学的発掘調査による成果を中心に研究の歴史をたどっていくこととする。なお、文章中の【　】内の番号は巻末資料「Ⅰ．キリシタン資料一覧」の資料番号に対応する。【　】内に番号のみのものは、メダイの資料番号、【relicario番号】は聖遺物入れの資料番号、【cruz番号】は十字架の資料番号、【conta番号】はコンタの番号を示す。

　キリシタン遺物が出土したという事実の初見については、江戸時代にさかのぼる。旧長崎奉行所宗門蔵保管資料（現在東京国立博物館所蔵）の中に、慶応3年（1867）の「浦上崩れ」等で没収され出土地が分かる資料が7点【0201～0207】、その内「明和三年戌八月十二日高木菊次郎差出す、是者湊御浚之節出島沖にて浦上村淵懸り飽の浦八大夫掘出す」の包紙があったと記録されている資料が1点【0207】ある[(1)]。また、同じく東京国立博物館所蔵品の中で、「京都府福知山城堡内発掘」と記録されたものがある【0208～0215】[(2)]。ただいずれも詳細についてはこれ以上わからず、出土状況を把握できる資料ではない。

　大正15年、新村出氏によって、キリシタン遺物が京都帝国大学文学部考古学研究報告第7冊の中でまとめられた[(3)]。この中では、大阪府茨木市の東家所蔵のメダイ【1302～1308】、キリスト磔刑像等が調査されてまとめられている。キリシタン遺物を学術的に調査し、まとめた物としては初見となる。しかしながら、この報告書で取り上げられたキリシタン遺物は、すべて東家の家屋の中から発見された物であり、そのもの自体は埋蔵遺物ではなく、あくまで伝世品である。したがって考古学研究室が調査してまとめた資料ではあるが、遺物自体は発掘調査で出土した考古資料ではなかった。

　それから40年ほど経った後の1965年、大分県大分市の丹生台地で、備前焼の壺の中にキリシタン遺物が入っているのが発見された。壺の中には磔のキリスト像が4体（木彫が3体、銅製品が1体）、先端に十字架を配するロザリオに加え、メダイが含まれていた【2001～2010】。当時この遺物の研究にあたった賀川光夫氏は、このメダイの中でもフランシスコ・ザビエルとイグナティウス・デ・ロヨラを表裏に描くメダイに注目し、メダイの年代設定提起を行った。このメダイには、刻銘が記されており、そこにはザビエルが福者として刻まれている。ザビエルが福者だったのは1619年から1621年までの間で、1622年には聖者になっている。その点に氏は注目し、このメダイは1619年から1621年までの間に製作され、それから数年後にわが国にもたらされたとした。当時このメダイは国内資料の中でも最古のものであり、国内におけるキリシタン遺物初現期のメダイの時期設定を明確にした資料として注目に値するものである。しかしながら、この丹生の資料も考古学的発掘調査によっ

3

て出土した資料ではなく、土中から偶然発見されただけであり、遺構に帰属する物ではなかった。よってそれ自身のもつ考古学的情報はあくまで限られたものであった。

　結局、いわゆる考古学的発掘調査による出土は、さらに30年ほどの月日を待たねばならなかったのである。

　発掘調査によってキリシタン遺物が出土したという報告が正式になされたのは、1992年の長崎市ミゼリコルディア跡の調査が初見と思われる[4]。朝日新聞社長崎支局建設に伴い発掘調査が実施され、聖ペトロのメダイが1点出土した【0501】。これより後、長崎県を中心に出土が相次いだ。まず、1996年万才町遺跡において長崎県庁新別館建替に伴う発掘調査でメダイが2点【0701・0702】[5]、朝日生命ビル建設に伴う発掘調査ではメダイ1点の出土が報告された【0601】[6]。また、同年原城跡の発掘調査報告書が出され、キリシタン籠城の歴史を物語る相当数のキリシタン遺物の出土が報告された[7]。出土したキリシタン遺物は、メダイ14点【0301～0314】、十字架38点【cruz0801～0838】、コンタ19点【conta02001～02013】で、メダイと十字架については国内出土品の中では最多数にあたる。翌1997年には、築町遺跡において、メダイ1点[8]と聖遺物入れ1点【relicario01-1・2】の出土が報告され[9]、さらにその翌年の1998年には興善町遺跡において、鉛・錫製の十字架1点【cruz0301】、ガラス製のコンタが1点【conta03001】出土している[10]。

　そして21世紀に入ると、出土地は長崎県に加え、大分県、福岡県、大阪府、東京都へと広がった。2001年、大阪府高槻城において、キリシタン墓群が発掘された。高槻城はキリシタン大名高山右近の居城であり、まとまった形でキリシタン墓が確認されたのは国内では初めてのことであった。発掘された29基のキリシタン墓の内2基から木製のコンタが出土しており、特に1基は小珠約90点、大珠2点、変形珠3点とまとまって出土した【conta05001～05016】[11]。

　2002年には、長崎県の磨屋町遺跡で純銅製の十字架の出土が2点報告された【cruz0101・0102】[12]。そして2003年にはキリシタン遺物の出土報告が相次いで出された。長崎県では勝山町遺跡で真鍮製の十字架1点【cruz0201】とともにメダイが1点【0901】[13]、福岡県では、博多遺跡群においてメダイ2点【1101・1103】と、十字架とメダイの鋳型が1点【1102】[14]、そして東京都では東京駅八重洲北口遺跡においては、キリシタン墓の中からコンタ52点【conta04001～04004】とともに、メダイ1点【1201】の出土が報告された[15]。

　また、大分県では1996年よりキリシタン大名である大友宗麟の城下町跡（遺跡名は中世大友府内町跡）の調査が行われているが、2001年以降キリシタン遺物や遺構の出土が見られるようになった。遺構としては、伸展葬で埋葬された木棺墓が1基確認されており、その形態や遺構の帰属する時期から、キリシタン墓の可能性が高いと考えられる。このキリシタン墓からは、遺物の出土は認められていない。しかし、キリシタン墓が発見された頃と時期

をほぼ同じくして、城下町の中心部の町屋跡からメダイが出土した。これまでに、ヴェロニカのメダイが1点【0108】、府内型メダイが29点【0101～0107・0109～0130】確認されている。さらに同じように、町屋の跡からはガラス製のコンタも多数出土している【conta01001～01043】[16]。

　また2008年には、宮崎県中山遺跡においてマリアの像を描いた土製の聖遺物入れと思われる製品も出土している。

　こうして概観してみると、このわずか10年あまりの間に集中して、かなりの数の資料が出土してきていることが分かる。この傾向は、今後こうしたキリシタン遺物の出土がさらに増えてくることを示唆しており、キリシタン遺物の考古学的研究は不可欠の段階に至ってきているといえる。

　そしてこうした発掘調査成果に呼応して、21世紀に入ってからキリシタン遺物の系統的、多角的検証が盛んに行われるようになってきた。

　2003年、筆者は日本考古学協会第69回総会において、前述の中世大友府内町跡出土のメダイについて発表を行ったが、その中で、新たなメダイの形態の提示とともに、蛍光X線分析によるメダイの金属分析成果を示した[17]。この分析成果は、キリシタン遺物の研究において新たな情報を提供することとなった。

　2005年には、五野井隆史氏によって文献史料的見地から、道具としてのキリシタン遺物の研究がなされた[18]。キリスト教海外史料研究の第一人者である氏による史料の詳細な検証により、当時のキリシタン遺物のもつ役割や様相が明確にされた。

　2006年には、今野春樹氏によって考古学の視点から、メダイの系統的研究が初めて行われた[19]。メダイを形態分類し、その形態分類に図像の解釈と構成を比較させて、16世紀後半～17世紀前半のいわゆる布教期におけるメダイの様相に言及した。

　同年、長年大阪府でキリシタン遺物の調査に携わっていた井藤暁子氏（元財団法人大阪府文化財調査研究センター）によって、ロザリオの研究が発表された[20]。考古資料に加え、伝世資料、さらには現在のロザリオ等の比較検証を行い、布教期のロザリオの様相と信仰形態にも言及した。

　2007年には、平尾良光氏・魯禔玹氏により中世キリシタン遺物の自然科学的検証が行われた[21]。中世キリシタン遺物の蛍光X線分析と鉛同位体比分析成果を通じて、当時の金属素材の流通経路について言及した。この分析成果は、キリシタン遺物の研究において新たな情報を提供することとなった。

　2008年には、浅野ひとみ氏により、西洋美術史学の観点からコンタツ（ロザリオの珠）の研究がなされた[22]。コンタツについてはこれまでまだなされていなかった西洋の文献資料や絵画等からの解釈が行われ、ロザリオの構成や、位置づけについて画期的な見解がもたらされた。

このように21世紀に入って、様々な分野の研究者によってキリシタン遺物の研究がなされ、画期的な成果が報告されるようになってきたことが分かる。
　そして、2007年7月、九州考古学会夏季（大分）大会で「キリシタン大名の考古学」というテーマで、考古学と自然科学の研究成果をもとにシンポジウムが開催された。
　さらに翌年2008年には、「キリシタン文化の諸相」というテーマで、考古学、美術史学、自然科学、文献史学の研究者が発表し、シンポジウムが開催され、2012年には日本考古学協会福岡大会において、「解明されてきたキリシタンの実像－キリシタン考古学の可能性－」というテーマで研究発表がなされた。
　今やキリシタン遺物の研究は、こうした多角的学問によるコラボレーションが必要とされるべき段階に至っていると言える。

（註）
(1)　小林牧編『東京国立博物館図版目録－キリシタン関係遺品篇－』東京国立博物館、2001
(2)　註1に同じ。
(3)　新村出「摂津高槻在東氏所蔵の吉利支丹遺物」『吉利支丹遺物の研究　附録　日本青銅利器聚成』京都帝国大学文学部考古学研究報告第7冊、京都帝国大学、1926
(4)　永松実編『朝日新聞社長崎支局敷地埋蔵文化財発掘調査報告書』長崎市埋蔵文化財調査協議会、1992
(5)　宮崎貴夫・寺田正剛編『万才町遺跡－長崎県庁新別館建替に伴う発掘調査報告書－』長崎県文化財調査報告書第123集、長崎県教育委員会、1996
(6)　扇浦正義・高田美由紀編『万才町遺跡－朝日生命ビル建設に伴う埋蔵文化財発掘調査報告書－』長崎市埋蔵文化財調査協議会、1996
(7)　松本慎二編『原城跡』南有馬町文化財調査報告第2集、南有馬町教育委員会、1996
　　松本慎二編『原城Ⅱ』南有馬町文化財調査報告第3集、南有馬町教育委員会、2004
(8)　報告ではメダイとされているが、メダイではなく、聖遺物入の蓋の一部の可能性が高い。
(9)　扇浦正義編『築町遺跡－築町別館跡地開発に伴う埋蔵文化財発掘調査報告書－』長崎市教育委員会、1997
(10)　扇浦正義編『興善町遺跡』長崎市教育委員会、1998
(11)　高橋公一編『高槻城キリシタン墓地』高槻市教育委員会、2001
(12)　宮下雅史編『磨屋町遺跡』長崎市教育委員会、2002
(13)　扇浦正義編『勝山町遺跡－長崎市桜町小学校新設に伴う埋蔵文化財発掘調査報告書－』長崎市教育委員会、2003
(14)　佐藤一郎編『博多85－博多小学校建設に伴う埋蔵文化財発掘調査報告書－』福岡市埋蔵文化財発掘調査報告書第711集、福岡市教育委員会、2002
(15)　金子智・今野春樹・鈴木康友編『東京都千代田区　東京駅八重洲北口遺跡』千代田区東京駅八重洲北口遺跡調査会、2003
(16)　坂本嘉弘・原田昭一・松本康弘・後藤晃一編『豊後府内2　中世大友府内町跡第9次・第13次・第21次調査区－一般国道10号古国府拡幅事業に伴う埋蔵文化財発掘調査報告書（1）－』大分県教育庁埋蔵文化財センター調査報告書第2集、大分県教育庁埋蔵文化財セン

ター、2005

　　坂本嘉弘・友岡信彦・原田昭一・槙島隆二・吉田寛・後藤晃一編『豊後府内4　中世大友府内町跡第9次・第12次・第18次・第22次・第28次・第48次調査区－一般国道10号古国府拡幅事業に伴う埋蔵文化財発掘調査報告書（2）－』大分県教育庁埋蔵文化財センター調査報告書第9集、大分県教育庁埋蔵文化財センター、2006

　　坂本嘉弘・後藤晃一編『豊後府内7　中世大友府内町跡第20次調査区－一般国道10号古国府拡幅事業に伴う埋蔵文化財発掘調査報告書（3）－』大分県教育庁埋蔵文化財センター調査報告書第16集、大分県教育庁埋蔵文化財センター、2007

（17）　後藤晃一「中世大友府内町跡出土のメダイについて」『日本考古学協会第69回総会　研究発表要旨』日本考古学協会、2003

（18）　五野井隆史「キリスト教布教とキリシタンの道具（一）」『英知大学キリスト教文化研究所紀要』第二〇巻第1号、英知大学キリスト教文化研究所、2005

（19）　今野春樹「布教期におけるメダイの研究－16世紀後半～17世紀前半にかけて－」『物質文化』82、物質文化研究会、2006

（20）　井藤暁子「キリシタン数珠ロザリオの我が国における態様－遺物から見たキリシタン時代の信仰復元をめざして－」『財団法人大阪府文化財センター研究調査報告』第4集、財団法人大阪府文化財センター、2006

（21）　魯禔玹「南蛮貿易と金属材料－自然化学的方法を用いた中世キリスト教関連遺物の研究－」『キリシタン大名の考古学』九州考古学会夏季（大分）、大会発表資料、九州考古学会夏季（大分）大会実行委員会、2007

（22）　浅野ひとみ・後藤晃一「コンタツ論」『純心人文研究』第14号、長崎純心大学、2008

第2章　メダイ論

第1節　メダイについて

　メダイとは金属製の円盤状製品、つまりメダル状のもので、表裏にキリストやマリア、聖人等が描かれる。そして上部には鈕が付いており、紐等を通すようになっているところが特徴である。ポルトガル語でmedalha、フランス語でmédailleで、これらの発音からメダイとなったものと考えられる。現在でもメダイは使用されているので、その使用例を挙げてみると、まずはロザリオ（キリスト教徒が祈りを数えるのに使用する数珠）につけられる場合がある。またメダイは教会等で一般に売られ、お土産品のようになっている場合もあり、宗教的意味合いの有無にかかわらず、アクセサリー的に使用される場合もある。例えばチェーンに通してネックレス状にして用いる場合などである。現在世界的に最も多く人々の手に渡っていると思われるメダイの形態は、通称「不思議のメダイ」と呼ばれる形態で、パリの不思議のメダイの聖母の聖堂（Chapelle Notre Dame de la Medaille Miraculeuse）では、現在でも数多くの人が訪れてメダイを買い求めている（図1）。この「不思議のメダイ」は愛徳姉妹会修道女カタリナ・ラブレが夢の中に出てきたマリアの預言に基づきメダイを作成したところ、爆発的に売れたと言われており、現在でもそのメダイの奇跡にあやかろうと多くの人が買い求めているのである。こうした傾向は、メダイのマリアに願いをかける、いわば現世利益的要素を持っており、それはキリスト教の信仰自体の変化を表すものであるという指摘もある[1]。この修道女カタリナ・ラブレの話は1830年にまで遡る。よってメダイには通常その1830年の年号が刻まれる。年号の刻まれる面には、頭に12の星の冠を戴いた聖母マリアが地球の上に立ち、手からは光線が出ている。さらに足下には悪のシンボルである蛇を踏み砕いている。マリアの周囲には"O MARIE CONCUE SANS PECHE, PRIEZ POUR NOUS QUI AVONS RECOURE A VOUS"（「原罪なくして宿り給いし聖マリア、御身に依り頼み奉る我等の為に祈り給え」）という文字が巡る。

　一方の面には十字架と"M"の文字とさらにその下にイエスとマリアの心臓が描かれる。心臓は、茨の冠のイエスの心臓と槍で貫かれたマリアの心臓である。そして周囲には12の星が巡り、12使徒の上に立てら

図1　不思議のメダイ

れた教会を表す。

　この形態のメダイは東京国立博物館でもかなりの数が所蔵されている。東京国立博物館所蔵のメダイの大半はこの形態のメダイである。よって東京国立博物館所蔵のメダイの大半は、再布教後のものであることが分かる。

　現在にいたるまで、こうした形態のメダイは、一種お守り的な要素をもって所持された傾向があり、その側面からメダイは、現代において様々な形で所持されることがあり得るのである。

　では、布教期（16世紀後半～17世紀初頭）のメダイはどのように使われていたのであろうか。具体的にどのように所持されていたかについては、文献資料や発掘事例からある程度推測が可能である。まず、ロザリオに付けて使用されていたかどうかであるが、これについてはフロイス『日本史』に参考となる記述が認められる。ドミンガスというあるキリシタンの老女が異教徒の若者（キリシタンから見た異教徒）から信心具を取られた場面の一節で、「彼女がコンタツの端につけていました鉛のメダイを取り上げました。」（巻末資料「Ⅱ．史料一覧表」②）とある。これからも分かるようにメダイはコンタツつまりロザリオの端につけて用いられていた。

　次に、ロザリオ以外の用いられ方はどうかであるが、同じくフロイス『日本史』の記述に次のような一節がある。「彼はその若者が頸に掛けていた錫のメダイを見つけ、手ずからそれをひったくり、デウスにまつわることへの侮蔑と嫌悪の念からそれを足で踏みつけた。」（巻末資料「Ⅱ．史料一覧表」⑩）とある。ここでいう彼とは松浦鎮信のことであるが、彼が奪ったメダイは若者の頸にかかっていたとあることから、これはコンタツに付されていたものとは考えにくい。現在アクセサリー的に身につけているような形（あくまで見た目の形であって、当時は宗教的意味合いの上で付けていることは言うまでもない。）で頸からさげていた可能性がある。これについては、発掘出土品にも類例が見られる。

　福岡県福岡市博多区所在の博多遺跡群第111次調査ではメダイと十字架の土製鋳型が出土した（本書p29図16－【1102】）。この鋳型の特徴的な部分は、メダイと十字架とともに、それを通していたチェーンか紐のような痕跡までが残っていた点である。つまりこの鋳型は、当時使用されていたメダイと十字架の製品がそのまま粘土に押し当てられて型をとった、いわゆる踏み返しのものであることが分かる。それと同時に、この鋳型によってメダイと十字架がどのように使われていたかも分かる。この鋳型のスタンプを見る限り、このメダイと十字架はロザリオに装着されているのではなく、チェーンか紐に両者を通して吊して使用したものである。これは十字架の形態からも分かる。十字架については、十字架縦軸の短い方と長い方のいずれかに穿孔もしくは鈕が付けられる場合が存在し、いずれにつくかでその使用法が異なると考えられている[2]。井藤暁子氏はロザリオの集成を通して、ロザリオの十字架と吊し用の十字架単独品の２種が存在することを指摘している。ロザリオの十字架

は上下逆方向（十字架縦軸の短い方が下にくる）に吊され、十字架単独品は正常方向（十字架縦軸の短い方が上にくる）に吊されるとしている[3]。この鋳型の場合、十字架の鈕は縦軸の短い方へつけられており、ロザリオ用ではなく吊し用であることが分かる。よってメダイも同様に吊されていた訳であり、前述のフロイスの記述に見られる「メダイは若者の頸にかかっていた」というのは、まさしくこうしたものであった可能性が高い。

　この他にフロイスの記述からは、志賀太郎（志賀親次、後のドン・パウロ）の少年期の記述で、「コンタツを求めてそれで祈り、身につけるためにメダイを求め、キリシタンたちが信心のために用いているその他の品を蒐集した。」（巻末資料「Ⅱ．史料一覧表」⑦）とあり、やはりコンタツ（ロザリオ）とメダイは別々に所持したことがうかがわれる。また、宗麟の臨終に際した記述の一節で、「奥方のジュリア様が私に、数あるコンタツのロザリオの中でも国主が特に愛用しておられました象牙の曝首（しゃれこうべ）がついたコンタツとローマの聖布（ヴェロニカ）を国主の頸に付けることを許されたいと切に願いましたので、こうした悲しみの折でもありますので、その望みに応じてそれらを頸に付けました。」（巻末資料「Ⅱ．史料一覧表」⑧）とある。ここではメダイという記述がないが、「ローマの聖布（ヴェロニカ）」はポルトガル語原文では「veronica de Roma」であり、フロイスの記述の中ではメダイは「veronica」と記されることが多い（この点については本章「6．ヴェロニカのメダイ」において詳述する）。ヴェロニカは西洋では羊皮紙に描かれたり、バッジに描かれたりすることもあり[4]、ここでメダイに限定することはできないが、宗麟の頸にコンタツとともに付けたという描写から見る限り、このヴェロニカはメダイである可能性が高いと考えられる。ただ、この場合、コンタツには曝首（しゃれこうべ）が付いていたと表現されているのに対して、ヴェロニカは付いていたと表現はされておらず、したがって両者は別々にあった可能性が高いといえよう。

　以上より、中世におけるメダイについては、ロザリオ（コンタツ）の先に付けて使用したり、チェーンや紐に通して頸から提げて使用していたことが推測される。

（註）

(1)　竹下節子『聖母アリア』講談社、1998
(2)　十字架についての詳細は、本書「第5章　十字架論」を参照されたい。
(3)　井藤暁子「キリシタン数珠ロザリオの我が国における態様－遺物から見たキリシタン時代の信仰復元をめざして－」『財団法人大阪府文化財センター研究調査報告』第4集、財団法人大阪府文化財センター、2006
(4)　長崎純心大学浅野ひとみ准教授のご教示による。

第2節　メダイの資料概要

1. 出土メダイ一覧

　ここでは、発掘調査によって出土した資料についてみていくことにする。なお、メダイの面については、現段階においてはメダイの表裏の定義が明確ではないため、A面、B面（写真は向かって左がA面、右がB面である）として記すこととする。また【　】内の番号は、本章p16〜28の図版に掲載されている番号、巻末資料「Ⅰ．キリシタン資料一覧」の番号に対応する。なお、理化学分析結果（蛍光X線分析、鉛同位体比分析）は、別府大学教授平尾良光氏、魯禔玹氏（現韓国国立中央博物館）によるものである。

(a) 中世大友府内町跡〔大分県大分市〕[(1)]（図1〜6）

　中世大友府内町跡は、現在の大分市内中心部に位置する大友宗麟の城下町跡である。大友宗麟がキリスト教の布教を保護したこともあって、教会やコレジオ（宣教師を養成する学校）、そして病院や育児院などが建てられた。発掘調査は平成8年度の大分市教育委員会による区画整理事業に伴う大友氏館確認調査に始まり、平成11年度からは、大分県教育委員会の行うJR高架化及び国道10号の拡幅・庄ノ原佐野線建設工事に伴う調査が加わる形で現在まで行われている。特にJR線路と国道10号は、城下町の中央部を交差して走っており、この結果、中世大友氏の城下町に巨大なトレンチを入れるような形となり、市内の中心部であるにも関わらず、城下町の全容をかなり把握できる全国的にも稀少な調査となった。メダイは、この中世大友府内町跡第7C・12・13・18・20C・21・28・41・43・51・53・69・77・93次調査区及び大友氏館跡第1次調査区[(2)]から出土した。

　出土したメダイは大きく2種類で、一つはヴェロニカのメダイ【0108】、もう一つは府内型メダイ【0101〜0107・0109〜0130】である。前者は1点、後者は現段階で29点が確認されている。これらメダイの詳細については本章「2．府内型メダイ、4．ヴェロニカのメダイ」で詳述するので、ここでは概略のみ述べておく。ヴェロニカのメダイはヴェールに浮かび上がったキリストの顔を描いたメダイで、反対側の面に聖母子像が描かれる。また府内型メダイは、当時舶来したメダイを模倣して製作した府内独特のメダイで、大半が鉛（若干純銅製が含まれる）で作られている。

(b) 原城跡〔長崎県南島原市南有馬町浦田名〕[(3)]（図7〜9）

　寛永十四年（1637）に起こった島原の乱の舞台となった遺跡で、1996年の報告で11点、

その後2002年南有馬町で開催された特別展で3点【0312・0313・0314】が追加され、計14点が報告されている。錆による風化が激しいものもあるが、図像が認識できるものについては、｜A面：福者フランシスコ・ザビエル－B面：福者イグナティウス・デ・ロヨラ｜が1点【0301】、｜A面：天使聖体礼拝図－B面：文字 LOVVADO SEIA O SANCTISSIMO SACRAMENTO（いとも尊き聖体の秘蹟はほめ尊まれ給え）（3点は不鮮明）｜が4点【0302・0304・0306・0312】、｜A面：無原罪の聖母（太陽を背に弦月上に合掌して立つ聖母）－B面：不明｜が3点【0305・0307・0311】、｜A面：磔刑図（十字架にかけられたイエスとその傍らに立つ聖母マリアと聖ヨハネ）－B面：不明｜が1点【0310】、｜A面：マリア半身像－B面：キリスト半身像（サルバトール・ムンディ（世の救い主））｜が1点【0309】、｜A面：十字架と文字（判読不能）－B面：文字（判読不能）｜が1点【0308】、｜A面：図像は不明だが下部に文字（恐らく ROMA）－B面：不明｜が1点【0303】認められる。

　メダイの素材については、蛍光X線分析にかけられたものはいずれも真鍮製という結果が出ている。分析データの詳細は巻末資料「Ⅲ．分析データ一覧」を参照されたい。

（c）朝日新聞社長崎支局敷地［ミゼリコルディア跡］
〔長崎県長崎市万才町8番22号〕[(4)]（図10）

　六角形を呈するメダイが1点、表採で確認されている【0501】。表採のため、発掘調査所見から時期の位置づけはできないが、本資料はヴァチカン図書館内の古銭の専門家ジアン・カルロ・アルテリ（GianCarloAlteri）博士により鑑定されており、「メダイは16世紀末から17世紀初めのもので、イタリア製で、個人の鋳造所によって造られたもの。メダイに見られる聖ペトロの像は、当時は良く使用されていた。」と報告されている。

　素材は、報告書ではブロンズ製とされているが、蛍光X線分析の結果真鍮製であることが判明している。また、鉛同位体比分析では、日本・華南・朝鮮・N領域のいずれにも属していない（巻末資料「Ⅲ．分析データ一覧」【0501】参照）。

（d）万才町遺跡〔長崎県長崎市万才町3番〕[(5)]（図11）

　包含層B区3層からメダイが1点出土している【0601】。調査所見では層位的な検証から16世紀末〜17世紀初頭に位置づけている。図像は一面のみ確認できており、聖母子像が描かれている。鈕は確認できず、欠損したのか、元来存在していないのかは不明である。

　素材は蛍光X線分析の結果、鉛48％、錫39％の錫・鉛製である。鉛同位体比分析の結果、含有している鉛は $^{206}Pb/^{207}Pb$ － $^{206}Pb/^{208}Pb$ では日本領域に入っているものの、$^{204}Pb/^{206}Pb$ － $^{204}Pb/^{207}Pb$ では朝鮮領域もしくは華南領域に近いところに位置しており、現段階では産地は不明である（巻末資料「Ⅲ．分析データ一覧」【0601】参照）。

(e) 万才町遺跡［県庁新別館］〔長崎県長崎市万才町3番13号〕[6] (図12・13)

2点のメダイが出土している。1点は包含層B－5区7層から出土している【0701】。図像は、｛A面：磔刑図（十字架にかけられたイエスとその傍らに立つ聖母マリアと聖ヨハネ）－B面：ラ・ストルタにおける聖イグナチオ（ラ・ストルタはローマより2～3里に位置する小聖堂。祭壇に跪いて祈るイグナチオに十字架を抱えたキリストの幻が現れている）｝である。鈕は面に対して正面方向に穿孔される。したがってこのままでこのメダイを吊してもメダイの面が正面を向かないため、もう一つリングが付されている。メダイの素材については、蛍光X線分析がなされておらず正確なところは不明である。部分的に緑青が見られるため、真鍮製か銅製品のいずれかであろう。

もう1点は火災整理土坑SK35から出土している【0702】。火災処理に伴う遺構からの出土のため、メダイ自体も被熱しており損傷が激しい。そのため図像はほとんど判読不能である。鈕についても存在していることは確認できるが、どの方向に穿孔されているかは不明である。メダイの素材は、前述の【0701】同様緑青が認められるため、真鍮製か銅製のいずれかと考えられる。

両者ともに、層位的な所見から16世紀末～17世紀初頭位置づけられている。

(f) 勝山町遺跡〔長崎県長崎市勝山町30番1号〕[7] (図14)

勝山町遺跡は長崎市桜町小学校新設に伴う発掘調査によって確認された遺跡で、近世初期の教会跡であるサント・ドミンゴ教会跡等を検出した。メダイは排水溝（2区排水溝6）から出土しており、出土遺物等（1580年～1610年にかけての中国磁器、肥前陶器が主体で、1610年以降の肥前陶磁を含まない。）からⅠ期（17世紀初期）に位置づけられている【0901】。この時期はサント・ドミンゴ教会建立前後から廃絶期（1609～1614）に該当する。

図像は｛A面：無原罪の聖母－B面：聖人像｝が描かれる、鈕は一部欠損しており、穿孔方向は不明である。

素材は蛍光X線分析によれば、鉛70%、錫29%の鉛・錫製である。鉛同位体比分析ではN領域に近い位置に位置づけられる（巻末資料「Ⅲ．分析データ一覧」【0901】参照）。

(g) 博多遺跡群第111次調査〔福岡県福岡市博多区奈良屋町1〕[8] (図15・16)

メダイが2点、メダイと十字架の鋳型が1点出土している。まずメダイ【1101】は、Ⅳ区包含層G-3区Ⅰ層から出土しており、16世紀末～17世紀初頭に位置づけられている。図像は｛A面：キリスト半身像－B面：マリア半身像｝である。

素材は蛍光X線分析のデータを得られていないが、実見したところでは鉛・錫製である。また鉛同位体比分析により、朝鮮半島産の鉛を使用していることが判明した（巻末資料「Ⅲ．分析データ一覧」【1101】参照）。

もう1点は、府内型メダイである【1103】。鈕部分の段が2段になっている。肉眼では見えないが、レントゲン撮影の結果、穿孔は横方向に認められた。蛍光Ｘ線分析のデータはないので金属組成の詳細は把握できないが、銅製品として報告されている。

鋳型【1102】については、赤褐色粘土板で作られており、残長4.0cm、幅5.5cm、厚さ1.4cmで、それぞれの鎖通しの環の上部に湯口が認められる。ヴェロニカのメダイとともに十字架が鎖か紐のような物に通されていることが看取され、製品を粘土に押し当てて製作したことを示しており、踏み返しによる鋳型と思われる。十字架はキリストの磔刑図であろうか。この鋳型を出土した土坑（Ⅱ区土壙（SK20））からは、唐津系の皿（慶長年間）が2点、朝鮮王朝時代の陶器等が共伴しているとのことから、16世紀末～17世紀初頭に位置づけられている。

(h) 東京駅八重洲北口遺跡〔東京都千代田区丸の内1丁目1番41・45・46号〕[9]（図17）

本遺跡はキリシタン墓群が検出された遺跡で、その中の墓壙（1404号）からメダイが1点出土した【1201】。層位的所見から16世紀第4四半期～17世紀ごく初頭[1期]に位置づけられる。図像は |A面：無原罪の聖母－B面：不明|、鈕の形態は一段段を付けて正面方向に穿孔される。

素材は報告書によれば、蛍光Ｘ線分析の結果青銅製とされている。また、鉛同位体比分析では、華南領域近く、あるいはスペインバルセロナのカタルーニャ美術館所蔵メダイの産地領域に近い値を示しているが、現段階では明確な領域確定はできない。巻末資料「Ⅲ．分析データ一覧」【1201】及び本章「第3節5．西洋のメダイ」を参照されたい。

(i) 黒崎城跡5a区〔福岡県北九州市八幡西区田町2丁目〕[10]（図18）

長崎街道の西側に隣接する調査区（5a区）で検出された柱穴P417からメダイが1点出土している【1501】。時期については、初期伊万里を共伴しないので、1620年代以前と考えられる[11]。図像は |A面：マリア半身像－B面：キリスト半身像| で、鈕の形態は欠損していて不明である。

素材は蛍光Ｘ線分析の結果錫・鉛製である。鉛同位体比では、鉛の産地はＮ領域に位置する（巻末資料「Ⅲ．分析データ一覧」参照）。

(j) 小倉城三ノ丸6地点5〔福岡県北九州市小倉北区大門一丁目5番〕[12]（図19）

42号土坑の上面から出土している。遺物の帰属年代は不明である。形態は府内型メダイで、Ａ－2類に分類される（「第3節2．府内型メダイ」参照）。鈕の部分は一部欠損しているが、わずかに横方向の穿孔が認められる。表面は緑青に覆われ、図像は確認できない。この形態

の府内型メダイは他の資料においても図像が確認されていないが、1点平戸の伝世品に（巻末資料「Ⅰ．キリシタン資料一覧」【1801】）、何か貼り付けてような痕跡が認められるものがあり、そうした可能性も想定に入れておく必要があろう。

　素材は蛍光X線分析の結果純銅製である。鉛同位体比では、鉛の産地は華南領域に位置する（巻末資料「Ⅲ．分析データ一覧」参照）。

（註）
（1）　坂本嘉弘・原田昭一・松本康弘・後藤晃一編『豊後府内2　中世大友府内町跡第9次・第13次・第21次調査区－一般国道10号古国府拡幅事業に伴う埋蔵文化財発掘調査報告書（1）－』大分県教育庁埋蔵文化財センター調査報告書第2集、大分県教育庁埋蔵文化財センター、2005
　　　坂本嘉弘・友岡信彦・原田昭一・槇島隆二・吉田寛・後藤晃一編『豊後府内4　中世大友府内町跡第9次・第12次・第18次・第22次・第28次・第48次調査区－一般国道10号古国府拡幅事業に伴う埋蔵文化財発掘調査報告書（2）－』大分県教育庁埋蔵文化財センター調査報告書第9集、大分県教育庁埋蔵文化財センター、2006
　　　坂本嘉弘・田中裕介・後藤晃一編『豊後府内6　中世大友府内町跡第10次調査区－大分駅付近連続立体交差事業に伴う埋蔵文化財発掘調査報告書（5）－』大分県教育庁埋蔵文化財センター調査報告書第15集、大分県教育庁埋蔵文化財センター、2007
　　　坂本嘉弘・後藤晃一編『豊後府内7　中世大友府内町跡第20次調査区－一般国道10号古国府拡幅事業に伴う埋蔵文化財発掘調査報告書（3）－』大分県教育庁埋蔵文化財センター調査報告書第16集、大分県教育庁埋蔵文化財センター、2007
　　　吉田寛・染谷和徳・坂本嘉弘編『豊後府内18　中世大友府内町跡第91・92・93次調査区－一般国道10号古国府拡幅事業に伴う埋蔵文化財発掘調査報告書（9）－』大分県教育庁埋蔵文化財センター調査報告書第64集、大分県教育庁埋蔵文化財センター、2013
（2）　大友氏の城下町跡については、大友氏の居城区域と町屋区域を分けて遺跡名を付している。大友氏の居城区域は「大友氏館跡」、町屋区域は「中世大友府内町跡」と呼称している。
（3）　松本慎二編『原城跡』南有馬町文化財調査報告第2集、南有馬町教育委員会、1996
　　　松本慎二編『原城Ⅱ』南有馬町文化財調査報告第3集、南有馬町教育委員会、2004
　　　松本慎二編『地下に眠る信仰のあかし』南有馬町教育委員会、2002
（4）　永松実編『朝日新聞社長崎支局敷地埋蔵文化財発掘調査報告書』長崎市埋蔵文化財調査協議会、1992
（5）　扇浦正義・高田美由紀編『万才町遺跡－朝日生命ビル建設に伴う埋蔵文化財発掘調査報告書－』長崎市埋蔵文化財調査協議会、1996
（6）　宮崎貴夫・寺田正剛編『万才町遺跡－長崎県庁新別館建替に伴う発掘調査報告書－』長崎県文化財調査報告書第123集、長崎県教育委員会、1996
（7）　扇浦正義編『勝山町遺跡－長崎市桜町小学校新設に伴う埋蔵文化財発掘調査報告書－』長崎市教育委員会、2003
（8）　佐藤一郎編『博多85－博多小学校建設に伴う埋蔵文化財発掘調査報告書－』福岡市埋蔵文化財発掘調査報告書第711集、福岡市教育委員会、2002
（9）　金子智・今野春樹・鈴木康友編『東京都千代田区　東京駅八重洲北口遺跡』千代田区東京駅八重洲北口遺跡調査会、2003

(10) 佐藤浩司編『黒崎城跡3－前田熊手線街路事業に伴う埋蔵文化財発掘調査報告3－』北九州市埋蔵文化財調査報告書第375集、財団法人北九州市芸術文化振興財団埋蔵文化財調査室、2007

　　　角川茂・上野淳也・平尾良光・佐藤浩司「出土した鋳造関連遺物の鉛同位体比」『研究紀要』第22号、財団法人北九州市芸術文化振興財団埋蔵文化財調査室、2008

(11) 佐藤浩司氏からご教示いただいた。

(12) 梅崎恵司、川上秀秋、中村利至久、田村和裕編『小倉城三ノ丸跡第6地点5（4区と5区の調査）』北九州埋蔵文化財調査報告書第473集、財団法人北九州市芸術文化振興財団　埋蔵文化財調査室、2012

(a) 中世大友府内町跡出土メダイ　1

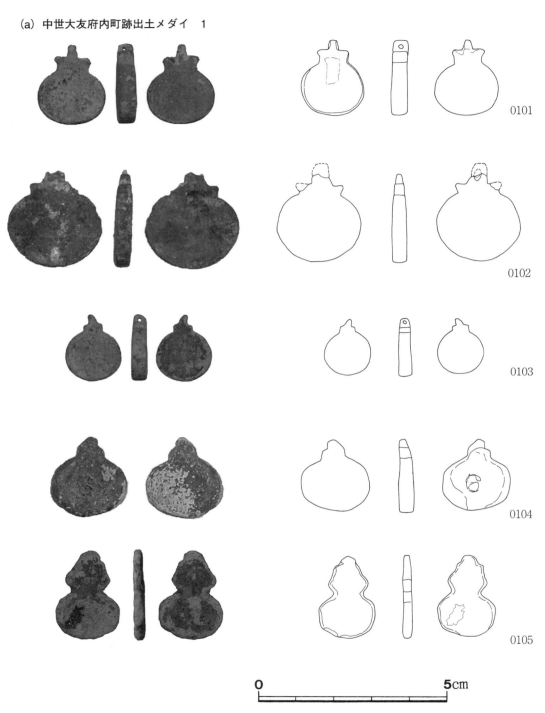

図1　中世大友府内町跡出土メダイ（S=1/1）

第2章 メダイ論

(a) 中世大友府内町跡出土メダイ 2

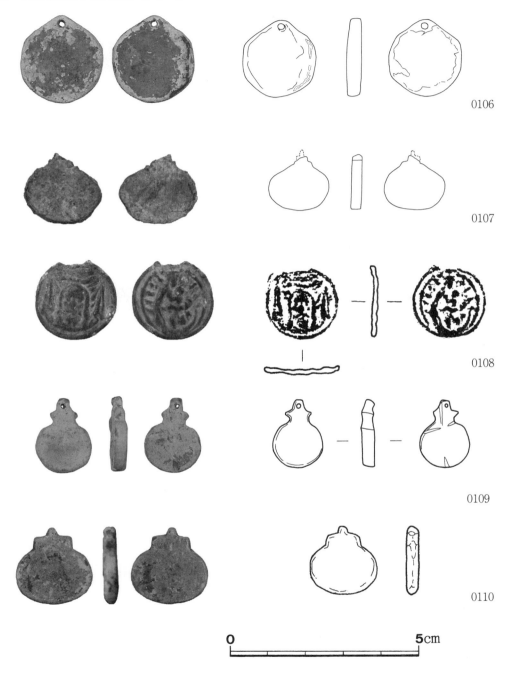

図2 中世大友府内町跡出土メダイ（S=1/1）

(a) 中世大友府内町跡出土メダイ 3

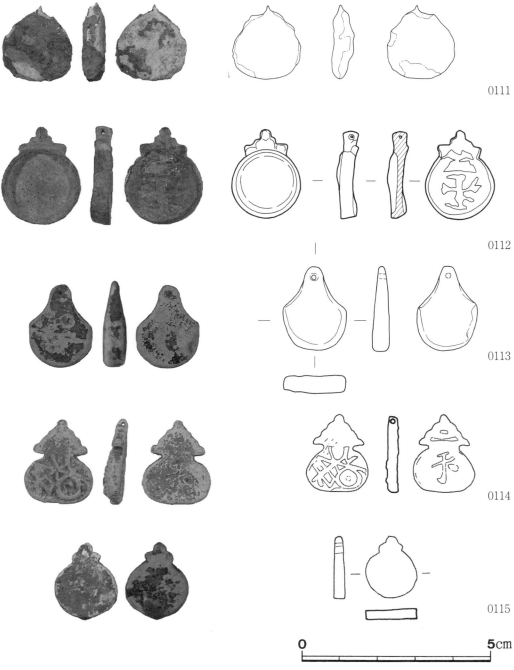

図3 中世大友府内町跡出土メダイ (S=1/1)

(a) 中世大友府内町跡出土メダイ　4

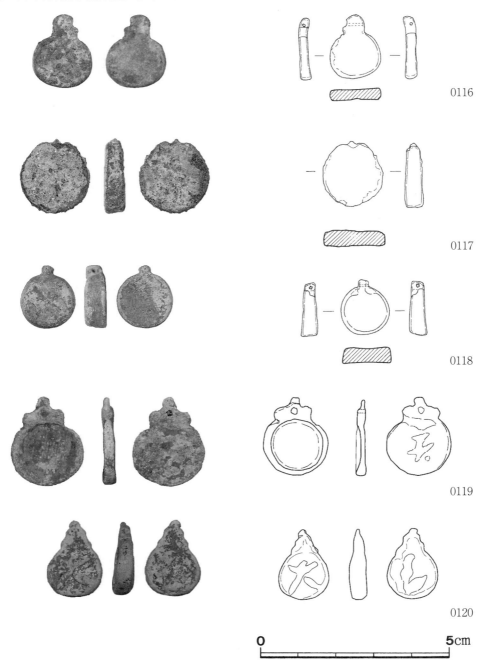

図4　中世大友府内町跡出土メダイ（S=1/1）

(a) 中世大友府内町跡出土メダイ　5

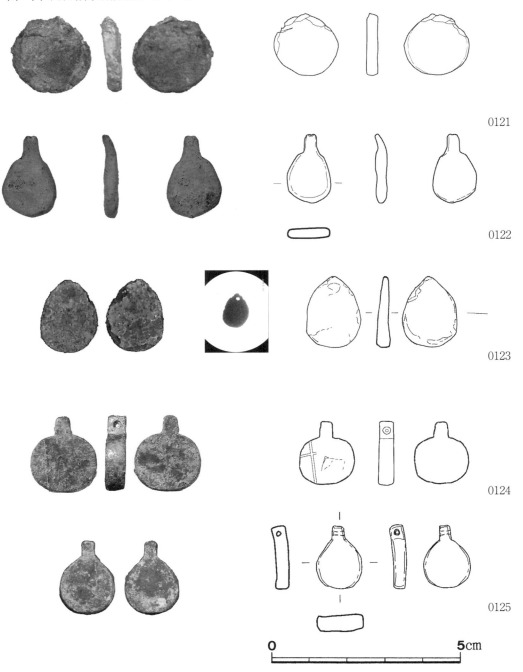

図5　中世大友府内町跡出土メダイ（S=1/1）

第2章 メダイ論

(a) 中世大友府内町跡出土メダイ 6

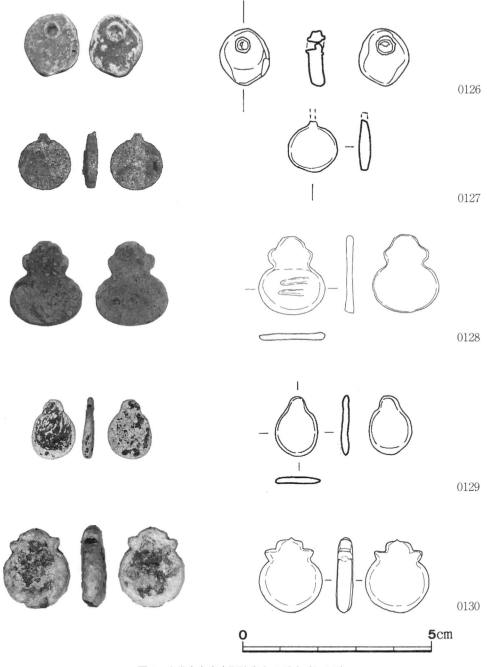

図6　中世大友府内町跡出土メダイ（S=1/1）

(b) 原城跡出土メダイ 1

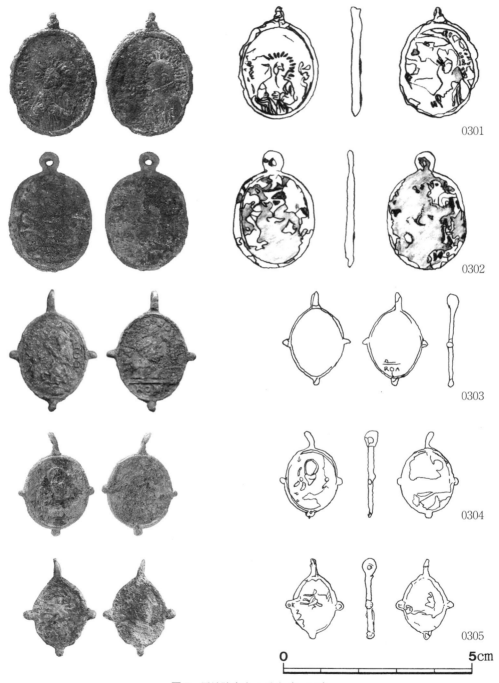

図7 原城跡出土メダイ（S=1/1）

第 2 章　メダイ論

(b) 原城跡出土メダイ　2

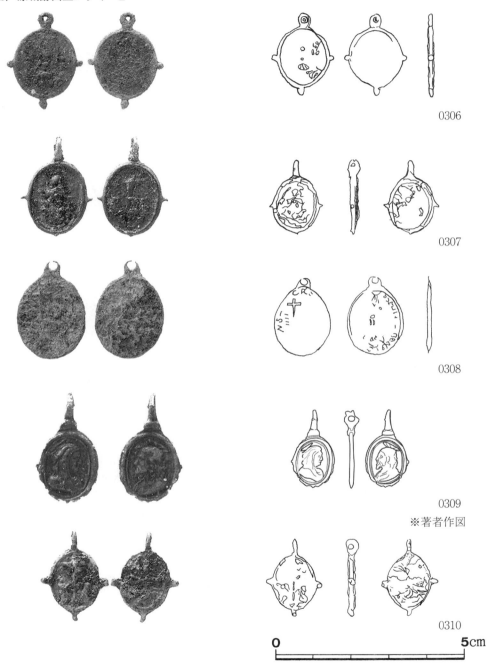

図 8　原城跡出土メダイ（S=1/1）

(b) 原城跡出土メダイ 3

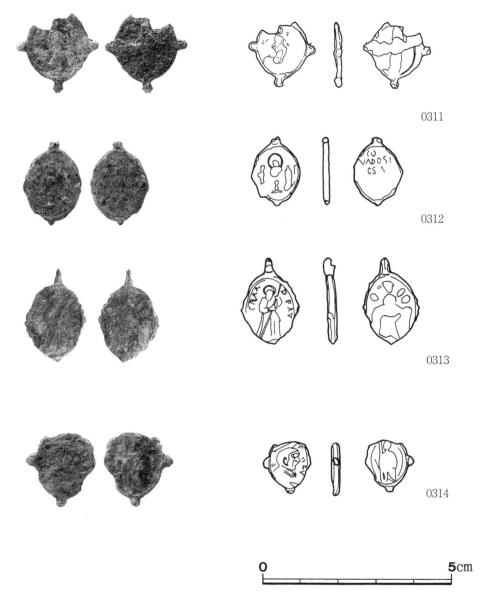

図9　原城跡出土メダイ（S=1/1）

第 2 章　メダイ論

(c) 朝日新聞社長崎支局敷地 ［ミゼリコルディア跡］ 出土メダイ

図 10　ミゼリコルディア跡（S=1/1）

(d) 万才町遺跡出土メダイ

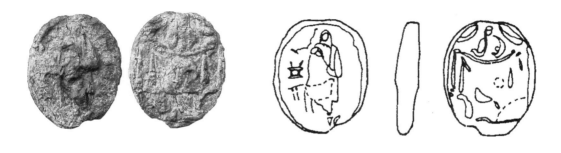

図 11　万才町遺跡出土メダイ（S=1/1）

(e) 万才町遺跡 ［県庁新別館］ 出土メダイ

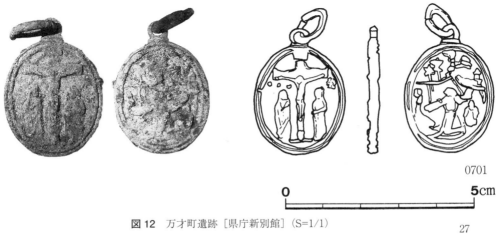

図 12　万才町遺跡 ［県庁新別館］（S=1/1）

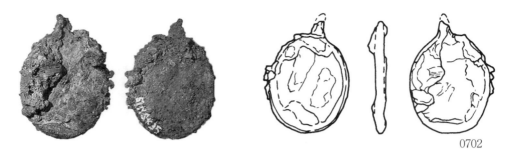

図13 万才町遺跡［県庁新別館］（S=1/1）

(f) 勝山町遺跡出土メダイ

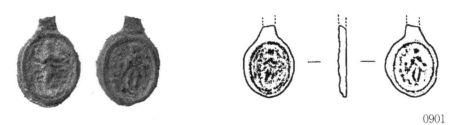

図14 勝山町遺跡出土メダイ（S=1/1）

(g) 博多遺跡群第111次調査出土メダイ・鋳型

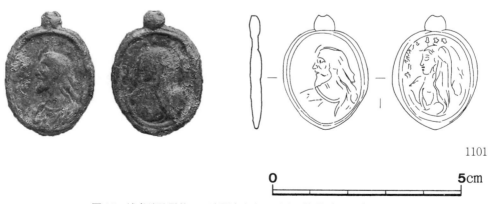

図15 博多遺跡群第111次調査出土メダイ・鋳型（S=1/1）

第 2 章　メダイ論

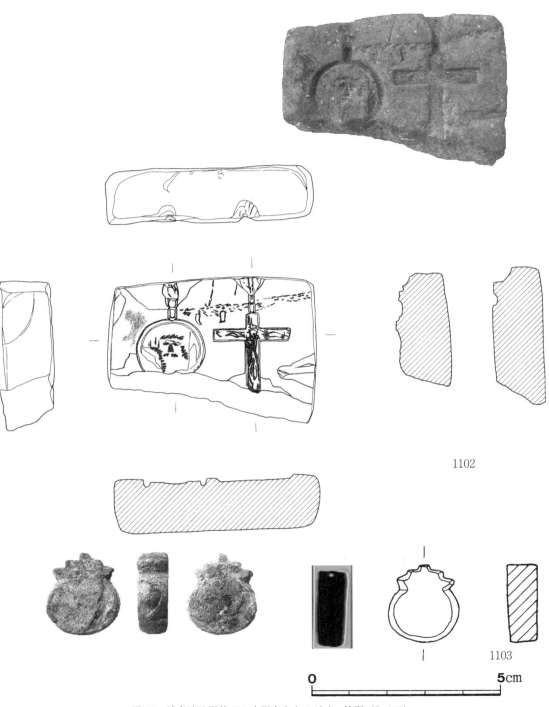

図 16　博多遺跡群第 111 次調査出土メダイ・鋳型（S=1/1）

(h) 東京駅八重洲北口遺跡出土メダイ

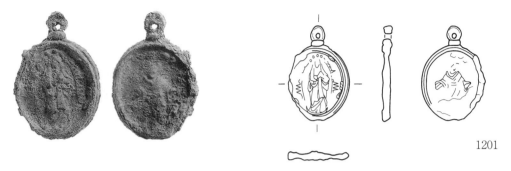

図17　東京駅八重洲北口遺跡出土メダイ（S=1/1）

(i) 黒崎城跡5a区出土メダイ

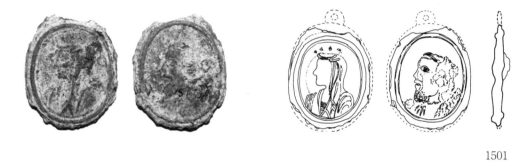

図18　黒崎城跡5a区出土メダイ（S=1/1）

(j) 小倉城三ノ丸跡第6地点5（4区と5区の調査）出土メダイ

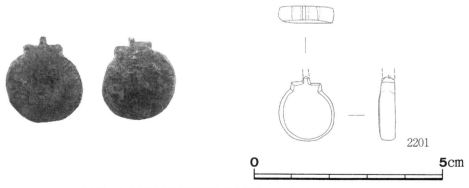

図19　小倉城三ノ丸跡第6地点5出土メダイ（S=1/1）

第 2 章　メダイ論

2. 伝世メダイ一覧

　ここでは、伝世資料についてみていくことにする。出土メダイと同じく、メダイの面については、現段階においてはメダイの表裏の定義が明確ではないため、A面、B面（写真は向かって左がA面、右がB面である）として記すこととする。また【　】内の番号は、本項末の図2〜8（伝世メダイ一覧）及び、巻末資料「Ⅰ. キリシタン資料一覧」の番号に対応し、さらに化学組成については巻末資料「Ⅲ. 理化学分析データ一覧」を参照されたい。

(a) 東京国立博物館所蔵メダイ[(1)]

　東京国立博物館に所蔵されているメダイは300数十点にのぼるが、その内16世紀後半〜17世紀初頭の資料はわずか16点で5％ほどである。その他の大半は19世紀の資料である。それらのメダイの中には1830年の年号が記されるものがあり、製造時期が特定できる。この1830年銘のメダイはどれも同様のモチーフを持っており、通称「不思議のメダイ」と呼ばれるものである。このメダイはフランスで最初2万個を超える製造が行われ、その後8年の内に1000万個が廉価で売り尽くされたという、当時大流行したメダイである。東京国立博物館所蔵の19世紀の資料の様相は、当時流行していた「不思議のメダイ」のモチーフ、形態を反映している。

　本書では、布教期のメダイを対象としているので、この19世紀のメダイは除外し、16〜17世紀の16点について見ていくこととする[(2)]。

　各資料の出自については、「長崎奉行所旧蔵品（宗門蔵にて保管）」【0201〜0207】とされているもの、「京都府福知山城堡内発掘」【0208〜0215】とされているものが大半を占め、1点が「明治12年12月内務省社寺局より引継ぎ」【0216】とされている。また、長崎奉行所旧蔵品の内1点【0207】は「明和三年戌八月十二日高木菊次郎差出す、是者湊御浚之節出島沖にて浦上村淵懸り飽の浦八大夫掘出す」の包紙あり、と記録にある。

　長崎奉行所旧蔵品については、｛A面：天使聖体礼拝図－B面：文字 LOVVADO SEIA O SANCTISSIMO SACRAMENTO（いとも尊き聖体の秘蹟はほめ尊まれ給え）｝が2点【0201・0202】、｛A面：無原罪の聖母－B面：大天使ミカエル｝が1点【0203】、｛A面：聖母子像－B面：聖カルロ・ボッロメーオ｝が1点【0204】、｛A面：無原罪の聖母－B面：聖人像｝が1点【0205】、｛A面：キリスト半身像－B面：聖母子像｝が1点【0206】、｛A面：リマの聖ロザ像－B面：聖ドミニコ像｝が1点【0207】である。

　形態的にみると、突起楕円形（楕円形で周囲に突起を付して十字架を模す）が最も多く4点【0201〜0203・0205】、円形1点【0204】、楕円形が1点【0206】、多角形（八角形）が1点【0207】である。

素材については、東京国立博物館図版目録によれば、すべて真鍮製とされている。

次に京都府福知山城堡内発掘出土資料については、｛A面：天使聖体礼拝図－B面：文字LOVVADO SEIA O SANCTISSIMO SACRAMENTO（いとも尊き聖体の秘蹟はほめ尊まれ給え）｝が最も多く3点【0208～0210】、次に｛A面：マリア半身像－B面：キリスト半身像｝【0212・0213】、｛A面：聖フランシスコ・ザビエル－B面：聖イグナティウス・デ・ロヨラ｝【0214・0215】、がそれぞれ2点ずつ、そして｛A面：無原罪の聖母像－B面：聖母を拝する僧｝【0211】が1点ある。

形態的にはやはり突起楕円形が最も多く6点【0208～0211・0214・0215】、円形が1点【0213】、楕円形が1点【0212】である。

素材は、東京国立博物館図版目録によれば、すべて真鍮製とされている。

最後に「明治12年12月内務省社寺局より引継ぎ」とされている資料【0216】は、｛A面：キリストの磔刑－B面：無原罪の聖母｝で、素材は鉛製とされている。他の資料に比べ、作りが稚拙で国内製ではないかとされている。

以上の資料には、いずれも年代決定に結びつく刻銘は見られない。【0214・0215】は聖フランシスコ・ザビエルと聖イグナティウス・デ・ロヨラと図録では報告されているが、刻銘がないため聖人かどうかは断定しがたいと思われる。もし聖人であれば列聖後となり、メダイは1621年以降の所産となるが、国内では福者期のザビエルとロヨラのメダイも確認されており、検証が必要である。ただいずれにしても、ザビエルとロヨラのメダイについては、現段階では国内で発見されているものはいずれも17世紀以降のものである。

(b) 天草ロザリオ館所蔵（山下大恵氏）メダイ（図2）

当時水方（隠れ切支丹の儀式を行う人物）だった系統の子孫が代々継承してきたものである[3]。

｛A面：ヴェロニカ－B面：聖母子像｝のメダイが2点【0801・0802】（いずれも円形の形態）、｛A面：マリア半身像－B面：キリスト半身像｝が1点（楕円形の形態）、【0803】、｛A面：天使聖体礼拝図－B面：文字LOVVADO SEIA O SANCTISSIMO SACRAMENTO（いとも尊き聖体の秘蹟はほめ尊まれ給え）｝（突起楕円形の形態）が1点【0804】、｛A面：キリストの磔刑－B面：無し｝（円形の形態）が1点【0805】である。

この内【0804】と【0805】は一対になっている。また【0805】は非常に特異な形態で一般的なメダイとは異なる。銅製とみられる円盤状製品の一方の面に、キリストの磔刑と思われる図柄が線刻されている。図像は非常に稚拙で、国内で恐らくキリスト教弾圧期に作られた物と思われる。上部に穿孔がされ、円盤状の形態を呈し、さらにはキリストの磔刑と思われる図像が描かれることからメダイの一種に位置づけた。

【0801・0802】のヴェロニカ（VERONICA）とは、キリストがゴルゴダの丘へ向かう途中

に現れるシリアの架空の聖女で、vera icona（真実の画像）の人格化と考えられている[4]。彼女がキリストの顔の血と汗をヴェールでぬぐったところ、そのヴェールにはキリストの顔が写し出されたという。このメダイに描かれているキリストの像は、まさにそのヴェールに写し出された像であり、キリスト教ではこれを「真の像」として位置づけている。【0801】は一方の面にキリストの半身像がはっきり見え、もう一方の面にはキリストを抱きかかえているマリアの像が見える。紐を通す鈕の部分は割れてなくなっている。【0802】は、画像の残りは良くないが、一方の面にやはりキリストの像が見える。ただ【0802】の方は紐を通す部分が初めからなかったようである。両者とも、直径1.9cm前後の円形を呈す。

金属の素材については、平尾良光氏・魯禔玹氏の両氏によって理化学分析が行われている。【0801～0804】については、蛍光X線分析が行われており、【0801～0803】はすべて鉛・錫製、【0804】は真鍮製であることが判明した。

また【0801～0803】については鉛同位体比分析結果も出ており、【0801・0802】は朝鮮半島産の鉛が使用されており、【0803】にいては、現段階では産地は確定できない。

いずれの資料も年代を示す刻銘等は見られない。

（c）生月町博物館「島の館」所蔵メダイ（図2）

生月町は布教期初期の16世紀半ばから信仰の厚い地域であった。1558（永禄元）年は、ヴィレラ神父の勧めで、ドン・アントニオ（籠手田安経）が自らの領内である生月島南部、度島、平戸島の春日、獅子、飯良で家臣や領民などの一斉改宗を行い、さらに1563（永禄6）年には、生月の教会から四分の一里の場所に、日本で建てられた中でも最も美しい十字架が建てられた[5]。

しかしながら、豊臣秀吉のバテレン追放令、さらには江戸時代の禁教政策の中、生月島のキリシタンたちも冬の時代を迎える。ただこの弾圧下の中においても、潜伏キリシタンたちは、表面では仏教に従い絵踏などの宗門改を課されながらも、コンチリサン（またはコンヒサン）の赦しのオラショ（祈り）を唱え、それらを悔戻して、幕末にいたるまで信仰を守りつづけた[6]。

ところが、1873（明治6）年のキリシタン禁制の高札撤廃後、国内でカトリック教の再布教が始まるが、その際に、生月島の潜伏キリシタンの中には、潜伏期の信仰形態に固執し、その継続をはかってカトリック教団に合流することを拒否した信者がいた。こうした彼らのような信仰及び信者を「カクレ（かくれ）キリシタン」と呼称する[7]。本書で扱うメダイの資料は、かれら「カクレ（かくれ）キリシタン」が所持し、今日まで伝えてきたものである。

【1001～1003】は生月町（正和2）で伝世されたメダイである。「正和2」とは垣内と呼ばれる集落内で、それぞれご神体を奉じている組の名の一つである。【1001】は楕円形の形態で図像は |A面：福者フランシスコ・ザビエル－B面：福者イグナティウス・デ・ロヨ

ラ」である。ザビエルの周囲には文字が巡っており、恐らく B.FRANC.XAVERIVS であろうと思われる。"B" は "Beatus"（福者）の "B" で、聖人の場合は "Saint" で、"S" となる。B面のロヨラについても、文字がはっきりと読めないが、ザビエルが福者であれば、ロヨラも福者で "B" であろう。

【1002・1003】は一対になっている。いずれも突起楕円形の形態で、図像は「A面：天使聖体礼拝図－B面：文字 LOVVADO SEIA O SANCTISSIMO SACRAMENTO（いとも尊き聖体の秘蹟はほめ尊まれ給え）」である。両者はほぼ同サイズで、ともにA面の上部に縦方向の同じ疵が見られることから、同笵であることが分かる。

【1004】は生月町の谷内ツイ氏寄贈品で、突起楕円形の形態をなし、図像は「A面：キリストの磔刑－B面：聖母子像」である。A面のキリストの磔刑図については、十字架にかけられたイエスとその傍らに立つ聖母マリアと聖ヨハネが描かれている。

【1005・1006】は生月町（旧日草3）所蔵メダイで、「日草3」とは「正和2」と同じく垣内名である。【1005】は前述の【1004】と同形態で、図像も同じ「A面：キリストの磔刑－B面：聖母子像」である。【1006】は、「A面：無原罪の聖母－B面：キリストの磔刑」の図像であるが、貝製である点が特徴的である。

上記の全資料（【1006】の貝製品は除く）については、平尾良光氏・魯禔玹氏の両氏によって蛍光X線分析が行われている。その結果、すべて真鍮製であった（巻末資料「Ⅲ. 理化学分析データ一覧」参照）。

(d) 茨木市千提寺・下音羽地区所蔵メダイ（図3）

千提寺・下音羽地区は、大阪府茨木市の山地部に位置する。高槻城主であった高山右近の領地であったこともあり、キリスト教の信仰の厚い地域であった。ここでとりあげるメダイはこの地区の中谷家と東家に伝えられた資料である。以下、個別の資料について見ていくが、すべての資料について、平尾良光氏・魯禔玹氏の両氏によって、蛍光X線分析による理化学分析が行われており、文中で示す素材はすべてその分析データに基づくものである。分析データの詳細については、巻末資料「Ⅲ. 理化学分析データ一覧」を参照されたい。

【1301】は千提寺の中谷栄太郎氏宅発見遺物である。突起楕円形の形態をなし、図像は「A面：ローマ教皇「クレメンス8世」－B面：義の門」である。A面には、「教皇クレメンス八世の肖像とその周囲に「CLEMENS Ⅷ・FON・MAX・AN・Ⅶ 1600」のラテン文字があり、「教皇クレメンス八世・在位の第七年・西暦1600年」の意である。B面には、「義の門」の図像と「IVSTI・INTRABANT・PER・EAM」の銘文および下方に「1600」の数字が認められ、「義人はこれを通って入る、1600年」の意味である[8]。さらに詳しい図像の解釈についてはチースリク氏が、「クレメンス八世は1599年5月19日の大勅書によって、来る1600年を『聖年』と宣言し、1599年12月31日に聖ペトロ大聖堂の『聖門』を開く儀式

によってこの聖年を開始し、1601年1月30日に聖門の扉を閉めることによって終わるように」した事実に着目し、このメダイが記念的な「聖年のメダイ」であることを強調している。さらに、日本のように遠い国では、聖年に関する教皇勅書が到着し、同地方の司教が発表する期間に執行されることになっていた。中谷家のメダイは、司祭が本件を伝えに1600年より数年遅れて到着したことを示す資料であるとしている⁽⁹⁾。

しかし、これについては、浅野ひとみ氏が西洋の聖年メダイの検証を通して、異なる見解を提示している。浅野氏によれば、クレメンス八世代に教皇庁で製作されたメダイの中に千提寺と同じ図像は見いだせないとし、中でも聖門の形などが後年の製作であることを示しており、1620年頃にクレメンス八世の事業を祈念するために信徒会によって製作されたメダイの可能性を指摘している⁽¹⁰⁾。

素材は真鍮製である。

【1302～1308】は千提寺の東藤次郎氏宅発見遺物である。かつて1923年に、京都大学考古学研究によって報告された資料である⁽¹¹⁾。当初8点あったそうだが、現在では7点のみで⁽¹²⁾、その7点についてみていく。

【1302】は楕円形の形態をなし、図像は |A面：マリア半身像－B面：キリスト半身像| である。素材は真鍮製である。

【1303】は円形の形態をなし、図像は |A面：キリストの磔刑－B面：聖母子像| である。素材は錫＋鉛製である。作りや素材から見て日本製の可能性が高い。

【1304】は円形で、図像は |A面：ローマ教皇　グレゴリオ14世－B面：キリスト　聖母マリア　鳩| である。図像の詳細については、A面は「ローマ教皇グレゴリオ十四世」の肖像と周縁に「GREGORIVS・XIV・PONT・MAX」、下方に「AN・I」の銘文がみえる。大阪府文化財調査研究センターの報告によれば「「PONT・MAX」とは「PONTIFEX・MAXIMVS」の省略形であって「最高の司教；教皇」の意である。「AN・I」はこの場合「教皇在位の第一年」の表記である。「グレゴリオ十四世」の在位期間は1590年12月5日から1591年10月15日までであり、またこのメダイ自体のローマでの鋳造の年代は1591年に特定されるので、フィリピンを経由して我が国に流入した時期はそれより相対的に後の時代のこととなる。」としている⁽¹³⁾。

一方B面については、向かって右にキリスト、左に聖母マリア、その上方中央に聖霊をあらわす鳩の像が描かれる。同じく大阪府文化財調査研究センターの報告によれば「マリア像の後方付近から時計廻りに「IN・GRAM・PHILIPPINARVM」、下方には反時計廻りに「ROMAE・AN・1591」のラテン語の銘文を認めることができる。「GRAM」は「GRATIAM」（恩顧あるいは厚意）の省略形であり、スペインの植民地であった「フィリピン諸島への恩顧」といった意味であろう。」としている⁽¹⁴⁾。

素材は真鍮製である。

【1305】は楕円形の形態をなし、図像は ｛A面：無原罪のマリア－B面：救世主像・IHS・3本の釘｝ である。素材は真鍮製である。

【1306】は突起楕円形の形態をなし、図像は ｛A面：天使聖体礼拝図－B面：文字 LOVVADO SEIA O SANCTISSIMO SACRAMENTO（いとも尊き聖体の秘蹟はほめ尊まれ給え）｝ である。素材は真鍮製である。

【1307】は突起楕円形の形態をなし、図像は ｛A面：十字架捧持者（フランシスコ・ザビエル）－B面：十字架捧持者（イグナティウス・デ・ロヨラ）｝ である。ザビエルは十字架を見つめて、両手を胸に当て、ロヨラは十字架を礼拝している。素材は真鍮製である。

【1308】は楕円形をなし、｛A面：フランシスコ・ザビエル－B面：イエス・聖母マリア・マグダラのマリア？[15]｝ で、A面には「B. FRANC. XAVERIVS」の文字が見られる。B面は「S・P・S・P」の文字が見られ、聖ペテロと聖パウロを表していると考えられる[16]。素材は真鍮製である。

（e）土井の浦カリスト記念館所蔵メダイ

長崎県新上五島町土井の浦教会にあるカリスト記念館に所蔵されているメダイである【1701】。突起楕円形の形態をなし、図像は ｛A面：フランシスコ・ザビエル－B面：イグナティウス・デ・ロヨラ｝ である。刻銘がないので、聖別後か福者の時期なのかは不明である。17世紀段階の可能性がある。

（f）神戸市立博物館所蔵メダイ（図3～図6）

神戸市立博物館に所蔵されているメダイは、福井医家に伝来する資料である。実見し計測した資料は38点であるが、その内2点【1403・1404】は箱に納められており、その箱書きには「嶋原旧教徒より没収」とあった。つまりこの2点は他の所蔵資料とは異なって、もともと九州の島原にあった資料であることが分かる。この箱の中にはメダイの他に鉛・錫製と思われる指輪が1点含まれていた。この指輪とほぼ同じような形態で、さらに素材も鉛・錫製である資料が、同じ九州の大分市に位置する中世大友府内町跡から出土している。

図1　島原旧教徒没収品

【1401】｛A面：聖イグナティウス・デ・ロヨラ－B面：聖イグナティウス・デ・ロヨラ｝
【1402】｛A面：聖母子像（カルメル山の聖母）－B面：聖カルロ・ボッロメーオ｝

表1　福井医家伝来資料　図像構成

A面図像	B面図像	点数
カルメル山の聖母		
	聖カルロ・ボッロメーオ	1
カルメル山の聖母 集計		1
マリア半身像		
	キリスト半身像	4
マリア半身像 集計		4
玉座の聖母		
	王冠を付けた磔刑のイエズス	2
玉座の聖母 集計		2
十字架		
	聖母子立像（三角構図）？	1
十字架 集計		1
聖イグナティウス・デ・ロヨラ		
	聖イグナティウス・デ・ロヨラ	1
聖イグナティウス・デ・ロヨラ 集計		1
聖体と文字		
	聖イグナティウス・デ・ロヨラ	1
聖体と文字 集計		1
天使聖体礼拝図		
	文字	3
天使聖体礼拝図 集計		3
無原罪の聖母		
	キリストの磔刑	3
	マリアへのお告げ	1
	モンセラト	2
	ロザリオの聖母（環状）	1
	救世主像・IHS・3本の釘	2
	苦行するマグダラのマリア	1
	最後の審判における魂の裁き	1
	聖アントニウスと傍らで跪くロバ	1
	聖カルロ・ボロメオ	1
	聖ヒエロニムス	1
	聖ライムンドゥス	1
	聖ロック	1
	聖痕を受けるアッシジの聖フランシスコ	2
	洗礼者ヨハネ	3
	福音記者聖ヨハネ	1
無原罪の聖母 集計		22
不明		
	キリストの磔刑	1
不明 集計		1
総計		36

【1403】 {A面：無原罪の聖母－B面：聖痕を受けるアッシジの聖フランシスコ}
【1404】 {A面：ヴェロニカ－B面：聖母子像}
【1405】 {A面：十字架線刻－B面：聖母子立像（三角構図）}
【1406】 {A面：無原罪の聖母－B面：救世主像・IHS・3本の釘}
【1407】 {A面：無原罪の聖母－B面：ロザリオの聖母（環状）}
【1408】 {A面：無原罪の聖母－B面：聖アントニウスと傍らで跪くロバ}
【1409】 {A面：無原罪の聖母－B面：聖ライムンドゥス}
【1410】 {A面：無原罪の聖母－B面：聖ロック}
【1411】 {A面：無原罪の聖母－B面：洗礼者ヨハネ}
【1412】 {A面：無原罪の聖母－B面：洗礼者ヨハネ}
【1413】 {A面：無原罪の聖母－B面：聖カルロ・ボッロメーオ}
【1414】 {A面：マリア半身像－B面：キリスト半身像}
【1415】 {A面：玉座の聖母－B面：王冠を付けた磔刑のイエズス}
【1416】 {A面：玉座の聖母－B面：王冠を付けた磔刑のイエズス}
【1417】 {A面：マリア半身像－B面：キリスト半身像}
【1418】 {A面：マリア半身像－B面：キリスト半身像}
【1419】 {A面：マリア半身像－B面：キリスト半身像}
【1420】 {A面：無原罪の聖母－B面：キリストの磔刑}
【1421】 {A面：聖体と文字－B面：聖イグナティウス・デ・ロヨラ}
【1422～1424】 {A面：天使聖体礼拝図－B面：文字 LOV/VADO SE/IA O SANC/TISS SA/CRAM}
【1425】 {A面：無原罪の聖母－B面：聖痕を受けるアッシジの聖フランシスコ}
【1426】 {A面：無原罪の聖母－B面：モンセラト　聖母マリアと鋸を持つ幼児キリスト}
【1427】 {A面：無原罪の聖母－B面：救世主像・IHS・3本の釘・IHS}
【1428】 {A面：無原罪の聖母－B面：洗礼者ヨハネ}
【1429】 {A面：無原罪の聖母－B面：キリストの磔刑}
【1430】 {A面：無原罪の聖母－B面：苦行するマグダラのマリア}
【1431】 {A面：無原罪の聖母－B面：最後の審判における魂の裁き}
【1432】 {A面：無原罪の聖母－B面：マリアへのお告げ}
【1433】 {A面：無原罪の聖母－B面：モンセラト　聖母マリアと鋸を持つ幼児キリスト}
【1434】 {A面：無原罪の聖母－B面：聖痕を受けるアッシジの聖フランシスコ}
【1435】 {A面：無原罪の聖母－B面：聖ヒエロニムス}
【1436】 {A面：無原罪の聖母－B面：キリストの磔刑}
【1437】 {A面：無原罪の聖母－B面：福音記者聖ヨハネ}

【1438】｜A面：-キリストの磔刑 - B面：不明｜

　まず、福井医家伝来資料についてみてみる。形態については、円形が1点、突起楕円形が25点、楕円形が10点で、突起楕円形が圧倒的に多い。次に、図像については、表1に示すような構成になっている。まず表1から分かるように、図像としては「無原罪の聖母」が圧倒的に多く22点と半分以上を占める。この「無原罪の聖母」の図像と対となる図像としては、「キリストの磔刑」、「洗礼者ヨハネ」がそれぞれ3点で最も多く、「聖痕を受けるアッシジの聖フランシスコ」「救世主像・IHS・3本の釘」「モンセラト」がそれぞれ2点で次に多い。

　この「無原罪の聖母」以外の図像構成で多いのは｜A面：マリア半身像 - B面：キリスト半身像｜が4点で、A面・B面の図像セットとしては、これが1番多い。次に多いのは｜A面：天使聖体礼拝図 - B面：文字LOVVADO SEIA O SANCTISSIMO SACRAMENTO（いとも尊き聖体の秘蹟はほめ尊まれ給え）｜で3点、そして｜A面：玉座の聖母 - B面：王冠を付けた磔刑のイエズス｜が2点で続く。

　素材については、化学分析が行われていないため、実見した際の色や腐食の様相からの推測に基づかざるを得ない。真鍮製と思われるものが28点、鉛・錫製と思われるものが8点確認できる。

　次に島原旧教徒からの没収品については、まず【1403】は突起楕円形の形態で、図像は｜A面：無原罪の聖母 - B面：聖痕を受けるアッシジの聖フランシスコ｜である。素材は実見したところでは真鍮製と思われる。次に【1404】は円形の形態をなし、図像は｜A面：ヴェロニカ - B面：聖母子像｜である。ヴェロニカの面のキリストの頭には茨の冠が確認できる。素材は実見したところでは、鉛・錫製と思われる。

(g) 平戸市根獅子町川上茂次氏所蔵メダイ（図7）

　平戸市根獅子一帯は生月島同様にキリシタンが潜伏していた地域であった。ここで示す4点の資料は、いずれも現在は平戸市根獅子町在住の川上茂次氏が所蔵しているものであるが、この内【1801～1803】は、もとは平戸市飯良町在住の作尾藤四郎氏宅において伝世されたものである。【1801～1803】の3点ともに、聖遺物入れの中に納められて祖先が代々伝世してきたそうである。

　すべての資料について、平尾良光氏・魯禔玹氏の両氏によって、蛍光X線分析による理化学分析が行われており、文中で示す素材はすべてその分析データに基づく。分析データの詳細については、巻末資料「Ⅲ．理化学分析データ一覧」を参照されたい。

　【1801】は府内型メダイで、円形を呈する。上部に逆台形の鈕の台部分を造り、その上に面に対して横方向へ穿孔が施される。また円形の面の部分には、両面ともに中央部分に窪み

が見られる。この窪み部分の左右には横方向に擦痕が認められ、中央部分に何らかのキリストに関係する画像が貼付されていた可能性がある。素材は、銅が約98％を占める純銅製である。

【1802】も府内型メダイである。円形の面の上部にペディメント風の鈕が付き、頂部に穿孔が施される形態が崩れたものと思われる。図像等は確認できない。素材は鉛が99.7％を占める純鉛製である。

【1803】は楕円形の形態をなし、図像は ｜A面：キリスト半身像－B面：聖母子像｜ である。上部に剥離痕が認められ、鈕の部分が欠損したものと思われる。素材は錫48.4％、鉛50.9％の鉛＋錫製である。

【1804】は川上茂次氏の祖先が代々伝世してきたものである。楕円形の形態をなし、面に対して正面方向に穿孔が施される鈕が付く。図像は ｜A面：マリア半身像－B面：キリスト半身像｜ で、素材は錫40.7％、鉛58.8％の鉛＋錫製である

(h) 崎津発見日本二十六聖人記念館所蔵メダイ（図7～8）

天草の崎津で発見された資料で、現在は日本二十六聖人記念館に所蔵されている。金属製のすべての資料の化学組成については、平尾良光氏・魯禔玹氏の両氏による蛍光X線分析結果に基づく。分析データの詳細については、巻末資料「Ⅲ．理化学分析データ一覧」を参照されたい。

【1901～1903】は白蝶貝製で、いずれも国内で製作された物と思われる。

【1901・1903】はいずれも楕円形の形態をなし、｜A面：無原罪の聖母－B面：キリストの磔刑｜ の図像構成で、金属製のメダイでもよくある図像の組み合わせである。

【1902】は楕円形で、｜A面：福者ロヨラ－B面：十字架・IHS・3本の釘｜ の図像構成である。A面の刻銘の一部にスペル間違いがあることから、日本で製作されたのではないかとされている[17]。

【1904】は楕円形の形態をなし、図像は ｜A面：ミカエル－B面：聖母子像｜ である。素材は錫46.2％、鉛52.4％の鉛＋錫製である。

【1905】は突起楕円形の形態をなし、図像は ｜A面：聖体と文字－B面：聖イグナティウス・デ・ロヨラ｜ である。A面の図像の周縁には「LOVVADO SEIA O SANCTISSIMO SACRAMENTO（いとも尊き聖体の秘蹟はほめ尊まれ給え）」の文字が巡る。素材は真鍮である。

【1906】突起楕円形の形態をなし、図像は ｜A面：無原罪の聖母－B面：聖痕を受けるアッシジの聖フランシスコ｜ である。素材は同じく真鍮である。

【1907】は楕円形の形態で、図像は ｜A面：無原罪の聖母－B面：救世主像・IHS・3本の釘｜ である。素材はやはり真鍮である。

(i) 丹生出土日本二十六聖人記念館所蔵メダイ（図8）

　1965（昭和40）年、大分県大分市の丹生台地小原地区の畑で、高さ27cm、口径11cmの備前焼の壺の中にキリシタン遺物が入っているのが発見された。当時調査にあたった賀川光夫氏は、磔のキリスト像が4体（木彫が3体、銅製品が1体）、先端に十字架を配するロザリオとともに、メダイが8点含まれていたとする[18]。しかしメダイについては、現在日本二十六聖人記念館にはガラス等を埋め込んだと思われるメダイ状の金属製品を含めて、全部で10点が確認される。ここではその10点についてみていくこととする。

　なお、すべての資料の化学組成については、平尾良光氏・魯禔玹氏の両氏による蛍光X線分析結果に基づく。分析データの詳細については、巻末資料「Ⅲ．理化学分析データ一覧」を参照されたい。

　【2001～2004】はいずれも突起楕円形の形態で、|A面：天使聖体礼拝図－B面：文字LOVVADO SEIA O SANCTISSIMO SACRAMENTO（いとも尊き聖体の秘蹟はほめ尊まれ給え）|の図像構成をなすものである。【2003】【2004】は一部突起が欠損している。素材についてはいずれも真鍮製であるが、鉛が5～10%と含有量が比較的高いことが判明した。

　【2005】は楕円形の形態で、図像は|A面：マリア半身像－B面：キリスト半身像|である。素材は真鍮製であるが、鉛の含有量が約32%と高い。

　【2006】は、突起楕円形の形態で、|A面：無原罪の聖母－B面：聖痕を受けるアッシジの聖フランシスコ|の図像構成である。素材は真鍮製であるが、鉛の含有量が40%を超えかなり高い。

　【2007】は、楕円形の形態をなし、図像は|A面：無原罪の聖母－B面：救世主像・IHS・3本の釘|である。素材は真鍮製であるが、鉛の含有量がやはり30%を超える。

　【2008】はメダイの範疇には入れられないものかもしれない。中央部に恐らくガラス等をはめ込んだものであろう。上部には鈕が付き、メダイと同様につるすことが可能である。府内型メダイには、ガラス等をうめこんだ窪みをもつものがあるので、そうしたものと同等の系列に考えれば、メダイの範疇に入れることも可能である。

　【2009】は楕円形の形態をなし、図像は|A面：福者フランシスコ・ザビエル－B面：福者イグナティウス・デ・ロヨラ|である。A面のザビエル像の周縁には「B.Franciscus Xaverius」の文字が見える。よって「Beatus」でザビエルが福者であることが分かる。ザビエルが福者であったのは1619年～1621年の間であり、よってこのメダイが丹生にもたらされたのはそれ以後のことである。メダイの時期認定ができる貴重な資料である。素材は蛍光X線分析の結果、真鍮製であった。この資料も20%以上の鉛が含まれている。

　【2010】は、突起楕円形の形態で、図像は|A面：王座の聖母－B面：聖カルロ・ボッロメーオ|である。素材は蛍光X線分析の結果、真鍮製であるが、この資料もやはり30%近い鉛が含まれている。

(b) 天草ロザリオ館所蔵メダイ

【0801】　　【0802】　　【0803】

【0804】　　【0805】

(c) 生月町博物館「島の館」所蔵メダイ

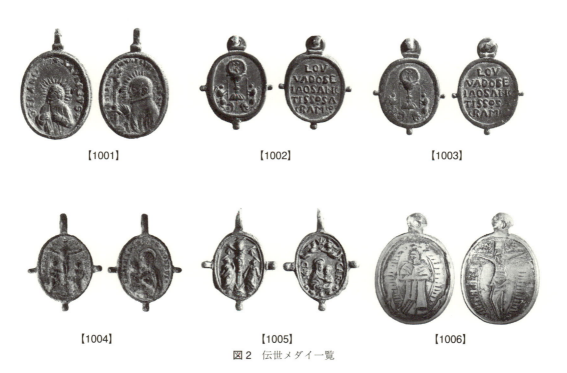

【1001】　　【1002】　　【1003】

【1004】　　【1005】　　【1006】

図2　伝世メダイ一覧

第 2 章　メダイ論

(d) 茨木市千提寺・下音羽地区所蔵メダイ

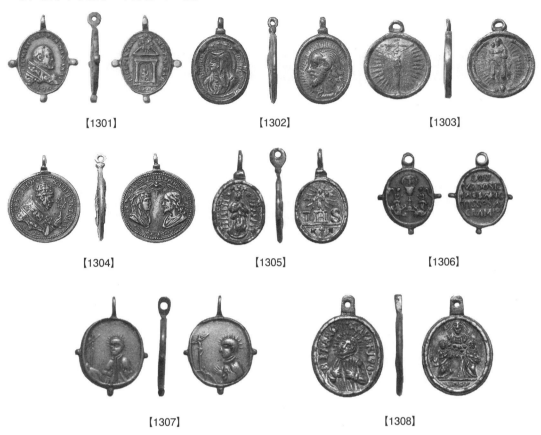

【1301】　　　　　【1302】　　　　　【1303】

【1304】　　　　　【1305】　　　　　【1306】

【1307】　　　　　【1308】

(f) 神戸市立博物館所蔵メダイ

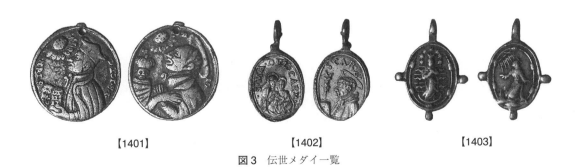

【1401】　　　　　【1402】　　　　　【1403】

図 3　伝世メダイ一覧

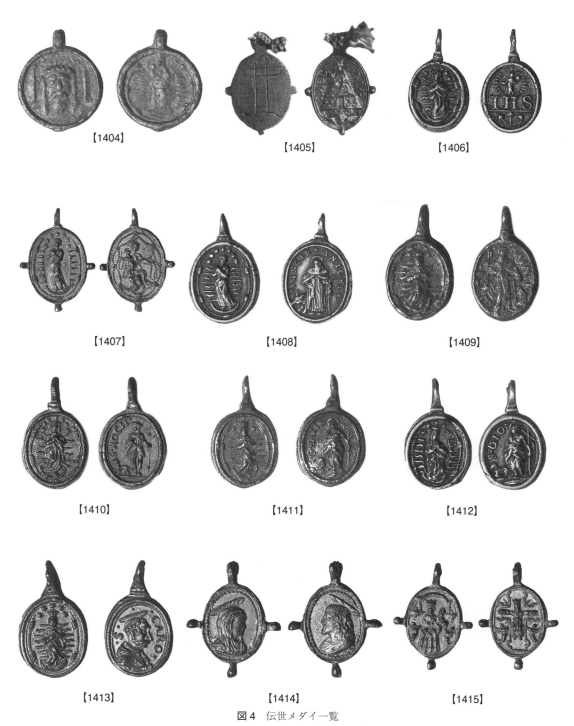

図4 伝世メダイ一覧

第 2 章 メダイ論

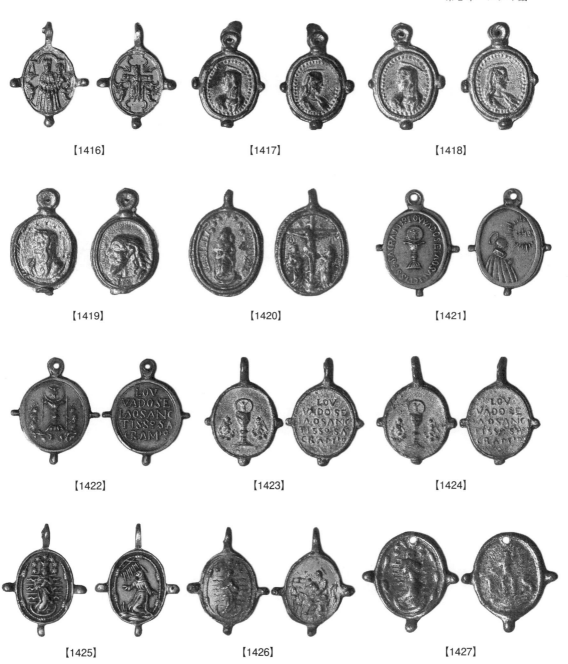

【1416】　　　　　　【1417】　　　　　　【1418】

【1419】　　　　　　【1420】　　　　　　【1421】

【1422】　　　　　　【1423】　　　　　　【1424】

【1425】　　【1426】　　　【1427】

図5　伝世メダイ一覧

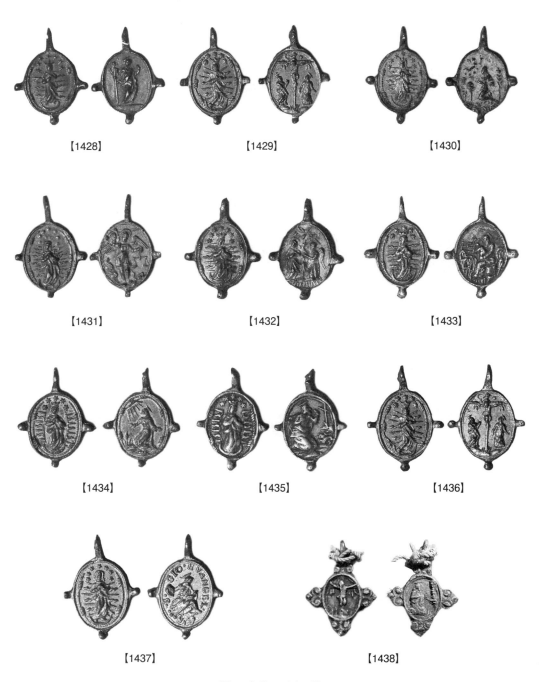

図6 伝世メダイ一覧

第2章　メダイ論

(g) 平戸市根獅子町川上茂次氏所蔵メダイ

【1801】　　　　　　　　　【1802】

【1803】　　　　　　　　　【1804】

(h) 崎津発見日本二十六聖人記念館所蔵メダイ

【1901】　　　　　　　　　【1902】

【1903】　　　　　　　　　【1904】

図7　伝世メダイ一覧

【1905】   【1906】   【1907】

(i) 丹生出土日本二十六聖人記念館所蔵メダイ

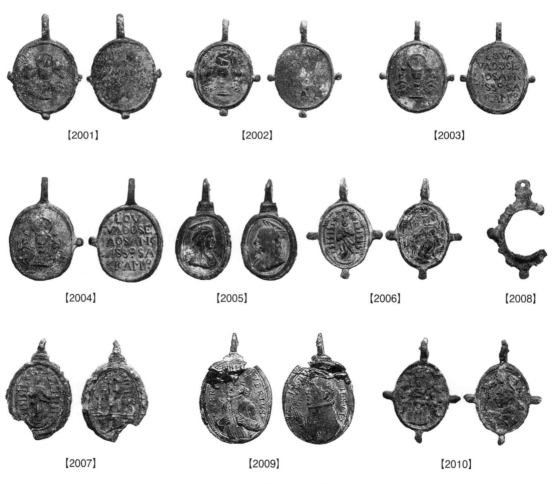

【2001】   【2002】   【2003】

【2004】   【2005】   【2006】   【2008】

【2007】   【2009】   【2010】

図8 伝世メダイ一覧

（註）

(1) 小林牧編『東京国立博物館図版目録－キリシタン関係遺品篇－』東京国立博物館、2001

(2) 註1の図版目録では、16～17世紀の資料は17点紹介されている。その内1点は目録でも「16世紀後期～17世紀初期か」とされているが（目録資料番号397）、形態から見て18世紀まで下る可能性があるためここでは除外している。

(3) 天草ロザリオ館山下大恵氏のご教示による。

(4) 柳宗玄・中森義宗編『キリスト教美術図典』吉川弘文館、1994

(5) 中園成生編『改訂版　生月島のかくれキリシタン』平戸市生月町博物館・島の館、2006

(6) 五野井隆史『日本キリスト教史』吉川弘文館、1990

(7) 註5に同じ。註5では執筆者の中園成生氏は、「かくれ」とするか「カクレ」とするかについては諸研究者によって分かれるところであり、折衷して「かくれキリシタン」とする、としている。

(8) 井藤暁子編『彩都（国際文化公園都市）周辺地域の歴史・文化総合調査報告書』大阪府文化財調査研究センター、1999による

(9) 註8及びHubert Cieslik S.J.「高山右近両の山間部におけるキリシタン－武侠・司牧上の一考察－」『キリシタン研究』第十六輯、キリシタン文化研究会編、吉川弘文館、1976

(10) 浅野ひとみ「布教期の金属製キリシタン信仰具」『文化財学へのいざない』平尾良光先生古稀記念論集、2013

(11) 新村出「摂津高槻在東氏所蔵の吉利支丹遺物」『吉利支丹遺物の研究　附録　日本青銅利器聚成』京都帝国大学文学部考古学研究報告第7冊、京都帝国大学、1926

(12) 註8による。また註10の京都大学報告でも、その当時実物は確認できず拓本のみを掲載するとしている。

(13) 註8の文献に同じ

(14) 註8の文献に同じ

(15) この図像の解釈は、茨木市教育委員会編『千提寺・下音羽のキリシタン遺跡』茨木市教育委員会、2000によるもので、大阪府文化財調査研究センターの報告（註8文献）では、「神と二教父？」としてある。現段階ではいずれかは判別しがたい。

(16) これまでH．チースリク氏によって「MDC XIX（1619年）」の年号と解釈されてきた（Hubert Cieslik S.J.「高山右近領の山間部におけるキリシタン－布教・司牧上の一考察－」『キリシタン研究』第16集、キリシタン文化研究会編、吉川弘文館、1976）が、浅野ひとみ長崎純心大学准教授、児嶋由枝上智大学准教授により「S・P・S・P（聖ペテロと聖パウロ）」と新たに解釈された（井藤暁子「近畿地方を中心としたキリシタン考古学研究の現状－大阪府茨木キリシタン遺跡を中心に－」『一般社団法人日本考古学協会2012年度福岡大会研究発表資料』日本考古学協会2012年度福岡大会実行委員会、2012）。

(17) 故結城了悟氏よりご教示いただいた。

(18) 賀川光夫「キリスト教－宗教考古学の諸相」『季刊考古学』2、雄山閣、1983

第3節　考察

1. メダイの年代について

　これまでメダイの時期認定はどのように行われてきたかというと、基本的にはメダイに描かれた図像の解釈が中心であった。国内で数多くの伝世資料が確認されているが、それらの伝わった当時の記述が残っている文書はほぼ皆無といってよい。したがって、現在残っているメダイそのものを観察することによってしか時期の認定はできなかったのである。そしてこれまで、美術史を中心に研究が進められ、伝世資料の大半が図像解釈に基づいて時期区分されている。恐らくそれらの研究成果は大勢において異論のないものとなっているといってよいであろう。さらにその中には、少数ではあるがほぼ製作年代を推測できるものもある。ここではまずそれをみてみる。代表的なものとして次の4種類が挙げられる。

　なお、文章中の【　】内の番号は、巻末資料「Ⅰ．キリシタン資料一覧」の番号に対応する。

① 「グレゴリウス14世」メダイ
　　千提寺東氏所蔵メダイ【1304】（図1）

　大阪府茨木市千提寺の東氏所蔵のメダイで「グレゴリウス14世」が描かれる（図1の左側）。グレゴリウス14世が在位した期間は1590～91年である。反対の面に描かれたキリストとマリア像の下には1591の年号が見え、その頃の製造が推測される。

② 「クレメンス8世」メダイ
　　千提寺中谷氏所蔵【1301】（図2）

　大阪府茨木市千提寺の中谷氏所蔵のメダイで、「クレメンス8世」が描かれ、下に1600年銘が記されている。

③ 　福者ザビエルメダイ
　　大分市丹生発見【2009】（図3）
　　原城跡出土【0301】
　　生月町（正和2）所蔵【1001】
　　千提寺東氏所蔵【1308】

図1　千提寺東氏所蔵メダイ【1304】

図2　千提寺中谷氏所蔵メダイ【1301】

図3　大分市丹生発見メダイ【2009】

一方の面にフランシスコ・ザビエル、一方の面にはイグナティウス・デ・ロヨラが描かれる。

このうちザビエルの面については、ザビエルの像の上部に「B.FranciscusXaverius」という文字が記されており、ザビエルが福者であったことが示されている。よってこのメダイの製造は、ザビエルが福者であった期間1619～21年の間である可能性が高い。

④ 「聖カルロ・ボッロメーオ」メダイ
　東京国立博物館所蔵【0204】
　福井医家伝来資料【1402】【1413】（図4）

図4　福井医家伝来資料【1413】

聖カルロ・ボッロメーオとは、イタリア生まれのカトリックの聖人で、1565年にはミラノ大司教になった。

1584年11月4日、ミラノで死去した後、1610年11月1日に列聖された。図4のメダイ（右側が該当、左側は無原罪のマリア）には聖カルロの横顔とその上に"S CARO"の文字が見られ、"S"の文字から聖人であることが分かる。彼の列聖年である1610年以降に製作された可能性を示す資料である。

以上の4種類のメダイは、製作年代が推察できる例である。しかし、メダイの図像や年号は必ずしもその製作期にのみに用いられるものではないことには注意しておく必要がある。例えば、「クレメンス8世」のメダイについては、1600年の年号が刻まれるものの、前節でも触れたように、浅野氏によれば、聖門の形等の検証を通して、実際は1620年頃にクレメンス八世の事業を祈念するために信徒会によって製作されたメダイである可能性が指摘されている[1]。

また、今日でもかなりの数が普及している「不思議のメダイ」（第1節p.9参照）は、現在製作して、売られているにも関わらず、1830年の年号が刻まれている。

さらにメダイの製作時期と流入時期は異なる点に留意しなければならない。上記の4種類のメダイについては、あくまでメダイそのものの製作時期が推測されたのであって、日本に流入された時期を確認しえたわけではない。つまり、例えば「グレゴリウス14世」メダイでいえば、年号は1591年と記されているが、流入された時期は「1591年以降」と言わざるを得ない。さらに言えば、布教期ではなく明治以降の再布教期の流入も十分に考えられるのである。

このようにメダイの流入時期、つまり日本の布教期にどのようなメダイが存在していたかについては、明確な判断基準を持ち得なかったのがこれまでの現状であったと言えよう。しかしながら、1900年以降増え始めた発掘調査による出土資料は、その布教期のメダイの存在を位置づけることを可能としたのである。つまり、メダイの流入状況を把握することがで

き、メダイの流入時期をも推し量れるようになってきたのである。
　そこでここからは、発掘調査による出土資料を中心に、布教期のメダイの時期の認定を行っていきたいと思う。この時期認定で示す「時期」とは、「日本にメダイが流入していた時期」である。※【　】内は資料番号

（a）1587 年以前：
　　　　中世大友府内町跡出土遺物【0101 〜 0130】
（b）1620 年代以前：
　　　　黒崎城跡 5 区出土遺物【1501】
（c）1619 年〜 1638 年：
　　　　原城跡出土遺物（福者ザビエル・福者ロヨラ）【0301】
（d）1638 年（寛永十四年）以前：
　　　　原城跡出土遺物【0302 〜 0314】
（e）16 世紀第 4 四半期〜 17 世紀ごく初頭：
　　　　東京駅八重洲北口遺跡出土遺物【1201】
（f）16 世紀末〜 17 世紀初頭：
　　　　博多遺跡群第 111 次調査【1101 〜 1103】
　　　　万才町遺跡【0601】・万才町遺跡（県庁新別館）【0701・0702】
（g）17 世紀初頭：
　　　　勝山町遺跡【0901】

表 1　出土資料の時期認定

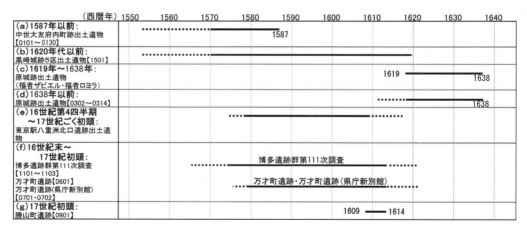

第2章　メダイ論

次に、時期認定の根拠を整理しておきたいと思う。

（a）の出土遺物には、大きく府内型メダイ【0101～0107・0109～0130】（図5）とヴェロニカのメダイ【0108】（図6）との2種がある。まず府内型メダイについては、その大半が府内の各調査区で検出される、1587年（天正14）[(2)]の島津侵攻に伴う焼土の下から出土している。つまり府内型メダイは、1587以前の所産である。

次に、ヴェロニカのメダイの時期については、府内型メダイのように焼土との直接の上下関係は認められていないが、以下の点から1587年以前の可能性が高い。

ヴェロニカのメダイは廃棄土坑から出土しているが、共伴する遺物は非常に希薄で、それによって時期の認定には至らない。しかし発掘調査時の所見によれば、互いに切り合っている遺構との関係から、16世紀後半代に位置づけられるとされている。

さらに、指輪との関係から年代の推測が可能である。この中世大友府内町跡では第43次調査区において、鉛と錫の合金からなる指輪が1点出土している（図7）。出土した遺構は1570年代に埋まったと考えられる土坑である。神戸市立博物館に所蔵されている島原旧教徒からの没収品の中には、府内出土のものとほぼ同形態の指輪（図8）がヴェロニカのメダイ【1404】とセットで納められている（図9）。府内で出土したヴェロニカのメダイと指輪の関係を考える上で興味深いセットである。

さらに府内で出土したヴェロニカのメダイと指輪は、素材的にも近い関係にある。まず、金属の組成は両者ともに鉛と錫の合金である。図

図5　府内型メダイ【0112】

図6　ヴェロニカのメダイ【0108】

図7　指輪（中世大友府内町跡第43次調査出土）

図8　指輪（島原旧教徒没収品）

図9　ヴェロニカのメダイ【1404】
　　（島原旧教徒没収品）

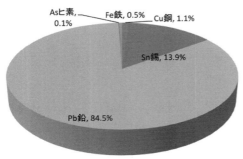
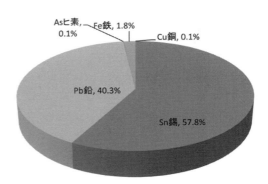

図10　ヴェロニカのメダイの化学組成　　　　　　図11　指輪の化学組成

10・11から分かるように組成比率は異なっているが、メダイの金属は大きく、真鍮製と鉛・錫製と純銅製とに分かれる。そうした観点からいえば、両者は鉛・錫製で同じ種類の金属に位置づけられる。さらに両者は、鉛同位対比の数値も近似している（図12・13）。つまり両者は、金属の種類的にも、あるいは製作過程的にも近い関係がある可能性がある。そうすると、指輪は前述のように1570年代以前に位置づけられるので、指輪とヴェロニカのメダイが近い関係にあるのならば、メダイも同じ頃に府内に存在した可能性がある。

そして、中世大友府内町跡の遺跡全体の解釈からみてみると、島津侵攻後（1587年以降）、府内の町が復興した形跡は発掘調査所見から確認できるが、明らかにその復興期に帰属すると考えられる（1587年以降にもたらされた、あるいは製作された）キリシタン関係の遺物や遺構は検出されていない。また文献上でも、島津侵攻後に教会が再興して、宣教師が再び府内で積極的に宣教したという記録は確認されておらず、そうした環境下においては、新たにキリシタン遺物が府内にもたらされる可能性は低いと考えられる。

以上より、府内型メダイとヴェロニカのメダイは、1587年以前に位置づけることが可能である。

（b）は黒崎城跡5区出土遺物【1501】（図14）で、柱穴からメダイが1点出土している。当該遺構は初期伊万里を共伴しないため、調査所見として1620年代以前としている[3]。

図14　黒崎城跡5区出土【1501】

（c）・（d）は原城跡からの出土遺物である[4]。原城跡は、寛永14〜15年（1637〜1638）に起こった島原の乱の舞台となった遺跡で、よってこの遺跡から出土している遺物は、下限が1638年である。

図15　原城跡出土【0301】

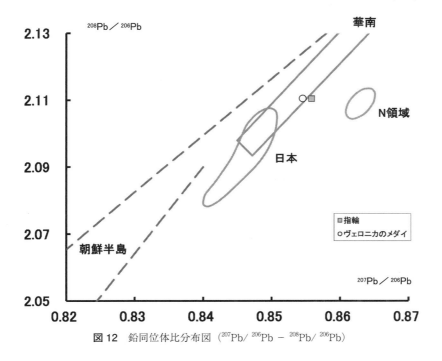

図 12　鉛同位体比分布図 (^{207}Pb/^{206}Pb － ^{208}Pb/^{206}Pb)

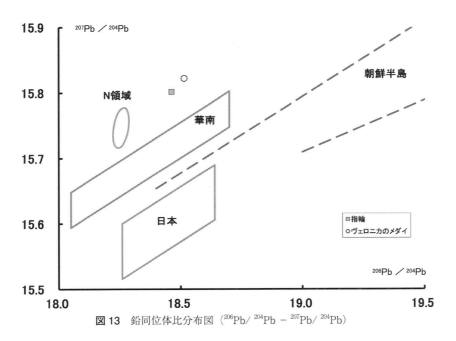

図 13　鉛同位体比分布図 (^{206}Pb/^{204}Pb － ^{207}Pb/^{204}Pb)

さらにこの中の遺物で、フランシスコ・ザビエルとイグナティウス・デ・ロヨラを表裏に描いた【0301】(図15)の資料は、ザビエルとロヨラがいずれも福者であることから、さらに時期が限定できる。福者であったのは1619年～1621年であるため、このメダイの製作時期は1619年～1621年の可能性が高く、日本への流入時期は1619年以降である。そして、このメダイは原城跡の発掘調査によって出土していることから、前述のように1638年以前への位置づけも可能である。以上よりこのメダイは、日本への流入時期を1619年～1638年という極めて短い期間に限定することができる稀少な資料といえる。

図16　東京駅八重洲北口遺跡出土【1201】

　(e)はキリシタン墓群が検出された東京駅八重洲北口遺跡出土遺物である【1201】(図16)。このメダイが出土した墓壙(1404号)の層位的所見に基づき、16世紀第4四半期～17世紀ごく初頭[1期]に位置づけられる(5)。

　(f)は3カ所の遺跡から出土した遺物である。
　まず博多遺跡群第111次調査で出土した出土した遺物を見ていく(6)。
　【1101】(図17)の資料は、Ⅳ区包含層G-3区Ⅰ層からの出土で、その層位的所見から16世紀末～17世紀初頭に位置づけられている。
　次に【1102】(図18)はヴェロニカのメダイと十字架の鋳型であるが、Ⅱ区土壙(SK20)から出土している。この土壙からは、唐津系の皿(慶長年間)が2点、朝鮮王朝陶器等が共伴していることから16世紀末～17世紀初頭に位置づけられている。
　最後に【1103】(図19)については、包含層からの出土であるが、遺構から時期認定はできていない。府内型メダイという形態的特徴から勘案すると、1587年以前の位置づけも可能かもしれない。また、同様に【1102】も、ヴェロニカのメダイの鋳型である点に留意すると、16世紀末～17世紀初頭の中でも古い段階に位置づけられる可能性が高い。恐らく

図17　博多遺跡群出土【1101】　　図18　博多遺跡群出土【1102】　　図19　博多遺跡群出土【1103】

第 2 章 メダイ論

17世紀までは下らないものと思われる。府内の例を参考とすれば、1587年以前に遡る可能性もある。そうした点より考えると、【1101】のメダイも16世紀末〜17世紀初頭の中の古い段階を想定しておく必要があろう。

次に万才町遺跡出土遺物【0601】は、包含層B区3層から出土しており、層位的な検証から16世紀末〜17世紀初頭に位置づけられている(7)。

最後に万才町遺跡［県庁新別館］から出土した2点のメダイは、【0701】は包含層B－5区7層から出土、【0702】は火災整理土坑SK35からの出土で、いずれも遺構の層位的検証に基づき、16世紀末〜17世紀初頭に位置づけられている(8)。

図20　万才町遺跡出土【0601】　　図21　万才町遺跡［県庁新別館］出土（左【0701】、右【0702】）

（g）は勝山町遺跡で出土した【0901】の資料が該当する。近世初期の教会跡サント・ドミンゴ教会跡で検出された排水溝（2区排水溝6）から出土している。出土遺物は1580年〜1610年にかけての中国磁器、肥前陶器が主体で、1610年以降の肥前陶磁を含まないことより、17世紀初期に位置づけられ、さらにこの時期はサント・ドミンゴ教会建立前後から廃絶期（1609〜1614）に該当することより、その間への帰属が可能である(9)。

図22　勝山町遺跡群出土【0901】

以上が各時期の認定に至る根拠であるが、朝日新聞社長崎支局敷地（ミゼリコルディア跡）【0501】については、表採資料であるために調査所見による時期認定が行われておらず除外している。この資料については、ヴァチカン図書館内の古銭の専門家ジアン・カルロ・アルテリ（GianCarloAlteri）博士によって、図像解釈に基づく鑑定がなされており、「16世紀末から17世紀初めのもの」と報告されている(10)。

さて、ここまで発掘資料を中心にメダイの時期認定を行ってきたが、次の作業として、この発掘資料に基づく時期認定に、これまで把握されている伝世資料を対比させ、同じ時間軸の中に組み込んでいけるかどうかという検証が必要となる。

その際、対比させるための準備として、メダイの形態分類が必要となってくる。メダイを分類していく上で、違いが最も顕著に現れる要素としては、次のものが考えられる。

[1]　平面形状
　[2]　鈕の形態
　[3]　穿孔方向
　[4]　図像
　[5]　素材

これらの要素について分類を行い、メダイを対比させていく上でのファクターを導き出さなくてはならない。

　そこでまずこれらの項目について分類を行っていくべきであるが、上記の分類項目を検証していく上で重要な位置づけを持つ資料がある。それは中世大友府内町跡で出土した「府内型メダイ」である。国内出土資料の全57点の内、半数以上の31点をこの「府内型メダイ」が占める。そしてこの「府内型メダイ」は布教期当時に日本にもたらされた西洋製やアジア製のメダイを、模倣して製作した可能性が高いと考えられている遺物で、よって当時のメダイの形態を反映している資料でもある。

　さらに本章でも見てきたように、この「府内型メダイ」は1587年以前に位置づけられる資料である。同じ中世大友府内町跡で出土したヴェロニカのメダイを除く他の資料では、最も古く位置づけることが可能である「グレゴリウス14世」メダイが、もし仮に製造と同年に日本にもたらされたとしても、1591年である。つまり、府内で出土するキリシタン遺物が、1587年（天正14年）以前に位置づけられるということは、これまでに確認されているメダイの中でもかなり古い段階の資料であることを示している、と同時に、後に詳述するが、1590年以前という具体的年代の位置づけは、日本のキリシタン文化の様相を考察する上で、重要な意味を持っていると考える。

　以上より、この「府内型メダイ」についてまず整理し、その次の段階としてメダイの形態分類を行っていく必要があろうと考える。ところで、この「府内型メダイ」は、筆者が設定したものであり、よってまずこの「府内型メダイ」について論じる必要がある。次章では「府内型メダイ」について見ていきたいと思う。

（註）
（1）　浅野ひとみ「布教期の金属製キリシタン信仰具」『文化財学へのいざない』平尾良光先生古稀記念論集、2013
（2）　府内への島津氏侵攻は天正14年12月である。天正14年は通常1586年にあたるが、天正14年12月は、グレゴリウス暦では1587年1月にあたる。フロイスの「日本史」では、島津氏が府内に入る直前で起こった鶴賀城の戦いに関する記録で、「本年すなわち一五八七年の一月十六日に、薩摩の軍勢は、府内から三里離れたところにある利光と称するキリシタンの貴人の城を襲った。」とある。本稿では文献史料は主にフロイスの「日本史」を使用するため、天正14年の島津侵攻の年は、西暦で表記する場合1587年とする。

(3) 佐藤浩司編『黒崎城跡 3 －前田熊手線街路事業に伴う埋蔵文化財発掘調査報告 3 －』北九州市埋蔵文化財調査報告第 375 集、財団法人北九州市芸術文化振興財団埋蔵文化財調査室、2007
　　角川茂・上野淳也・平尾良光・佐藤浩司「出土した鋳造関連遺物の鉛同位体比」『研究紀要』第 22 号、財団法人北九州市芸術文化振興財団埋蔵文化財調査室、2008
　　さらに、調査を担当さされた佐藤浩司氏よりご教示いただいた。
(4) 松本慎二編『原城跡』南有馬町文化財調査報告第 2 集、南有馬町教育委員会、1996
　　松本慎二編『原城Ⅱ』南有馬町文化財調査報告第 3 集、南有馬町教育委員会、2004
(5) 金子智・今野春樹・鈴木康友編『東京都千代田区　東京駅八重洲北口遺跡』千代田区東京駅八重洲北口遺跡調査会、2003
(6) 佐藤一郎編『博多 85 －博多小学校建設に伴う埋蔵文化財発掘調査報告書－』福岡市埋蔵文化財発掘調査報告書第 711 集、福岡市教育委員会、2002
(7) 扇浦正義・高田美由紀編『万才町遺跡－朝日生命ビル建設に伴う埋蔵文化財発掘調査報告書－』長崎市埋蔵文化財調査協議会、1996
(8) 宮崎貴夫・寺田正剛編『万才町遺跡－長崎県庁新別館建替に伴う発掘調査報告書－』長崎県文化財調査報告書第 123 集、長崎県教育委員会、1996
(9) 扇浦正義編『勝山町遺跡－長崎市桜町小学校新設に伴う埋蔵文化財発掘調査報告書－』長崎市教育委員会、2003
(10) 永松実編『朝日新聞社長崎支局敷地埋蔵文化財発掘調査報告書』長崎市埋蔵文化財調査協議会、1992

2. 府内型メダイ

　府内型メダイとは、中世大友府内町跡から出土した茄子のような形をした鉛製や銅製の金属製品である。当初は本遺跡から多数の分銅が出土していることから、分銅の一種として捉え、茄子形分銅等と呼称していた。しかし、この遺物を出土している遺跡の性格や、金属製品の形状、素材等を細かく検証していく中で、この金属製品は宣教師がもたらしたメダイを模倣して、府内で独自に製作されたメダイではないかと考えるに至った。これについては、これまでにいくつかの拙稿において論考してきており、「府内産メダイ」[1]あるいは「メダイ様金属製品」[2]と呼称して紹介してきた。ここではその検証過程を再度整理し、現段階における府内型メダイについての見解をまとめていきたいと思う。

1）府内型メダイの設定

（1）中世大友府内町跡について

　まず具体的検証に入る前に、府内型メダイを出土した中世大友府内町跡について触れておきたい。中世大友府内町跡は、現在の大分市内中心部に位置する。発掘調査は平成8年度の大分市教育委員会による区画整理事業に伴う大友氏館確認調査に始まり、平成11年度からは、大分県教育委員会の行うJR高架化及び国道10号の拡幅に伴う調査が加わる形で現在まで行われ、その調査次数はすでに100次を超えている。このJR線路と国道10号は、城下町の中央部を交差して走っており、この結果、中世大友氏の城下町に巨大なトレンチを入れるような形となり、市内の中心部であるにも関わらず、城下町の全容をかなり把握できる全国的にも稀少な遺跡となっている。

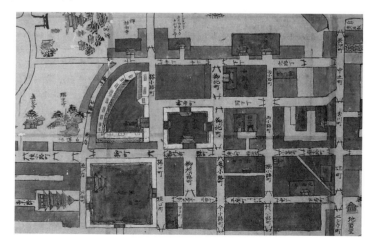

図1　府内古図C類
　　（大分市歴史資料館蔵）

第 2 章　メダイ論

図 2　中世大友府内町跡全景写真　　※大友館・御蔵場・万寿寺は推定ライン
（推定ラインは『大友府内 17 －中世大友府内町跡第 87 次調査報告書－』大分市教育委員会　2010 を参考にした）

図3 中世大友府内町跡 空撮写真（第12・13・21次調査区）

第 2 章 メダイ論

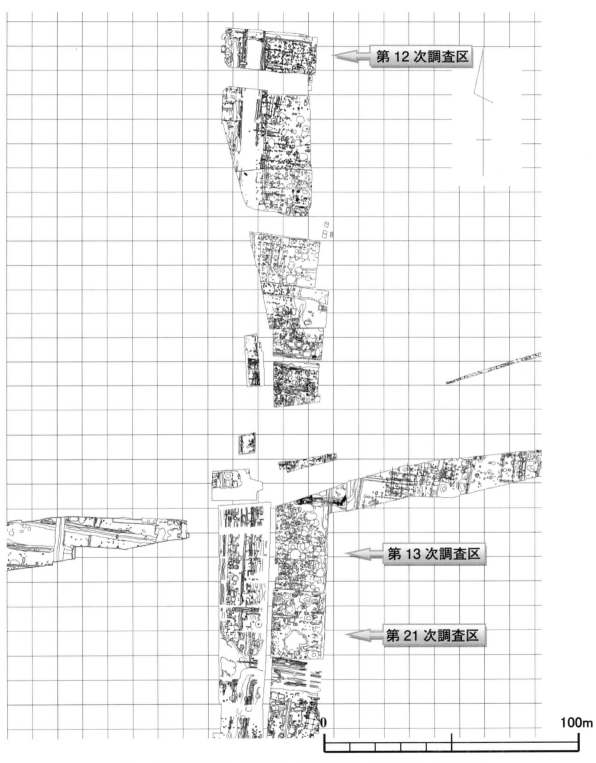

図 4　中世大友府内町跡（第 12・13・21 次調査区）　遺構分布図　（S=1/1500）

この遺跡の特徴は何と言っても、キリシタン大名大友宗麟の城下町である点である。16世紀段階は大友宗麟の保護のもとで、教会やコレジオ、そして病院や育児院などが建てられ、キリスト教文化が栄えた町であった。病院ではアルメイダにより日本で最初の外科手術が行われ、教会ではヴィオラなどの楽器を使って合唱や演劇などが催されるなど、町中には異国情緒豊かな雰囲気が漂っていたと考えられる。

　そして、それを裏付けるように当時のキリスト教文化を示す品々が発見されている。発見されたキリシタン関係の遺物は、メダイ・コンタ（コンタとは「数える」に由来する、キリスト教徒の所持する数珠の珠で、カトリック教徒はコンタを環状につなぎ、祈りをささげながら指先で数えていた。コンタが複数で「コンタツ」と称す。）・指輪・真鍮製チェーン等で、さらに府内町跡のはずれの方ではキリシタンの人のものと思われる墓も発見されている。まずはこれらの発見された資料（メダイ以外）について、概観していきたいと思う。

　まず、キリシタン墓については、中世大友府内町跡では西のはずれに位置する第10次調査区で発見された。この地は府内古図に描かれたダイウス堂（教会）推定地の南側部分にあたり、調査当初は教会関係の遺構の発見が期待されていた地域でもあった（図5参照）。この第10次調査区において1基の墓が検出されたのは、2002年のことである（1号墓ST130 図6参照）。埋葬されている人物は、体を伸ばした状態のいわゆる伸展葬で、腕を胸元で交差させている。副葬品は何も持たず、底が簀の子状になった木製の棺に入れられていた。遺構の時期は周囲の層位関係から16世紀後半段階に比定される。

　16世紀後半期の国内における一般的埋葬形態は、座葬や屈葬が主流であり、副葬品ももたず、伸展葬で埋葬されるこの人物は、極めて特異な存在であった。ところが、こうした伸展葬の墓が東京と大阪で数多く発見された。一つは東京駅八重洲北口の調査で発見され[3]、もう一つはキリシタン大名として著名な高山右近の居城、大阪高槻城で発見された[4]。両遺

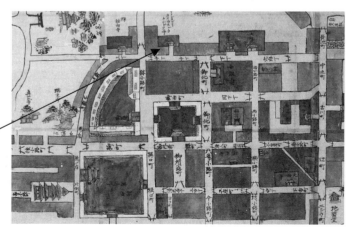

図5　府内古図に見られるダイウス堂

第2章 メダイ論

跡とも、発見された木棺の中には十字架が印されたものがあり、さらには木製のロザリオやメダイがみつかるなどして、キリシタン墓であることが判明した。府内で発見された1号墓ST130は、その埋葬形態が高槻城のものと酷似しており、さらには底が簀の子状になる木棺も高槻城に類似例があった。

以上の類例とさらには府内教会推定地に近接するという位置関係から、府内で発見された1号墓ST130は、キリシタン墓である可能性が高いことが判明したのである。

また、このキリシタン墓の周囲では合

図6 キリシタン墓（第10次調査区 1号墓ST130）

計18基の墓が発見されているが、その中でも1560年代を中心とする時期に、8歳以下の小児・乳幼児の墓が8基遺されていることが分かった。府内教会には当時育児院が併設さ

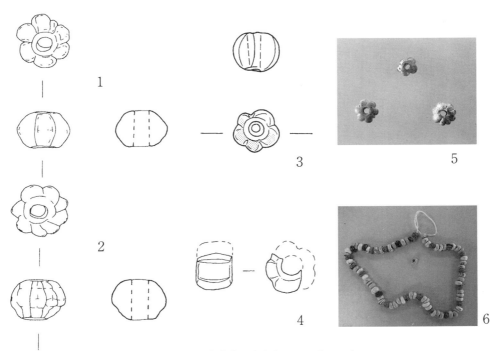

図7 中世大友府内町跡出土コンタ（S=1/1）

れていた記録があり、その関係が推測される注目すべき遺構である。

次に府内で出土したキリシタン関係の遺物について触れていこうと思う。まず、コンタと呼ばれるガラス製の珠が出土している（コンタについては後に別章「第4章　コンタツ論」で詳しく触れる）。

府内では花弁状の形をした[5]ガラス製のコンタが現在までに5点出土し（第8次調査区で1点[6]（図7-3・5）、第28次調査区で1点[7]（図7-4）、第48次調査区で2点[8]（図7-1・2・5）、第80次調査区で1点[9]、さらに第12次調査区や第51次調査区（図7-6）においてはガラス製の小玉が固まって数十点出土している[10]。

次に指輪については、第43次調査区において1570年代に埋まったと考えられる土坑から出土している（図8）。詳細は前項「1．メダイの年代について」を参照されたい。

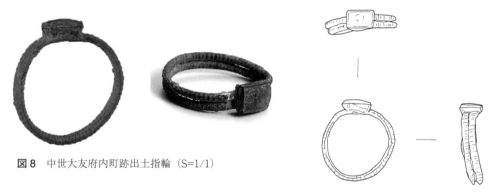

図8　中世大友府内町跡出土指輪（S=1/1）

最後に真鍮製チェーン（図9）については、これ自体からこれがキリシタン遺物である確たる証拠は得られない。しかし素材が真鍮であり、真鍮は当時国内では独自に製作することができないとされていることから、搬入品である可能性が高い。また、博多ではヴェロニカのメダイと十字架が、チェーンのようなものに通されている状態で、鋳型に取られているものが出土している[11]（図10【1102】）。そしてロザリオはこうしたチェーンを使用することがあるなどの点から、キリシタン遺物の可能性を指摘しておきたい。

図10　博多遺跡群第111次調査区出土鋳型【1102】

図9　中世大友府内町跡出土チェーン（S=1/1）

第2章　メダイ論

(2) 府内型メダイの認定

本章の冒頭でも述べたように、当初府内型メダイは分銅の一種とみなされていた。それは、後に府内型メダイと位置づけられる金属製品が、最初に数多く見つかった第12次調査区において、多数の分銅を検出していたからであった。第12次調査区でその金属製品が見つかったのは平成13年度のことであるが、その翌年、第21次調査区から出土した1点の金属製品により、これらは分銅ではなく、メダイの一種である可能性が高くなったのである。ここではその検証の過程を記していきたいと思う。

(3) 第21次調査区出土金属製品について

本調査区は、府内古図（大分市歴史資料館蔵）（図1）に照らし合わせると、御内町もしくは堀ノ口町と呼ばれる町屋跡に比定される（図2～4）。井戸、廃棄土坑等が検出されており、調査区西側を南北に走る大路に面した、町屋の裏手の状況を示すものと考えられる。また、東隅には南北に走る16世紀後半から17世紀初頭の溝があり、この町屋の東側（裏手）を画している。メダイと考えられる金属製品はこの溝から出土した（図11）。

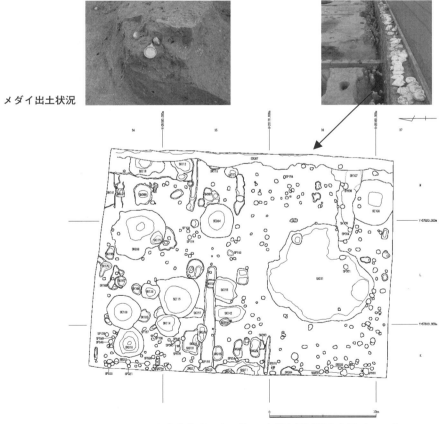

メダイ出土状況

図11　中世大友府内町跡　第21次調査区遺構分布図（1/100）

67

この金属製品の大きさは、長径2.4cm、短径1.8cm、厚さ0.4cmで、上部には紐等を通したと思われる穿孔が横方向に施されている。そのことからこれが、装飾品の一種であることが考えられる。穿孔は両面穿孔である。穿孔部の下は円形を呈し、一方の面には線刻が見られ、一方の面には何かを嵌め込んだと思われる窪みがある。

　このうちまず線刻については、X線撮影を行ったが、鉛が主成分のために透過率が悪く、鮮明には見えなかった（図13）。そこで、クリーニングを行ったところ、ギリシャ十字に類似した画像が見えてきた。

　次にもう一方の面にある窪みであるが、これについては、二つの可能性がある。まず、一つ目は、その窪みに絵をガラスで埋め込んでいた可能性である。そうした例は長崎県日本二十六聖人記念館所蔵17世紀のスペインの装飾品や、天草ロザリオ館所蔵の江戸時代のバッジ（山下大恵氏所有、図14）等に類例がある。また、メダイとしては、現代のものであるが、世界で最も普及している形態である通称「不思議のメダイ」と呼ばれる形態のものに図像を埋め込んだ例がある（図15）。現在パリの不思議のメダイの聖母の聖堂（Chapelle Notre Dame de la Medaille Miraculeuse）で売られている。

　もう一つの可能性は、聖遺物入れである。聖遺物入れは、聖人もしくは身近な人の遺骨等を入れておくものであるが、これもやはり窪みがある。しかし箱である以上、蓋がつくのが常例で、長崎県の築町遺跡での出土例（図16）【relicario01-1・2】はやはり蓋がついている。

　この2者のいずれの可能性が高いかということになるが、まず中世大友府内町跡出土の資料は、聖遺物入れとしては遺骨等を納めるには浅すぎる感があり、蓋も確認されていない。

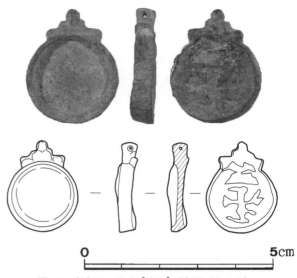

図12　府内型メダイ【0112】（実測図 S=1/1）

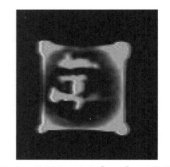

図13　府内型メダイ【0112】X線画像

図14　天草ロザリオ館所蔵バッジ

第 2 章　メダイ論

さらに言えば構造的に蓋が付いていたとは考えにくい。したがって前者のようにガラスなどの何かを埋め込んだとするのが妥当であろうと考える。

ところでこの金属製品の成分についてであるが、蛍光X線分析によって鉛と錫を主成分とする合金であることが判明した（図17参照）。

鉛と錫の合金は、銅とは違い、重さが不変ではなく、柔らかく加工に適している。こうした性質は、計量に使用する分銅などには適さず、これが分銅でないことを示している。府内で出土している繭形分銅の中には、鉛の含有が認められる場合があるが、これは鉛製の分銅というわけではなく、青銅製の分銅本体に鉛を注入して、それによって重さの調節を行っているのである。

図15　図像を埋め込んだメダイ
（Chapelle Notre Dame de la Medaille Miraculeuse）

そして、国内で発見されている一般のメダイの中には、このような鉛・錫製のものが多く存在することなどを勘案すると、この中世大友府内町跡第21次調査区出土の金属製品は、分銅ではなく、メダイとするのが妥当である。

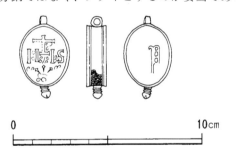

図16　築町遺跡出土聖遺物入れ（S=1/2）

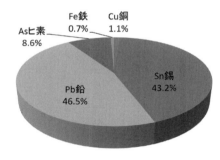

図17　蛍光X線分析データ【0112】

以上、整理すると、
① ひもやチェーンなどを通す穴があり、装飾品の可能性が高い。
② 主成分は鉛と錫で、分銅とは考えられない。
③ 鉛・錫が主成分のため、加工に適している。
④ 彫り込まれた図柄は、十字架の可能性がある。
⑤ 窪みを有する同様の形態のものが、キリシタン遺物の中にもある。
⑥ 出土した溝は、他の出土遺物からみても、16世紀後半から17世紀初頭に位置づけられ、キリシタン遺物が出土しうる時期の所産である。
⑦ このような形態の遺物は中世において他に類例がない。
といった諸特徴を指摘できる。

これらの諸特徴と、さらに、本遺跡がキリシタン大名大友宗麟の城下町であることを勘案すると、第21次調査区出土の資料は、メダイと認定しうると考えられる。

（4）第12次・13次調査区出土金属製品について
　第21次調査区出土金属製品がメダイであるという前提にたち、第12・13次調査区出土資料をみてみることにする。
　第12次調査区は、府内古図によれば、大友館の東側に面する桜町の一角に該当する。発

図18　中世大友府内町跡第12次調査区

第 2 章　メダイ論

掘調査の結果、分銅が多数出土し、その分銅の中には未製品と思われるものが含まれることから、分銅を製造、管理した人物が存在した可能性が考えられる。特に調査区内の北側では、緑青の広がりやりべ等の出土も確認されている。ここでとりあげる金属製品は、この北側部分で集中的に出土した（図3・4・18）。

　図19-1【0101】は、長径2.0cm、短径1.6cm、厚さ0.4cm、重さ9.0gで段を付けてその上部に穿孔部分が付き、段は方形状である。面に対して横方向の穿孔を施す。図19-2【0102】は、長径2.4cm、短径2.2cm、厚さ0.3cm、重さ9.7gで段を付けてその上部に穿孔部分が付く形態で、逆台形状の段の上に穿孔を施す。穿孔部が欠損しているが、残存部の状況から正面穿孔であると考えられる。

　図19-3【0103】は、長径1.5cm、短径1.2cm、厚さ0.3cm、重さ4.0gで段を付けてその上部に穿孔部分が付く形態で、段は方形状をなす。横方向の穿孔を施す。図19-4【0104】は、長径2.0cm、短径1.8cm、厚さ0.3cm、重さ7.9gでやはり段を付けてその上部に穿孔部分が付く形態で、段は方形状である。穿孔は不明である。図19-5【0105】は、長径2.5cm、短径1.6cm、厚さ0.2cm、重さ4.7gでかなり形が崩れている。この資料のすぐそばで焼土層があることから、被熱による変形の可能性があるが、形態的には穿孔部とメダル部を繋ぐ段の部分の装飾が巨大化して独立し、山形のペディメント（破風）風の形をなしているものである。図19-6【0106】は、隅丸の六角形を呈し、穿孔は上部に施され

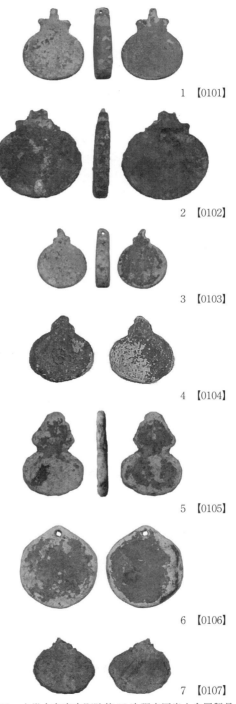

1【0101】

2【0102】

3【0103】

4【0104】

5【0105】

6【0106】

7【0107】

図19　中世大友府内町跡第12次調査区出土金属製品

71

る。長径2.2cm、短径2.0cm、厚さ0.3cm、重さ9.6gである。図19-7【0107】は、方形状の段を有し、その上に付く穿孔部は欠損して不明である。長径1.7cm、短径1.5cm、厚さ0.4cm、重さ3.4gである。

次に第13次調査区は、第21次調査区の北側に隣接し、府内古図によれば、やはり御内町の一部にあたるものと考えられる（図2～4）。検出された遺構は井戸や廃棄土坑が中心で、第21次調査区同様に町屋の裏手の状況を示している。メダイは、ヴェロニカの

図20 中世大友府内町跡第13次調査区出土金属製品

メダイ【0108】（ヴェロニカとはヴェールに映し出されたキリストの顔を示す。詳細は「4. ヴェロニカのメダイについて」で後述する）が1点土坑内から出土し、もう2点は包含層から出土している。図20-1【0109】は、長径1.9cm、短径1.3cm、厚さ0.3cm、重さ4.8gで段を付けてその上部に穿孔部分が付く形態で、段は逆台形状をなす。穿孔は正面方向から穿たれている。一方の面に十字のような線刻が見られるが、十字の縦の線が環の部分にまで達しており、これが十字架を描いたのかどうかは不明である。図20-2【0110】は30K区の包含層から出土しており、長径1.8cm、短径1.8cm、厚さ0.3cm、重さ6.7gで段を付けてその上部に穿孔部分が付く形態で、段は方形状をなす。穿孔は横方向である。

（5）第12次・13次調査区出土金属製品の検証

ここでは前述の第21次調査区出土金属製品がメダイであるという前提に立ち、第12次・13次調査区出土金属製品を検証していきたい。これらの金属製品は、いずれも線刻等による描画が全く見られないが、形態的に前述の第21次調査区出土メダイ（図12）と共通する。具体的には、いずれも円形を呈し、その上部に紐を通したと思われる鈕の部分がとりつく。そして、上部に付くその鈕は、段を形成して円形部分に付く。鈕の穿孔方向については正面穿孔と横穿孔の2種が存在するが、いずれもメダル状の製品に、紐やチェーンを通すために施されたと考えられ、第21次調査区出土金属製品の穿孔と同一の範疇に入れうる。

以上より、形態的類似性から見て、第21次調査区出土金属製品がメダイであれば、第12次・13次調査区出土金属製品もメダイである可能性は高いといえる。

さらに、これら金属製品の金属組成をみてみると、図21～25の蛍光X線分析データによれば[12]、図22の【0102】を除きすべて、鉛と錫を主成分とする合金であることが分かる。したがって、金属組成からみても、第21次調査区出土メダイと第12次・13次調査区出土金属製品は同種の金属製品であることが示唆され、これらがメダイであることの傍証となり

第 2 章　メダイ論

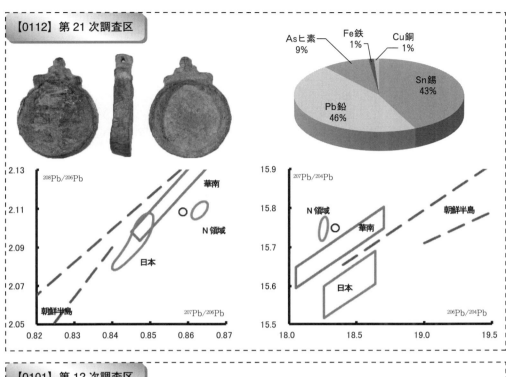

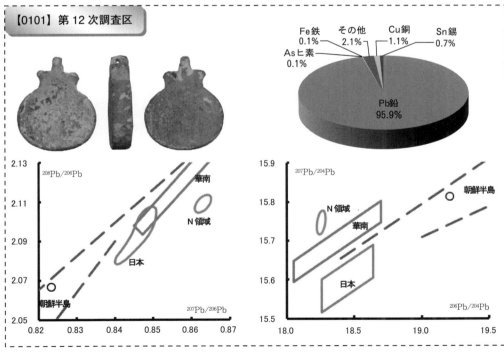

図 21　府内型メダイ理化学分析データ 1
　　　右上円グラフ：蛍光 X 線分析　　下段グラフ：鉛同位体比分析

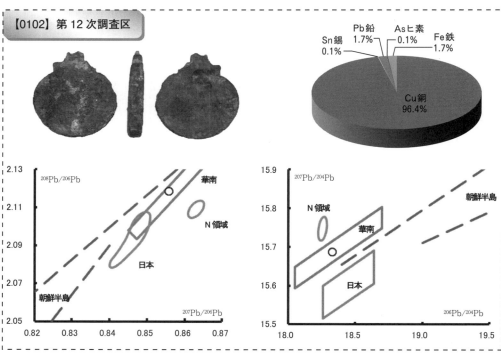
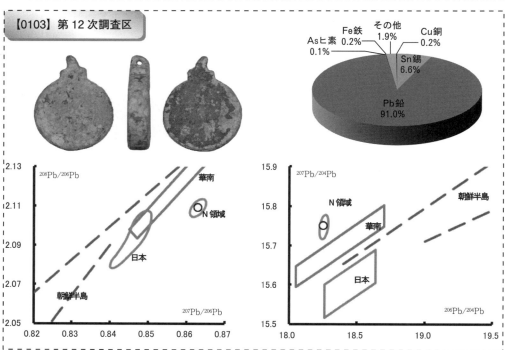

図22　府内型メダイ理化学分析データ2
右上円グラフ：蛍光X線分析　　下段グラフ：鉛同位体比分析

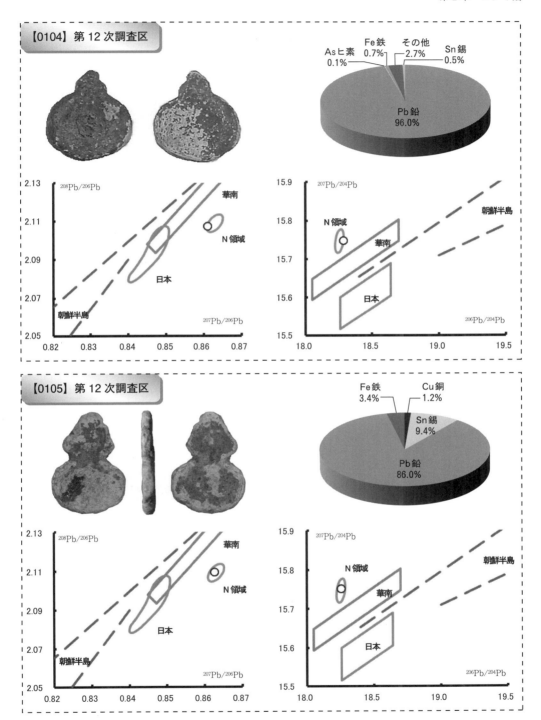

図23 府内型メダイ理化学分析データ3
　　　右上円グラフ：蛍光X線分析　　下段グラフ：鉛同位体比分析

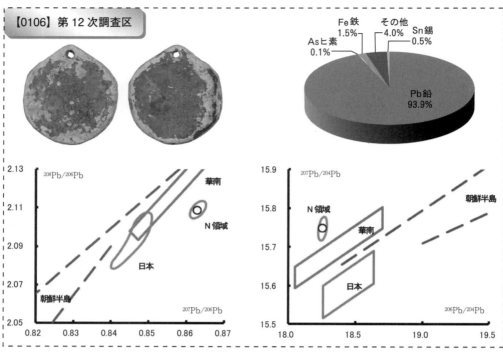
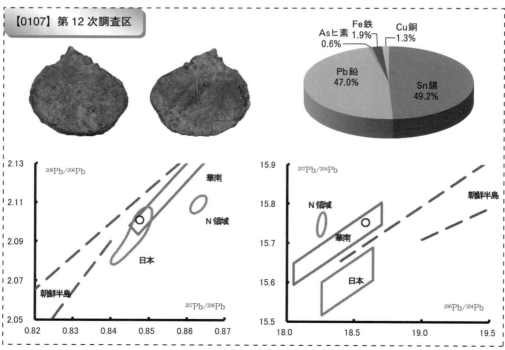

図24　府内型メダイ理化学分析データ4
右上円グラフ：蛍光X線分析　　下段グラフ：鉛同位体比分析

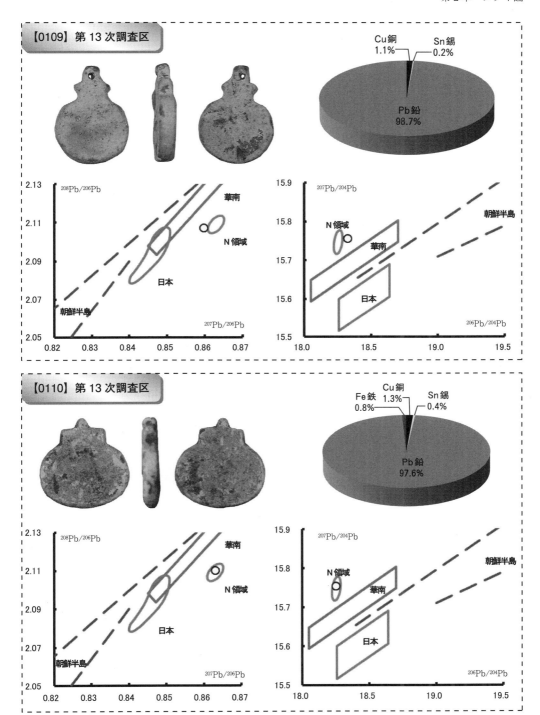

図 25　府内型メダイ理化学分析データ 5
　　　右上円グラフ：蛍光 X 線分析　　下段グラフ：鉛同位体比分析

うると考えられる。

　以上より、中世大友府内町跡第12・13・21次調査区で出土したこの一連の金属製品は、キリシタン遺物であるメダイの一種であると認定し、その特殊な形態から「府内型メダイ」と呼称することとする。

2）府内型メダイの検証

　前述の第12・13・21次調査区での出土後、府内では府内型メダイの出土が相次ぎ、現在では総数29点を数えるに至っている【0101～0107・0109～0130】。そしてそれは府内以外でも確認されるようになってきている。博多遺跡群第111次調査では、キリスト・マリア半身像のメダイとヴェロニカのメダイの鋳型とともに銅製の府内型メダイが1点【1103】出土している（図26）[13]。小倉城三ノ丸跡においても1点【2201】が確認されている（図27）。

図26　博多遺跡群第111次調査出土
　　　府内型メダイ【1103】

図27　小倉三ノ丸城出土
　　　府内型メダイ【2201】

　また府内で最初に府内型メダイが出土してから5年後、長崎県平戸市において、キリシタンの子孫の家に伝わる興味深い資料が見つかった。平戸市飯良町在住の作尾藤四郎氏宅において、祖先が代々伝世してきたキリシタン遺物の中に、まさに府内型メダイと同形態のものが2点含まれていたのである[14]。それは、図28のようにキリスト・マリアのメダイ、キリスト・聖母子像のメダイ、鉛製メダイとともに、聖遺物入れの中に納められて伝世されてきた。まず1点【1801】（図29）は円形の純銅製品（図30）で、上部に逆台形の鈕の台部分を造り、その上に面に平行する方向で横方向に穿孔が施される。また円形のメダル部分には、両面ともに中央部分に窪みが見られる。この窪み部分の左右には横方向に擦痕が認められ、中央部分に何らかのキリスト教に関係する画像が貼付されていた可能性がある。

図28　平戸市飯良町在住の作尾
　　　藤四郎氏宅伝世キリシタン遺物

　もう1点【1802】の資料は、形態が崩れていて判別しがたいが、前述の中世大友府内町跡第12次調査区で出土している図19-5【0105】の形態に類似しており、円形のメダル部

第2章　メダイ論

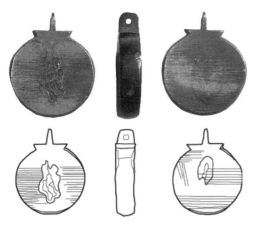

図29　平戸市伝世府内型メダイ【1801】（S=1/1）

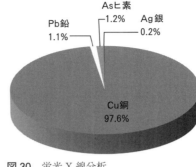

図30　蛍光X線分析
　　　平戸市伝世府内型メダイ【1801】

図31　平戸市伝世府内型メダイ【1802】

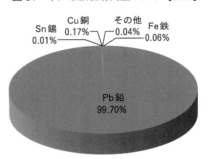

図32　蛍光X線分析
　　　平戸市伝世府内型メダイ【1802】

分の上部にペディメント風の鈕が付くものと思われる。穿孔は不明で、素材は蛍光X線分析の結果（図32）、鉛が99.7％を占める純鉛製であった。

　このように府内型メダイの資料数は総数で33点にも及び、その結果、府内型メダイの細かい形態分類も可能となり、型式学的側面からの詳細な考察も行えるようになってきた。また別府大学平尾良光教授の協力を得て、理化学分野からの研究アプローチも積極になされるようになり、その結果得られた蛍光X線分析と鉛同位体比分析の研究成果は、この府内型メダイの研究にさらに一石を投じたのである。

（1）府内型メダイの形態からのアプローチ

a．形態分類

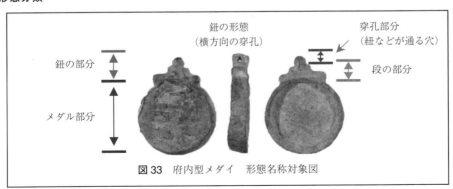

図33　府内型メダイ　形態名称対象図

≪形態分類図≫　　　　　　　　　　　　　　　　　　　　※【　】内の番号は資料番号

{鈕の形態}

A類：段をつけてその上部に鈕が付く

A-1類：段が逆台形　【0101・0102・0109・0115・1801】

A-2類：段が方形　【0103・0104・0107・0110・0116】

A-3類：段が装飾的　【0112・0119・0130】

B類：段をつけずに直接鈕が付く　【0111・0113・0117・0118・0122・0124・0125・0127・0129】

C類：鈕部分が独立せずにメダル部分に直接穿孔が施される　【0106・0123・0126】

D類：ペディメント風の鈕で頂部に穿孔が施される　【0105・0114・0120・0128・1802】

{穿孔の方向}

Ⅰ：面に対して平行して横方向の穿孔　　　　Ⅱ：面に向かって正面方向からの穿孔

図34　府内型メダイ　形態分類図

府内型メダイは、図像が描かれるメダル部分と、紐等を通すためのいわゆる鈕の部分との二つの部分に大きく分けられる。この両者の部位において、各資料には特徴が認められ、形態分類が可能である。前頁及び、以下が、形態分類の結果である。形態の説明で一部表現が分かりにくいと思われるものがあるので捕捉を付す。また、同時に図33の名称対象図も参照されたい。

{面の装飾}
a：両面に陽刻模様
b：両面に陰刻模様
c：一方に窪み、一方に陰刻模様
d：片面のみに陽刻模様
e：片面のみに陰刻模様
f：片面に陰刻模様、片面に陽刻模様
g：無文

{面の形態}
①：円形
②：楕円形
③：突起楕円形
④：八角形
⑤：六角形
※すべてのメダイについて形態分類を行う都合上、府内型にはない形態も含まれる。

＜捕捉＞
＊「段をつける」：

図35　段をつけた鈕【1305】

図33にあるように、メダル部分の直上にあり、紐等を通す孔の部分との間にある部分である。本来鈕の穿孔はメダルに対して横方向に通っていないと、首などからぶら下げた際にメダルが正面を向かない。つまり図35のようにメダル面に対してクロスして鈕が付かなければならない。こうした形で鈕が付く場合、例えば西洋の例をとってみてみると、メダル部分は極めて薄く、さらにメダル自体が円形ということもあり、同じく円形をした穿孔部分とメダル部分の接点は極めて少ないということになる。したがってこの「段」とは、こうしたメダル部分と鈕との連結を補強する意味合いで付いたものと思われる。府内型メダイの場合は、厚さが厚いために、この連結部分の段は必要ないと思われるが、オリジナルを模倣する上で形骸化して残ったものであろう。

＊「横方向の穿孔」「正面方向からの穿孔」：
　これはメダル面に対して穿孔がどう穿たれているかの表現であるが、前述の形態分類図の写真を参照されたい。

＊「ペディメント風の鈕」：
　鈕の部分が極端に発達した形態で、三角形状を呈す。何を意匠したものか不明であるが、一見破風のような形にも見える。中世ヨーロッパの教会建築に破風の様式が用いられており、その名称「ペディメント」をここでは使用した。

＊「鈕が装飾的」:
　装飾の具体的な要素は、はっきりしないが、西洋のメダイの中には鈕の部分が装飾的になっているものがある[15]（図36）。

図36　装飾的鈕を有するメダイ【1438】

b．形態分類結果
表1　鈕の形態別点数

鈕の形態	点数
不明	1
A-1：逆台形の段が付く	5
A-2：方形の段が付く	6
A-3：装飾的な段が付く	4
B：段をつけずに鈕が付く	10
C：メダル部分に直接穿孔	2
D：ペディメント風の鈕が付く	5
合計	33

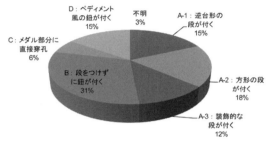
図37　鈕の形態別割合（％）

{鈕の形態}
　グラフ上ではBの「段をつけずに鈕が付く」が10点で31％を占め最も多く見えるが、A－1～3類はいずれも段を付ける形態で、その段の形状の違いにより分類されている。したがってA－1～3類を合計すると、15点で45％を占めることになり、段をつける形態が最も多いこととなる。また、Dの「ペディメント風の鈕が付く」の資料は府内型メダイにしか見られない形態で、その数も比較的多く注目される。

表2　面の装飾別点数

面の装飾	点数
不明	1
c：一方に窪み、一方に陰刻模様	2
d：片面のみに陽刻模様	1
e：片面のみに陰刻模様	1
f：片面に陰刻模様、片面に陽刻模様	1
g：無文	27
合計	33

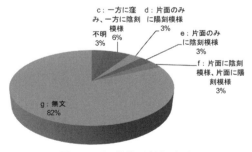
図38　面の装飾別割合（％）

{面の装飾}
　「無文」のものが圧倒的多数を占めるのが特徴的である。また、ｃの「一方に窪み、一方に陰刻模様」の形態は、府内型メダイ以外の一般のメダイにはまだ知られていない形態で注

表3　面の形態別点数

面の形態	点数
①：円形	28
②：楕円形	4
⑤：六角形	1
合計	33

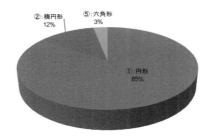

図39　面の形態別割合（％）

目される。

{面の形態}

円形が圧倒的多数を占める。

以上が形態分類の結果であるが、府内型メダイが現段階、西洋では確認できていないことなどを勘案すると、その形態は、当時宣教師によってもたらされた舶来のメダイを模倣している可能性が高いと考える。それは府内型メダイの形態分類結果が示す傾向が、当時のメダイそのものの形態を反映していることを指す。よって府内型メダイの形態を考察していく上では、国内で発見されている他の資料や西洋の資料を含めた上での形態分類が、バックグラウンドとして必要となってくる。この点については、別項の「3. メダイの形態分類」で再度触れることとし、本項では、府内型メダイに焦点を絞って見ていきたいと思う。

c．府内型メダイにおける型式的序列

府内型メダイの中には、同形態にもかかわらず、明らかに型式上の序列が存在するものがある。最も顕著な例が、図40・44の資料【0112】と【0119】である。両者とも一方の面が窪んで何かを嵌め込められるようになっており、もう一方の面は平らで、何か模様を刻む。【0112】は十字のようなものを刻んでいる。またメダル部分は両者とも円形を呈し、上につく鈕の部分は一段、段を設けている。サイズもほぼ同サイズで、両者は明らかに同一形態のものである。しかしながら決定的に異なる点が1箇所ある。それは、鈕に施される穿孔部分である。【0112】は面に対して横方向に穿孔が施され、それは鈕の一番上位に施されている。ところが、【0119】は穿孔が面に向かって正面方向に施されており、しかもそれは鈕を形成する段の中央部に穿たれている。本来メダイが吊されたときを考えると、穿孔は面に向かって横方向に施される方が、メダイ自体が正面を向いて自然である。この形態のメダイは本来そうした鈕を施すために、メダル面の上に段をつけてその上に穿孔部分を持ってきたのであろうが、そうした本来の機能から考えると、【0119】の穿孔は極めて不自然である。つまり、【0119】は【0112】の形態を模倣して作成し、その後吊すための穿孔を後出的要素として付加したと考えられる。よって、【0112】と【0119】の間には明らかに型式上の序列、編年上の前後関係が存在する。

この型式的序列の存在はすなわち、府内型メダイの中に実はプロトタイプが存在している可能性を示す。そうした眼で見てみると図48の資料【0114】と図52の資料【0105】の資料との間でもそれが認められる。両者とも鈕部分がペディメント風に作られ、同形態であることが分かる。しかしながら、【0114】が両面に文様を施すのに対し、【0105】はそれが全く見られず、穿孔も認められない。型式的には退化傾向が認められ、これもやはり【0114】を模倣して、【0105】が作られた可能性が示唆される。つまり、【0114】がプロトタイプで、【0105】が模倣品と考えられる。ただ【0105】に穿孔部分が認められない点は、本来のメダイの機能を失うこととなるため別の要素を考えねばならない。近くに焼土層が堆積していたことから被熱による消失、もしくは製作途中段階のものである可能性等も考えておく必要があろう。

　また、府内型メダイはすべて片面鋳型による鋳造であると考えられる。両面に模様が存在する際、必ず一方が陽刻でもう一方が陰刻である。そして断面を見ても一方が凸型に膨らみ、他の一方は平坦である。したがって、プロトタイプを粘土等でかたどって、踏み返しで製作した可能性も考えられる。

　ところで、このプロトタイプと模倣したものとの間には、形態的差異の他に、素材上の差異が認められる。次に理化学分析成果を踏まえ、素材からアプローチを試みていきたい。

第 2 章　メダイ論

《【0112】と【0119】の型式的序列》

図 40　第 21 次調査区出土【0112】

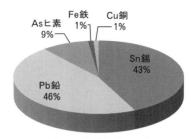

図 41　化学組成（％）

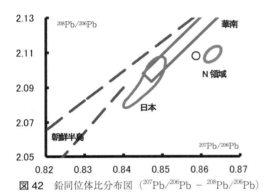

図 42　鉛同位体比分布図（^{207}Pb/^{206}Pb − ^{208}Pb/^{206}Pb）

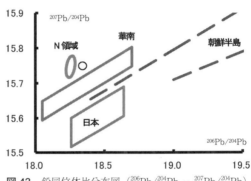

図 43　鉛同位体比分布図（^{206}Pb/^{204}Pb − ^{207}Pb/^{204}Pb）

図 44　第 51 次調査区出土【0119】

図 45　化学組成（％）

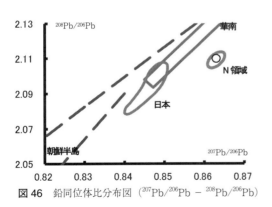

図 46　鉛同位体比分布図（^{207}Pb/^{206}Pb − ^{208}Pb/^{206}Pb）

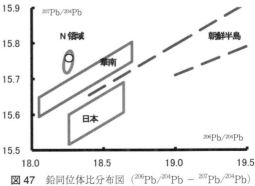

図 47　鉛同位体比分布図（^{206}Pb/^{204}Pb − ^{207}Pb/^{204}Pb）

《【0114】と【0105】の型式的序列》

図48　第41次調査区出土【0114】

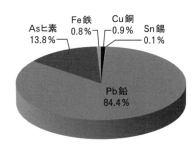

図49　化学組成（％）

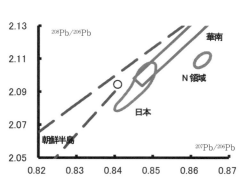

図50　鉛同位体比分布図（^{207}Pb/^{206}Pb − ^{208}Pb/^{206}Pb）

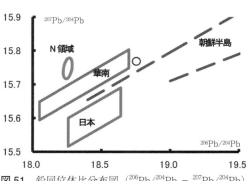

図51　鉛同位体比分布図（^{206}Pb/^{204}Pb − ^{207}Pb/^{204}Pb）

図52　第12次調査区出土【0105】

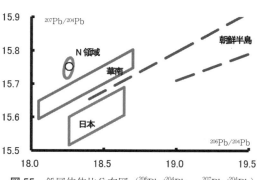

図53　化学組成（％）

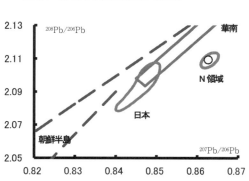

図54　鉛同位体比分布図（^{207}Pb/^{206}Pb − ^{208}Pb/^{206}Pb）

図55　鉛同位体比分布図（^{206}Pb/^{204}Pb − ^{207}Pb/^{204}Pb）

（2）府内型メダイの素材からのアプローチ

ここでは、府内型メダイの素材に注目して検証していきたい。前述のように、府内型メダイの一つの特徴として、その金属組成が鉛と錫を主体としているという点があげられる。メダイの金属組成については、これまでは基本的に外見からの判断によるところが多かったが、近年理化学分析が積極的に導入されるようになり、その精度が上がってきた。特に

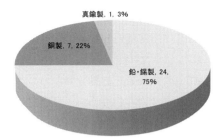

図56　府内型メダイの化学組成（大分類）

真鍮製品等は、腐食が進んだ場合緑青が浮き出てくるため、その状況だけを見ると青銅製品と見間違うことがある。また、鉛製のものは腐蝕した結果灰色を呈するため、比較的判断はしやすいが、それが純鉛製なのか、錫を主体とするピューターなのかまでは、外見ではなかなか判断しがたい。実際過去に判断されていた金属種別と、分析結果が異なっている例はいくつもある。こうした金属組成の詳細な分析、さらには金属の細かい分類が理化学分析の導入によって可能となった。金属組成分析の具体的方法としては、金属を非破壊で分析できる、蛍光X線分析を採用している。別府大学平尾良光教授と魯禔玹氏（現韓国国立中央博物館）の協力を得て、府内型メダイすべてにおいて分析を実施した。本書で使用する分析データはすべて両氏から提供していただいたものである。

分析の結果、まず右の図56のグラフにあるように、主成分が鉛や錫であるものが24点で75％、主成分が銅からなるものが22％で、鉛・錫製品が圧倒的多数を占めることが分かる。これは前述の府内型メダイの特徴を裏付けている。

さらに金属組成の詳細について見てみると鉛・錫製としたものの中には、純粋に鉛のみからなるものや鉛と錫の合金からなるものに分けられる。グラフ中にある「純鉛製」としたものは、鉛がほぼ80％以上と、ほとんどが鉛からなっているものである。この中には、95％以上の高純度でほとんど不純物を含まないものと、錫やヒ素が10％以上混入しているものとがある。この内後者については意図的に錫やヒ素を混入している可能性もあるため、区別されるべきかもしれないが、ここで両者をひとまとめにして「純鉛製」としたのは理由がある。それについては、後に詳述する。

次に「鉛＋錫製」とは、前述の純鉛製の資料とは大きく異なり、錫の含有量がかなり高い資料である。錫が主成分のもの、錫と鉛が半々のもの、錫より若干鉛が上回るものなどがあげられるが、いずれも前述の純鉛製資料と異なって錫の意識が高い資料である。こうした資料は錫が主成分とすれば「ピューター」「しろめ」、錫と鉛の合金とすれば「ハ

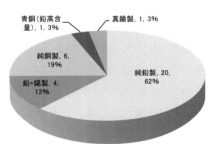

図57　府内型メダイの化学組成（細分類）

ンダ」等の名称が与えられようが、錫を主成分としては錫の含有量がさほど高くない点や、ハンダは通常用いられる用途と異なり、メダイ自体が製品であるため、混乱をさけるためにここでは敢えて「鉛＋錫製」としておきたい。

　以上の金属組成を細分類項目で見てみると、図57にあるように「純鉛製」が圧倒的に多いことが分かる。さらに、銅製の府内型メダイは1点を除きすべて「純銅製」である。実はこの「純鉛製」や「純銅製」が多いことが、この府内型メダイの流通ルートや製作背景を考察する上で重要な鍵を握っている。この点について検証していく前に、まず前項で触れた、プロトタイプとその模倣タイプの関係を素材の面からみていこうと思う。

a．府内型メダイの素材

　ここで取り上げる素材の検証は、蛍光X線分析によって得られる金属組成と、鉛同位体比分析による産地同定から行う。分析は同じく別府大学平尾良光教授に依頼した。

　前述の【0112】と【0119】、【0114】と【0105】についてデータを示す。図41・45・49・53のグラフは、蛍光X線分析による各資料の金属組成を表す。例えば、図40を見ると【0112】は錫43.2％、鉛46.5％とこの2つの金属が主成分をなし、鉛＋錫製であることが分かる。次に図42・43、図46・47、図50・51、図54・55のグラフは各資料の鉛同位体比分析による、産地同定結果を表している。この鉛同位体比分析とは金属に含まれる鉛の産地を同定する分析である。ほとんどの元素の同位体比は時間が経っても変化しないが、鉛は例外的な元素で、その性格を利用して鉛の産地を導き出す。具体的には同位体の量が地球の誕生から変わっていない^{204}Pb量と、変化した^{206}Pb,^{207}Pb,^{208}Pb量との比を調査し、これを世界の鉛鉱山の同位体比と比較することによって、鉛の産地の違いを判別することができるのである[16]。鉛同位体比のグラフについては、通常xy軸に^{207}Pb/^{206}Pb－^{208}Pb/^{206}Pbをとるグラフ（図42・46・50・54）と、^{206}Pb/^{204}Pb－^{207}Pb/^{204}Pbのグラフ（図43・47・51・55）の2つが使用される。このグラフにはこれまで蓄積されたデータをもとに、華南産・日本産・朝鮮半島産の各領域が示されている。さらに、近年の成果により新たに楕円の領域（N領域[17]）が確認され、この領域は東南アジア、特にタイのソントー鉱山であることが判明した[18]。これらいずれかの領域に入ればその産地が特定できるわけであるが、前述の2種類のグラフにおいて、両者において同一領域に入っていなければならない。つまり一方のグラフで華南産に入っていても、もう一方のグラフでは日本産に入っているとしたら、これは産地の特定が現段階では不能ということになる。そうした観点から例えば、【0119】の資料は図46で前述の楕円で囲まれたN領域の中にあり、もう一つのグラフの図47でも同じくN領域内に位置している。したがって【0119】の資料の鉛産地は東南アジア（タイ）に求めることができるといえる。

　そこで【0119】と形態的に非常に近い【0112】について見てみると、鉛同位体比によれば、

近い産地の鉛素材が使用されている可能性がある。しかし、金属の組成について見てみると、図45から分かるように【0119】はほぼ純鉛製品である。先に触れたように、【0112】は鉛と錫が半々の鉛＋錫製であり、大きく異なっている。

表4　府内型メダイ蛍光X線分析データ一覧表

資料番号		出土遺跡・発見地・出所	素　材	Cu 銅	Zn 亜鉛	Sn 錫	Pb 鉛	As ヒ素	Fe 鉄	Ag 銀	Au 金
01	01	中世大友府内町跡第12次調査区	純鉛製	0.1%		0.7%	96.9%	0.1%	0.1%		
01	02	中世大友府内町跡第12次調査区	純銅製	96.6%		0.1%	1.7%	0.1%	1.7%		
01	03	中世大友府内町跡第12次調査区	純鉛製	0.2%		6.6%	91.0%	0.1%	0.2%		
01	04	中世大友府内町跡第12次調査区	純鉛製	0.0%		0.5%	96.0%	0.1%	0.7%		
01	05	中世大友府内町跡第12次調査区	純鉛製	1.2%		9.4%	86.0%	0.0%	3.4%		
01	06	中世大友府内町跡第12次調査区	純鉛製	0.0%		0.5%	93.9%	0.1%	1.5%		
01	07	中世大友府内町跡第12次調査区	錫＋鉛製	1.3%		49.2%	47.0%	0.6%	1.9%		
01	09	中世大友府内町跡第13次調査区	純鉛製	1.1%		0.2%	98.7%	0.0%	0.0%		
01	10	中世大友府内町跡第13次調査区	純鉛製	1.3%		0.4%	97.6%	0.0%	0.8%		
01	11	中世大友府内町跡第18次調査区Ⅳ区	青銅（鉛高含量）	18.6%		7.4%	66.4%	5.1%	2.5%		
01	12	中世大友府内町跡第21次調査区	錫＋鉛製（ヒ素）	1.1%		43.2%	46.5%	8.6%	0.7%		
01	13	中世大友府内町跡第28次調査区	純鉛製（ヒ素）	0.8%		0.3%	84.4%	13.5%	1.0%		
01	14	中世大友府内町跡第41次調査区	純鉛製（ヒ素）	0.9%		0.1%	84.4%	13.8%	0.8%		
01	15	中世大友府内町跡第41次調査区	純鉛製	1.1%		0.3%	97.6%	0.0%	1.0%		
01	16	中世大友府内町跡第43次調査区	純鉛製	1.2%		0.3%	97.7%	0.0%	0.8%		
01	17	中世大友府内町跡第43次調査区	純銅製	94.1%		0.2%	0.1%	0.4%	5.2%		
01	18	中世大友府内町跡第43次調査区	純鉛製	1.2%		0.3%	97.7%	0.0%	0.9%		
01	19	中世大友府内町跡第51次調査区	純鉛製	1.1%		0.3%	93.7%	0.0%	4.9%		
01	20	中世大友府内町跡第51次調査区	純鉛製	0.0%		0.5%	95.9%	0.1%	0.5%		
01	21	中世大友府内町跡第51次調査区	錫＋鉛製	0.1%		54.4%	39.9%	0.0%	2.8%		
01	22	中世大友府内町跡第20次調査C区	純鉛製	0.1%		1.9%	97.9%	0.1%	0.1%		
01	23	中世大友府内町跡第69次調査A区	純銅製	93.0%		<0.1	0.6%	0.8%	4.3%	1.0%	
01	24	大友氏館跡第1次調査区	錫＋鉛製	1.1%	0.2%	51.2%	45.9%	0.1%	1.4%		
01	25	中世大友府内町跡第53次調査区	純鉛製	0.1%		4.8%	95.0%	<0.1	0.4%		
01	26	中世大友府内町跡第53次調査区	純鉛製	<0.1		<0.1	99.0%	<0.1	0.4%		
01	27	中世大友府内町跡第7次C調査区	純銅製	94.0%		<0.1	1.2%	4.0%	0.8%	0.4%	
01	28	中世大友府内町跡第77次調査区	純鉛製	<0.1		7.8%	92.0%	<0.1	0.6%		
01	29	中世大友府内町跡第93次調査区	純鉛製	0.04~0.01		0.1%	97.7%	0.1%	2.1%		
01	30	中世大友府内町跡第51次調査区	真鍮製	74.4%	11.6%	0.9%	12.0%	0.1%	0.9%		
18	01	平戸根獅子	純銅製	97.6%			1.1%	1.2%		0.2%	
18	02	平戸根獅子	純鉛製	0.2%		0.0%	99.7%		0.1%	0.0%	
22	01	小倉城三ノ丸跡	純銅製	98.1%			1.1%		0.8%		

表5　府内型メダイ鉛同位体比データ一覧表

資料番号	出土遺跡・発見地・出所	$^{206}Pb/^{204}Pb$	$^{207}Pb/^{204}Pb$	$^{208}Pb/^{204}Pb$	$^{207}Pb/^{206}Pb$	$^{208}Pb/^{206}Pb$
01 01	中世大友府内町跡第12次調査区	19.208	15.814	39.700	0.8233	2.0669
01 02	中世大友府内町跡第12次調査区	18.331	15.687	38.834	0.8558	2.1185
01 03	中世大友府内町跡第12次調査区	18.252	15.751	38.497	0.8630	2.1092
01 04	中世大友府内町跡第12次調査区	18.288	15.748	38.545	0.8611	2.1076
01 05	中世大友府内町跡第12次調査区	18.260	15.752	38.518	0.8626	2.1094
01 06	中世大友府内町跡第12次調査区	18.252	15.749	38.487	0.8628	2.1086
01 07	中世大友府内町跡第12次調査区	18.584	15.752	39.042	0.8476	2.1009
01 09	中世大友府内町跡第13次調査区	18.327	15.756	38.619	0.8597	2.1072
01 10	中世大友府内町跡第13次調査区	18.254	15.753	38.516	0.8630	2.1100
01 11	中世大友府内町跡第18次調査区Ⅳ区	18.462	15.739	38.870	0.8525	2.1053
01 12	中世大友府内町跡第21次調査区	18.342	15.750	38.668	0.8587	2.1082
01 13	中世大友府内町跡第28次調査区	18.690	15.761	39.087	0.8433	2.0913
01 14	中世大友府内町跡第41次調査区	18.755	15.768	39.280	0.8408	2.0944
01 15	中世大友府内町跡第41次調査区	18.267	15.760	38.539	0.8628	2.1097
01 16	中世大友府内町跡第43次調査区	18.274	15.751	38.528	0.8619	2.1083
01 17	中世大友府内町跡第43次調査区	18.369	15.680	38.757	0.8536	2.1099
01 18	中世大友府内町跡第43次調査区	18.094	15.597	38.500	0.8620	2.1278
01 19	中世大友府内町跡第51次調査区	18.260	15.758	−	0.8630	2.1099
01 20	中世大友府内町跡第51次調査区	18.480	15.786	38.969	0.8542	2.1087
01 21	中世大友府内町跡第51次調査区	18.260	15.763	38.539	0.8632	2.1106
01 22	中世大友府内町跡第20次調査C区	18.238	15.750	38.477	0.8636	2.1097
01 23	中世大友府内町跡第69次調査A区	18.367	15.678	38.811	0.8536	2.1131
01 24	大友氏館跡第1次調査区	18.386	15.723	38.709	0.8552	2.1054
01 25	中世大友府内町跡第53次調査区	18.251	15.740	38.484	0.8625	2.1087
01 26	中世大友府内町跡第53次調査区	18.245	15.748	38.489	0.8631	2.1096
01 27	中世大友府内町跡第7次C調査区	18.384	15.663	38.747	0.8520	2.1077
01 28	中世大友府内町跡第77次調査区	18.711	15.770	39.268	0.8428	2.0987
01 29	中世大友府内町跡第93次調査区	18.505	15.698	38.935	0.8483	2.1040
01 30	中世大友府内町跡第51次調査区	18.462	15.726	38.958	0.8518	2.1101
22 01	小倉城三ノ丸跡	18.414	15.673	38.796	0.8512	2.1069

　次に【0114】と【0105】については、金属組成では両者ともに「純鉛製」の範疇に入るが、鉛同位体比では、【0105】は前述の【0119】と非常に近い数値を示し（図54・55）、ほぼ同産地の鉛を使用していると考えられるが、【0114】については、前述の【0112】・【0119】・【0105】とは全く異なる数値を示し、朝鮮半島産の鉛を使用していると考えられる（図50・51）。

　以上より、プロトタイプを模倣して作成したと思われる【0119】と【0105】の資料は、金属組成がともに純鉛製であり、さらに鉛の産地においても両方ともに、非常に近いもので

第 2 章　メダイ論

あることが分かる。それに対して、プロトタイプと思われる【0112】と【0114】については、【0119】や【0105】とは金属組成あるいは鉛の産地において、異なるものであることが分かる。ここで、図 59 〜 62 を見てもらいたい。中世大友府内町跡で出土する 27 点の府内型メダイの内、半数近くの 12 点（【0103】【0104】【0105】【0106】【0110】【0115】【0116】【0119】【0122】【0125】【0126】）が、鉛同位体比でほぼ同じ数値を示している。そしてそれらは、すべて純鉛製である（表 4 参照）。

　この分析データから考えられることは、まず鉛同位体比におけるこの数値の集中度合いは、これらの府内型メダイの素材が非常に近い産地のものであること、さらにいえば同じ鉛の固まりから作り出されたものである可能性を示すものである。つまりインゴットの存在を示唆するものである。そして作り出された府内型メダイは、そのほとんどが純鉛製であることに着眼すると、府内に持ち込まれたインゴットをそのまま使用していることが推測される。つまり、府内型メダイの内で半数近くを占める純鉛製のものは、府内にもたらされた鉛インゴットを使用して製作された、府内製のメダイであると考えられるのである。

　そしてもたらされたインゴットは鉛同位体比分析により、N 領域、つまりはタイのソントー鉱山からもたらされたものであり、府内型メダイはタイからインゴットを輸入して、製作されたということになる。そして、実際それを裏付ける資料が確認されたのである。次にその資料について見ていきたいと思う。

b．円錐形鉛製品

　図 58 に示す資料は、中世大友府内町跡第 22 次調査区の井戸 SE012 から出土した鉛製品である。底径（最大径で）3.7cm、高さ 1.4cm で、円錐形を呈する。鉛製品は井戸の井筒内から他の遺物とともに出土していることから、井戸の廃絶期以前に混入したと考えられる。同じ井筒内からは E 群の景徳鎮窯系碗をはじめ京都系土師器皿等の遺物が共伴して出土しており、さらには井戸の掘削面と周囲の層位との関係から、出土鉛製品は 16 世紀後葉〜末葉に位置づけられる[19]。

　鉛製品は、蛍光 X 線分析の結果、鉛 85％のほぼ純鉛製品であることが判明した（表 6-1）。さらに注目すべき点は、この資料の鉛同位体比分析結果である（図 59 〜 62 のグラフ中の▲円錐形鉛インゴット）。図 59 〜 62 に示す値から分かるように、この鉛製品は N 領域、つまりは、タイのソントー鉱山のものを素材とすることが判明したのである。つまり、この円錐形の鉛製品は府内型メダイと同じ産地の鉛をほぼ同じ含有量で組成している、いわば同種類の金属なのである。この結果は、円錐形鉛製品と府内型メダイの密接な関係を示すものであるが、ただこれだけでは、府内型メダイがこの円錐形鉛製品から作り出されたという決定的証拠にはなりえない。報告書刊行当時は、府内型メダイとの関係の深さから、「インゴット」の可能性を示唆していたものの、そもそもこの円錐形鉛製品が、他の何かしらの製品である

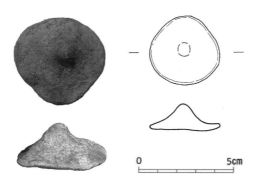

可能性もあるために、ただちにインゴットに位置付けることは不可能であったのである。

ところが、この円錐形鉛製品の正体が、2010年のタイにおける調査中に、偶然にも発覚したのである。

図58 中世大友府内町跡第22次調査区出土　円錐形鉛製品（S=1/2）

表6　蛍光X線分析データ一覧表

番号	グラフ番号	遺物	出土遺跡・発見地	出土遺構	Cu 銅	Sn 錫	Pb 鉛	As ヒ素	Fe 鉄	Ag 銀
1		円錐形鉛インゴット	中世大友府内町跡第22次調査区	井戸 SE012	1.0%	0.2%	85.0%	13.0%	0.7%	
2		円錐形鉛インゴット	岡豊城跡		<0.1	0.3%	98.1%	10.0%	10.0%	0.1%
3		円錐形鉛インゴット	万才町遺跡		0.2%	1.5%	96.9%	1.2%	1.2%	<0.0
4		円錐形鉛インゴット	万才町遺跡		0.1%	1.5%	97.4%	0.8%	0.8%	<0.0
5	01 03	メダイ	中世大友府内町跡第12次調査区	SB01　焼土層	0.2%	6.6%	91.0%	0.1%	0.2%	-
6	01 04	メダイ	中世大友府内町跡第12次調査区	L-12区	0.0%	0.5%	96%	0.1%	0.7%	-
7	01 05	メダイ	中世大友府内町跡第12次調査区	K-12区	1.2%	9.4%	86.0%	0.0%	3.4%	-
8	01 06	メダイ	中世大友府内町跡第12次調査区	南北大路町屋側側溝	0.0%	0.5%	93.9%	0.1%	1.5%	-
9	01 10	メダイ	中世大友府内町跡第13次調査区	30K区	1.3%	0.4%	97.6%	0.0%	0.8%	-
10	01 15	メダイ	中世大友府内町跡第41次調査区	S005（浅い土坑状）	1.1%	0.3%	97.6%	0.0%	1.0%	-
11	01 16	メダイ	中世大友府内町跡第43次調査区	包含層（S-15 No.1）	1.2%	0.3%	97.7%	0.0%	0.8%	-
12	01	メダイ	中世大友府内町跡第51次調査区	K-31区　道路第1面　No.1	1.1%	0.3%	93.7%	0.0%	4.9%	-
13	01	メダイ	中世大友府内町跡第51次調査区	S345　町屋整地層　K-32区 No.1	0.1%	54.4%	39.9%	0.0%	2.8%	-
14	01	メダイ	中世大友府内町跡第20次調査C区	包含層（L-37区）	0.1%	1.9%	97.9%	0.1%	0.1%	-
15		火挟み	中世大友府内町跡第43次調査区		38.0%	0.6%	45.0%	0.1%	16.0%	

第2章 メダイ論

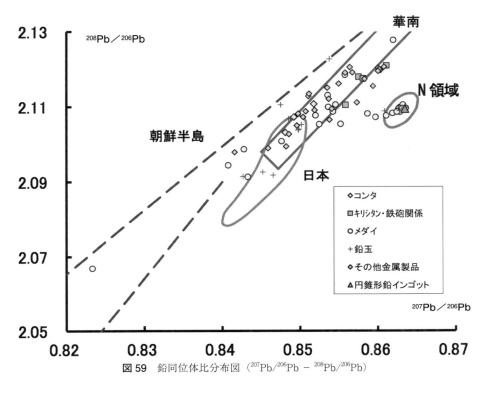

図59　鉛同位体比分布図（$^{207}Pb/^{206}Pb - ^{208}Pb/^{206}Pb$）

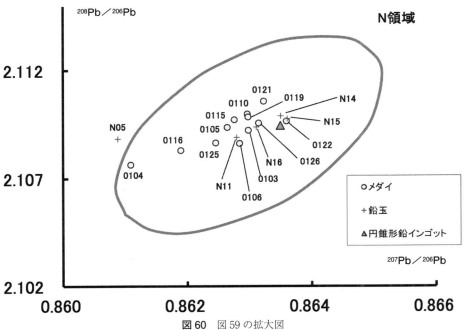

図60　図59の拡大図

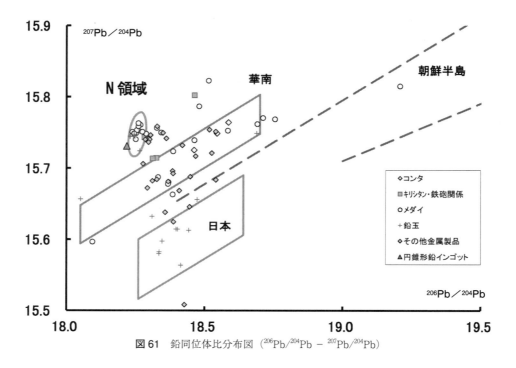

図61　鉛同位体比分布図（^{206}Pb/^{204}Pb － ^{207}Pb/^{204}Pb）

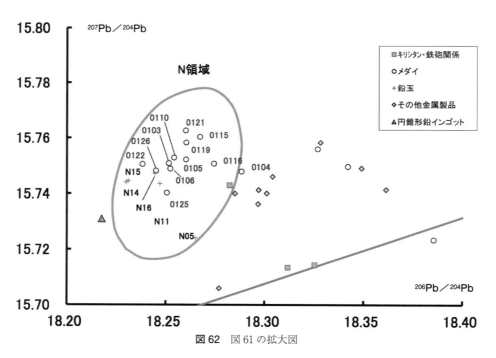

図62　図61の拡大図

c．円錐形鉛インゴット

　2010年、平尾良光教授を中心とするメンバーでタイのソントー鉱山の調査[20]へ訪れた際、その鉱山で発見された、ある土製の鋳型を拝見した。その鋳型は図63に示すような形態で、一部破損しているが、長径約28.5cm、短径18cmの直方体をなす。上面には16個の円形の窪みがみられる。よく見ると一つ一つの窪みは、直径約3〜5cm、深さ約3cmの逆円錐形をしている。この円形の窪みに不純物の混ざった鉛を流し込むと、比重の大きい鉛が下に沈んでいく。さらに鉛は金属の中でも融点が低いために、先に凝固した他の金属を取り除くことによって、高純度の鉛が抽出される。つまりこの鋳型からは、直径約3〜5cm、高さ約3cmの円錐形をした、高純度の鉛のインゴットが取り出されるのである。

　ソントー鉱山の案内をしてくれたWaiyapot Worakanok博士によれば、これは16〜17世紀頃の鋳型だとする。発掘調査によって出土したものではないが、鋳型の形態からその頃に比定できるとする。また、タイのSilpakorn大学のSurapol Natapintu教授によれば、16〜17世紀のアユタヤにおいては、こうした形態の鋳型から作られた鉛のインゴットは主要な貿易品として、広汎に流通していたという。

（上から）　　　　　　　　　　　　　　　　　（横から）

図63　円錐形鉛インゴットの鋳型（タイ　ソントー鉱山）

　先に述べたように中世大友府内町跡で出土した円錐形鉛製品は、底径3.7cm、高さ1.4cmの高純度の鉛製品だった。高さが若干府内出土のものは低いが、インゴット製作工程上、上に浮いた不純物を取り除くことを考えれば、出来上がったインゴットは鋳型の深さより低いことは十分に考えられる。そして府内出土の円錐形鉛製品は、鉛同位体比分析によって、タイのソントー鉱山のものであることが判明していた。府内出土の円錐形鉛製品は、まさにタイで見たこの形態の鋳型から作られたものだったのである。つまり、タイのソントー鉱山で製作され、府内に持ち込まれた鉛インゴットであった。

この鉛のインゴットについては、さらに注目すべき点がある。それは、先の鉛のインゴットの鋳型が、タイのソントー鉱山で発見されている点である。つまり採掘された鉛を原産地で、比較的安易な工程で抽出し、製品化まで行っているのである。当時のインゴットの流通システムを考える上で、貴重な事例と言える。これまでに文献史料等で知られていた、戦国期〜江戸初期にかけての鉛のインゴットは、例えば17世紀初頭に、英蘭両国商人からシート状のものと棒状のものが日本市場にもたらされた[21]とあるが、円錐形の鉛インゴットは触れられていない。

　また鉛インゴットの出土資料としては、福井県一乗谷朝倉氏遺跡では棒状の鉛インゴットが57点[22]、和歌山県根来寺遺跡[23]で延板状のものが1点出土している。これらのインゴットの形状から、前述の英蘭商人がもたらした棒状とシート状のものとの関連がうかがえるが、理化学分析が行われていないためまだ言及できない。日本産であることも合わせて考慮に入れておく必要があろう。また、静岡県駿府城跡では、13点の大型の楕円形鉛インゴットの出土が報告されており[24]、別府大学の行った鉛同位体比分析の結果、華南産のデータが得られている[25]。さらに若干時期が下るが、佐渡の金山奉行所から出土した鉛板もある。しかしここで出土しているインゴットは、その形は扁平楕円形で、さらに長径70cm　短径30cmで重さ40kgに及び、形態、大きさ、重量ともに全く異なるものである[26]。この資料については、鉛同位体比分析の結果、日本産であることが確認されている。

d．発見された他の円錐形鉛インゴット

　この円錐形鉛インゴットは、中世大友府内町跡で報告される以前にすでに国内で確認されていた。まず長崎県においては長崎市万才町遺跡で2点[27]、北松浦郡小値賀町の山見沖海底遺跡出土資料で1点の出土が報告されている。図64-1・2が万才町遺跡出土品、図65が山見海底沖遺跡出土品である。

　まず、万才町遺跡出土のの図64-1は底径（最大径）3.8cm、高さ1.6cm、図64-2は底径（最大径）5.0cm、高さ2.0cmで、いずれも円錐形である。報告書では、特にその用途について言及はしていなが、その形状、大きさから、先に挙げた中世大友府内町跡出土のインゴットと同形態、同種のものと言って差し支えはない。

　この円錐形鉛インゴットの金属組成は、蛍光X線分析により、図64-1は鉛96.9％、図64-2は鉛97.4％といずれも高純度の純鉛製品であることが判明した（表6-3・4）。また、鉛同位体比分析のデータについては、図70・71に示すように、N領域に位置しており、府内の資料と同様タイのソントー鉱山からもたらされたものと考えられる（蛍光X線分析と鉛同位体比分析はいずれも別府大学が実施）[28]。

　次に山見沖海底遺跡出土品の図65は、別府大学の行った鉛同位体比分析によると、図70・71に示すように、やはりN領域に位置しており、万才町遺跡同様タイのソントー鉱山

第2章　メダイ論

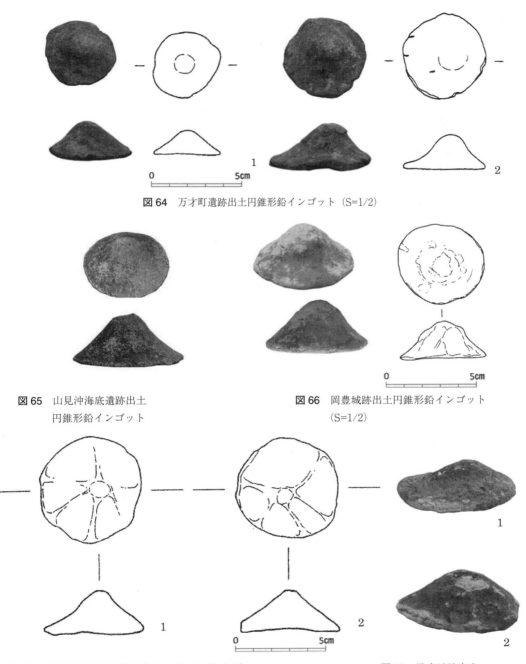

図64　万才町遺跡出土円錐形鉛インゴット（S=1/2）

図65　山見沖海底遺跡出土
　　　円錐形鉛インゴット

図66　岡豊城跡出土円錐形鉛インゴット
　　　（S=1/2）

図67　城山遺跡出土円錐形鉛インゴット（S=1/2）

図68　駿府城跡出土
　　　円錐形鉛インゴット

［写真］図64：長崎市提供　図65：長崎県小値賀町教育委員会提供　図66：高知県教育委員会提供
　　　図68：静岡市教育委員会提供

図69　SAN DIEGO 号出土円錐形鉛インゴット　［写真］：フィリピン国立博物館提供

産のものである。この山見沖海底遺跡では、沈没船の積荷と思われるタイの四耳壺が多数出土し、さらには、クロッや移動式竃といった船上の使用品と思われるものも出土しており、タイからの物資の移動が指摘されている[29]。この鉛インゴットの産地がタイのソントー鉱山であることは、まさにこの陶磁器の傾向に合致している。

また、高知県の長宗我部氏の居城である岡豊城跡でも1点出土しており（図66）、1992年に報告書が刊行されている。円錐形インゴットはT7区の土塁から出土しており、大きさは底径（最大径）4.8cm、高さ2.3cmで、重量は190gである。

別府大学の行った蛍光X線分析によれば、鉛が98.1％の高純度の純鉛製品であることが判明した（表6-2）。また、同大学が実施した鉛同位体比分析では、やはりこの資料もN領域に属するという結果が出ており（図70・71）、府内や長崎の資料同様に、タイのソントー鉱山からもたらされたインゴットであることが判明した[30]。

なお、この資料は、岡豊城跡の下限が大高坂城移転の1588年とされることから、それ以前に位置づけが可能な資料であり、府内の資料同様にある程度時期が限定することができる資料である。さらに言えば、府内の資料とほぼ同じころに位置づけが可能な資料であるといえる。

和歌山県の城山遺跡においても2点が出土している（図67-1・2）[31]。図67-1は底径（最大径）5.1cm、高さ2.1cmで、重量は147.1g、図67-2は底径（最大径）4.9cm、高さ2.0cmで、重量は137.1gである。山城の土塁で囲まれた内郭中央部付近の遺物包含層より出土した。北野隆亮氏は、出土状況及び本遺物の性格等を考察し、城山遺跡の位置づけを「天正五（1577）年の織田信長による紀州攻めの際に中野城を攻め落とした時に築城した「織豊系の陣城」の蓋然性が高い」としている[32]。

金属組成については、図67-1が99.8％　図67-2が99.6％の高度の純鉛製品であることが確認されている[33]。さらに別府大学の鉛同位体比分析で、図67-1・2の両資料ともにN領域に属しており、やはりこれらの資料もタイのソントー鉱山産の鉛インゴットであることが確認された（図70・71）。

そして近年、静岡県駿府城跡でも確認され（第68図）、別府大学で鉛同位体比分析が行われた。駿府城跡では、円錐形鉛インゴットが2点出土している。本遺跡では、鉄砲玉や砲弾、さらに大型の楕円形鉛インゴットも出土しているが、鉛同位体比分析により、鉄砲玉と砲弾

第２章　メダイ論

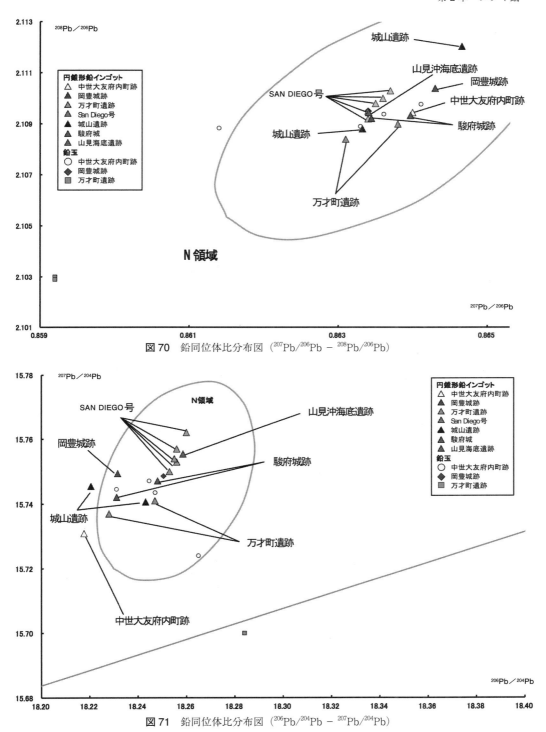

図70　鉛同位体比分布図（^{207}Pb/^{206}Pb − ^{208}Pb/^{206}Pb）

図71　鉛同位体比分布図（^{206}Pb/^{204}Pb − ^{207}Pb/^{204}Pb）

は日本産、大型楕円形鉛インゴットについては、華南産の鉛が使用されており、タイのソントー鉱山ではないことが判明している。そうした中、円錐形鉛インゴットの2点については、図70・71に示すように、タイのソントー鉱山産の鉛であることが確認された。

なお、こうした円錐形インゴットは海外においても確認されている。1600年にオランダとの海戦で、現在のフィリピン北部、バタンガス州西方海上で沈没したスペイン船SAN DIEGO号の出土遺物の中に、この円錐形インゴットが含まれていた（図69）。現在この資料は、フィリピン国立博物館に5点展示されているが、SAN DIEGO号の発掘成果をまとめた図録によれば[34]、これらの円錐形鉛製品について、"It is possible that the small conical lead weights in the foreground were used to weigh out the medicinal products."としている。確かに同沈没船からは医薬品の調合等に使用されたと考えられる出土品も発見されているため、医薬品の測り分けのおもりとして使用された可能性を指摘しているものと思われるが、これらの円錐形鉛製品は、どれも定量ではなく、測り分けに用いるには適していない。やはり、鉛インゴットとして運ばれていたと考えるのが妥当であろう。

このSAN DIEGO号の資料についても、別府大学で鉛同位体比分析を行っているが、その結果、5点すべてがN領域に属する結果が得られており（図70・71）、すべてタイのソントー鉱山を産地とすることが判明した。

以上、現段階で確認されている円錐形鉛インゴットは、国内で計9点、海外で5点の合計14点に及ぶ。この確認例は今後増えてくるものと思われる。そして、これらのインゴットは理化学分析を行った資料については、府内の資料が85％と若干低いものの、その他は鉛90％以上の純鉛製品で、さらにその産地はすべてN領域、つまりタイのソントー鉱山であった。また、発見されている場所は、南蛮貿易港として栄えた長崎と府内、そして和歌山県城山遺跡については、前述のように天正5年（1577年）に織田信長が紀州攻めの際に築造した「織豊系の陣城」という指摘がある。織田信長は積極的に外国貿易を推進し、外国産鉛材料を入手したと考えられている[35]。そして海外のものは、当時南蛮貿易と関係のあるスペイン船の中であった。

これらの資料の示すデータは、タイのソントー鉱山で発見されたインゴットの鋳型から作られた円錐形の鉛インゴットが、スペイン船等の貿易船（日本で発見されている鉛インゴットの大半はポルトガル船や中国のジャンク船等も運んだと考えられる）を介して、日本へ運び込まれている姿を想定させる。まさに南蛮貿易の流通システムの中で運ばれているのである。

そこで問題となるのが、これらの円錐形鉛インゴットは何の目的で日本に運び込まれたかという点である。これまで、円錐形鉛インゴットと同じ産地を示し、そのインゴットを溶かして製作されたと判断されているものとして「府内型メダイ」を挙げてきた。しかし、はたしてこのようなメダイを作ることを主目的として、こうしたインゴットを輸入したのであろうか。

第 2 章　メダイ論

　そこで、次にタイのソントー鉱山産、つまりはN領域の鉛を使用している資料にどういうものがあるかを見ていきたいと思う。

e．16世紀後半〜17世紀前葉のN領域資料

　ここでは、鉛同位体比分析によって判明した16世紀後半〜17世紀前葉におけるN領域の全資料、つまりはタイのソントー鉱山の鉛を使用している製品をすべて見ていきたいと思う。表7・8に掲げているものがそれである。表7・8からも分かるように、16世紀後半〜17世紀前葉のN領域の資料としては、鉄砲玉と円錐形鉛インゴットとメダイ、指輪、十字架等が確認されている。よく見ると、実は製品だけで見た場合、鉄砲玉とキリシタン遺物しかないのである。ただ、こうした鉄砲玉とキリシタン遺物ばかりを分析していれば、当然そうしたデータが出てしまうので、大友氏の城下町跡である中世大友府内町跡で出土している金属製品80点について鉛同位体比分析結果をみていきたいと思う。80点の内訳の詳細は表9・10に記しているが、大きくはメダイ等のキリシタン遺物33点、鉛玉16点、円錐形鉛インゴット1点、その他の金属製品が30点となる。上記の鉄砲玉と円錐形鉛インゴット及びキリシタン遺物以外の資料が約4割含まれているので、一つの戦国期城下町における、N領域資料の傾向を推察することが可能であろう。

　図59〜62がその鉛同位体比分析の結果である。グラフが示すように、鉛同位体比分析を行った中世大友府内町跡出土資料80点の内、N領域に入る資料は、メダイ12点と円錐形鉛インゴット1点と鉛玉5点である。残り62点の資料はN領域には属さず、華南、日本、朝鮮半島のいずれかの素材である（西洋製の素材は確認できない）。このN領域に属さない資料の中には、コンタツやメダイといったキリシタン遺物も含まれるが、逆に言うと、キリシタン遺物と鉛玉、円錐形インゴット以外の金属製品で、N領域に属する遺物はない。

　つまり府内においても、N領域に属する資料はキリシタン遺物と鉛玉及び円錐形鉛インゴット以外には確認できないのである。換言すれば、府内においてタイのソントー鉱山の鉛を使用して製作されている遺物は、キリシタン遺物と鉛玉のみなのである。

　この分析結果は、キリスト教信心具と鉛玉を製作するために、タイのソントー鉱山から円錐形鉛インゴットを輸入した、という流通システムの存在を示している。しかしながら、当時日本がキリスト教信心具の製作を主目的として、わざわざ鉛のインゴットを輸入したということは考えにくい。確かに当時の日本において、キリシタン達はメダイやコンタツなどのキリスト教信心具を渇望しており、その需要に基づいてキリスト教信心具の国内生産が盛んであったことは事実である[36]。しかし当時、信心具を製作する程度の鉛であるならば、わざわざ海外の輸入に依存せずとも、国内で確保は可能であったであろう。そうすると、鉛インゴット輸入の主目的は、やはり軍事的目的で大量に需要のあった鉄砲玉の獲得ということになろう。

101

府内の資料では、N領域の鉄砲玉は5点しか確認できなかったが、現段階日本全国で把握できているN領域の資料（表7・8参照）では、80点中44点が鉄砲玉であり、N領域の中でも最も多いものとなっている。

　さらにこれまで日本国内で円錐形鉛インゴットが出土している遺跡の中では、中世大友府内町跡、万才町遺跡、岡豊城跡、駿府城において鉄砲玉が出土している。その中で、中世大友府内町跡出土の鉄砲玉は、同じN領域に属するものが確認されていることは先に述べたが（図59～62）高知県の岡豊城で出土している鉄砲玉（図73）についても、N領域に属することが測定の結果判明した（図70・71）。さらに長崎県の万才町遺跡で出土している鉄砲玉（図72-1・2）については、鉄玉を覆った大型の弾丸で、両者ほとんど同じ鉛同位体比を示していることから同一の弾の可能性が高い。産地については、N領域の枠内にはないが、日本とN領域の間に位置していることから、両者の鉛を混合したと推定される[37]。

　以上より、16世紀末～17世紀前葉においては、鉄砲玉の確保を主目的として、鉛をタイからインゴットの形で輸入していた様相が看取される。そしてそのインゴットとは、5cm程度の小振りな円錐形をしたインゴットであった。また、タイからもたらされた円錐形鉛インゴットについては、例えば中世大友府内町跡出土資料については、出土している遺構の時期や円錐形インゴットから製品化されているメダイ等の時期から考えて、1587年以前に帰属する可能性が高く[38]、岡豊城跡出土資料については1588年以前に位置付けられる。こうした時期は、イギリスやオランダがまだ日本との貿易に進出してくる以前であり、ポルトガルを中心とした南蛮貿易上の流通システムが中心となって機能していた時期である。したがって、16世紀末葉以前は、南蛮貿易において、こうした円錐形鉛インゴットの形態が当時の一つの主流であった可能性は高いといえるだろう。

　そこで再度、N領域資料が鉄砲玉とキリシタン遺物のみという点について考えてみたい。この分析結果から自ずと推測できるのは、鉄砲玉の輸入にキリスト教が関係しているということである。つまり、鉄砲玉の素材供給の背景に、宣教師の姿が見え隠れしている。

第 2 章　メダイ論

表7　確認されている 16 世紀後半〜 17 世紀前葉の N 領域資料（鉛同位体比値）

番号	資料名	遺跡名	時期	$^{206}Pb/^{204}Pb$	$^{207}Pb/^{204}Pb$	$^{208}Pb/^{204}Pb$	$^{207}Pb/^{206}Pb$	$^{208}Pb/^{206}Pb$
1	円錐形鉛インゴット	中世大友府内町跡第 22 次調査区	1587 年以前	18.218	15.731	38.429	0.8635	2.1095
2	円錐形鉛インゴット	岡豊城跡	1588 年以前	18.232	15.749	38.477	0.8638	2.1104
3	円錐形鉛インゴット	San Diego	1600 年以前	18.260	15.762	38.535	0.8632	2.1103
4	円錐形鉛インゴット	San Diego	1600 年以前	18.256	15.753	38.511	0.8629	2.1095
5	円錐形鉛インゴット	San Diego	1600 年以前	18.256	15.757	38.520	0.8631	2.1100
6	円錐形鉛インゴット	San Diego	1600 年以前	18.255	15.754	38.515	0.8630	2.1098
7	円錐形鉛インゴット	San Diego	1600 年以前	18.253	15.750	38.499	0.8629	2.1092
8	円錐形鉛インゴット	万才町遺跡	16 世紀末〜17 世紀初頭	18.247	15.741	38.472	0.8626	2.1084
9	円錐形鉛インゴット	万才町遺跡	16 世紀末〜17 世紀初頭	18.228	15.737	38.443	0.8633	2.1090
10	円錐形鉛インゴット	城山遺跡	16-17 世紀	18.243	15.741	38.471	0.8628	2.1088
11	円錐形鉛インゴット	城山遺跡	16-17 世紀	18.221	15.745	38.483	0.8642	2.1120
12	円錐形鉛インゴット	駿府城	17 世紀前半	18.248	15.747	38.489	0.8629	2.1092
13	円錐形鉛インゴット	駿府城	17 世紀前半	18.231	15.742	38.456	0.8635	2.1093
14	円錐形鉛インゴット	山見沖海底遺跡	16 世紀	18.259	15.755	38.515	0.8629	2.1094
15	十字架	原城跡	1638 年以前	18.245	15.741	38.515	0.8628	2.1110
16	十字架	原城跡	1638 年以前	18.252	15.728	38.488	0.8617	2.1087
17	十字架	原城跡	1638 年以前	18.255	15.746	38.521	0.8626	2.1102
18	十字架	原城跡	1638 年以前	18.254	15.749	38.504	0.8627	2.1093
19	十字架	原城跡	1638 年以前	18.242	15.745	38.481	0.8631	2.1095
20	十字架	原城跡	1638 年以前	18.249	15.755	38.509	0.8633	2.1102
21	十字架	原城跡	1638 年以前	18.241	15.745	38.476	0.8631	2.1093
22	メダイ	黒崎城跡	1620 年代以前	18.279	15.715	38.512	0.8597	2.1069
23	メダイ	中世大友府内町跡第 13 次調査区	1587 年以前	18.254	15.753	38.516	0.8630	2.1100
24	メダイ	中世大友府内町跡第 20 次調査 C 区	1587 年以前	18.238	15.750	38.477	0.8636	2.1097
25	メダイ	中世大友府内町跡第 41 次調査区	1587 年以前	18.267	15.760	38.539	0.8628	2.1097
26	メダイ	中世大友府内町跡第 43 次調査区	1587 年以前	18.274	15.751	38.528	0.8619	2.1083
27	メダイ	中世大友府内町跡第 51 次調査区	1587 年以前	18.260	15.758	−	0.8630	2.1099
28	メダイ	中世大友府内町跡第 51 次調査区	1587 年以前	18.260	15.763	38.539	0.8632	2.1106
29	メダイ	中世大友府内町跡第 12 次調査区	1587 年以前	18.252	15.751	38.497	0.8630	2.1092
30	メダイ	中世大友府内町跡第 12 次調査区	1587 年以前	18.288	15.748	38.545	0.8611	2.1076
31	メダイ	中世大友府内町跡第 12 次調査区	1587 年以前	18.260	15.752	38.518	0.8626	2.1094
32	メダイ	中世大友府内町跡第 12 次調査区	1587 年以前	18.252	15.749	38.487	0.8628	2.1086
33	メダイ	中世大友府内町跡第 53 次調査区	1587 年以前	18.251	15.740	38.484	0.8625	2.1087
34	メダイ	中世大友府内町跡第 53 次調査区	1587 年以前	18.245	15.748	38.489	0.8631	2.1096
35	指輪	原城跡	1637 年以前	18.260	15.734	38.509	0.8616	2.1089
36	指輪	原城跡	1637 年以前	18.249	15.730	38.484	0.8620	2.1088
37	鉄砲玉	東大寺　南大門	1567 年	18.266	15.764	38.536	0.8630	2.1097
38	鉄砲玉	東大寺　南大門	1567 年	18.259	15.756	38.503	0.8629	2.1087
39	鉄砲玉	設楽原・長篠城跡	1575 年	18.307	15.786	38.686	0.8623	2.1131
40	鉄砲玉	設楽原・長篠城跡	1575 年	18.256	15.756	38.520	0.8631	2.1099

表8 確認されている16世紀後半～17世紀前葉のN領域資料（鉛同位体比値）

番号	資料名	遺跡名	時期	$^{206}Pb/^{204}Pb$	$^{207}Pb/^{204}Pb$	$^{208}Pb/^{204}Pb$	$^{207}Pb/^{206}Pb$	$^{208}Pb/^{206}Pb$
41	鉄砲玉	中世大友府内町跡第77次調査区	1587年以前	18.230	15.744	38.462	0.8635	2.1099
42	鉄砲玉	中世大友府内町跡第7次調査区	1587年以前	18.265	15.724	38.518	0.8609	2.1088
43	鉄砲玉	中世大友府内町跡第18次調査区Ⅳ区	1587年以前	18.247	15.743	38.481	0.8628	2.1089
44	鉄砲玉	中世大友府内町跡	1587年以前	18.231	15.745	38.464	0.8636	2.1098
45	鉄砲玉	中世大友府内町跡	1587年以前	18.245	15.747	38.485	0.8631	2.1094
46	鉄砲玉	田中城跡	1587年	18.247	15.750	38.497	0.8632	2.1097
47	鉄砲玉	田中城跡	1587年	18.244	15.745	38.478	0.8630	2.1091
48	鉄砲玉	田中城跡	1587年	18.274	15.785	38.607	0.8638	2.1127
49	鉄砲玉	田中城跡	1587年	18.274	15.735	38.672	0.8611	2.1162
50	鉄砲玉	田中城跡	1587年	18.254	15.751	38.504	0.8629	2.1093
51	鉄砲玉	田中城跡	1587年	18.249	15.755	38.507	0.8633	2.1102
52	鉄砲玉	田中城跡	1587年	18.233	15.747	38.472	0.8637	2.1100
53	鉄砲玉	田中城跡	1587年	18.241	15.745	38.477	0.8632	2.1094
54	鉄砲玉	田中城跡	1587年	18.243	15.746	38.483	0.8631	2.1094
55	鉄砲玉	田中城跡	1587年	18.226	15.732	38.427	0.8632	2.1083
56	鉄砲玉	田中城跡	1587年	18.212	15.707	38.352	0.8624	2.1059
57	鉄砲玉	田中城跡	1587年	18.254	15.730	38.464	0.8617	2.1072
58	鉄砲玉	田中城跡	1587年	18.261	15.746	38.511	0.8623	2.1089
59	鉄砲玉	田中城跡	1587年	18.227	15.727	38.415	0.8628	2.1076
60	鉄砲玉	田中城跡	1587年	18.254	15.737	38.479	0.8621	2.1080
61	鉄砲玉	田中城跡	1587年	18.251	15.753	38.510	0.8631	2.1100
62	鉄砲玉	田中城跡	1587年	18.262	15.744	38.510	0.8621	2.1088
63	鉄砲玉	田中城跡	1587年	18.244	15.748	38.487	0.8632	2.1096
64	鉄砲玉	田中城跡	1587年	18.254	15.772	38.557	0.8640	2.1122
65	鉄砲玉	田中城跡	1587年	18.276	15.739	38.518	0.8612	2.1076
66	鉄砲玉	田中城跡	1587年	18.280	15.752	38.542	0.8617	2.1084
67	鉄砲玉	岡豊城跡	1588年以前	18.251	15.749	38.499	0.8629	2.1095
68	鉄砲玉	万才町遺跡	16世紀末～17世紀初頭	18.284	15.700	38.451	0.8587	2.1030
69	鉄砲玉	万才町遺跡	16世紀末～17世紀初頭	18.284	15.700	38.449	0.8587	2.1029
70	鉄砲玉	原城跡	1638年以前	18.242	15.740	38.477	0.8628	2.1093
71	鉄砲玉	原城跡	1638年以前	18.255	15.742	38.514	0.8624	2.1098
72	鉄砲玉	原城跡	1638年以前	18.246	15.755	38.512	0.8635	2.1106
73	鉄砲玉	原城跡	1638年以前	18.259	15.760	38.537	0.8631	2.1106
74	鉄砲玉	原城跡	1638年以前	18.246	15.747	38.488	0.8631	2.1094
75	鉄砲玉	原城跡	1638年以前	18.246	15.750	38.497	0.8632	2.1099
76	鉄砲玉	原城跡	1638年以前	18.246	15.750	38.497	0.8632	2.1099
77	鉄砲玉	原城跡	1638年以前	18.243	15.745	38.480	0.8631	2.1094
78	鉄砲玉	原城跡	1638年以前	18.239	15.747	38.480	0.8633	2.1097
79	鉄砲玉	原城跡	1638年以前	18.237	15.744	38.471	0.8633	2.1095
80	鉄砲玉	原城跡	1638年以前	18.262	15.727	38.511	0.8612	2.1088

第2章 メダイ論

表9 中世大友府内町跡出土金属製品の鉛同位体比値

	グラフ番号	資料名	遺跡名	遺構	$^{206}Pb/^{204}Pb$	$^{207}Pb/^{204}Pb$	$^{208}Pb/^{204}Pb$	$^{207}Pb/^{206}Pb$	$^{208}Pb/^{206}Pb$
1	C01	コンタ	第48次調査区	S010 J区	18.462	15.725	38.968	0.8518	2.1107
2	C02	コンタ	第48次調査区	S019（上層）	18.545	15.748	39.078	0.8492	2.1072
3	C03	コンタ	第8次調査区		18.587	15.764	39.090	0.8481	2.1031
4	K01	指輪	第43次調査区		18.463	15.802	38.967	0.8559	2.1105
5	K02	真鍮製チェーン	第43次調査区		18.325	15.714	38.812	0.8575	2.1180
6	K03	火挟み	第43次調査区		18.282	15.743	38.776	0.8611	2.1210
7	K04	小柄	第20次調査区	SD01	18.312	15.713	38.776	0.8581	2.1175
8	K05	円錐形鉛インゴット	第22次調査区	SE012	18.218	15.731	38.429	0.8635	2.1095
9	O1 01	メダイ	第12次調査区	12次	19.208	15.814	39.700	0.8233	2.0669
10	O1 02	メダイ	第12次調査区	12次	18.331	15.687	38.834	0.8558	2.1185
11	O1 03	メダイ	第12次調査区	12次SB01 焼火層	18.252	15.751	38.497	0.8630	2.1092
12	O1 04	メダイ	第12次調査区	12次L－12区	18.288	15.748	38.545	0.8611	2.1076
13	O1 05	メダイ	第12次調査区	K-12区	18.260	15.752	38.518	0.8626	2.1094
14	O1 06	メダイ	第12次調査区		18.252	15.749	38.487	0.8628	2.1086
15	O1 07	メダイ	第12次調査区	M-12区	18.584	15.752	39.042	0.8476	2.1009
16	O1 08	メダイ	第13次調査区	土坑	18.515	15.822	39.077	0.8546	2.1106
17	O1 09	メダイ	第13次調査区		18.327	15.756	38.619	0.8597	2.1072
18	O1 10	メダイ	第13次調査区	30K区	18.254	15.753	38.516	0.8630	2.1100
19	O1 11	メダイ	第18次調査区Ⅳ区	包含層（L-14区 Ⅲ層）	18.462	15.739	38.870	0.8525	2.1053
20	O1 12	メダイ	第21次調査区	SD087（溝）	18.342	15.750	38.668	0.8587	2.1082
21	O1 13	メダイ	第28次調査区		18.690	15.761	39.087	0.8433	2.0913
22	O1 14	メダイ	第41次調査区	包含層	18.755	15.768	39.280	0.8408	2.0944
23	O1 15	メダイ	第41次調査区	S005（浅い土坑状）	18.267	15.760	38.539	0.8628	2.1097
24	O1 16	メダイ	第43次調査区	包含層（S-15 No.1）	18.274	15.751	38.528	0.8619	2.1083
25	O1 17	メダイ	第43次調査区	包含層（H-65 No.3）	18.369	15.680	38.757	0.8536	2.1099
26	O1 18	メダイ	第43次調査区	包含層（H-63 No.4）	18.094	15.597	38.500	0.8620	2.1278
27	O1 19	メダイ	第51次調査区	S200 J-37区	18.260	15.758	38.527	0.8630	2.1099
28	O1 20	メダイ	第51次調査区	S200（J 37区）	18.480	15.786	38.969	0.8542	2.1087
29	O1 21	メダイ	第51次調査区	S345（K32区）町屋整地層	18.260	15.763	38.539	0.8632	2.1106
30	O1 22	メダイ	第20次調査C区	L37	18.238	15.750	38.477	0.8636	2.1097
31	O1 23	メダイ	第69次調査A区	60 B	18.367	15.678	38.811	0.8536	2.1131
32	O1 24	メダイ	大友氏館跡第1次調査区	庭園埋め戻し埋土	18.386	15.723	38.709	0.8552	2.1054
33	O1 25	メダイ	第53次調査区	S101 P-71	18.251	15.740	38.484	0.8625	2.1087
34	O1 26	メダイ	第53次調査区	S140 上層	18.245	15.748	38.489	0.8631	2.1096
35	O1 27	メダイ	第7次C調査区		18.384	15.663	38.747	0.8520	2.1077
36	O1 28	メダイ	第77次調査区		18.711	15.770	39.268	0.8428	2.0987
37	N01	鉛玉	第28次調査区	M-17区 No.14	18.310	15.632	38.865	0.8538	2.1227
38	N02	鉛玉	第20次調査C区		18.346	15.597	38.623	0.8502	2.1052
39	N03	鉛玉1	第5次調査A区	99B 1回目（実No179）	18.473	15.656	38.987	0.8475	2.1105
40	N04	鉛玉2	第8次調査区	SK5 No7	18.442	15.613	38.577	0.8466	2.0918
41	N05	鉛玉3	第7次調査区	Ⅱ層 G区 S751	18.265	15.724	38.518	0.8609	2.1088

表10 中世大友府内町跡出土金属製品の鉛同位体比値

	グラフ番号	資料名	遺跡名	遺構	²⁰⁶Pb/²⁰⁴Pb	²⁰⁷Pb/²⁰⁴Pb	²⁰⁸Pb/²⁰⁴Pb	²⁰⁷Pb/²⁰⁶Pb	²⁰⁸Pb/²⁰⁶Pb
42	N06	鉛玉6	第18次調査区Ⅳ区	L14 5層 No6	18.336	15.583	38.579	0.8498	2.1040
43	N07	鉛玉7	第18次調査区Ⅳ区	L14 No8 5層	18.335	15.580	38.572	0.8498	2.1038
44	N08	鉛玉8	第18次調査区Ⅳ区	L14 No57	18.051	15.657	38.147	0.8674	2.1133
45	N09	鉛玉9	第18次調査区Ⅳ区	L15 No1	18.397	15.614	38.759	0.8487	2.1068
46	N10	鉛玉10	第18次調査区Ⅳ区	K15 3〜4層 No2	18.401	15.614	38.768	0.8485	2.1068
47	N11	鉛玉11	第18次調査区Ⅳ区	L14 No119	18.247	15.743	38.481	0.8628	2.1089
48	N12	鉛玉12	第18次調査区Ⅳ区	K16 整地層	18.688	15.749	39.085	0.8427	2.0914
49	N13	鉛玉16	第9次調査区	Ⅲ区 25層	18.414	15.564	38.532	0.8452	2.0926
50	N14	鉛玉17	第77次調査区	No.135	18.230	15.744	38.462	0.8635	2.1099
51	N15	鉛玉18	中世大友府内町跡		18.231	15.745	38.464	0.8636	2.1098
52	N16	鉛玉19	中世大友府内町跡		18.245	15.747	38.485	0.8631	2.1094
53	Z01	台座	第69次調査区	A−2区	18.447	15.688	38.873	0.8504	2.1073
54	Z02	ガラス玉	第69次調査区	A−2区	18.540	15.683	38.916	0.8459	2.0990
55	Z03	分銅	第5次調査区	包含層2A 5回目	20.772	16.032	41.399	0.7718	1.9931
56	Z04	鍵	第7次調査区	C地区 P229	18.518	15.754	39.049	0.8507	2.1088
57	Z05	鍵	第7次調査区	C地区 P256	18.297	15.741	38.784	0.8603	2.1197
58	Z06	分銅	第10次調査区	Ⅱ区 11-A	18.293	15.672	38.765	0.8567	2.1191
59	Z07	クサリ	第10次調査区	Ⅱ区 SK146	18.301	15.740	38.804	0.8601	2.1203
60	Z08	太鼓形分銅	第16次調査区	L44 No68	18.328	15.670	38.785	0.8550	2.1161
61	Z09	分銅未製品	第18次調査区Ⅳ区		18.361	15.741	38.763	0.8573	2.1111
62	Z10	分銅	第12次調査区	J12区	18.419	15.732	38.854	0.8541	2.1094
63	Z11	トリベ	第12次調査区	K12区 No6	18.467	15.717	39.018	0.8511	2.1128
64	Z12	不明銅製品	第43次調査区		18.327	15.684	38.835	0.8558	2.1190
65	Z13	錠前	第34次調査区	S-066	18.427	15.508	38.658	0.8416	2.0979
66	Z14	不明銅製品	第34次調査区	S-066	18.357	15.638	38.717	0.8519	2.1091
67	Z15	銅小仏	第43次調査区		18.311	15.682	38.830	0.8564	2.1205
68	Z16	分銅	第43次調査区	H-64 No.25	18.540	15.751	39.027	0.8496	2.1050
69	Z17	銅釘	第43次調査区	H-63 S-017	18.285	15.740	38.777	0.8608	2.1206
70	Z18	ハバキ	第43次調査区		18.368	15.681	38.795	0.8537	2.1121
71	Z19	小柄	第43次調査区	I-66	18.384	15.696	38.725	0.8538	2.1065
72	Z20	耳かき	第34次調査区	S-066	18.304	15.746	38.805	0.8602	2.1200
73	Z21	五角形銅製品	第18次調査区Ⅳ区	17トレンチ 掘り下げ	18.445	15.646	38.725	0.8482	2.0994
74	Z22	トリベ破片付着物	第48次調査区	SO10 L11区	18.408	15.668	38.905	0.8512	2.1135
75	Z23	角形棒状青銅品	第48次調査区	SO10	18.297	15.736	38.780	0.8601	2.1195
76	Z24	分銅	第48次調査区	北区	18.349	15.749	38.853	0.8583	2.1174
77	Z25	太鼓形分銅	第48次調査区	(南) No.2	18.386	15.692	38.887	0.8535	2.1151
78	Z26	ビタ銭	第18次調査区Ⅳ区	S-79 グライ層	18.526	15.721	38.956	0.8486	2.1027
79	Z27	ビタ銭	第51次調査区	S-533 (I-36区) 下層	18.387	15.624	38.762	0.8498	2.1081
80	Z28	洪順通寶	第12次調査区		18.277	15.706	38.664	0.8594	2.1155

第 2 章　メダイ論

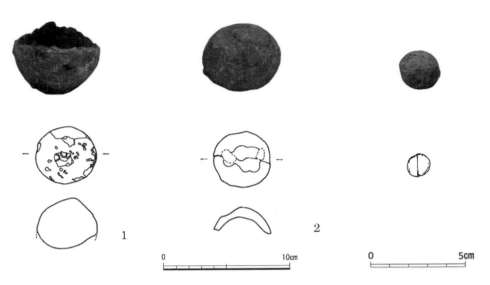

図 72　万才町遺跡出土鉄砲玉（S=1/3）　　　図 73　岡豊城跡出土鉄砲玉（S=1/2）

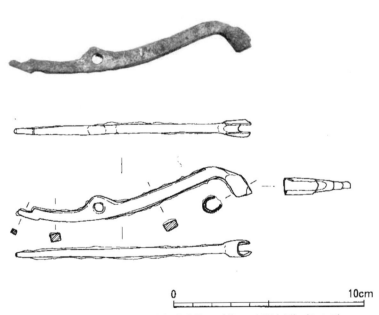

図 74　中世大友府内町跡出土火縄銃火挟み（第 43 次調査区）（S=1/2）

f．宣教師と鉛インゴット

16世紀の後半、宣教師が軍事支援として鉛を戦国大名に供給していたことは、文献上からも確認される。例えば、日本の戦国期の歴史を描いたフロイスの『日本史』の中にも以下のような記述が出てくる。

「またこの目的のために定航船から十分に仕入れておいた鉛と硝石を提供した。」[39]

この一節は、1580年（天正8）、巡察師ヴァリニャーノが、龍造寺隆信に包囲された有馬晴信へ軍事援助を行った部分であるが、宣教師が軍事援助として、鉛を供給していることがうかがえる。ただ提供されたのは鉄砲玉ではなく、あくまで鉛であるところが注目される。

また、1567年（永禄10）には、鉛ではないが、大友宗麟がマカオの司教に対して、「予の領国を防御するため、カピタン・モールに命じて毎年予のもとに良質の硝石十ピコを持参させることである」（1567年10月17日付　豊後国主（大友宗麟）書簡）」[40]

という要求をしている。このように、当時宣教師を通じて軍需品を手に入れていた状況が文献からもうかがえる。

上記の文献から鉛以外に硝石も提供されている状況がうかがわれるが、基本的に鉄砲や弾薬の原材料は海外輸入に依存していたと考えられる。佐々木稔氏によれば、鉄砲に用いられた銃鉄は輸入に頼っていたとし、さらにバネ材には真鍮を用いており、それは中国産であったとする[41]。中世大友府内町跡では火縄銃の火挟みが出土しており（第43次調査区　図74）[42]、蛍光X線分析の結果、青銅製であることが確認され、さらに鉛同位体比分析では、産地は限定できないものの、日本国内のものではないデータが出ている。ただし、こうした状況は1590年頃、特に豊臣秀吉の朝鮮出兵頃を境に変化しており、例えば硝石については、日本は輸入国から輸出国へ転じたと中島楽章氏は指摘している[43]。

g．円錐形鉛インゴットに見る鉛の流通システム

現在確認できている、円錐形鉛インゴットについては、海外のものを含めて全部で15点、鉛同位体比分析の結果、すべての資料がタイのソントー鉱山のものであることが判明した。この中で時期をある程度確定できる資料として、中世大友府内町跡出土資料が1587年以前、岡豊城跡出土資料は1588年以前、San Diego号出土資料が1600年以前、駿府城跡資料が1635年以前に位置付けられる。さらに和歌山県城町遺跡については、前述のように1577年の織田信長による紀州攻めの際の陣城と考えられることからその頃に比定できる可能性が高い。長崎県万才町遺跡についてもこれらの資料とさほど大きく時期を違えないものと考えられる。つまり16世紀後半〜17世紀初頭にかけて、日本にタイからもたらされた鉛のインゴットは、こうした小ぶりの円錐形のものであったことが判明した。

ではこの形態のインゴットはどういう意図で日本にもたらされたのか。そこで、16世紀後半〜17世紀の初頭にかけて、タイのソントー鉱山の素材を使用した資料で、現在分析デー

タのえられているもの 80 点すべてについて見てみると、鉄砲玉とキリシタン遺物（メダイ・十字架・指輪）しかないことが判明した。今後資料の増加を待ってまた検証すべきことではあるが、例えば大友宗麟の城下町跡である中世大友府内町跡で出土した資料で、分析を行った資料 80 点についてみてみても、やはりタイのソントー鉱山の素材をもつものは、鉄砲玉とキリシタン遺物のみであった。このデータの示す意味はなにか。

　先に述べた 16 世紀後半〜 17 世紀の初頭にかけて、タイのソントー鉱山の素材を使用した資料 80 点の内、41 点が鉄砲玉であり、円錐形の鉛インゴット輸入の主目的は、鉄砲玉の製作にあることが想定される。そして鉄砲玉以外の資料がキリシタン遺物であることは、その背景に宣教師の姿を彷彿させる。つまり、鉄砲玉をはじめとする軍事品の素材の供給に、宣教師が関わっていたことを想定させる。だからこそキリシタン遺物はその素材で作られていた。ヴァリニャーノが当時しきりに訴えていた日本での布教における資金不足を、イエズス会は貿易で補っていた。宣教師はそれが本意ではないにしても、貿易による収益を求めざるを得なかったのである。そして、当時の貿易の一つの大きなマーケットは、軍事品市場であった。宣教師はその貿易に関わる形で、自然と軍事品の供給へとも関わっていったと考えらえる。円錐形の鉛インゴットは、こうした南蛮貿易の流通システムの中で、タイから日本へ訪れたと考えられる。先に触れたように、これまで確認されている円錐形鉛インゴットの中心が 16 世紀後半にあることが、その傍証となる。

　これまで文献的研究から、16 世紀後半〜 17 世紀前葉にかけて、鉛が主要貿易品であったことは周知のことであった。しかしそれが、円錐形鉛インゴットの出土とその理化学分析により、実態をもって把握できるようになったといえる。そして、それが軍事的目的とさらにはその背景に宣教師がいたことを資料は如実に物語っている。ただ、現段階では資料的にまだ豊富とはいえず、当時の流通システムの全容へたどり着いているとは言い難い。そもそも、軍事的目的として鉛を輸入した場合、需要はかなりのものであったと考えられ、このような小ぶりの円錐形鉛インゴットのみで賄ったとは到底考えられない。特に 1590 年代では朝鮮出兵に際して、鉛玉の需要がかなり高かったことが指摘されており、当然それに見合った形の鉛の供給がなされたことは想像に難くない。16 世紀、タイのアユタヤを中心とした鉛の貿易形態では、こうした円錐形鉛インゴットが一つの主流であったことは間違いなく、それが日本へ訪れたことも間違いはない。しかし、今後はこのタイのアユタヤ以外の地、中国やフィリピン、あるいは朝鮮半島等からの鉛の流入形態も考察していく必要がある。現段階では、このタイの円錐形鉛インゴット以外に、当時の実態を把握できている資料はないが、この研究を一つのモデルとして今後検証していくことにより、これまで把握できていなかった実態が見えてくるものと考える。

h．純銅製の府内型メダイ

　先の図56・57のグラフによると、府内では鉛製のメダイ以外に、銅製のメダイが何点か確認されているが、その大半は純銅製である。この純銅製という点でいえば、前述の純鉛製と同様の解釈が可能なのかも含めて、ここでこの純銅製の府内型メダイについて見ていきたいと思う。

　純銅製の府内型メダイに触れる際に鍵となるのが、先にも触れた平戸で発見された図75の資料である（図28～30参照）。本資料は、前述のように平戸市飯良町在住の作尾藤四郎氏宅において、祖先が代々伝世してきたキリシタン遺物で、よって府内で発見されたものではない。しかし府内で出土した資料には、形態的に非常に酷似した資料がある。それは資料【0102】である（図76）。さらに金属組成においても両者は酷似している。図77・図78を見てもらえれば分かるように、両者はほぼ同じ金属組成を示す純銅製品である。つまり、府内型メダイは府内だけに存在しているわけではないのである。

　しかし両者の形態を細かく見てみると、穿孔方向が平戸の資料が横方向なのに対して、府内のそれが正面方向である点は、メダイの機能からすると退化的傾向として捉えることが可能である。その観点から見ると、平戸の資料（図75【1801】）が、府内で製作されて、その後平戸へと渡ったとは考えにくい。むしろ平戸の資料は、府内型メダイのプロトタイプの範疇に入れうるものである。仮に平戸の資料が府内からもたらされたとしても、その場合、府内でプロトタイプとして存在していた資料が、平戸に渡ったと考えるのが妥当であろう。要するに、府内で製作されている府内型メダイのプロトタイプには、純銅製のものもある可能性が高いということである。そして府内では、そのプロトタイプをもとに、純鉛製以外に、純銅製でも府内型メダイを製作したことがうかがえるのである。

　そこで、問題となるのが、そのプロトタイプの府内型メダイが、どこからもたらされたのかという点である。【1801】の鉛同位体比は得られていないので、純銅製、もしくは青銅製の府内型メダイ（【0102】【0111】【0117】【0123】）について見てみると、その鉛の産地はすべて華南産である。また、【0114】などは朝鮮半島産の領域に位置し、【0112】はN領域に位置して、東南アジア産であると考えられる。つまり、プロトタイプの府内型メダイは、アジアのどこかで作られており、西洋からの舶来ではないのである。

　ではそのアジアのどこかという点については、まだ言及できる段階ではない。ただ後に「4．ヴェロニカのメダイ」の項で詳述するが、博多遺跡群で出土しているメダイが、朝鮮半島産の鉛を使用しており、同じ遺跡内で、ヴェロニカのメダイの鋳型を出土している。こうした例を勘案すると、国内で朝鮮半島産の鉛を使用して、メダイを製作した可能性は高いといえる。その点から見ると、府内型メダイのプロトタイプ【0114】などは、国内での製作が十分に考えらえる。

　今後、府内以外において、府内型メダイの確認例が増えてくれば、プロトタイプの出自や

第2章　メダイ論

図75　純銅製府内型メダイ【1801】

図76　純銅製府内型メダイ【0102】

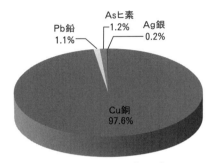

図77　化学組成【1801】

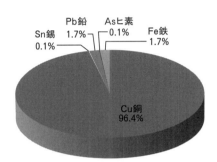

図78　化学組成【0102】

位置づけについてもさらに明確になってくると思われる。現段階でいえるのは、模倣した一群で、さらに図59～62のN領域の中に集中する一群が、府内で製作されたメダイである可能性が極めて高いということである。そしていずれの資料も西洋から直接もたらされたものではないということである。

(註)
(1) 後藤晃一「メダイの考古学的研究－中世大友府内町跡出土資料を中心として－」『考古論集（川越哲志先生退官記念論文集）』川越哲志先生退官記念事業会、2005
(2) 坂本嘉弘・友岡信彦・原田昭一・槇島隆二・吉田寛・後藤晃一編『豊後府内4　中世大友府内町跡第9次・第12次・第18次・第22次・第28次・第48次調査区　－一般国道10号古国府拡幅事業に伴う埋蔵文化財発掘調査報告書（2）－』大分県教育庁埋蔵文化財センター調査報告書第9集、大分県教育庁埋蔵文化財センター、2006
(3) 金子智・今野春樹・鈴木康友編『東京都千代田区　東京駅八重洲北口遺跡』千代田区東京駅八重洲北口遺跡調査会、2003
(4) 高橋公一編『高槻城キリシタン墓地』高槻市教育委員会、2001
(5) 興善町遺跡（長崎県長崎市興善町）でほぼ同形態のガラス製コンタが出土しており、鑑定した結城了悟氏はこの形態を「カボチャ形」と呼称している。
(6) 坂本嘉弘・吉田寛・槇島隆二・甲斐寿義編『豊後府内1　中世大友府内町跡第5次・第8次調査区　－大分駅付近連続立体交差事業に伴う埋蔵文化財発掘調査報告書（2）－』大分県教育庁埋蔵文化財センター調査報告書第1集、大分県教育庁埋蔵文化財センター、2005

(7) 註2に同じ
(8) 註2に同じ
(9) 吉田寛・坂本嘉弘編『豊後府内17（第1分冊）　中世大友府内町跡第11・72・76・80次調査区　－一般国道10号古国府拡幅事業に伴う埋蔵文化財発掘調査報告書（8）－』大分県教育庁埋蔵文化財センター調査報告書第63集、大分県教育庁埋蔵文化財センター、2013
(10) 第12次調査区については、註3の報告書に掲載。第51次調査区は、坂本嘉弘編『豊後府内15　中世大友府内町跡第49・51・52・67・78・79次調査区　－一般国道10号古国府拡幅事業に伴う埋蔵文化財発掘調査報告書（7）－』大分県教育庁埋蔵文化財センター調査報告書第47集、大分県教育庁埋蔵文化財センター、2010
(11) 佐藤一郎編『博多85－博多小学校建設に伴う埋蔵文化財発掘調査報告書－』福岡市埋蔵文化財発掘調査報告書第711集、福岡市教育委員会、2002
(12) 蛍光X線分析及び鉛同位体比分析については、別府大学平尾良光教授にお願いし、データを提供していただいた。
(13) 註11に同じ
(14) 平戸市在住の川上茂次氏によって紹介していただいた。
(15) 図36は神戸市立博物館蔵の福井医家伝来資料【1438】であるが、バルセロナの資料の中にある鈕及び三か所の突起（いわゆる十字突起）の部分が装飾的になっているものは、16世紀でも古い段階に位置づけられている。Nigra sum *Iconografia de Santa Maria de Montserrat* Museu de Montserrat 1995
(16) 平尾良光編『古代青銅の流通と鋳造』鶴山堂、1999
(17) 魯禔玹「南蛮貿易と金属材料－自然化学的方法を用いた中世キリスト教関連遺物の研究－」『キリシタン大名の考古学』九州考古学会夏季（大分）、大会発表資料、九州考古学会夏季（大分）大会実行委員会、2007
(18) 平尾良光「鉛同位体比から見た日本の中世戦国時代における南蛮船で運ばれた鉛材料」『大航海時代における東アジア世界の交流』第60回西洋史学会（口頭発表）、2010
(19) 前掲註2の『豊後府内4』参照
(20) 平成22年度科学研究費補助金（新学術領域研究）「鉛同位体比法を用いた東アジア世界における金属流通に関する歴史的研究」（研究代表者平尾良光）により実施した。
(21) 岡田章雄『日欧交渉と南蛮貿易』岡田章雄著作集Ⅲ、思文閣出版、1983
(22) 福井県教育委員会・朝倉氏遺跡調査研究所『特別史跡　一乗谷朝倉氏遺跡　Ⅶ』昭和50年度発掘調査整備事業概報、1976
(23) 和歌山県立博物館『特別展根来寺の歴史と文化－興教大師覚鑁の法灯－』、2002
(24) 山本宏司編『駿府城跡Ⅰ（遺物編1）』静岡市埋蔵文化財調査報告44、静岡市教育委員会、1998
(25) 西田京平・上野淳也・平尾良光・山本宏司「駿府城跡から出土した鉛インゴットなどの鉛同位体比」『日本文化財科学会第30回大会　研究発表要旨』日本文化財科学会　弘前大学人文学部附属亀ヶ岡文化研究センター、2013
(26) 平尾良光教授のご教示による。
(27) 大橋康二・櫻木晋一・扇浦正義・高田美由紀編『万才町遺跡－朝日生命ビル建設に伴う埋蔵文化財発掘調査報告書－』長崎市埋蔵文化財調査協議会、1996
(28) 円錐形鉛インゴットの蛍光X線分析は城山遺跡出土品以外は全て別府大学が実施し、また鉛同位体比分析は全て別府大学が実施した。なお、鉛同位体比分析データの出典は、平尾良光・飯沼賢司・村井章介編『大航海時代の日本と金属交易』思文閣出版、2014による。

(29)　林田憲三・塚原博編『山見沖海底遺跡－小値賀町山見沖海底遺跡確認調査報告－』小値賀町文化財調査報告書第 16 集、九州・沖縄水中考古学協会　小値賀町教育委員会、2002
(30)　森田尚宏『岡豊城跡Ⅱ－第 6 次発掘調査報告書－』高知県埋蔵文化財センター発掘調査報告書第 6 集　財団法人高知県文化財団埋蔵文化財センター、1992
(31)　北野隆亮「和歌山平野における円錐形鉛インゴットと鉛製鉄砲玉－城山遺跡の「織豊系陣城」評価と出土遺物の検討－」『紀伊考古学研究』第 16 号、2013
(32)　註 31 に同じ
(33)　註 31 に同じ
(34)　*Treasures of the SAN DIEGO* National Museum of the Philippines1996
(35)　平尾良光「戦国時代の鉄砲玉が語る東南アジア交易」『鉛同位体比法を用いた東アジア世界における金属の流通に関する歴史的研究』平成 21 年～ 23 年度科学研究費補助金進学術領域研究（研究課題提案型）研究成果報告書（課題番号 21200028）研究代表者　平尾良光、2012
(36)　五野井隆史「キリスト教布教とキリシタンの道具（一）」『英知大学キリスト教文化研究所紀要』第二〇巻第 1 号、英知大学キリスト教文化研究所、2005
(37)　平尾良光「長崎県万才町遺跡から出土した鉛製品の文化財科学的な調査」内部資料未公開（2011）
(38)　後藤晃一「キリシタン遺物の考古学的研究－布教期におけるキリシタン遺物（メダイ）の流入プロセス－」『日本考古学』第 32 号　日本考古学協会、2011
(39)　松田毅一・川崎桃太訳『完訳フロイス日本史』10、中公文庫、2000
(40)　松田毅一監訳『十六・七世紀イエズス会日本報告集』第Ⅲ期第三巻、同朋舎、1998
(41)　佐々木稔編『火縄銃の伝来と技術』、吉川弘文館、2003
(42)　坂本嘉弘・友岡信彦編『豊後府内 8　中世大友府内町跡第 34・43 次調査区－一般国道 10 号古国府拡幅事業に伴う埋蔵文化財発掘調査報告書（4）－』大分県教育庁埋蔵文化財センター調査報告書第 23 集　大分県教育庁埋蔵文化財センター、2008
(43)　中島楽章「十六世紀末の九州－東南アジア貿易　加藤清正のルソン貿易をめぐって」『史学雑誌』118、財団法人史学会、2009

3. メダイの形態分類

ここからは、国内で確認されているすべてのメダイを対象に形態分類を行っていく。
メダイを分類していく上で、違いが最も顕著に表れる要素としては次のものが考えられる。

［1］ 平面形状
［2］ 鈕の形態
［3］ 穿孔方向
［4］ 図像
［5］ 素材

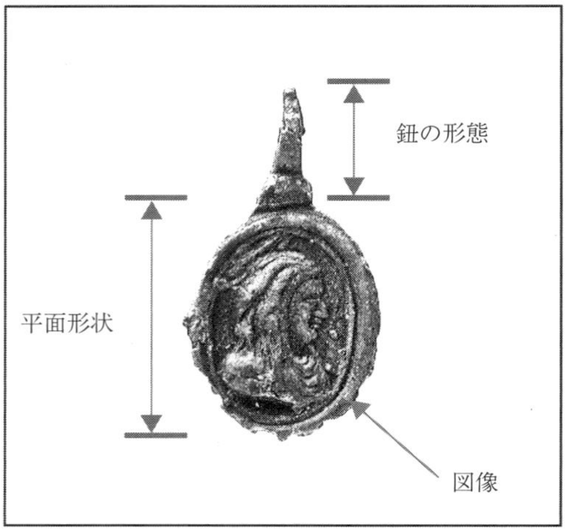

そこで、この一つ一つの項目についてまず分析を行い、メダイの分類を行っていきたいと思う。

1）平面形状

図1　メダイの形態部位の名称

ここでいう平面形状とは、上部に付される鈕の部分を除いた、いわゆる図像が描かれる面、府内型メダイで「メダル部分」とした部分の形状を指す。現在国内で確認されているメダイの平面形状は、次のように分類できる。

①：円形
②：楕円形
③：突起楕円形（楕円形で周囲に突起を付して十字架を模す）
④：八角形
⑤：六角形

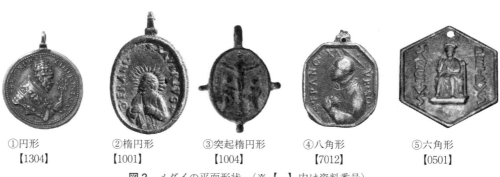

①円形　　　②楕円形　　　③突起楕円形　　　④八角形　　　⑤六角形
【1304】　　【1001】　　　【1004】　　　　【7012】　　　【0501】
図2　メダイの平面形状　（※【　】内は資料番号）

第 2 章　メダイ論

　メダイの分類についてはすでに今野春樹氏によってなされている。この平面形状の分類については基本的には今野氏の研究成果に負う所が多い[1]。ただ、今野氏は府内型メダイを「府内形」として独立させているが、この一群のメダイは、当時（16世紀）西洋から搬入されたメダイを模倣して作られたと考えられているものであるため、平面形状でいえば円形、楕円形、六角形などが存在する。本項はあくまで平面形状に着目しての分類であるので、そこで新たに分類項目を設定した。

　因みに本項の分類項目を今野氏の分類基準に照らし合わせると、
　①円形：Ⅰ円形（A素円形・B府内形）
　②楕円形：Ⅱ楕円形（A素楕円形・B十字架楕円形（1楕円形・2隅丸楕円形））
　③突起楕円形：C装飾付楕円形
　④八角形：｜
　　　　　　　｝Ⅲ多角形（A六角形）
　⑤六角形：｜
　となる。　※右側は今野氏の分類

　次にこの平面形状の割合を国内資料151点についてみたものが図3である。

　この図3に示すように、国内資料の平面形状は突起楕円形が最も多く、次に楕円形、そして円形が多い。六角形や八角形のいわゆる多角形の形状は極めて少数であることが分かる。

　次に資料の出自ごとに見てみる。ここでまず、資料の出自（出土資料・伝世資料）について若干触れておきたい。

　出土資料としているのは、発掘調査によって出土した資料である。また伝世資料としているのは潜伏キリシタンの子孫の家等で代々伝え残されてきたもの、あるいは国立博物館所蔵資料のように、長崎奉行所等で没収され、現在残っているもの等を指す。

　そもそもこのように出自で資料を区別したことには次のような理由がある。発掘調査によって出土した資料は、資料が存在していた時期、その資料を取り巻く当時の周囲の環境、あるいはもし複数資料が出土していた場合どの資料とどの資料が同時代のものか等の様々な情報を入

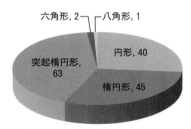

図3　国内全資料の平面形状の割合（単位：点）

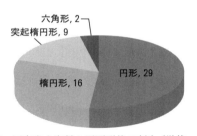

図4　国内出土資料の平面形状の割合（単位：点）

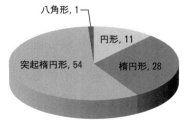

図5　国内伝世資料の平面形状の割合（単位：点）

手することができる。ただ地中に埋没していたがゆえに、風化が激しくそこに描かれている図像の判読が難しい資料が多いのも事実である。

　一方伝世資料は、基本的には子孫が宗教の対象として大事に伝え残してきたものであり、よって資料の保存状況が非常によい。しかし、発掘資料と異なって、資料自体が伝えられた当時のことについては、それを記した文献でも残っていない限りほとんど知りえないのが事実である。

図6　府内型メダイ平面形状割合

　このように、発掘資料と伝世資料にはそれぞれにメリットとデメリットが存在する。本書ではまず、前項の「1. メダイの年代について」で触れたように、発掘資料と形態的に対比して、伝世資料が布教期に本当に位置づけられるのかを検証する。そして、その結果を踏まえて、全資料の形態的傾向を把握していきたいと思う。

　なお、伝世資料の中で、特殊な例があるのでそれについて触れておきたい。それは大分市丹生台地小原地区で発見されたキリシタン遺物一括資料である。詳細は（第2章第2節2. 伝世メダイ一覧、(i) 丹生出土日本二十六聖人記念館所蔵メダイ）の項を参照されたいが、この資料は畑の土中から出てきた備前焼の壺の中に磔のキリスト像が4体（木彫が3体、銅製品が1体）、先端に十字架を配するロザリオとともに、メダイが8点含まれていたものである。これはある農家の畑の土中から、いわゆる出土した資料ではあるが、ここで区分している出土資料にはなりえない。なぜなら、それはあくまで偶然土中から発見されたものであり、発掘調査によって出土していないからである。土中から出土はしたものの、調査によって出土したものではないために、この壺やメダイ等がどの時代の層位に包含されていたものか、そしてメダイが埋められた当時の周囲の状況はどうであったのか等の情報は一切知り得ないのである。したがってこれらの資料は出土した資料ではあるが、伝世資料の範疇に入れて扱うこととし、前述のグラフでは図5の中に含まれていることを承知いただきたい。ただ、この資料については、「備前焼の壺の中に入っていた」という点から、壺の型式的把握、さらには資料の一括性という点において、他の伝世資料とは異なり考古学的情報が多いことも事実である。したがって巻末資料「Ⅰ. キリシタン資料一覧」の中においては、これらの資料は伝世資料の中でも「伝世資料（出土）」として区別をしている。

　やや前置きが長くなってしまったが、ここからは具体的に分析に戻ることとする。ま

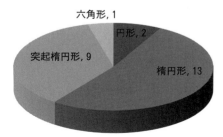

図7　府内型を除く出土資料平面形状割合（単位：点）

ず、伝世資料に見られる平面形状（図5）は①：円形、②：楕円形、③：突起楕円形、④：八角形などが見られるが、④：八角形【7012】以外については、発掘資料でもすべて見られており（図4）、よって平面形状から見た場合、これらの伝世資料はいずれも布教期に存在しても問題はないといえる。ただし、発掘資料に存在していない④：八角形については、今後検証が必要である。八角形の平面形状は西洋では18世

表1　東京国立博物館所蔵メダイの平面形状

(単位：点)

平面形状	16-17世紀	19世紀	合計
円形	3	20	23
楕円形	3	243	246
突起楕円形	12		12
六角形			0
八角形	1		1
波状楕円形		11	11
合計	19	274	293

紀によく見られる形態であり、その可能性も考えておく必要があろう[(2)]。次に資料全体の形態的傾向をみていこうと思う。国内の全資料を見る限り（図3）、平面形状は突起楕円形が最も多く、次に楕円形、そして円形が多い。ところが、出自別に見ると、その様相が異なっている。出土資料では（図4）、円形が最も多く、次に楕円形、そして突起楕円形である。

一方伝世資料においては（図5）、最も多いのは突起楕円形で、次に楕円形、そして円形の順である。つまり両者においては、円形と突起楕円形の占める割合が逆転しているのである。こうした差異は何に起因するのであろうか。

前述のように、出自の区分はあくまで、資料の発見の経緯にもとづくものであって、資料自体の性格を区分したものではない。よってこの傾向自体は何ら意味を持たない偶然の産物であるようにも思えるが、詳細を見ていくとそうではない可能性がある。

実は出土遺物中最も多い円形の資料は29点中27点が府内型の資料なのである。図6から分かるように、府内型は圧倒的に円形の形状が占める。そしてこの府内型を除いて、出土資料中における平面形状の割合を見てみると、図7のようになる。

府内型メダイを除くと、国内の出土資料は最も多いのが楕円形、次に突起楕円形でその両者に差はさほどなく、先に出土資料中で最も多かった円形は2点とかなり少なくなるのである。この2点とは、府内型メダイを出土した大分市府内の中世大友府内町跡から出土したヴェロニカのメダイ1点と、もう1点は、博多遺跡群第111次調査で出土したヴェロニカのメダイの鋳型である。

つまり、発掘調査で出土した資料の内、平面形状が円形のものは、すべて府内型とヴェロニカのメダイのみなのである。中世大友府内町跡出土のキリシタン遺物は1587年以前に位置づけられるため、当遺跡で出土した府内型メダイ及びヴェロニカのメダイは、1587年以前の資料である。国内資料で年代が確定しうる資料の中では、この1587年以前まで明確に遡らせうる資料は他にない。したがって現段階においては、この府内型とヴェロニカのメダイが当時布教期において、最古段階のメダイとして位置づけることが可能である。さらに博

多遺跡群第111次調査出土ヴェロニカメダイの鋳型も同様の時期の位置づけが可能である。
　以上より、当時のメダイを模倣したと考えられる府内型メダイが、円形を主体としていること、さらにはヴェロニカのメダイはすべて円形であることなどから、布教期初期段階には、円形の平面形状が主体であったことが考えられるのである。
　一方、突起楕円形と楕円形についてであるが、東京国立博物館所蔵メダイを例に見てみたい。表1にあるように、東京国立博物館には274点にも上る19世紀のメダイが所蔵されているが、その内楕円形が243点と9割近くを占める。その他は円形が僅かに20点、波状楕円形が11点ある。波状楕円形とは縁辺部が波状を呈しているもので、基本的にはこれも楕円形である。したがって、19世紀にはメダイの平面形状は楕円形が主体となると考えられる。このことより、布教期初段階は円形が主体であったものが、時代を経るにつれ、楕円形が主体となっていく変遷が仮定される。そうした観点から見ると、図3にあるように、布教期にも4分の1ほど楕円形のメダイが認められるのは、円形のメダイから楕円形のメダイへの変遷過程の一端として捉えることが可能であろう。
　なお、突起楕円形については、19世紀には全く見られない。布教期においては、図3に示すように最も多い形状であり、この時期の特徴的形態と見なすことができる。ただ布教期の中で初期段階からあるかどうかについては、府内ではこの突起楕円形を示す資料が確認できていないため、1587年以前に遡らせる要因が今のところない。しかし、この突起楕円形の突起については、本来メダイが巡礼用のバッジから変容したとされることから[3]、バッジの痕跡として残ったという指摘もあり[4]、その観点に基づけば布教期初期段階に遡らせることも可能である。
　最後に多角形のメダイについても、19世紀には全く見られないため、布教期の特徴的形態の可能性がある。ただし、布教期においてもその数は少ないため、今後の資料の増加を待つ必要がある。さらに、前述のように八角形のメダイについては、18世紀にまで下る可能性も併せて考えておく必要がある。
　以上まとめると、メダイの平面形状分類から、
　　（ア）布教期初期段階は円形が主体であり、次第に楕円形へと主体を移していった。
　　（イ）突起楕円形は布教期の特徴的形態であり、多角形もその可能性がある。
　　（ウ）布教期は円形、突起楕円形をはじめ、楕円形、多角形と多様な形態があり、それがやがて、時代が下がるにつれ、楕円形に淘汰されていった。
　などの様相がうかがえる。
　したがって、伝世資料と出土資料の間に見られた平面形状割合の差異は、メダイ流入の時間的なずれを反映している可能性がある。

2）鈕の形態

ここでは鈕の形態について見ていく。前項の「府内型メダイ」で行った分類と基本的には同じであるが、再度ここで整理しておきたい。右図8の語句説明を参照しながら読み進めていただきたい。通常メダイは紐やチェーン、あるいはロザリオなどに吊るして使用されるため、ここでいう鈕とは主にそのメダイを吊るすために穿孔された部分を指す。十字架にはこの穿孔部分が用途によって上や下に付けられることがあるが、メダイの場合は一般的に上部に付される。この穿孔部分はメ

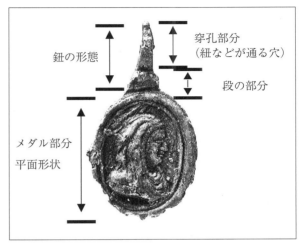

図8 メダイの形態部位の語句説明

ダル部分に直接付けられる場合もあれば、メダル部分の上部に一段段を設けて、その上に穿孔部分を接続する場合もあり、その形態は様々である。ここでいう鈕の形態とは、そうしたメダル部分と穿孔部分の接続部（段）の部分も含めた範囲での形態を指す。

以下具体的に形態を示していく。

{鈕の形態分類}

まずA類としたものは、段を付けてその上部に穿孔部分が付く形態で、さらにその段の形状によって、3種類に分けられる（A-1類：段が逆台形状をなすもの、A-2類：段が方形状をなすもの、A-3類：段が装飾的になっているもの）。

次にB類としたものは、段をつけずに、メダルの上部に直接穿孔部分が付される形態である。

C類はメダル部分に直接穿孔がなされる形態である。鈕は独立していない。

D類は、穿孔部分とメダル部分を繋ぐ段の部分の装飾が巨大化して独立し、山形のペディメント（破風）風の形をなしているものである。穿孔はこのペディメント部分の頂辺に横方向に施される。A-3類のさらに進んだ形態である可能性もある。この一群は府内型メダイのみに見られる。

以上全資料について鈕の形態分類を行った結果が表2及び図10～13である。表2は形態分類の結果を点数で示し、図10～13はそれぞれの占める割合で表している。

A類　段をつけてその上部に鈕が付く

A-1類：段が逆台形　　A-2類：段が方形　　A-3類：段が装飾的

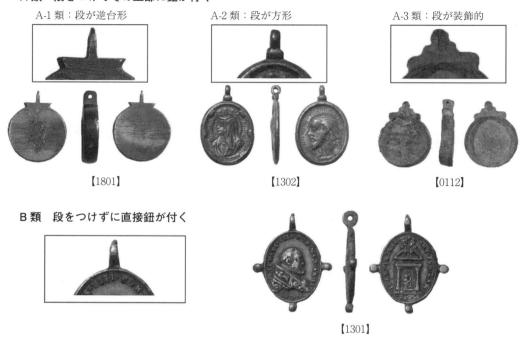

【1801】　　　　　　【1302】　　　　　　【0112】

B類　段をつけずに直接鈕が付く

【1301】

C類　鈕部分が独立せずにメダル部分に直接穿孔が施される

【0501】

D類　ペディメント風の鈕で頂部に穿孔が施される

【0114】

図9　鈕の形態分類（A〜D類）

まず、鈕の形態について全資料で割合を見てみると、図10から分かるように［B類：段をつけずに鈕が付く］の形態が最も多く半数以上を占める。続いて多いのは［A-2類：方形の段が付く］という形態で21％を占める。このA-2類は、いわゆるメダル部分と穿孔部分の間に段を設ける形態で、同じように段を設けるA-1・A-3類を含めると、図11のように27％を占め、約4分の1をこの形態が占めることが分かる。

これを、出土資料と伝世資料に分けて見てみると、まず、出土資料では最も多いのが、やはり［B類：段をつけずに鈕が付く］の形態で、40％を占める。次は［A-2類：方形の段が付く］で16％、段が付くという形態（A-1～A-3類）で見ると、30％で4分の1以上を占める（図12）。

次に伝世資料では、同じく［B：段をつけずに鈕が付く］の形態が圧倒的に多く64％を占める。次に多いのはやはり［A-2類：方形の段が付く］で25％、段が付くという形態（A-1～A-3類）で見ると、26％でやはり4分の1以上を占める（図13）。

このように鈕の形態については、伝世資料においても、出土資料においても、いずれも［B類：段をつけずに鈕が付く］の形態が最も多く、続いて段をつける形態（A-1～A-3類）が続いており、伝世資料も出土資料も同じような傾向を示している。そこで、両者

表2　鈕の形態分類結果

区分	鈕の形態	点数	小計
出土資料	A-1：逆台形の段が付く	4	57
	A-2：方形の段が付く	9	
	A-3：装飾的な段が付く	4	
	B：段をつけずに鈕が付く	23	
	C：メダル部分に直接穿孔	3	
	D：ペディメント風の鈕が付く	5	
	不明	9	
伝世資料	A-1：逆台形の段が付く	1	94
	A-2：方形の段が付く	23	
	A-3：装飾的な段が付く	0	
	B：段をつけずに鈕が付く	60	
	C：メダル部分に直接穿孔	3	
	D：ペディメント風の鈕が付く	1	
	不明	6	
合計		151	151

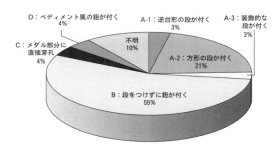

図10　全資料における鈕の形態の割合

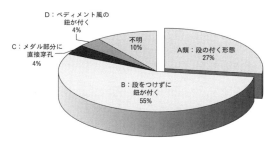

図11　全資料における鈕の形態の割合（A類統合）

には大きな共通性が認められるが、一つ検証しておかなければならない点がある。それはこの傾向が、メダイの鈕の形態として、普遍的なものではなく、時代性を反映しているものなのか、つまり布教期の特性として認定が可能かという点である。

そこで、布教期以降の時期のメダイの形態との比較検証が必要となる。布教期以降のメダイとなると莫大な数になるため、布教期から1800年代のメダイを豊富に所蔵している東京国立博物館のメダイを参考に見てみたいと思う。

表3は東京国立博物館の図版目録に掲載されている全293点に見られる鈕の形態である。表から分かるように、16～17世紀のいわゆる布教期には[B類：段をつけずに鈕が付く]の形態が圧倒的に多いものの、[A-2類：方形の段が付く]や、[C類：メダル部分に直接穿孔]などの形態が見られる。それに対して、布教期に比べ資料数の圧倒的に多い19世紀の資料は、

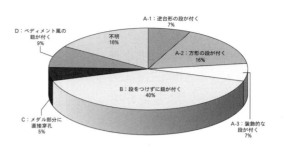

図12 出土資料における鈕の形態の割合

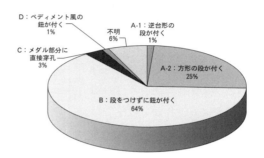

図13 伝世資料における鈕の形態の割合

表3 東京国立博物館所蔵メダイの鈕の形態　　（単位：点）

鈕の形態	16-17世紀	19世紀	合計
A-1：逆台形の段が付く			0
A-2：方形の段が付く	2		2
A-3：装飾的な段が付く			0
B：段をつけずに鈕が付く	15	274	289
C：メダル部分に直接穿孔	1		1
D：ペディメント風の鈕が付く			0
不明	1		1
合計	19	274	293

すべて[B類：段をつけずに鈕が付く]のみで、他の形態は全く見られないのである。

以上より、先に見た段をつけずに鈕が付くB類の次に、段をつけるA類が多いという特徴は、メダイの特徴として普遍的にみられるものではなく布教期の一つの傾向で、特に布教期の後半段階の資料が多いということができそうである。

さらに、鈕の形態と平面形状との関係を示した図14を見てみると、B類の大半は突起楕円形であることが分かる。この突起楕円形は先の平面形状の項でも触れたように、布教期を

特徴づける特殊な形態である。つまり、直接鈕を付けるB類は、布教期においては突起楕円形という限られた形状に見られる形態であり、A類がむしろ一般的な形態であった可能性が高いのである。この点からみても、段を付けるA類は布教期を特徴づける形態であるといえよう。

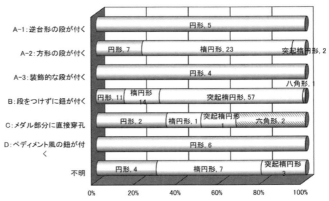

図14　鈕の形態と平面形状の関係（単位：点数）

3）穿孔方向

ここでは、鈕の部分で紐やチェーンを通す孔が、メダイの面に対してどの方向を向いているかで分類を行う。右図のように面に対して正面方向から穿孔され、そのまま紐を通すとメダイの面が横を向いてしまうものを「正面穿孔」、一方面に対して横方向から穿孔がなされ、そのまま紐を通してもメダイがきちんと正面を向くものを「横穿孔」と呼称することとする。

正面穿孔　　　　　横穿孔

前者の「正面穿孔」のものは、この鈕にもう一つ輪をつけることによって、メダイは正面を向く。現在のメダイはこの形態が大半である。現在世界的に最もポピュラーな形態である通称「不思議のメダイ」も、パリの不思議のメダイの聖母の聖堂（Chapelle Notre Dame de la Medaille Miraculeuse）で現在売られているものは右の写真（図15）のように、「正面穿孔」で輪を付している。

分類は布教期のメダイすべてについて、出土資料と伝世資料のそれぞれにおいて「正面穿孔」か「横穿孔」のいずれかに分け、その比率を図16に示した。なお、鈕部分の欠損により穿孔方向が不明のものは除外している。その結果、穿孔方向は伝世資料と出土資料の両資料ともに、「横穿孔」が多いことが分かる。伝世資料と出土資料を合わせた場合の比率を図17に示したが、「横穿孔」が「正面穿孔」

図15　不思議のメダイ

の2倍以上を占めており、布教期のメダイは「横穿孔」が主体であったことを示している。これは布教期のメダイの一つの特徴として捉えられる。そのことを補完するものとして、前述の東京国立博物館に納められている274点の19世紀のメダイが、すべて「正面穿孔」であることが挙げられる。したがって、この「横穿孔」の穿孔方向は、布教期のメダイの一つの指標となると考える。

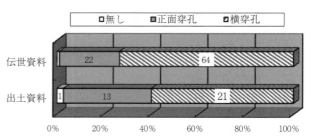

図16 伝世資料と出土資料における穿孔方向の割合（単位：点）

さらに、「横穿孔」のメダイについて、鈕の形態と面の形態との関係をみてみたい。表4にそれらの関係を示したが、この中には府内型メダイの数も含まれている。府内型メダイは当時のメダイの模倣品

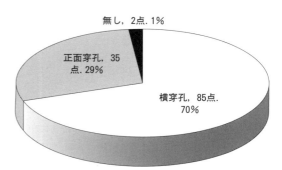

図17 布教期全資料の穿孔方向の割合

と考えられているため、オリジナルのメダイにおける割合を見るために、表5には府内型メダイを除いた数を示した。表5から分かるように、横穿孔のメダイの鈕の形態は方形の段を有するA-2類と、段を付けずに直接鈕が付くB類の二つに分かれる。そしてその中でもA-2類では、楕円形が圧倒的多数を占め、B類では突起楕円形が圧倒的多数を占めていることが分かる。

つまり、布教期のメダイでは、段を付けずに直接横穿孔の鈕を付ける場合は、そのほとん

表4 横穿孔メダイの鈕と面の形態との関係

穿孔	鈕の形態	面の形態	点数		
横穿孔	A-1	円形	3	3	
	A-2	円形	5	23	27
		楕円形	18		
	A-3	円形	1	1	
	B	円形	6	55	55
		楕円形	2		
		突起楕円形	46		
		八角形	1		
	D	円形	3	3	3
	合計		85	85	85

表5 横穿孔メダイの鈕と面の形態との関係（府内型メダイを除く）

穿孔	鈕の形態	面の形態	点数	
横穿孔	A-2	円形	2	20
		楕円形	18	
	B	円形	3	52
		楕円形	2	
		突起楕円形	46	
		八角形	1	
	合計		72	72

第 2 章　メダイ論

どが突起楕円形を呈しており、楕円形のメダイに横穿孔の鈕を付ける場合は、そのほとんどが方形の段を有して付くことが分かる。先に見たように東京国立博物館に所蔵されている 274 点の 19 世紀資料は、すべて段を付けずに直接鈕を付け、それはすべて正面穿孔なのである。この穿孔方向と鈕及び平面形状の関係は、布教期のメダイを判断する上で一つの指標となりうると考える。

4）図像

　ここでは、メダイに描かれている図像について見ていくこととする。図 18 に出土資料に見られる図像のモチーフ数、図 19 に伝世資料で見られる図像のモチーフ数を示した。ここでいう図像のモチーフ数とは、メダイの表裏に描かれる図像を、そのモチーフによって分類し、その分類されたモチーフをカウントしたものである。メダイの場合は、表裏でモチーフが異なるのが一般的であり、したがってここでいう図像の点数は、メダイの点数とは一致しない。なお、全資料中で 3 点以上認められるモチーフについては、図 22 〜 24 にその写真を示したので、そちらを参照されたい。

　図 18 と図 19 で、斜線の棒線は出土資料、伝世資料ともに見られる図像である。グラフから分かるように、両者ともに中心となる図像のモチーフは共通している。したがって伝世資料は、図像から見ても布教期に存在していた可能性が高いといえる。

　さらにもう少し図像の詳細について見てみよう。出土資料と伝世資料をすべて合わせた図像のモチーフ数を示したのが図 20 である。グラフから分かるように、［無原罪の聖母］のモチーフが圧倒的に多く、39 点を占めている。10 点以上のものについて見ると、次に多いのが［天使聖体礼拝図］で 20 点、そして［文字］が 17 点、［キリスト半身像］が 15 点、［聖母子像］が 14 点、［マリア半身像］が 13 点、［キリストの磔刑］が 13 点と続く。

　この 10 点以上のものは総数 131 点を数えるが、その中で聖母マリアをモチーフに取り入れているものが 66 点と半数以上を占めており、布教期はマリアのモチーフの人気が高かったことがうかがえる。

　ここまでは表裏の図像を分離して、純粋にその数を見てきたが、次は、表裏の図像モチーフをセットでその数を見ていきたいと思う。図 21 に示しているのがそれである。最も多いのは ｛A 面：天使聖体礼拝図 − B 面：文字｝ のセットで 17 点ある。この場合文字とはすべて「LOVVADO SEIA O SANCTISSIMO SACRAMENTO（いとも尊き聖体の秘蹟はほめ尊まれ給え）」の文字が綴られる。17 点中出土資料は 1 点と少ないが、原城出土資料の中には、腐食により確認できないだけで、実際はこのモチーフのセットがまだ存在する可能性がある。

　次に多いのは ｛A 面：マリア半身像 − B 面：キリスト半身像｝ のセットで 13 点ある。10

点を超えるのはこの2種のセットのみで、図像のモチーフ数で圧倒的に多かった［無原罪の聖母］は含まれないのが注目される。｛A面：無原罪の聖母－B面：キリストの磔刑｝が6点、｛A面：無原罪の聖母－B面：聖痕を受けるアッシジの聖フランシスコ｝と｛A面：無原罪の聖母－B面：救世主像・IHS・3本の釘｝がそれぞれ5点という具合に、［無原罪の聖母］のモチーフは、様々な図像とセットになっているのである。つまり、［無原罪の聖母］のモチーフは、布教期においては特に好まれた図像であったことがうかがわれる。

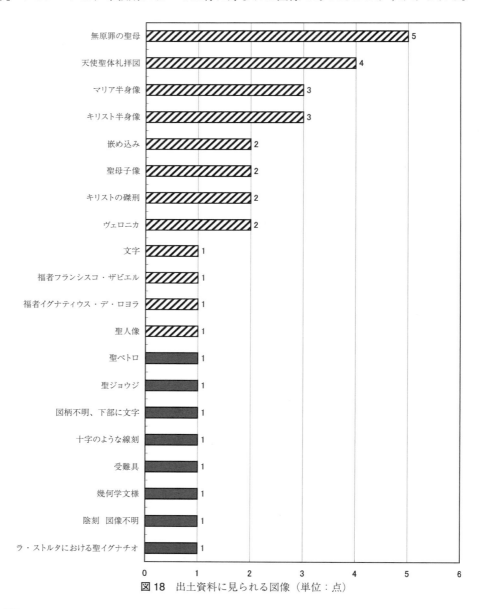

図18 出土資料に見られる図像（単位：点）

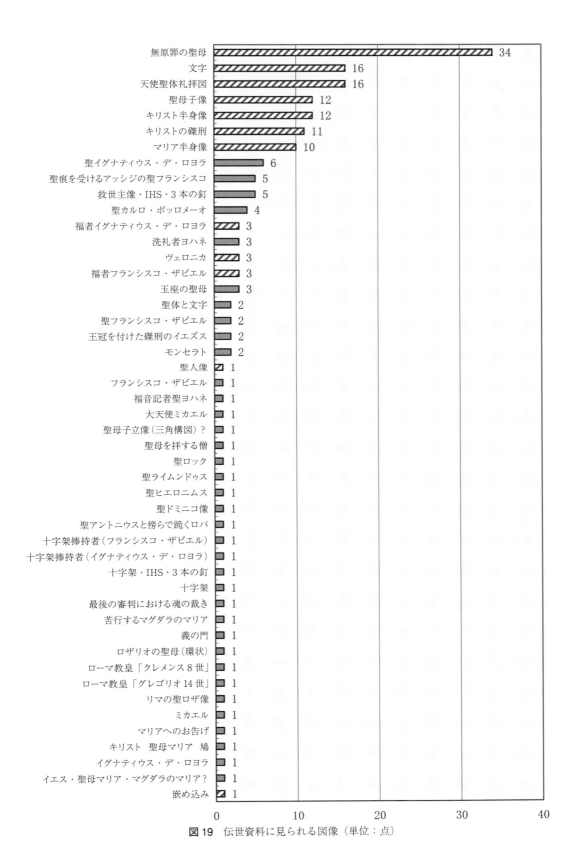

図 19 伝世資料に見られる図像（単位：点）

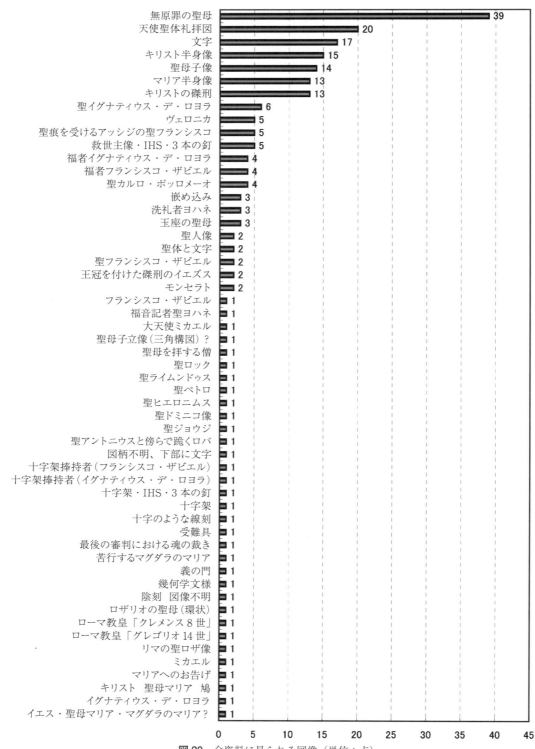

図 20　全資料に見られる図像（単位：点）

第 2 章　メダイ論

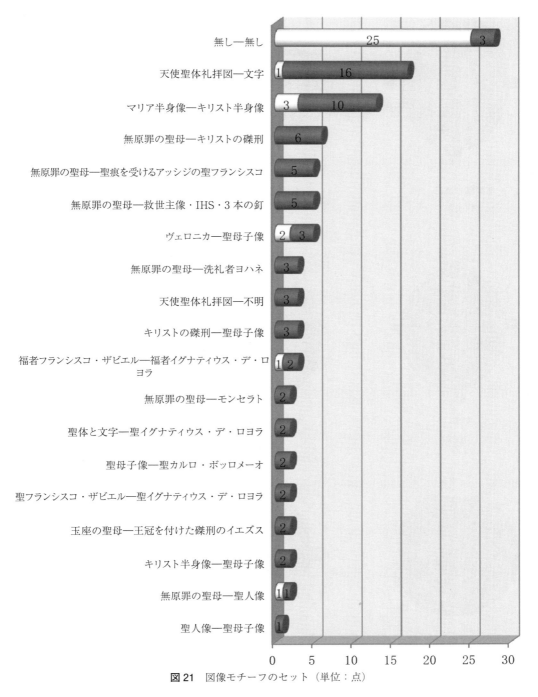

図 21　図像モチーフのセット（単位：点）

129

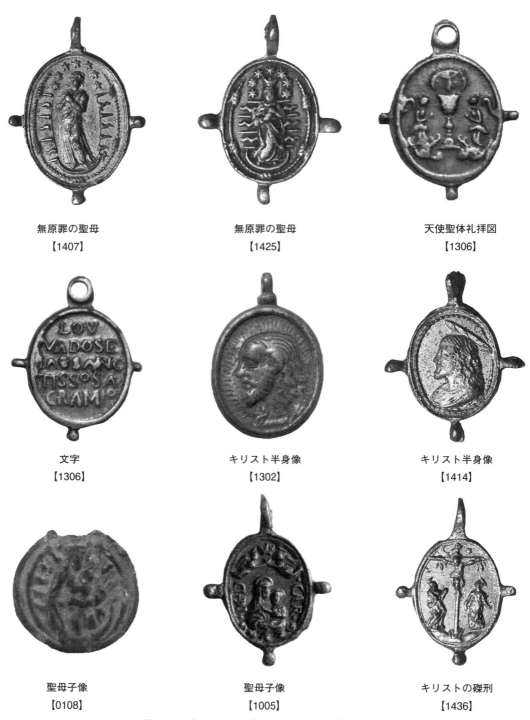

図22　国内のメダイで多いモチーフ　1（縮尺不同）

第2章　メダイ論

マリア半身像
【1302】

マリア半身像
【1414】

聖イグナティウス・デ・ロヨラ
【1401】

ヴェロニカ
【0108】

アッシジのフランシスコ
【1425】

救世主像・IHS・3本の釘
【1406】

福者フランシスコ・ザビエル
【2009】

福者イグナティウス・デ・ロヨラ
【2009】

聖カルロ・ボッロメーオ
【1402】

図23　国内のメダイで多いモチーフ　2（縮尺不同）

嵌め込み【0112】　　　洗礼者ヨハネ【1412】　　　玉座の聖母【1415】

図24　国内のメダイで多いモチーフ　3（縮尺不同）

5）素材

　ここではメダイの素材について検証をしていきたい。近年理化学分析の進歩により金属組成の詳細がつかめるようになった。その結果、過去に実見のみで判断されていた金属組成の正確なデータが掴めるようになったため、既存の報告と結果が異なる例も見られるようになった。そこで、本書では別府大学平尾良光教授によって蛍光X線分析がなされ、それによって得られた金属組成結果（図中表記：◎蛍光X線分析による）と、これまでに理化学分析の有無にかかわらず報告されているデータ（図中表記：●報告書等による）、そして、まだ理化学分析が行えず筆者が実見によって判断したデータ（図中表記：－実見による）とに分けてその割合を出した。また、金属組成については、「鉛・錫製」としたものは「鉛と錫の合金」と「純鉛製」両者を含み、「銅製」としたものは「青銅製」と「純銅製」の両者を含んでいる。その結果が図25～31である。まず、出土資料と伝世資料とに分けて見てみる。

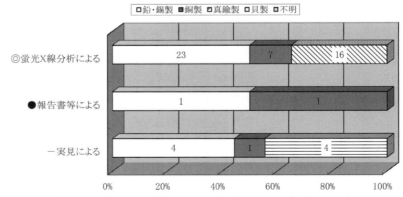

図25　出土資料における素材の割合（資料判断別）（単位：点）

第2章　メダイ論

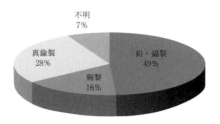

図26　出土資料における素材の割合

図27　府内型メダイを除いた出土資料
　　　における素材の割合

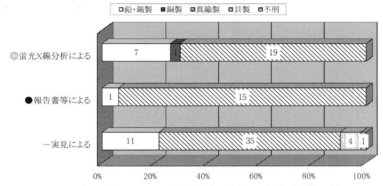

図28　伝世資料における素材の割合（資料判断別）（単位：点）

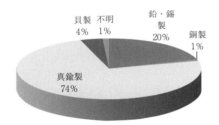

図29　伝世資料における素材の割合

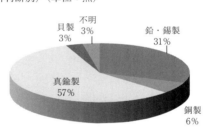

図30　全資料における素材の割合

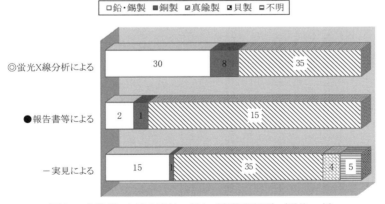

図31　全資料における素材の割合（資料判断別）（単位：点）

図25は、出土資料に見られる素材の割合を判別方法に分けて示したものである。出土資料は、そのほとんどについて蛍光X線分析がなされており、ほぼ正確な素材の把握が行えている。その結果、鉛・錫製が最も多く半数を超える。次に多いのが真鍮製で、次に銅製と続く。この内、鉛・錫製と銅製はその大半が府内型メダイである。図26は、判別方法に分けずにすべての出土資料の素材の割合を示したものである。つまり報告されている素材と実見によって判断した素材が正しいと仮定した場合の割合である。その結果はやはり、鉛・錫製が49％を占め最も多く、続いて真鍮製が28％、銅製が16％と続く。なお、図25を見ると、蛍光X線分析によらず判断されているものについては、鉛・錫製と銅製のものの2種しかないことが分かる。鉛・錫製と銅製は腐食した際は、前者は灰色、後者は緑色を呈するため、両者を混同することはまずあり得ない。特に鉛・錫製については、ほぼ間違いのないものと考えられる。ただ、銅製については、真鍮製も亜鉛と銅の合金であることから、銅の腐食色である緑色を呈することもあり、出土資料では見た目では区別が付かない場合があり得る。腐食していなければ銅製は黄金色、真鍮製はイミテーションゴールドとしての金色を呈するために区別しやすいが、発掘による出土資料の場合、その状態であることは稀である。
　次に伝世資料について見てみようと思う。図28は素材の割合を判別方法で分けて示したものである。まだ蛍光X線分析によるデータが少ないため、今後データの収集が必要となるが、発掘資料と異なって大事に伝世されていることもあって、腐食が少なく元来の素材の色を認識しやすい。特に蛍光X線分析以外の資料は鉛・錫製と真鍮製が主体を占めており、これらの資料は腐食が進んでいないことから、鉛・錫製は灰色、真鍮製は金色を呈している。よって未分析のデータもさほど大きく間違ってはいないと考えられる。いずれにしても、残りの資料の分析が急務である。結果的には、真鍮製が圧倒的に多く、鉛・錫製が僅かに含まれるという割合である。
　そして、報告されている素材と実見によって判断した素材が正しいと仮定した場合の、伝世資料の素材の割合を示したものが図29である。その結果によると、真鍮製が74％と圧倒的に多く、鉛・錫製は僅かに20％程度である。このように、出土資料と伝世資料の間では、素材の割合に大きな差異が認められる。つまり、出土資料では鉛・錫製が圧倒的多いのに対し、伝世資料では真鍮製が多いという結果が出ている。
　この要因として考えられるのは、出土資料の内半数を府内型メダイが占めていることが考えられる。府内型メダイはその大半が鉛・錫製であり、その結果出土資料の大半が鉛・錫製が占めるように見えている。そこで、出土資料から府内型メダイを除いた割合を示したのが図27である。このグラフを見ると、最も多いのは真鍮製で、半数以上を占めており、伝世資料と同じ傾向を示していることとなる。結果として、出土資料の素材割合と伝世資料の素材割合は、大きな差を生じず特に問題を含まないと考えられる。
　しかし筆者は府内型メダイを加えた場合に見られた素材割合の差異（出土資料は鉛・錫製

が多く、伝世資料は真鍮製が多いという差異）は、布教期のメダイの流入状況の変化の一端を示している重要な要素であると考えている。

　そこで、もう少し詳細に素材別にメダイの様相を見ていきたいと思う。中世大友府内町跡以外で、日本国内で確認されている鉛・錫製、銅製の資料を見てみると、出土資料としては、博多遺跡群第111次調査区、万才町出土資料、黒崎城跡出土資料等が挙げられる。さらに伝世資料については、天草のヴェロニカのメダイ、キリスト・マリア半身像メダイ、平戸根獅子町伝世の府内型メダイ、キリスト・マリア半身像メダイ等が挙げられる。

　これらの資料についていえることは、まず出土資料については、遺構の所見から16世紀後半～末まで遡らせうることが可能なことである。

　一方伝世資料については、まず天草の資料はヴェロニカメダイである点と博多遺跡群出土の鋳型との関連から、16世紀に舶来した可能性が高い（これについては、次項「4. ヴェロニカのメダイについて」で詳述する）。また、平戸根獅子町伝世資料については、その形態が府内型メダイである点から、16世紀後半代の所産である可能性が高い。以上より、国内で確認されている鉛・錫製、銅製のメダイは、16世紀代に比定できる資料が多いことが分かる。

　しかしながら、図30に見られるように、日本国内で発見されている（出土資料・伝世資料の両方を含む）メダイの素材からみた割合では、真鍮製が最も多いのである。この現象を説明するためには、鉛・錫製、銅製のメダイと真鍮製のメダイの国内のおける存在状況に時期差が反映している可能性を考える必要がある。

　そこで次に、真鍮製メダイに焦点をあててみていきたいと思う。真鍮製メダイの大半は伝世資料のため、日本に伝えられた時期を確定できない資料が多い。その中で、比較的まとまって発掘調査で出土した原城跡と長崎のミゼリコルディア跡出土の資料、さらには発掘調査ではないが、土中に埋められた壺から一括して出土した、大分県丹生の出土資料は、日本に舶来した時期がある程度確定できる資料である。

　そこでこれらの資料について素材と時期を中心に再度整理しておくこととする。次に挙げる各資料の内、（a）～（c）のメダイの詳細については、「第2節　メダイの資料概要」を参照されたい。

（a）原城跡出土資料

　14点のメダイの出土が報告されている。14点は蛍光X線分析の結果いずれも真鍮製であることが判明している。この内1点は、福者フランシスコ・ザビエルとイグナティウス・デ・ロヨラを描いているメダイが出土しており、先に触れたように、1619年～1638年にもたらされたことが判明している。よって、他の13点についても、近い時期の舶来が想定される[5]。

　この原城のメダイについては、鉛同位体比分析も行われている。その結果が図32～35

である。グラフでバルセロナ所蔵メダイとしているのは、バルセロナのカタルーニャ国立美術館に所蔵されているメダイで、16～17世紀に比定できる資料である（バルセロナの資料については「5西洋のメダイ」で詳述する）。

　グラフを見る限り、原城跡の半分以上の資料はバルセロナの資料と近い産地の素材が使われている可能性が高い。つまり、原城跡の資料の大半は、ヨーロッパからもたらされていることが示唆される。

　若干3点ほどは離れた数値を示しており、華南産の素材が使用されていると考えられる。この3点については、日本国内での製作も考慮に入れる必要があろう。特にこの内0301については、福者ザビエルのメダイで、1619年～1638年の間日本に存在したことが分かっている資料である。つまり日本でこの時期に真鍮製品が製作されていた可能性を示す資料として注目される。

　この時期の真鍮製品の製作については、北九州市の黒崎城跡で真鍮地金生産に関わる工房が確認されている。この遺跡では、カップ型坩堝が出土しており、その中から、銅と亜鉛を検出している[6]。分析を担当した伊藤幸司氏は「真鍮地金調合のための試し吹きに使用した」のではないかとしている[7]。この真鍮生産工房は、発掘調査の所見では、「城下町が機能した慶長九年（1604年）から廃城後黒崎宿場町が築かれ、街道の真向かいに本陣が設置される寛永年間と考え、その画期を初代代官大塚権左衛門が赴任した寛永十五年（1638年）ごろと考えたい。」としている。つまり、17世紀前葉に真鍮製品の国内製作は可能であったことがうかがわれる。

　また、黒崎城跡のカップ型坩堝については、鉛同位体比分析もなされており、図32・34で「△黒崎城坩堝」としているデータがそれである。二つのグラフが示すデータから、この坩堝に付着している金属の素材は、華南産であることが分かる。先に原城跡から出土しているメダイで、華南産の素材を使用したメダイが3点あるとしたが、その中でも特に【0302】については、非常に近いデータが確認できる。

　以上のことから、1619年～1638年に比定される原城のメダイの内の一部は、華南産の素材を使用して、日本国内で製作されている可能性が十分に考えられる。ただ16世紀後半～17世紀前葉における日本国内の真鍮については、鉛同位体比分析もまだデータがさほど多いわけではなく、またその生産工房の遺構も数多く検出されているわけではない。特に亜鉛の精錬までを行い、真鍮自体を当時日本で生産していたかどうかまでは、黒崎城跡でも確認はできていない。したがって真鍮製品の国内製作については今後資料の増加を待って、さらに慎重に検証していかなければならない。原城跡の華南産素材を使用した真鍮製メダイは、真鍮自体を華南から輸入し、それを溶解してメダイを製作している可能性等も考慮に入れておく必要があろう。

(b) 朝日新聞社長崎支局敷地（ミゼリコルディア跡）

表採資料のため、調査所見から時期認定はできない。素材については蛍光X線分析により、真鍮製であることが判明しており、さらに鉛同位体比分析では、図32【0501】では、N領域近くに位置し、図34【0501】では華南領域に位置している。したがって、現段階では産地は不明と認定せざるを得ない。しかしこの資料については、ヴァチカン図書館内の古銭の専門家ジアン・カルロ・アルテリ（GianCarloAlteri）博士の図像解釈により、「メダイは16世紀末から17世紀初めのもので、イタリア製で、個人の鋳造所によって造られたもの。」と報告されており[8]、その解釈を積極的に支持すれば、この不明の産地は西洋のいずれかの場所、あるいは複数の産地の素材が混合されていると考えられる。そして、西洋で製作されたものが、16世紀末～17世紀初め以降に日本にもたらされたと考えられる。

(c) 大分市丹生出土資料

メダイについては、現在日本二十六聖人記念館にはガラス等を埋め込んだと思われるメダイ状の金属製品を含めて、全部で10点が確認される。いずれも蛍光X線分析の結果、真鍮製であった。この内1点は、福者フランシスコ・ザビエルと福者イグナティウス・デ・ロヨラを表裏に描いたメダイで、1619年以後の所産である。壺の中から一括して出土している状況を勘案すると、丹生の資料はすべて、1619年以降に日本にもたらされたものである可能性が高いと考える。鉛同位体比分析はなされていないため、素材の産地については不明である。

(d) 勝山町遺跡出土十字架

サント・ドミンゴ教会跡で出土した真鍮製の十字架である。この資料はメダイではないが、鉛同位体比分析によって、前述の原城跡出土資料やスペインのカタルーニャ美術館所蔵メダイに近い産地の数値を示しており（図32～35【cruz0201】）、注目すべき資料である。

サント・ドミンゴ教会はスペイン系カトリック組織であるドミニコ会の教会で、この十字架はその教徒の所持品である可能性が高い。サント・ドミンゴ教会存続期間は1609年～1614年であり、この資料はその間への帰属が可能である

以上、時期のある程度確定できる資料をもとに、メダイの素材に見られる傾向を整理すると、次のようになる。

A） 日本国内で確認されているメダイの素材は圧倒的に真鍮製が多いのにもかかわらず、16世紀後半以前の資料には、真鍮製品がほとんど確認できていない。

B） 1587年以前に比定される府内の資料については、1点を除き[9]、鉛製（純鉛製・鉛錫

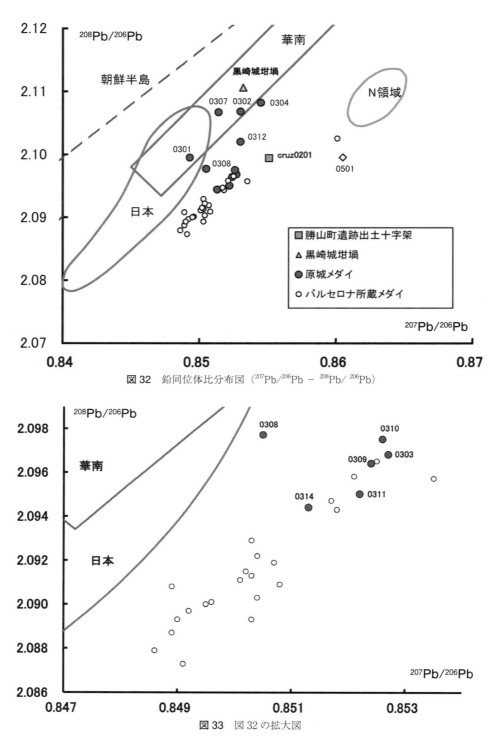

図 32　鉛同位体比分布図（^{207}Pb/^{206}Pb － ^{208}Pb/^{206}Pb）

図 33　図 32 の拡大図

第 2 章　メダイ論

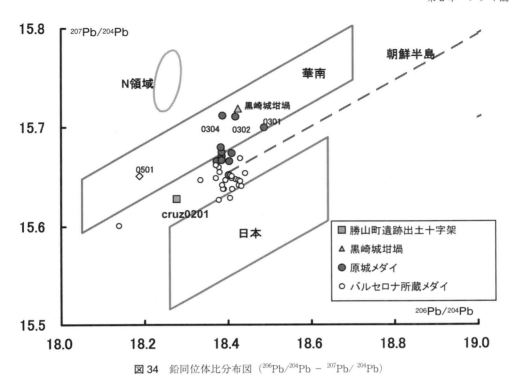

図 34　鉛同位体比分布図（^{206}Pb/^{204}Pb − ^{207}Pb/^{204}Pb）

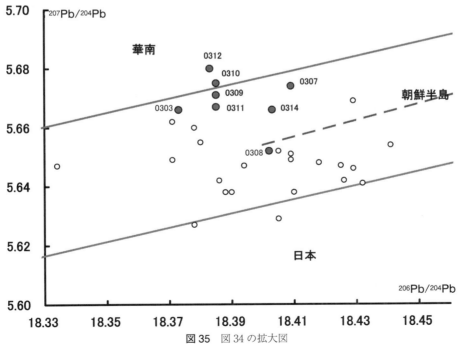

図 35　図 34 の拡大図

製)・純銅製のみしか確認できていない。

- C) 府内以外の資料についても、主に 16 世紀後半は鉛製・銅製のメダイが主体となり、その現象が確認されるのは下っても、17 世紀初頭である。
- D) 原城跡出土資料と丹生一括資料はすべてのメダイが真鍮製であり、それらは 1619 年以降に日本にもたらされた可能性が高い。
- E) 原城跡出土資料の大半と、勝山町遺跡で出土したスペイン系ドミニコ会教徒の所持していた十字架は、いずれも真鍮製で、西洋のメダイ(バルセロナのカタルーニャ国立美術館所蔵)と近い産地の素材が使用されている。

上記より、16 世紀末頃～17 世紀初頭を境に、日本国内におけるメダイの素材に変化があったことが想定される。具体的には、鉛・錫製、銅製が主体の段階から、真鍮製が主体となる段階へと移行した可能性が示唆される。ただし、この変化は、メダイの型式変化によるものではなく、メダイの流入状況の変化を示すものである。前述のように、鉛・錫製、銅製(純銅製)のメダイは、国内で製作された可能性が高い。一方真鍮製のメダイは、原城跡のデータが示すように一部国内製の可能性があるものの、大半は西洋製の可能性が高い。

つまり、16 世紀末以前は、日本では盛んに国内でメダイを製作しており、16 世紀末～17 世紀以降は西洋から多く舶来していた現象が看取される。そしてその変化が、結果として出土資料と伝世資料の素材の差に影響を与えているものと思われる。換言すれば、出土資料は 16 世紀後半～17 世紀初頭のものが多く、伝世資料は 16 世紀末～17 世紀代のものが主体となっていると考えられるのである。

(註)
(1) 今野春樹 「布教期におけるメダイの研究 － 16 世紀後半～17 世紀前半にかけて －」『物質文化』82、2006
(2) 18 世紀は鎖国中なので、基本的には日本にメダイは入ってきていないはずである。しかし、一度だけシドッチが来日して、新井白石が対応した時期がある。その当時の記録は『西洋紀聞』『采覧異言』等で有名であるが、そのシドッチが招来したキリシタン遺物にメダイも含まれていた。資料【0207】はこの資料の一つである可能性もある。同様の点は今野春樹氏も指摘している。
(3) 浅野ひとみ「信心具としての《ヴェロニカのメダイ》」『純心人文研究』第 15 号、2009
(4) 浅野ひとみ長崎純心大学准教授のご指摘による。
(5) 報告では「1621 年(元和 7)9 月 25 日、加津佐の庄屋ミゲル助ェ門の家に隠れていた中浦神父は、ローマのマスカレニア神父に宛てた手紙で、その神父から受けたメダイなどに感謝して直ちに信者達に分け与えたと書いている。出土したこれらのメダイはその時のものかもしれない。」としている。
(6) 佐藤浩司編『黒崎城跡 3 － 前田熊手線街路事業に伴う埋蔵文化財発掘調査報告 3 －』北九

州市埋蔵文化財調査報告書第 375 集、財団法人北九州市芸術文化振興財団埋蔵文化財調査室、2007
(7) 註 6 の文献に同じ
(8) 永松実編『朝日新聞社長崎支局敷地埋蔵文化財発掘調査報告書』長崎市埋蔵文化財調査協議会、1992
(9) 近年、中世大友府内町跡第 51 次調査区出土府内型メダイの一つ【0130】が、真鍮製であったことが、別府大学平尾良光教授の蛍光 X 線分析で判明した。この真鍮製の府内型メダイはプロトタイプとなると思われるが、同じで府内で出土している鉛ガラス製のコンタ【conta01001】と近い材料を使用しており（鉛同位体比分析の結果、両者ともに華南産材料で、しかも数値が極めて近いことが確認された）、この位置づけについては、今後さらに検証していきたい。

4. ヴェロニカのメダイについて

文章中の図番号は本項末の図版番号、【　】内の資料番号は、巻末資料「Ⅰ．キリシタン資料一覧」の番号に対応する。また（史料番号）は本項末の表4～6の資料一覧表の資料番号に対応する。

1）中世大友府内町跡で出土した「ヴェロニカのメダイ」

キリシタン大名大友宗麟の城下町跡、中世大友府内町跡から、平成13年度に「ヴェロニカのメダイ」が1点出土した【0108】。図1・2がそれである。中世大友府内町跡の第13次調査区において、16世紀後半の所産と考えられる廃棄土坑より出土した。

メダイは直径2cmの円形を呈し、厚さは0.2cmと薄い。重量は2gである。本来なら上部に紐等を通すための鈕が付くが、これにはない。メダイの上部には明らかに剥離痕が認められるため、鈕は欠損したものであって、本来は付いていたものと考えられる。穿孔方向については不明である。

メダイの図像については、まず一方の面（A面）に描かれているモチーフがヴェロニカである。キリストの顔とその背景には「しわ」のようなものが表現されている。これは恐らく布を表現しているもので、つまり布に映ったキリストの像が表現されている。ヴェロニカとは、キリストがゴルゴダの丘へ向かう途中に現れるシリアの架空の聖女で、vera icona（真実の画像）の人格化と考えられている。彼女がキリストの顔の血と汗をヴェールでぬぐったところ、そのヴェールにはキリストの顔が写し出されたといわれる。メダイに描かれているのは、この布に映ったキリストの顔なのである。

次にもう一方の面（B面）には、幼いキリストを抱くマリアの像が描かれる。いわゆる聖母子像である。向かって左に若干前屈みになったマリアが立ち、右側には幼子のキリストが抱かれる。マリアの後ろには光背が描かれている。

このメダイの金属組成については、蛍光X線分析の結果、鉛84.5％、錫13.9％のいわゆる錫と鉛の合金であることが判った（表1参照）。また、この資料については鉛同位体比分析も行われている。表2・図17～20がそのデータである（蛍光X線分析及び後に出てくる鉛同位体比分析は別府大学平尾良光教授に依頼した。）。鉛同位体比分析値を見ると、このヴェロニカのメダイは、まず図17・18では華南の領域に入っていることが認められる。ところが図19・20では華南領域からは外れて、さらには既知のどの領域にも属していないことが分かる。鉛同位体比値による産地同定においては、この2種のグラフの両方ともに同じ領域に入っていなければ産地の認定が行えない。よって現段階で把握できている日本、華南、華

北、朝鮮半島、N領域（タイのソントー鉱山）、西洋（バルセロナ　カタルーニャ美術館（MNAC）所蔵メダイ）のいずれにも属さない、未知の領域の素材が使用されている。

2）日本国内のヴェロニカのメダイ

　ヴェロニカのメダイについては、国内では類例が極めて少ない。発掘によって出土した資料は、中世大友府内町跡出土のものと、博多遺跡群第111次調査により出土した鋳型【1102】のみである。したがって、製品の出土は中世大友府内町跡出土のものが日本国内初見で唯一である。この他に出土資料ではないが、潜伏キリシタンによって伝世されてきた資料が天草で2点、神戸で1点確認できている。

　博多遺跡群第111次調査で出土した鋳型【1102】（図3・4）は、長さ4.0cm、幅5.5cm、厚さ1.4cmの赤褐色粘土板で、左にメダイ、右に十字架が見える[(1)]。よく見ると上部には、鎖か紐のあとまでが認められ、そのことからこれはメダイと十字架の製品を粘土に押し当てて作られた踏み返し用のものと思われる。メダイの方は、よく見ると中央に目鼻、上に茨の冠、下にはヒゲが見える。さらに、顔の両側には布らしき線が見られ、これがヴェロニカのモチーフのものであることが分かる。鈕は横穿孔である。

　次に現在天草ロザリオ館に所蔵されているものについて見てみる。ここに所蔵されている2点のヴェロニカのメダイは、天草ロザリオ館（熊本県天草市）に所蔵されているもので、当時水方[(2)]だった系統の子孫が代々継承してきたものである[(3)]。【0801】（図5）は一方の面にキリストの顔がはっきり見え、もう一方の面にはキリストを抱きかかえているマリアの像が見える。紐を通す鈕の部分は割れてなくなっている。【0802】（図6）は、画像の残りは良くないが、一方の面にやはりキリストの像、もう一方の面には同じく聖母子像が見える。ただ【0802】の方は紐を通す部分が初めからなかったようであり、トークンであった可能性がある。両者とも、直径1.9cm前後の円形を呈す。

　最後の1点は、神戸市立博物館所蔵のメダイで島原旧教徒より没収と伝えられている例【1404】（図7）である[(4)]。一方の面には茨の冠をかぶったキリスト、もう一方の面には聖母子像が描かれている。島原旧教徒より没収ということから、もともとは九州にあった可能性が高い。したがって現在のところこのヴェロニカモチーフのメダイはその主体が九州にあることが分かる。

　これら4点のメダイと府内の第13次調査区出土メダイ【0108】を比較してみると、まずキリストの像については、4点とも茨の冠をかぶっているのに対して、【0108】のものは茨の冠をかぶっていない。また後ろに描かれるヴェールについては、鋳型の資料についてはわかりにくいが、他の3点はいずれも単線で区画するだけの比較的簡素な描写であるのに対して、府内のものはヴェールのしわまで描写されている。

次に聖母子像の面については、鋳型の資料はこの面がないので除外し、また天草の資料も【0802】については摩滅してしまってよく見えないことから除外するとして、残る2点については、聖母マリアが向かって右側にたち、キリストを左に抱きかかえる点で共通している。それに対して【0108】のメダイは聖母マリアが向かって左側にたち、右側にキリストを抱きかかえている。

　以上図像の比較から、まず伝島原旧教徒没収資料【1404】（図7）と天草の資料【0801】【0802】（図5・6）に関しては、両面において非常に酷似しており、ほぼ同形態のものであることは間違いない。またキリストの像については、天草の資料【0801】・【0802】と博多の鋳型【1102】もほぼ同じ図像であり、これら4点はほぼ同形態のものであった可能性が高い。それに対して、府内の資料【0108】はキリストの像においても、また聖母子像においても図像が若干異なっており、現在確認されているヴェロニカモチーフのメダイの中では、特殊な形態であるといえる。

　これについては理化学分析の上からも、興味深いデータが得られている。ヴェロニカのメダイ製品4点については、【0108】【0801】【0802】の3点について蛍光X線分析が行われている。その結果を表1に示しているが、いずれも鉛と錫の合金であることが判明した。残りの1点、神戸市立博物館所蔵メダイ【1404】については、蛍光X線分析を実施できていないが、実見したところではやはり鉛と錫の合金と思われる。つまりヴェロニカのメダイはいずれも同じ種類の金属であることが分かる。

　しかしながら、蛍光X線分析を行った3点の金属組成をよく見ると、府内の資料【0108】と天草の資料【0801】【0802】では大きく異なっていることが分かる。【0108】は鉛84.5%・錫13.9%と、ほぼ中心は鉛で、ほぼ純鉛製といっていい組成である。一方【0801】【0802】については、【0801】は鉛が50.6%、錫が48.3%、【0802】は鉛が65.4%、錫が33.4%と錫の含有量が高く、まさに錫と鉛の合金である。したがって、府内の資料【0108】と天草の資料【0801】【0802】では、一見同じような種類の金属のよう見えるが、両者の製作上の背景には隔たりがあるとみなすことができる。これは先に見たように、府内の資料【0108】と天草の資料【0801】【0802】では、ヴェロニカと聖母子像の図像の描写が異なっているという点に符合している。

　次にヴェロニカのメダイの素材となっている鉛の産地について見てみる。表2及び図17～20を参照されたい。ヴェロニカのメダイについては、鉛同位体比値が府内の資料【0108】と天草の資料【0801】・【0802】の3点が得られているが、このデータとさらにそれぞれに近似する他の資料との関係を考察することによって、ヴェロニカのメダイの製作背景をうかがうことができる。

　まず天草の資料【0801】・【0802】は、鉛同位体比値から、朝鮮半島産の鉛を使用していると考えられる。一方府内の資料【0108】は、前述のように、現段階では不明といわざる

を得ない。両者のグラフ上の位置はかなり離れており、府内のヴェロニカのメダイ【0108】と天草のヴェロニカのメダイ【0801】・【0802】については、鉛同位体比で見る限り全く異なる産地の鉛が使用されている可能性が高い。

　次に、鉛同位体比が天草の資料【0801】・【0802】に近い資料について見てみると、鉛同位体比のグラフ（図17～20）に見られるように【0114】【0128】【1101】が近似値を示している。いずれも朝鮮半島産の近い素材を使用して製作されていると考えられる。この内【0114】と【0128】はいずれも、府内型メダイであり（図8・9）、よって素材の鉛は朝鮮半島産であるが、製作は国内である。もう1点の【1101】は博多遺跡群第111次調査で出土した ¦A面：マリア半身像－B面：キリスト半身像¦ のメダイである（図10）。蛍光X線分析のデータはないが、実見したところでは鉛と錫の合金であると思われる。ここで注目されるのは、当遺跡ではこのメダイとともにヴェロニカのメダイの鋳型【1102】（図3・4）が出土していることである。さらには【1103】（図11）のような銅製の府内型メダイも出土していることなどから、当遺跡においてメダイの製作が盛んに行われていたことが想像される。そうした背景にもとづき【1101】のメダイを見てみると、縁辺部の加工が稚拙で、鈕も穿孔がされていないなど完成度の低さを感じ、西洋からの舶来品とは考えにくい。さらに金属組成における主体は鉛と考えられ、そうした要素を統合すると、このメダイもこの博多遺跡群の中で製作された可能性が高いと考えられる。

　この観点に基づき、前述のヴェロニカのメダイの鋳型【1102】と天草のメダイ【0801】・【0802】との関係につい検証してみたい。まずこの博多遺跡群の地においては、鉛や銅を使ってメダイが作成されていた。そしてその中には、ヴェロニカのメダイやキリスト・マリアのメダイなどが含まれていた。その博多遺跡群で製作されたと考えられるキリスト・マリアのメダイ【1101】の素材は、朝鮮半島からもたらされており、天草のメダイ【0801】・【0802】の素材と近い。さらには博多で出土した鋳型に彫られたヴェロニカと、天草のメダイに描かれるヴェロニカの図像は、両者ともにキリストが茨の冠をかぶり、背後のヴェールの表現方法も似ている。メダイのサイズも両者ともに2cm弱で非常に近い。

　これらの諸要素を勘案すると、博多出土のヴェロニカのメダイ鋳型【1102】と、天草のメダイ【0801】・【0802】との関係は非常に近いと考えられる。天草のメダイが、博多出土の鋳型から作られたとまでは言及できないが、博多出土の鋳型は当時舶来していたメダイの踏み返しであることは明らかであり、したがって同様の手法で比較的安易に、他にも製作された可能性は高い。天草のメダイはそうした生産工程の一画において生み出されたものと考えることは可能である。さらには、同形態である神戸市立博物館所蔵メダイ【1404】についても、もとは同じ九州の島原旧教徒からの没収資料であることを勘案すると、天草のメダイと同様の製作背景を想定することが可能である。ただしこの資料については、蛍光X線分析や鉛同位体比分析が行われておらず、今後分析が行われていけば、はっきりしたことが

分かってくるであろう。

　以上から、形態的にも素材的にも府内の資料が他の4点のヴェロニカ（鋳型も含む）と異なっているのは、その製作背景の差異に起因していることが分かる。つまり他の4点は、博多を中心とした製作背景がうかがえるのに対し、府内の資料は別の場所での製作が想定される。そこで考えられるのは、府内はキリシタン大名大友宗麟の城下町であるという点である。これについては、注目すべき記録がフロイスの『日本史』に見られる。

　「国主は著しい霊的利益をもたらす一工夫を愛好する習わしがあった。それは聖遺物入れ（レリカリオス）とか立派なメダイや、多数の美しいコンタツを絶えず製作させることであった。」（史料⑥）

　国主とは大友宗麟のことで、ここではそれが府内か臼杵かは分からないが、宗麟は国内でメダイを製作させていたことが分かる。そして、その製作させたメダイとは、原語ではやはり"veronicas"と綴られており、製作させていたメダイはヴェロニカのメダイであったと考えられる。したがって、府内のヴェロニカのメダイは大友宗麟の命の元、府内もしくは臼杵（当時大友宗麟は臼杵の丹生島城に移っていた）で製作されたものである可能性がある。

　ところで、この府内の資料【0108】に1点、鉛同位体比値が近似する資料があるので、それについて、見ておきたいと思う。

　鉛同位体比のグラフ（図17～20）のデータから分かるように、府内の資料【0108】と素材的に近い関係にあるのは、K01とした資料である。実はこのK01はメダイではなく指輪（図12）である。無論前述の天草のヴェロニカのメダイとも、全く異なる産地の素材が使用されていることとなる。こうした中で、メダイではなく指輪が素材的に近いという事実は、ある重要な意味を持っていると考える。そこでその検証に入る前に、まずは指輪がキリシタン遺物なのかどうかという点について明確にしておきたい。

　この指輪については、前項「1. メダイの年代について」のところでも若干触れたが、再度詳述したい。この指輪が出土したのは、府内のヴェロニカのメダイが出土した遺跡で、中世大友府内町跡第43次調査区である。この調査区内で検出された土坑から出土した。土坑の時期は周囲の遺構との切り合い関係から、16世紀第3四半期に位置づけられる。指輪が戦国時代における日本人の通常の装飾品ではないことは自明のことで、とすれば、この指輪は当時海外から渡来した人物が身につけていたものか、在日のキリスト教関係者が身につけていたと考えるのが無難である。指輪は「カトリック教会の聖職者は位階に応じて、権威の象徴として指輪を着用する。」[5]場合などがあり[6]、そうした意味合いからここでは指輪をキリシタン遺物として位置づけておきたい。

　また、神戸市立博物館には、島原旧教徒から没収したキリシタン遺物の一括品があるが、そこではメダイ2点（聖体と文字のメダイ1点、ヴェロニカ・聖母子像のメダイ1点）とともに指輪が含まれている（図13）。この指輪は理化学分析がなされていないので正確なことはい

えないが、実見したところでは鉛・錫製の可能性が高いと思われる。一方府内出土の指輪については、蛍光Ｘ線分析により鉛と錫の合金であることが判明している（表１参照）。よって両者は同じような素材で製作されているといえる。このように島原旧教徒の所持品との関連性等を勘案すると、やはり府内出土の指輪もキリシタン遺物として認定することは可能であろう。

　さて、指輪が府内のヴェロニカのメダイと同様に、キリシタン遺物であるという前提に立って両者の関係を見てみると、まず素材的に非常に近いということは、両者に何らかの関連があったことを想定させる。つまり、前述のように、府内のヴェロニカのメダイが国内で生産されている可能性が高いことから、素材的に近い指輪も国内で生産された可能性が想定される。

　メダイは当時の文献記録から人気が高く、需要も多かったことが分かっている。例えばフロイスの『日本史』の一節には次のようにある。

　「平戸の島々のキリシタンたちは、新来の伴天連方が聖別したコンタツやヴェロニカのメダイを携えて来たことを聞くと、ある者は家を離れ、またある者は妻子を伴い、貧しかったにもかかわらずそれらを得ようとして船を雇って横瀬浦に赴いた。そして彼らは何をしに来たのかと問われると、ただ聖別した一個の玉（コンタ）と一個のヴェロニカを貰うだけの目的でやって来た、と述べた。」（史料④）[7]

　こうした需要の高さを背景として、ヴェロニカのメダイは国内生産を余儀なくされたであろうが、はたして指輪はどうであったであろうか。メダイはキリストやマリア等崇拝対象が視覚的にとらえられる分、当時の日本人には好まれたであろうが、そうした具体的な影像がなく、しかも一般民衆にとって通常装飾品として身にまとうことのない指輪は、メダイのように切望されたかどうかは疑問である。むしろ、例えば洗礼を受けてある程度キリシタンの中でも特別な地位にある者に与える等の、特殊な需要に基づいて製作されていた可能性が考えられる。指輪の性格や位置づけについて言及していくには、まだ資料不足は否めない。ヴェロニカのメダイとの関係も含めて、今後資料の増加を待って検証していきたいと思う。

　以上より、府内のヴェロニカのメダイ【0108】については、府内あるいは臼杵を中心とした地域、その他の４点【0801】、【0802】【1404】、【1102】（鋳型）のメダイは、博多を中心とした地域での製作背景がうかがわれ[8]、したがって、現在確認されているヴェロニカのメダイは、すべて国内で製作されていたことが看取される。

　ただ、府内のヴェロニカのメダイについては、鉛同位体比では未知の数値を示しており、さらには、府内のヴェロニカのメダイと近い素材を使用している指輪は、渡来した人が身に着けていた可能性も考えられる。現段階では、鉛という素材からして、西洋からの舶来品ではないにしても、日本以外のアジアのどこかで製作されていたものが、舶来した可能性を捨てきれないのも事実である。

3）海外の「ヴェロニカのメダイ」

　さて、ここまでは日本国内のヴェロニカのメダイについて見てきたが、海外のヴェロニカのメダイについてはどうなのであろうか。結論から言うと、現段階では日本国内で見られる形態のヴェロニカのメダイは、海外で類例が見あたらない。筆者がスペイン、バルセロナのカタルーニャ美術館所蔵メダイを調査した際も、1000点以上あるメダイの中で、日本国内で見られるような形態ヴェロニカのメダイは1点もなかった。ただし、ヴェロニカを描いたメダイは2点確認できており、それについては後に改めて触れる。

　さらに、バルセロナでメダイの研究を行っている、Maria de Gràcia Salvà Picó氏と話をすることができ、彼女に日本国内で見られるヴェロニカのメダイを見てもらったが、やはり見たことがないということであった。

　浅野ひとみ氏によれば、ヴェロニカはもともと宗教改革以前メダルではなく、帽子やマントに縫いつけるバッジであり、16世紀以降バッジからメダルへと転換したとされる。そして、府内のヴェロニカのメダイに近い意匠のものとして、中世美術館所蔵のセーヌ川で発見された16世紀のバッジが挙げられている[9]。

　バッジからメダルへの転換期に存在するバッジの意匠が、府内のヴェロニカのメダイの意匠に近いという事実は、バッジとメダイ両者の間に形態変遷の流れが認められ、したがってヴェロニカのメダイが西洋に存在していたことを物語っている。今後調査が進めば見いだされてくるものと考える。

　さて、先にカタルーニャ美術館所蔵メダイの中に、ヴェロニカを描いたメダイが2点あると触れたが、それについて見ていきたいと思う。「ヴェロニカのメダイ」や「ヴェロニカを描いたメダイ」等、用語が錯綜していて分かりづらいと思われるので、ここで簡単に整理しておく。

「ヴェロニカのメダイ」
　日本国内で発見されているタイプで、面全体にキリストの尊顔が映された布が描かれる。

「ヴェロニカを描いたメダイ」
　バルセロナのカタルーニャ美術館所蔵メダイに見られるタイプで、キリストの尊顔が映された布は面の全体を占めず、それとともに人物（ペテロとパウロ）や、受難具を描写する。

1点目は【7008】（図14）で、大きさは長径1.6cm、短径1.6cm、厚さ0.1cm、重さは0.8g

である。形態は円形で、鈕の部分は認められないが、剥離した可能性がある。図像は ｛A面：ヴェロニカとペトロとパウロ（中央上部のヴェロニカの両脇に立つペトロ（向かって左）、剣を持つパウロ（向かって右））－B面：サン・ピエトロ大聖堂とペトロとパウロ（中央に2本の円柱に支えられた破風のある建物、上部に十字架。両脇にペトロ（向かって左）とパウロ（向かって右））｝ が描かれる。

　このヴェロニカを描いたメダイは、聖年銘（1625年銘）の入ったメダイ【7001】（図16）と、平面形状が同じ円形をなし、さらに図像においてもB面で、破風の聖堂とその両脇にペトロとパウロが立つ図像が同じタイプである。よって【7008】も、同じく17世紀代の位置づけが可能である。

　金属の素材は、蛍光X線分析によれば真鍮製で、鉛同位体比分析では、他のカタルーニャ美術館所蔵メダイと同様の産地が推定される（図17～20のグラフ中の「MNAC16～18世紀のメダイ」が該当する。詳細については、次項「5. 西洋のメダイ」で触れる）。

　2点目は【7138】（図15）で、大きさは長径2.7cm、短径2.7cm、厚さ0.2cm、重さは4.3gである。形態は円形で、上部が一部欠損している。恐らくこの部分に鈕が付属していたものと考えられる。メダル面に向かって左側上部に見られる孔は、この鈕の欠損により二次的に穿孔されたものと思われる。また、欠損部分の範囲はさほど広くないことから、もともと付属していた鈕の形態は、A類の段を付けて鈕を設ける形態とは異なり、直接鈕を付けるB類であると考えられる。ただそのB類でも、穿孔方向が正面穿孔の形態では、メダル部分との接触面が広くなることから、横穿孔であったと思われる。以上を整理すると、このメダイに元来あった鈕の形態は、直接鈕を付けるB類で、穿孔は横穿孔の形態であったと考えられる。これはカタルーニャ美術館所蔵メダイの18世紀資料が有する特徴である[10]。よってこのメダイ【7138】は18世紀に位置づけられる。

　図像は ｛A面：受難具（中央にヴェロニカ、はしごと柱がクロス、下に衣・鶏・サイコロ、上に精霊、向かって右にヒソプ、左に香油瓶）PAS・CRI・SAL・NOB）－B面：受難具（十字架に架けられた茨の冠、交差部に釘の頭、交叉した槍、向かって左、釘抜き、トンカチ、木の根元に2本の釘、向かって左に鞭、に右に交差した骨？）SAN　DEVS　SAN　FOR　SAN…｝が描かれる。受難具の図像は日本国内のメダイや聖遺物入にもよく見られる。

　金属の素材については、【7008】のメダイと同様で、蛍光X線分析によれば真鍮製で、鉛同位体比分析では、他のカタルーニャ美術館所蔵メダイと同様の産地が推定される（図17～20参照）。

　以上2点のヴェロニカを描いたメダイを見てきたが、図像等において日本国内で発見されているヴェロニカのメダイとは性格を異にしていることが分かる。これは地域性によるものなのか、時期のちがいによるものなのかは、さらに資料の増加をまって検証していく必要があろう。ただ、日本国内のヴェロニカのメダイが17世紀以前（府内の資料【0108】は

1587年以前）に遡る可能性が高く、一方カタルーニャ美術館所蔵のヴェロニカを描いたメダイは17世紀代（形態的に近い聖年銘メダイの年号は1625年）と18世紀代の所産という点を考慮すると、時期の違いにより図像や構図が変遷していることが、現段階で一つの可能性として示唆されよう。

4）フロイス『日本史』にみられるメダイ

　日本国内の布教期におけるメダイの様相については、当時の文献記録からもうかがい知ることができる。そこで布教期の記録として著名な、フロイスの『日本史』を中心に見ていきたいと思う。フロイスの『日本史』の中で、松田毅一・川崎桃太が「メダイ」もしくは「ヴェロニカ」と訳した[11]部分は全部で14箇所、その内12箇所はポルトガル語原文[12]では「veronica」と綴られている（表4～6の史料一覧表参照）。他の2箇所は、一つは「cousas bentas」、そしてもう一つは「medalhas」である。つまりメダイの語源となったといわれるポルトガル語の「medalhas」と綴られているのは、フロイスの『日本史』の中では、たったの一箇所（史料①）しかないのである。そしてこの部分のメダイの表記は「聖母マリア像がついた金のメダイ」とされている。現在日本国内にあるメダイから見ると、「聖母マリア像がついた」ものとしては、「無原罪の聖母」「マリア半身像」「聖母子像」等が考えられる。しかしながら、メダイのモチーフとしてヴェロニカ以外が表現されているのはこの部分だけである。フロイスは「ヴェロニカ veronica」の語句を圧倒的に多く使用しているのである。これはどういうことを意味しているのであろうか。

　まず一つ考えられるのは、メダイと訳されている部分以外に、実はメダイを指している言葉があるのではないかということである。例えば「アグヌス・デイ Agnus Dei」という語が頻繁に出てくるが、言葉そのものの意味は「神の子羊」という意味であるが、メダルを指す場合がある。浅野ひとみ氏の定義によれば、「円形あるいは楕円形の手札大の蜜蝋製のメダルのことである。表に子羊の姿を刻み、裏面に聖人像、あるいは教皇の横顔を現したもので、教皇の着任年と在位7年ごと、または、ローマの聖年に製作された。」[13]とされる。素材が金属と蜜蝋という点で異なるものの、メダルの形状をなし、表裏に図像を刻む点ではメダイと同様である。フロイスの『日本史』の中では、このアグヌス・デイを乞い求めてきた1500人を超える人々に行きわたるようにするために、幾多の小片にせねばならなかったとしている（史料⑱）。アグヌス・ディは、メダイ同様に当時の日本人に非常に人気が高かったことがうかがえる。金属のメダイを小片に分けることは困難なことであるが、蜜蝋でできたアグヌス・ディであれば可能であったろう。

　しかしながらフロイスの『日本史』の別の箇所では、フロイスらが度島に移った際に、「インドから携えて来た祝別されたコンタツやメダイやアグヌス・デイを人々が乞い求めた」と

いう一節もある（史料⑨）。この一節でメダイとアグヌス・デイが併記されているところを見ると、両者は素材の違う同様のメダルと考えるよりは、別の種の信心具として捉える方が妥当であろう。

このアグヌス・ディ以外にも、「聖遺物」として記述されている部分や、「イマジェン（影像）」と記述されている部分も、メダイに関係するものが含まれている可能性はある。これらについては、資料の更なる検証を加えていく必要があろう。

ヴェロニカの記述が多い点について、もう一つは、フロイス『日本史』における一つの特徴である可能性もある。本書ではフロイスの『日本史』しか対象にしていないため、他の当時の宣教師の記録等には、また異なった表現でメダイが記録されている可能性を考慮に入れておかなければならない。一つの例として、フロイスの『日本史』の中で、堺の市の近くであった合戦におけるキリシタンの描写の一節の記述（史料⑯）と、同じフロイスが1566年6月30日付で堺から発信した書翰では若干描写が異なっている。前者では「十字架とイエスの御名がついた大きな旗」の描写しかないが、後者の書翰では「多数のキリスト教徒の冑にはその額の部分にイエズスの名やキリストの十字架を記した金または銀の大きなメダイをつけていました。」という部分が付け加わっている[14]。つまりフロイスの『日本史』以外の文献においては、メダイに関してまた異なった描写がある可能性があり、したがって、今後さらに他の書翰等も検証していかなければならないであろう。

最後にヴェロニカの記述が多い点について、フロイスの記述が示しているように、当時はヴェロニカのメダイが主流だった、ということに起因している場合が考えられる。筆者はこのケースを想定しているのであるが、それについて次にみていきたいと思う。

フロイスの『日本史』の記録は1549年から1593年までのものであり、したがってそこに出てくるメダイは16世紀後半代以前のものである。さらにいえば、ヴェロニカのメダイをはじめとするメダイの記述が出てくる章で一番新しいものは1588年であり（史料⑭）、よって1588年以前のメダイの状況を物語っていると考えてよい。

そこで、現在日本国内で発見されているメダイの中で、1588年以前の位置づけが可能な資料は、府内のヴェロニカのメダイ【0108】である。府内のヴェロニカのメダイの時期については、「1. メダイの年代について」の項で詳しく触れたが、出土遺構の時期や周囲の層位との関係等から、1587年（天正14年）以前に位置づけられる。現段階で考古学的所見のみならず、文献や美術史的見解を統合しても、1587年以前に位置づけ可能な資料は、府内の中世大友府内町跡出土メダイのみで、このヴェロニカのメダイ以外では府内型メダイが該当する。したがって、フロイスの記録した「ヴェロニカ veronica」とは、府内で出土したようなヴェロニカのメダイであった可能性が高いと考えられる。そして、メダイに関する記述14箇所の内、12箇所に「veronica」と記されているという事実は、1587年以前、メダイの形態の主流はヴェロニカのメダイであったことを想定させるのである。

5）フロイス『日本史』のヴェロニカのメダイに関わる記述

(1) ヴェロニカのメダイの素材
フロイス『日本史』のメダイに関する記述の中には、メダイの素材について触れられている箇所がある。以下に記す3つの種類の素材が認められる。
　a)「金のメダイ　medalhas d'ouro」…史料①
　b)「鉛のメダイ　veronica de chumbo」…史料②
　c)「錫のメダイ　veronica d'estanho」…史料⑩

また、上記にはないが史料③にも関連した記述が認められる。この史料③は、フロイス『日本史』では、素材について言及されていないが、同じ状況を記したフロイス師書簡（1576（77）年8月20日付）[15]では、次のように記している。

「洗礼後は祈祷を覚えるに従って彼らに十字架や錫製の影像を分け与え、また、キリシタンのためにコンタツを作らせるため都から挽物師を呼び寄せた。」

この一節の中にある「錫製の影像」の部分は、原語では「Veronicas de estanho」と綴られている[16]。つまり、当時はヴェロニカをモチーフとした錫製のメダイが、積極的に分け与えられたことがうかがわれる。この書簡に記す内容は、高山右近の父高山ダリオに関するものであり、近畿地方でもこのヴェロニカモチーフのメダイがかなり存在した可能性がある。

以上より、フロイス『日本史』から見るかぎり1587年以前は鉛と錫のメダイがかなり普及していたのではないかということがうかがえる。

そこで、実際に発掘によって出土した資料や、伝世している資料の中で鉛・錫製メダイについて見てみると、表3のようになる（蛍光Ｘ線分析を行ったものと実見により判断したものを合わせて集計している）。表を見ると、「マリア半身像とイエス半身像」と「ヴェロニカと聖母子像」のメダイが多いことが分かる。前述のように、フロイス『日本史』のメダイに関する記述の中で、図像について触れられているのが、「聖母マリア像」と「ヴェロニカ」のみである点も、この表3の結果に付合しており興味深い。

(2) メダイの素材と所有者の関係
メダイの素材について触れられている記述の中では、それを所持していた人物の状況までうかがうことができる。
　a)「鉛のメダイ」を持っていたのは、キリシタンのある老女…史料②
　b)「錫のメダイ」を頸からかけていたのは、教会の従僕…史料⑩
　c)「金のメダイ」を貰ったのは織田信長…史料①

d)「立派なメダイ veronicas ricas」を製作させたのは大友宗麟…史料⑥

　キリスト教美術学上の鉛と錫について若干触れておくと[17]、まず鉛は「錬金術では土星に該当する金属。土星が死の星であるところから死を連想。鉛の中に包まれた白鳩とは物質中に幽閉された精神のたとえ。第一物質の別称。俗言によれば、卑しい金属のため魔女や狼男には無力で、銀ならこれを殺し、鉄なら追い払うことができる。」とされる。一方、錫とは「無価値なものの象徴。イザヤ書（1:22）にいう「金滓（かなかす）」とは錫と銅の合金。低級な金属。占星術では木星の金属。」とされる。つまり、鉛も錫も金属の中では低級に位置づけられている。

　さらに西洋では鉛製のメダイは庶民用のもので、金銀銅はローマでのみ作られたと考えられているようである[18]。フロイスの記述から見ても、日本でも鉛や錫のメダイは庶民用のもので、金や立派なメダイは当時の権力者クラスが所有していたことが分かる。

A面：ヴェロニカ　　　B面：聖母子像

図1　中世大友府内町跡第13次調査区出土【0108】

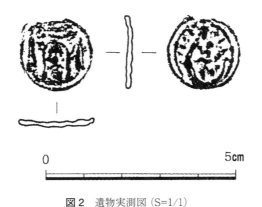

図2　遺物実測図（S=1/1）

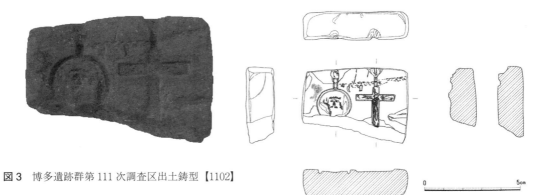

図3 博多遺跡群第111次調査区出土鋳型【1102】

図4 遺物実測図（S=1/2）

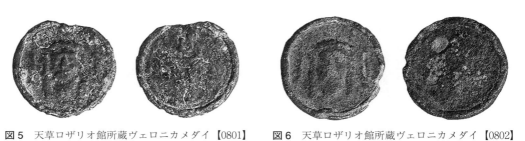

図5 天草ロザリオ館所蔵ヴェロニカメダイ【0801】　　図6 天草ロザリオ館所蔵ヴェロニカメダイ【0802】

図7 神戸市立博物館所蔵ヴェロニカメダイ【1404】（島原旧教徒没収品）

図8 中世大友府内町跡第41次調査区【0114】　　図9 中世大友府内町跡第77次調査区【0128】

第 2 章　メダイ論

図 10　博多遺跡群第 111 次調査【1101】

図 11　博多遺跡群第 111 次調査【1103】

図 12
中世大友府内町跡
第 43 次調査区出土指輪
【K01】

図 13
島原旧教徒没収品指輪
（神戸市立博物館所蔵）

図 14　ヴェロニカを描いたメダイ【7008】
（Museu Nacional d'Art de Catalunya）

図 15　ヴェロニカを描いたメダイ【7138】
（Museu Nacional d'Art de Catalunya）

図 16　聖年銘メダイ【7001】
（Museu Nacional d'Art de Catalunya）

155

表1 キリシタン遺物の化学組成（％）

遺物番号	資料名	出土遺跡・発見地出所	素材	Cu 銅	Zn 亜鉛	Sn 錫	Pb 鉛	As ヒ素	Fe 鉄	Ag 銀
01 08	メダイ	中世大友府内町跡第13次調査区	錫＋鉛製	1.1		13.9	84.5	0.1	0.5	
08 01	メダイ	山下大恵氏伝世品（天草ロザリオ館所蔵）	錫＋鉛製	0.3		48.3	50.6	0.6	0.1	
08 02	メダイ	山下大恵氏伝世品（天草ロザリオ館所蔵）	錫＋鉛製	0.4		33.4	65.4	0.7	0.1	
11 02	メダイ	博多遺跡群第111次調査	土製	-	-	-	-	-	-	-
14 04	メダイ	島原譲渡品（神戸市立博物館所蔵）	錫・鉛製？	-	-	-	-	-	-	-
70 08	メダイ	Museu Nacional d'Art de Catalunya	真鍮製	85.2	8.5	1.2	4.6	0.1	0.4	<0.1
71 38	メダイ	Museu Nacional d'Art de Catalunya	真鍮製	64.8	29.1	2.5	3.2	<0.1	0.4	<0.1
K 01	指輪	中世大友府内町跡第43次調査区	錫＋鉛製	0.1		57.8	40.3	0.1	1.8	

表2 キリシタン遺物の鉛同位体比値

遺物番号	資料名	出土遺跡・発見地出所	$^{206}Pb/^{204}Pb$	$^{207}Pb/^{204}Pb$	$^{208}Pb/^{204}Pb$	$^{207}Pb/^{206}Pb$	$^{208}Pb/^{206}Pb$	測定番号
01 08	メダイ	中世大友府内町跡第13次調査区	18.5149	15.8223	39.0767	0.85457	2.11056	BP1021
08 01	メダイ	山下大恵氏伝世品（天草ロザリオ館所蔵）	18.7550	15.7690	39.4810	0.84080	2.09770	BP1882
08 02	メダイ	山下大恵氏伝世品（天草ロザリオ館所蔵）	18.7232	15.7798	39.3218	0.84279	2.10016	BP1489
11 02	メダイ	博多遺跡群第111次調査	-	-	-	-	-	-
14 04	メダイ	島原譲渡品（神戸市立博物館所蔵）	-	-	-	-	-	-
70 08	メダイ	Museu Nacional d'Art de Catalunya	18.3880	15.6380	38.4370	0.85040	2.09030	BP1838
71 38	メダイ	Museu Nacional d'Art de Catalunya	18.3730	15.6610	38.5230	0.85240	2.09670	BP1863
K 01	指輪	中世大友府内町跡第43次調査区	18.4632	15.8019	38.9666	0.85586	2.11050	BP1233

表3　鉛・錫製メダイの図像構成

A面主題	B面主題	点数
マリア半身像	キリスト半身像	7
ヴェロニカ	聖母子像	4
キリストの磔刑	聖母子像	2
天使聖体礼拝図	文字	2
キリスト半身像	聖母子像	1
ミカエル	聖母子像	1
無原罪の聖母	キリストの磔刑	1
無原罪の聖母	救世主像・IHS・3本の釘	1
無原罪の聖母	聖ライムンドゥス	1
無原罪の聖母	聖人像	1
陰刻　図像不明	嵌め込み	1
幾何学文様	無し	1
十字のような線刻	無し	1
十字架	聖母子立像（三角構図）？	1
不明	聖母子像	1
無し	無し	1
無し	嵌め込み	1
無し	無し	18
	合計	46

表4　史料一覧表1（完訳フロイス・Historia de Japam.）

番号	完訳フロイス					Historia de Japam.		
	巻	頁	章	年（西暦）	文章	Vol.	p	Text
①	2	149	第35章 第1部 86章	1569年 永禄12	彼らが彼に提供した品々は、ヨーロッパ製の衣服、緋色の合羽、縁なし帽子、羽がついたビロードの（縁付き）帽子であり、聖母マリア像がついた**金のメダイ**、コルドヴァ産の革製品、時計、豪華な毛皮外套、非常に立派な切子ガラス、繻子絹、インド製の他の種々の品等で、それらで多くの大きい箱が充満している有様であった。	II	274	C86°	Era tanto o numero das que lie aprezentavão que huns se admiravão dos outros, sem saberem donde a estas partes tão remotas podia vir tanta multidão de peças, nem donde os japões as podião ter adquiridas, porque lie davão vestidos de Europa, capas de grã, gorras e sombreiros de veludo com suas plumas, e **medalhas d'ouro** com a imagem de N. Senhora, peças de cordovão, relogios, pelicas requissimas, vidros de Veneza cristalinos mui ricos 10, damascos, setins e outras diver-sas pessas da India, de que enchião muitos e grandes caxões.
②	2	242	第41章 第1部 94章	1571年 元亀2	奉行が家の中で、彼女がそこに来ているのを聞くに先立って、その老女は、前廊に腰をかけ、コンタツで祈りながら、しばらく待っていました。そこへ異教徒の貴人たちの数人の小姓や家臣たちが集まって来て、彼女の手からコンタツを没収し、老女を笑い罵倒しました。そのうちの一人は、ふざけて、彼女がコンタツの端につけていました**鉛のメダイ**を取り上げました。	II	345	C94°	Hindo esta velha hum dia a sua caza pela menhãcedo para lhe fallar sobre este negocio, antes de o Vice-Rey saber dentro que ella alli estava, esperou a velha hum pedaço assentada em huma varanda rezando por suas contas. Ajuntarão-se alguns pagens e criados de fidalgos gentios, e tomarão-lhas das mãos rindo-se da velha e zombando della; hum [341r] delles mais travesso lhe tomou huma **veronica de chumbo** que tinha no cabo da[s] contas.
③	2	306	第45章 第1部 103章	1574年 天正2	そして彼らが受洗後に祈りを学ぶやいなや、彼は十字架や**小メダイ**を彼らに分ち与えたが、それらは司祭たちが、これがために彼に交付したものであった。また彼はキリシタンたちのためにコンタツを作製させようとして、わざわざ都から一人のすぐれた異教徒の轆轤師を呼ばせ、高槻に住まわせて生活の面倒を見ていたが、その人はダリオから多くの教えを説かれ、ついにその後、妻子ともどもキリシタンとなるに至った。	II	417	C103°	E depois de baptizados segundo que hião aprendendo as orações, assim repartia com elles cruzes e **veronicas** que os Padres para isso lhe entregavão; e de propozito mandou chamar hum bom torneiro-gentio do Miaco e alli o sostentou à sua custa para que fizesse contas aos christãos e tanto lhe pregou athé que o fez depois christão, die e sua mulher e filhos.

第2章　メダイ論

④	7	14	第27章 第1部 47章	1563年 永禄6	平戸の島々のキリシタンたちは、新来の伴天連方が聖別したコンタツや**ヴェロニカのメダイ**を携えて来たことを聞くと、ある者は家を離れ、またある者は妻子を伴い、貧しかったにもかかわらずそれらを得ようとして船を雇って横瀬浦に赴いた。そして彼らは何をしに来たのかと問われると、ただ聖別した一個の玉（コンタ）と一個の**ヴェロニカ**を貰うだけの目的でやって来た、と述べた。	I	327	C47°	Sabendo os christãos das ilhas de Firando que os noves Padres trazião contas bentas e **veronicas**, huns deixavão suas cazas, outros vinhão com mu-Iheres e filhos, fretando para isso embarcações, sendo pobres, e assim separtirão para Yocoxiura; e perguntando-lhes ao que vinhão, dizião que somente a pedir huma conta benta e huma **veronica**.
⑤	7	192	第43章 第2部 8章	1578年 天正6	これらの人々は、全員がコンタツや**ヴェロニカのメダイ**を求めて少なからぬ熱心さを示したが、これら家人に教理を教えることで示したリアンとマリアの熱意はそれよりもはるかに大きかった。	III	62	C8°	Era grande o fervor em todos em pedir contas e **veronicas**, e muito mayor o cuidado de Leão e Maria em doutrinar sua faimilia porque, em mui pouco tempo, seos criados lavradores sabião a doutrina, e athé as crianças de 4 e sinco annos andavão dizendo o Pater noster,
⑥	7	278	第50章 第2部 16章	1579年 天正7	国主は著しい霊的利益をもたらす一工夫を愛好する習わしがあった。それは聖遺物入れ（レリカリオス）とか**立派なメダイ**や、多数の美しいコンタツを絶えず製作させることであった。	III	122	C16°	Tinha por costume uzar de huma industria de que se seguia notavel proveito, e era continuamente mandar fazer relicarios, **veronicas** ricas e cootas muito boas, e algumas dellas com os extremos e cruzes d'ouro.
⑦	8	12	第55章 第2部 38章	1582年 天正10	彼の心の中にはキリシタンになりたいという希望がますます募り、彼は先の婦人からキリシタンの祈りを学び、暗記するためにそれを書き取り、我らの主なるキリストや聖母マリアの像を集めて拝礼し、コンタツを求めてそれで祈り、身につけるために**メダイ**を求め、キリシタンたちが信心のために用いているその他の品を蒐集した。	III	315	C38°	E acrescendando nelle cada vez mais este dezejo, aprendeo logo desta mulher as orações, e escrevia para as decorar; e andava ajuntando imagens de Christo Nosso Senhor e da Vi[r]gem Nossa Senhora para as adorar, e contas para rezar e **cousas bentas** para trazer comsigo, e as mais couzas de que os christãos uzão para sua devoção.

159

表5 史料一覧表2（完訳フロイス・Historia de Japam.）

番号	完訳フロイス					Historia de Japam.		
	巻	頁	章	年（西暦）	文章	Vol.	p	Text
⑧	8	246	第72章 第2部 95章	1587年 天正15	奥方のジュリア様が私に、数あるコンタツのロザリオの中でも国主が特に愛用しておられました象牙の曝首（しゃれこうべ）がついたコンタツとローマの**聖布**（ヴェロニカ）を国主の頸に付けることを許されたいと切に願いましたので、こうした悲しみの折でもありますので、その望みに応じてそれらを頸に付けました。	IV	385	C51°	E porque entre outros rozarios de contas tinha humas preta[s] que muito estimava, com sua caveira de marfim e huma **veronica** de Roma, pedio-me Julia muito lhas deixasse levar ao pescoço; e por ser em tempo de tristeza, condecendi com seo dezejo e lhas puzemos ao pescoço.
⑨	9	119	第8章 第1部 50章	1563年 永禄6	そしていとも真剣に、そして多くの涙を流しながら、司祭がインドから携えて来た祝別されたコンタツや**メダイ**や**アグヌス・デイ**を彼に乞い求めた。	I	354	C50°	Ao tempo que o Padre alli chegou, estava D. Antonio na guerra, e sua mulher Dona Izabel em Firando, e de lá os mandou logo vizitar; e o mesmo fizerão os christãos de todas as demais ilhas, seos vassalos, e vinhão em embarcações carregadas de gente, huns apoz os outros, a pedir com muita instancia e lagrimas que lhe dessem oontas bentas, **veronicas** e **Agnus Dei**, que o Padre trazia da India.
⑩	9	189	第12章 第1部 63章	1565年 永禄8	その時、彼はその若者が頸に掛けていた**錫のメダイ**を見つけ、手ずからそれをひったくり、デウスにまつわることへの侮蔑と嫌悪の念からそれを足で踏みつけた。そしてそれでも満足することなく一個の石をとってメダイを押しつぶし、それから遠くへ投げ捨てて先へと進んで行った。	II	78	C63°	acertando de lhe ver huma **veronica d'estanho** que o mosso trazia ao pescoço, elle mesmo lha tirou e, por des-prezo e odio das couzas de Deos, a meteo debaxo dos pés e a pizou aoscouces, e não contente com isto, tomou huma pedra e a pizou com ella, e depois a lançou fora e passou seo camirfio.

第2章　メダイ論

⑪	9	318	第22章 第1部 96章	1572年 元亀3	彼は三年間、その行を守り続け、言葉によって教えたり、自ら徳の高い生活の範を垂れることによってデウスの言葉を説いた。その年月が経つと、彼にはデウスの言葉の種子が実を結ぶ時が来たように思えた。そこで彼は復活祭に都に行った時に、ルイス・フロイス師に次のように願った。「洗礼の授け方を教えていただきたいし、また洗礼に関することをよく教授してほしいのです。それにどうか**メダイ**、コンタツ、また死者を埋葬する時のために短白衣を一着お与え下さい。といいますのは、私の郷里花正の地には、すでにカテキズモを教わって、祈りを知っている人が幾人かおりまして洗礼を受けることができるからです」と。	Ⅱ	369	C96°	Ao cabo de tres annos que perseverou continuos nestes exercicios de pregar a palavra de Deos, com a doutrina das palavras e com o exemplo de sua vida virtuoza, vendo que já era chegado o tempo de a semente da palavra de [353r] Deos produzir seo fruto, vindo pela Pascoa ao Miaco pedio ao P.e Luiz Froiz lhe ensinasse a forma de baptizar, e o instruisse bem na materia do baptismo e lhe desse algumas **veronicas**, rozarios de contas e huma sobrepeliz para o enterramento dos deffuntos, porque já lá deixava alguns cathequizados e com as orações sabidas para receberem o baptismo, tanto que para o administrar elle levasse licença e tornasse, conforme ao que dezejava, negociado.
⑫	10	168	第41章 第2部 33章	1581年 天正9	そしてその代りとして、我らのコンタツや十字架や、**ヴェロニカ**、キリストの画像など、キリシタンの標章となる品、もしくは日本人は生来、儀式や礼拝を嗜好するので、自宅に備えつけることができるような、なんらかの画像のような品を与えてほしいと願った。・・・かくて一基の美しくて高い十字架が建立された、それはこの尾張の国に掲げられた最初のキリストの旗印とでもいうべきものであった。	Ⅲ	271	C33°	E acabado o baptismo levavão ao Padre as contas pelas quaes primeiro rezavão sendo gentios, pedindo-lhe as queimasse e em seo logar lhes desse outras das nossas e alguma insignia de christãos, como cruzes, **veronicas** ou quaesquer imagens que podesse[m] ter em suas cazas, por serem os jappoens naturalmente mui dados ao culto e adoraçam.
⑬	11	30	第58章 第2部 73章	1586年 天正14	彼女たちは司祭たちからは、祈禱用にと、**アグヌス・デイ**が付いた幾つかの御守りや、祝別されたコンタツ、**ヴェロニカ**などを贈られ、深く慰められて帰って行ったが、彼女たちは我らの船に同乗していたキリシタンや異教徒たち全員に感化を残した。	Ⅳ	219	C29°	E dando-lhes os Padres algumas nominas, com **Agnus Dei** e contas bentas e **veronica**, para rezarem, se tornarão com grande consolaçam sua e edificação de todos os christãos e gentios que hiam naquella embarcação
⑭	11	170	第71章 第2部 109章	1588年 天正16	日本人は元来霊魂の救いを求める傾向があり、その優れた判断力によって自分たちに説かれたことを容易に理解し得るので、ただちに信仰を取り戻し、祈禱文を覚え教会に通い、コンタツや**ヴェロニカ**や御守りを求め始めた。	Ⅴ	15	C02°	E como os japões são naturalmente inclinados às couzas da salvação, e por seo bom juizo se fazerem com facilidade capazes do que lhes dizem, logo se começarão a reduzir, aprender as orações, frequentarem a igreja, pedirem contas, **veronicas** e nominas.

表6 史料一覧表3（完訳フロイス・Historia de Japam.）

番号	完訳フロイス					Historia de Japam.		
	巻	頁	章	年（西暦）	文章	Vol.	p	Text
⑮	10	146	第39章 第2部 20章	1580年 天正8	巡察師には、その地に密集しているこの貧しい群衆を救うのに施しを行なうほど目的にかなう有意義なことはないと思われた。そこで彼はかなりの量の食糧を購入させ、毎日、修道院に喜捨を求めに来るすべての貧者に施しを与えたほか、焼失した城に救助の手を差しのべるように命令し、食糧、およびかなりの範囲内でいくらかの銀を送付した。またこの目的のために定航船から十分に仕入れておいた**鉛**と硝石を提供した。これらのことで彼は六百クルザードを費やした。	Ⅲ	145	C20°	De maneira que vendo o P.e Vizitador tantas necessidades, às quaes nem Arimadono nem outran podia acudir, porque as padecião elles mesmos, determinou como melhor podia acudir-lhes para que não desesperasse de todo e se acabassem de perder, parecendo-lhe que se não podia fazer esmolas mais bem empregadas que acudir a tantos pobres como havia naquellas terras. E assim fez comprar boa copia de mantimentos e, alem das esmolas que dava cada dia a todos os pobres que vinhão pedi-las a caza, mandou soccorrer tambem as fortalezas que [se] queimarão, provendo-as com mantimentos e alguma prata conforme ao que podia, provendo-os tambem de **chumbo** e salitre, de que tinha feito com a nao bom provimento para este effeito e gastando nestas couzas perto de seiscentos cruzados.
⑯	2	39	第27章 第1部 75章	1566年 永禄9	数名のキリシタンの武将たちがいたところには、キリストの十字架、もしくはイエスの御名がついた大きい旗が見受けられた。	Ⅱ	174	C75°	Nos logares onde estavão alguns capitães christãos havia grandes bandeiras de campo com a cruz de Christo, ou [258v] com o nome de Jesus;

第 2 章　メダイ論

⑰	12	194	第 105 章 第 3 部 35 章	1593 年 文禄 3	修道士たちはこれらのキリシタンたちに対してすこぶる寛大に振舞い、コンタツや聖フランシスコの帯や制服を分けあたえていた。彼らはそういう品物を寛大に与えれば与えるほど、日本人たちが速やかに信心を失ってしまうことや、またそれが日本の習わしでもあることに気づかないでいた。都にいたオルガンティーノ師がそのことで警告し、その他必要な注意を与えたが、彼らは修道会ごとに定められた生き方に従うべきだと言って聞き入れようとしなかった。	V	456	C59°	Dizem suas missas recolhidos naquella caza e vão alguns dos nossos christãos a vê-los, com os quaes são muy liberaes em irepartir contas, cordões e babitos de São Francisco, não tendo ainda oahido que, quanto mais liberaes forem em dar estas couzas, tanto mais dpressa lhe perderão a devoção, por ser este o costume de Jappam. E posto que o P.e Organtino, que está no Miaco, [290v] não faltou de os advertir disto e dar-lhes outras advertencias necessarias, nam fazem entendimento disso, dizendo quie cada Religião se há-de guiar a seo modo.
⑱	9	125	第 8 章 第 1 部 50 章	1563 年 永禄 6	ところでこの地の人々は知識欲が盛んで、自分の救霊に助けとなり得ることならば、どのようなことにも心を傾ける性分なので、我々から**アグヌス・デイ**を乞い求めていともおびただしい人たちが殺到して来た。それを彼らは「愛の聖遺物」と呼んでいるのだが、**千五百人を超える人々に行きわたるようにするためには、手もとのものを幾多の小片にせねばならなかった**。一同はそれを入れるために、能力に応じて、銅、錫、真鍮、骨、木などで聖遺物入れをつくり、片面には JESUS の名を、他の面には三本の釘と荊棘の冠付きの十字架を配した。	I	357	C50°	[161r] E como esta gente hé ourioza e enclinada a todos os meios que os podem ajudar para sua salvação, foi tanta.a gente que concorreo em nos pedir **Agnus Dei**, a que elles chamão «reliquias de amor», que lhes foi necessario fazer, dos que tinhão, tantas partes que bastassem para mais de mil e quinhentas pessoas. E assim todos, segundo sua possibilidade, lhe fazião relicarios de cobre, estanho, latão, de osso e pao, pondo-lhe de huma banda hum Jesus, e da outra huma cruz com tres cravos e sua coroa de espinhos.

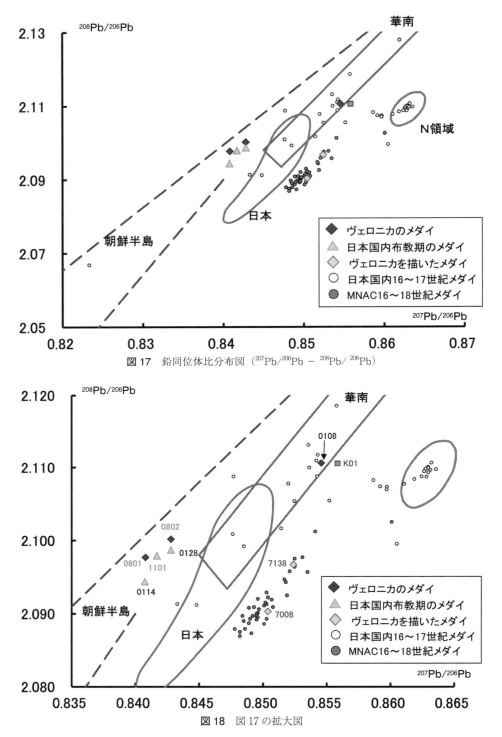

図17 鉛同位体比分布図（^{207}Pb/^{206}Pb − ^{208}Pb/^{206}Pb）

図18 図17の拡大図

第2章 メダイ論

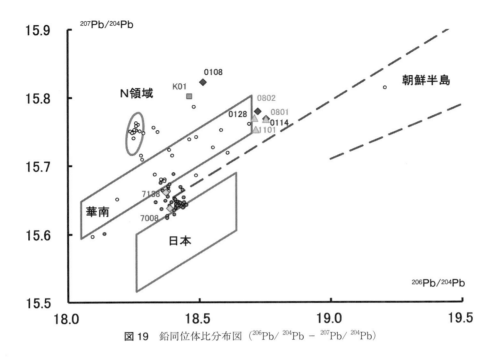

図19 鉛同位体比分布図（^{206}Pb/^{204}Pb − ^{207}Pb/^{204}Pb）

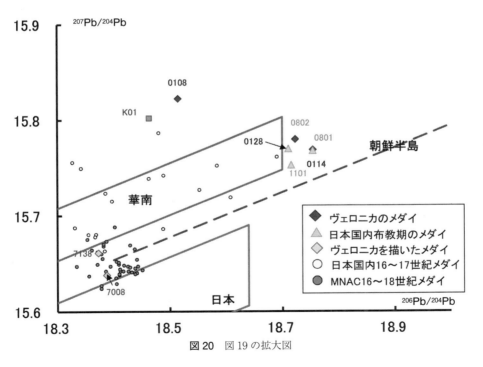

図20 図19の拡大図

(註)

(1) 佐藤一郎編『博多85 －博多小学校建設に伴う埋蔵文化財発掘調査報告書－』福岡市埋蔵文化財発掘調査報告書第711集、福岡市教育委員会、2002
(2) 集落ごとに1名おかれる、洗礼を授ける役の人物。組織の最高権威者でもあり、世襲制をとっていた。別名授け役とも言う。
(3) 天草ロザリオ館山下大恵氏のご教示による。
(4) 神戸市立博物館の岡泰正氏より資料提供及びご教示を頂いた。
(5) 柳宗玄・中森義宗編 『キリスト教美術図典』吉川弘文館、1994
(6) 府内出土の指輪は、錫と鉛が素材の中心となっており、この素材はキリスト教ではあまりステイタス的には高くない金属である点は注意を要する。よって渡来した宣教師がつけていたとは考えにくい。
(7) 松田毅一・川崎桃太訳『完訳フロイス日本史』1～12、中公文庫、2000
(8) 天草伝世資料のキリスト・マリアのメダイ【0803】は、博多遺跡群第111次調査出土資料【1101】と大きさ、形態、図像共にほとんど同じであり、ヴェロニカのメダイ【0801】・【0802】とセットで伝世されている点等を勘案すると、同様に博多での製作の可能性が示唆される。
(9) 浅野ひとみ「信心具としての《ヴェロニカのメダイ》」『純心人文研究』第15号、2009
(10) 次項「5. 西洋のメダイ」を参照
(11) 松田毅一・川崎桃太訳『完訳フロイス日本史』1～12、中公文庫、2000
(12) (ed.) Wicki José ; Froís Luií : Historia de Japam, 1-5vols., Lisboa. 1976-1984
(13) 註9に同じ
(14) 五野井隆史「キリスト教布教とキリシタンの道具（一）」『英知大学キリスト教文化研究所紀要』第二〇巻第1号、2005
(15) 松田毅一監訳『十六・七世紀イエズス会日本報告集』第3期第4巻1570年－1577年、同朋舎、1998
(16) 五野井隆史東京大学名誉教授よりご教示いただいた。
(17) 註5に同じ
(18) 長崎純心大学浅野ひとみ准教授のご教示による。

第 2 章　メダイ論

5. 西洋のメダイ

　ここでは、スペイン、バルセロナのカタルーニャ国立美術館（Museu Nacional d'Art de Catalunya（Palau Nacional-Parc de Montjuic 08038 Barcelona））に所蔵されているメダイについてみていくこととする。
　この美術館では 1000 点以上ものメダイが所蔵されているが、大半は 19 世紀以降のものである。本美術館ではこのメダイ資料については未整理の段階であったため、長崎純心大学准教授浅野ひとみ氏とともに全資料を観察し、大きく 16 ～ 17 世紀、18 世紀、19 世紀以降とに分類した。16 ～ 17 世紀及び 18 世紀と考えられる資料については、すべての資料にナンバーを与えた。そして計測及び写真撮影を筆者が行い、図像の解釈については浅野ひとみ氏が行った。さらに 16 ～ 17 世紀と 18 世紀資料の中から 40 点を抽出して、蛍光 X 線分析と鉛同位体比分析を別府大学平尾良光教授と魯禔玹氏（現韓国国立中央博物館）が行った。
　16 ～ 17 世紀、18 世紀、19 世紀以降の分類については、年号が入ったものや、「不思議のメダイ」の形態など比較的分かりやすい 19 世紀以降の資料をまず除いた。次に残りを大きく 16 ～ 17 世紀のものと 18 世紀のものとに分けた。本美術館の資料はすべて伝世資料のために、年号や時期を推察させる銘文や図像のない資料は時期の位置づけが困難である。そこで、まず年号の入った資料を探し、その資料と同形態のものを抽出して、時期認定を行った。しかし、そうした資料はごく一部であったために、残りの資料については、日本の資料の形態との比較検証を行い時期の認定を行った。比較検証を行える日本の資料とは、つまり日本の布教期の資料ということになる。したがって布教期に該当する 16 ～ 17 世紀資料を、具体的には前項で見てきた形態分類結果に照らし合わせて抽出し、それに含まれないものを 18 世紀と位置づけて分類を行った。

1）年号銘入りメダイによる分類（図 1 ～ 20）

　まず年号銘の入ったメダイを抽出して、その資料と同形態に位置づけられる資料を検証する。本美術館所蔵の 18 世紀以前の資料では、年号の認められるメダイは 2 点しかなかった。1 点は聖年 1625 年銘の入った【7001】、もう 1 点は 1750 年銘の入った【7100】である。そこで布教期 16 ～ 17 世紀資料に該当する 1625 年銘【7001】資料と同形態資料の抽出を行っていくこととする。
　まず、1625 年銘資料【7001】については、平面形状は円形で、鈕が認められない。いわゆるトークンの形態をなしている。図像は、A 面：5 聖人（中央に聖農夫イシドロ。上部に精霊） − B 面：聖年 1625 年（中央に二本の円柱に支えられた破風のある聖堂、上に十字架。両

脇に向かって左に鍵を持つペトロ、右に剣を持つパウロ}で、特にA面の下部には線で画して"ROMA"の刻銘がなされるのが特徴的である。

　この聖年メダイと同形態の円形の平面形状をなし、同じ図像を有する資料（A面、B面のいずれかの図像が共通する資料）は全部で3点（【7002】【7007】【7008】）である。【7002】は{A面：5聖人（中央に聖農夫イシドロ。上部に精霊。下部に線で画して"ROMA"の刻銘）－B面：天使聖体礼拝図（中央に光輝を発する円形の聖体がカリスの上からのぞく}、【7007】は{A面：5聖人（農夫イシドロを中心に、向かって左にテレサ？欠損上部に精霊の光輝。下部に線で画して"ROMA"の刻銘）－B面：イグナティウス・デ・ロヨラ？（向かって左、祭壇上のカリスの中の聖体を礼拝する男性聖人半身）}、【7008】は{A面：ヴェロニカとペトロとパウロ（中央上部のヴェロニカの両脇に立つペトロ（向かって左）、剣を持つパウロ－B面：サン・ピエトロ大聖堂とペトロとパウロ（中央に2本の円柱に支えられた破風のある建物、上部に十字架。両脇にペトロとパウロ（向かって右））}である。この内【7002】に見られる天使聖体礼拝図、【7008】に見られるヴェロニカの図像は、布教期の日本において好まれたモチーフである。

　さらに図像の意匠がほぼ同じである【7000】（聖家族と線で画して"ROMA"の刻銘）と【7033】（4聖人と線で画して"ROMA"の刻銘）も同様の範疇に入れうると考える。ただ資料【7033】は鈕が付いている点で、聖年資料【7001】と若干異なる。しかし、この鈕の形態は前項の形態分類で見たA類（段を付けて鈕が付く）であり、このA類は布教期の特徴的形態である。したがってこの資料【7033】も同様の位置づけが可能であろう。

　このA類の鈕の形態と平面形状が円形という点で、【7005】【7048】も同様の範疇に入れうる。【7005】は{A面：天使聖体礼拝図（中央、カリスの上に円形で光輝を放つ聖体。両脇にひざまずく天使）－B面：アッシジのフランチェスコ（向かって左：ひざまずいて天を仰ぎ見るアッシジのフランシスコ。右は聖体を右手に持って立つ聖女キアラか）}で、図像は異なるが、A面の天使聖体礼拝図、B面のアッシジのフランチェスコ像は、日本の布教期のメダイでも見られる形態である。また、A面の天使聖体礼拝図の聖体については、この美術館資料で明らかに16～18世紀にかけて図像変化を起こしている（図13-b・c）。聖年1625年のメダイと同形態メダイ【7002】に、【7005】と同じタイプの聖体の図が見られること、さらに日本国内の布教期に一般的に見られる聖体の図（図13-a）もこのタイプの図像で、図13-cのタイプの図像は見られないことなどから、このタイプの聖体の図は16～17世紀を特徴づける図像と考えられる。

　その点において、同じ聖体礼拝図の図像様式である【7015】【7043】【7045】【7049】も同時期に位置づけが可能であろう。特にこれらのメダイはいずれも、もう一方の面は無原罪の聖母であり、この図像は布教期の日本で最も多い図像である点は注視すべきである。

　また、【7048】は{A面：マリア半身像－B面：キリスト半身像}で、これも布教期の日本では非常に好まれた図像である。

さらに円形で鈕が無い、いわゆるトークンの形態という点で、【7006】【7023】【7024】【7034】【7035】【7036】も同時期の可能性が考えられる。【7006】は {A面：フランシスコ・ザビエル（祭壇上の磔刑像を見上げる男性聖人半身）－B面：パドヴァのアントニウス？（赤ん坊を抱いた男性聖人半身)} で、ザビエル像は日本の布教期によく見られる図像であるが、刻銘が"SAN・(F) RNAS/AVE（スペルミス）"のため、1621年以降である。

{聖年メダイ1625年}

図1 【7001】
左（A面）：5聖人／ROMA
右（B面）：聖年（1625年）
　　　　　サン・ピエトロ大聖堂とペトロとパウロ

{A面図像が聖年メダイ【7001】に共通}

図2 【7002】
左（A面）：5聖人／ROMA
右（B面）：天使聖体礼拝図

図3 【7007】
左（A面）：5聖人／ROMA
右（B面）：イグナティウス・デ・ロヨラ？

{B面図像が聖年メダイ【7001】に共通}

図4 【7008】
左（A面）：ヴェロニカとペトロとパウロ
右（B面）：サン・ピエトロ大聖堂とペトロとパウロ

{平面形状が共通し、図像の構成も近似}

図5 【7000】
左（A面）：聖家族／ROMA
右（B面）：聖母子像

｛円形でA類の鈕形態｝

図6 【7033】
左（A面）：スカラ・サンタ、4聖人
右（B面）：聖堂／ROMA

図7 【7005】
左（A面）：天使聖体礼拝図
右（B面）：アッシジのフランチェスコ

図8 【7048】
左（A面）：マリア半身像
右（B面）：キリスト半身像

｛無原罪の聖母と聖体礼拝図のメダイ｝

左（A面）：無原罪の聖母
右（B面）：天使聖体礼拝図

図9 【7015】

図10 【7043】

図11 【7045】

図12 【7049】

　　　　a　　　　　　　　　　b　　　　　　　　c
図13 聖体の図像変化　a：日本国内資料【1306】　b：17世紀【7002】　c：18世紀【7212】

第 2 章　メダイ論

{トークン形態のメダイ}

図 14　【7006】
左（A面）：フランシスコ・ザビエル（聖人）
右（B面）：パドヴァのアントニウス？

図 15　【7023】
左（A面）：洗礼者ヨハネ
右（B面）：ロレートの聖母

図 16　【7024】
左（A面）：キリスト半身像
右（B面）：ロレートの聖母
　　　　　（聖母子立像三角構図）

{トークン形態で同じモチーフの図像}
　　左（A面）：中央に IHS の上に十字架
　　　　　　　下に 3 本の釘
　　右（B面）：中央に十字架、4 区画に文字

図 17　【7034】

図 18　【7035】

図 19　【7036】

図 20　【7025】

171

【7023】は｛A面：洗礼者ヨハネ（無髭の男性聖人半身、右手に長柄の十字架）－B面：ロレートの聖母（家の上に腰掛ける聖母子。下に3天使）｝、【7024】は｛A面：救世主（キリストの半身横顔）－B面：ロレートの聖母（聖母子立像（三角構図））｝で両者ともに日本の布教期に好まれた聖母子像が描かれている。

【7034】【7035】【7036】はいずれも同じモチーフで｛A面：中央にIHSの上に十字架、下に3本の釘－B面：中央に十字架、4区画に文字｝である。IHSの下に3本の釘のモチーフは日本の布教期のメダイでよく用いられたモチーフである。同様の図像構成の資料として【7025】がある。鈕が直接付くB類である点が異なるが、鈕の部分を除けば、形状、図像構成がほぼ同じであるため同時期の所産であろう。

以上より、【7001】の聖年メダイから、【7000】【7002】【7007】【7008】【7033】【7005】【7048】【7015】【7043】【7045】【7049】【7006】【7023】【7024】【7034】【7035】【7036】【7025】の計19点が布教期16～17世紀に位置づけられる可能性が高いと考えられる。

2）日本の布教期におけるメダイに基づく分類

聖年銘入りメダイに基づく分類だけでは確認し得ない資料については、日本の布教期におけるメダイの形態分類との比較検証により抽出を行う。そこでまず、日本における布教期16～17世紀資料の形態の特徴を整理しておきたい。

以下に、布教期の日本におけるメダイの形態の特徴を示す。前項「1）年号銘入りメダイによる分類」で、聖年銘入りメダイを基準に、16～17世紀に位置づけられる資料を抽出したが、それらの資料はすべて、下記の日本におけるメダイの形態要素を有していることが分かる。

（1）平面形状
1. 円形・楕円形・突起楕円形・八角形・六角形など多様な形状が存在する。
2. 布教期初期段階は円形が主体であり、次第に楕円形へと主体を移していった。
3. 突起楕円形は布教期の特徴的形態であり、多角形もその可能性がある。

（2）鈕の形態
1. 段をつけずに鈕が付くB類は、ほとんど突起楕円形に限られ、布教期では段を付けるA類が普遍的である。

（3）穿孔方向
1. 布教期のメダイは「横穿孔」が主体である。

（4）図像
1. モチーフの数のみで見た場合多いもの。
   ① ［無原罪の聖母］39点

② ［天使聖体礼拝図］20点
　　③ ［文字］17点
　　④ ［キリスト半身像］15点
　　⑤ ［聖母子像］14点
　　⑥ ［キリストの磔刑］13点
　　⑦ ［マリア半身像］13点
  2. 布教期はマリアのモチーフの人気が高かった。
  3. 表裏の図像モチーフのセットとして多いもの。
　　① ｛A面：天使聖体礼拝図－B面：文字｝17点
　　② ｛A面：マリア半身像－B面：キリスト半身像｝13点
  4. ［無原罪の聖母］のモチーフは、布教期においては特に好まれた図像であった。
（5）素材
  1. 鉛・錫製は布教期前半に多く、真鍮製は布教期の中でも後半段階に増えてくる。
  2. 鉛・錫製は国内製が多く、真鍮製は西洋製が中心である。
　ここからは、上記の形態特徴に対比させ、16～17世紀資料と考えられるものを抽出していくこととする。

（1）平面形状について

　布教期の特徴的形態と考えられる突起楕円形の資料が1点確認される（図21【7011】）。｛A面：サン・ピエトロ大聖堂（中央に弓型屋根、2本柱の聖堂とその間にひざまずく巡礼者）－B面：ロザリオの聖母（基壇上部に聖母子。向かって右に幼児イエスが立つ）｝がそれである。日本ではこの突起楕円形が最も多い形態である。

　多角形の資料については、例えば図22の資料などは天使聖体礼拝図の聖体が図像変化を

｛突起楕円形の形態のメダイ｝　　　　｛18世紀の多角形形態メダイ｝

図21【7011】　　　　　　　　　　　図22【7211】
左（A面）：サン・ピエトロ大聖堂　　左（A面）：無原罪の聖母
右（B面）：ロザリオの聖母　　　　　右（B面）：天使と聖体

起こしており、18世紀の所産と考えられるため、多角形という形状のみで16〜17世紀資料を抽出することはできない。

(2) 鈕の形態・(3) 穿孔方向について

横穿孔で段を付けて鈕が付くA類が日本では布教期の特徴である。先の「(1) 年号銘入りメダイの分類」において抽出された16〜17世紀資料も、横穿孔のA類が主体となって含まれていた。カタルーニャ美術館所蔵メダイにおいても、横穿孔・A類の鈕の形態が16〜17世紀の特徴として捉えることが可能と考える。

カタルーニャ美術館所蔵メダイの中には、年号銘入りメダイがもう1点ある。図30【7100】がそれである。図像は {A面：聖ペトロ（HIS・V・R・S・N/S/…Q・L・T・V・E）－B面：中央に2本の柱のある聖堂（上部、ファサードは王冠型。柱の間に3人の巡礼者がひざまずく／ANNO/IVBIL… 線で画してROMA)} で、B面の王冠下、まぐさ部分に1750の数字が見える。よってこのメダイは1750年の聖年メダイであり、18世紀に位置づけられる。このメダイの形態を見てみると、鈕の部分が直接メダル部分に付くB類で、穿孔は横穿孔である。

19世紀以降は、日本国内でもまたこのカタルーニャ美術館所蔵メダイにおいても、正面穿孔で直接鈕が付くB類が主体となる。そして先に見たように、16〜17世紀では、横穿孔で段が付くA類が主体となる。この1750年の聖年メダイの、横穿孔で直接鈕が付くB類の形態は、まさに16〜17世紀の形態と19世紀の形態の過渡期的要素を有しており、したがってこの1750年聖年メダイの形態が、18世紀のメダイの主たる形態を代表していると考えられる。

もう一度ここで整理すると、穿孔方向と鈕の形態の関係及び変遷は以下の通りとなる。

16〜17世紀：　横穿孔　　A類（段を付けて鈕が付く）
　18世紀：　　横穿孔　　B類（直接鈕が付く）
19世紀以降：　正面穿孔　B類（直接鈕が付く）

以上の変遷過程を考慮に入れ、16〜17世紀の形態的特徴である［横穿孔で鈕の形態A類］に該当するものを抽出すると、先の聖年銘メダイで分類したものを除き、全部で7点（【7003】【7004】【7009】【7010】【7027】【7037】【7039】）を確認することができる。以下個別に見ていくこととする。

【7003】（図23）は {A面：フランシスコ・ザビエル（祭服を着たザビエルが向かって左を向いて半身、右手に百合の花）－B面：イグナティウス・デ・ロヨラ} で、日本の布教期のメダイにもよく見られる表裏の図像のセットである。ザビエルの刻銘には"・FRNC・XAVER・SOCIS・IN"とあるので、列聖後1621年以降に位置づけられる。

【7004】（図24）は {A面：ドミニクス（中央に修道服男性立像、右手に杓状十字架、左手に

3本の花）− B面：ロザリオの聖母［環状］（中央に聖母子椅座、幼児キリスト膝に立つ）｝で、B面の環状ロザリオの聖母像は、神戸市立博物館所蔵（福井医家伝来資料）資料に1点【1407】（巻末資料Ⅰ．キリシタン資料一覧参照）見られる。環状ロザリオの聖母像はメダイでは1点であるが、慶長遣欧使節関係資料の中にあるプラケット等にも見られる。

【7009】（図25）は ｛A面：フェリーペ・デ・ネリ（男性聖人横顔、司教か？）− B面：聖母子像（幼児を抱くマリア半身）｝で、B面の聖母子像は日本でも14点あり、5番目に多い図像である。

【7010】（図26）は ｛A面：聖セレスティウス（トンスラの男性聖人（半身）が向かって右の聖体を礼拝）− B面：聖ベルナルドゥスと聖女スコラ（向かって左；左手に司教杖を持つ聖ベルナルドゥス、右；左手に杖、右手に花を持つ聖女スコラ ROMA）｝である。B面の下に線で画して"ROMA"の刻銘が入る形態は、聖年銘入りメダイ【7001】と同じ図像構成である。

【7027】（図27）は ｛A面：5聖人（中央に農夫イシドロ、他5人 ROMA）− B面：ロレートの聖母？［聖母子（三角構図）］（両脇に2天使、上部に天蓋）｝である。A面の5聖人と下に線で画して"ROMA"の刻銘が入る図像構成は、聖年銘入りメダイ【7001】と同じ図像構成で、さらにB面の三角構図の聖母子像は、聖年銘入りメダイと同時期に位置づけられたメダイ【7024】（図16）に見られる。

【7037】（図28）は ｛A面：男性聖人（カプチン帽の修道士が手に磔刑像を持つ。向かって左にドクロ）− B面：パドヴァのアントニウス（修道士の広げた本の上に幼児キリスト）｝である。

【7039】（図29）は ｛A面：無原罪の聖母（三日月の上に立つ聖母、両手を前であわせ、向かって右下を見る聖母。光背は直線と曲線が交互）− B面：3聖人［パドヴァのアントニウス他］（中央に杖を持った聖人、向かって右にアントニウス、左に男性聖人、上部に2天使）｝で、A面の無原罪の聖母は日本の布教期に最も多い図像である。

（4）図像について

　日本の布教期に特に多い図像7種について見てみると、最も多いのが［無原罪の聖母］（39点）で、次に多いのが［天使聖体礼拝図］（20点）である。カタルーニャ美術館所蔵メダイでも、無原罪の聖母を描くメダイが16点、聖体を描くメダイが16点確認できるが、この両者の図像が表裏でセットになる場合が多く、13点を数える。この中で、無原罪の聖母の図像を中心に見てみると、カタルーニャ美術館所蔵メダイの中に数形態があることが確認でき、その形態変遷をある程度追うことができる。そこでそれを検証することによって16～17世紀に位置づけられる資料を抽出することが可能である。まず、その形態について見ていくこととする。

　図31～46にその形態分類を示した。メダイの平面形状、鈕の形態、マリアの図像を中心に着目した結果、大きく5つに分類ができる。

Ⅰ類：楕円形の形状で、鈕は段を付ける A 類である（図 31 〜 33）。
　　　図像はマリアが顔の右側（向かって左）で両手を合わせる。光背は線が比較的緻密に描写されるもの、波形[(1)]、描かないなど様々である。また、マリアが足下に踏む月は上が欠けている三日月である。
　　　【7015】【7039】【7043】

Ⅱ類：楕円形の形状で、鈕は段を付ける A 類である（図 34・35）。
　　　図像はマリアが左側斜めを向き（向かって右）、両手を正面もしくは若干顔の左側（向かって右）で合わせている。光背は鋸歯形[(2)]である。また、マリアが足下に踏む月は上が欠けている三日月である。
　　　【7045】【7049】

Ⅲ類：八角形の形状で、鈕は段を付ける A 類である（図 36 〜 40）。
　　　図像はマリアが顔の左側（向かって右）で両手を合わせる。光背は緻密な線を数多く放射状に伸ばしている。マリアが足下に踏む月は下が欠けている三日月である。
　　　【7026】【7173】【7202】【7211】【7249】

Ⅳ類：楕円形もしくは円形の形状で、直接鈕が付く B 類である（図 41 〜 44）。
　　　図像はマリアが左手を胸に、右手を横に広げている。光背は無いことが多く、ある場合は比較的太い線で放射状に描く。マリアが足下に踏む月は、上が欠けている三日月である。
　　　【7132】【7191】【7193】【7212】

Ⅴ類：楕円形もしくは円形の形状で、直接鈕が付く B 類である（図 45・46）。
　　　図像はマリアが顔の右側（向かって左）で両手を合わせるかもしくは正面で手を合わせる。光背は描かれない。マリアが足下に踏む月は上が欠けている三日月である。
　　　【7107】【7204】

　以上の 5 類に分類ができるが、Ⅰ類とⅡ類は非常に近い形態である。特に鈕の形態については、両者ともに段を付けて鈕が付く A 類で共通しており、前述のようにこの A 類は 16 〜 17 世紀を特徴づける形態である。図像についてはⅠ類に見られる波形の光背、Ⅱ類に見られる鋸歯形の光背は、日本国内の布教期メダイの中にもよく見られる形態である。そしてⅡ類で見られるマリアが左側斜めを向き、手を合わせる図像も布教期の日本で一般に見られる構図である。またⅠ・Ⅱ類ともにもう一方の面は、聖体礼拝図であり、聖体の図像形態がいずれも共通している。前述のようにⅠ・Ⅱ類に見られる聖体の図像は 16 〜 17 世紀に位置づけられる形態である。以上の諸要素により、Ⅰ・Ⅱ類のメダイは 16 〜 17 世紀に位置づけることが可能である。

次にⅢ類は平面形状が八角形と他と異なり、さらにマリアの構図はⅠ類と全く逆である。特に足下に踏む三日月についても、欠ける部分が上下逆である。この三日月の描写については、Ⅳ類やⅤ類がⅠ類と同じように上が欠けていることから、平面形状に関係している可能性がある。つまり楕円形や円形の場合は上が欠け、八角形の場合は下が欠けるという相関関係が考えられる。円形のメダイの場合、上が欠けている三日月の図像の方が、下の曲線ラインとメダイのラインとがマッチしている感がある。

なおⅢ類は鈕の形態では、段を付けるA類であるため、16〜17世紀の要素を持っていることになるが、裏面の聖体の図像は変化しており18世紀の特徴を示している。したがって段を付けて鈕を付すA類については、楕円形や円形と、多角形は別に考える必要がある。

Ⅳ類については、マリアの描写がⅠ〜Ⅲ類と全く異なり、Ⅴ類のマリアはⅠ類と近似している。ただ、両者ともに鈕は直接付くB類であり、裏面に描かれている聖体の図像が、Ⅲ類と同形態である。したがってⅣ類とⅤ類はⅢ類と同時期に位置づけることが可能である。聖体の図像については、Ⅰ・Ⅱ類の形態からⅢ・Ⅳ・Ⅴ類の形態へと変化したものと考えられることから、Ⅰ・Ⅱ類（16〜17世紀）→Ⅲ・Ⅳ類・Ⅴ類（18世紀）の変遷過程が推察される。

日本で3番目に多い［文字のみ］（17点）で構成される図像は、本美術館では見られない。

その他日本で布教期に多い4種［キリスト半身像］（15点）、［聖母子像］（14点）、［キリストの磔刑］（13点）、［マリア半身像］（13点）については、この図像のモチーフ自体が18世紀でも見られるため、図像のみでは16〜17世紀資料の抽出は不可能である。図像と平面形状、あるいは鈕の形態、穿孔方向など総合的に捉えなければならなく、結果として既に抽出した【7048】（図8）｜A面：マリア半身像：B面：キリスト半身像｜等の資料以外には見出せない。

ただこの中で1点、【7044】（図47）｜A面：キリストの磔刑（磔刑のキリストの両脇に立つ2人の聖人）－B面：ピエタ（布のかかった十字架の前に横たわるキリストを膝に抱いた聖母）｜については、A面の磔刑のキリストの両脇に聖人が二人立つ図像が、日本の布教期でもよくある構図であり、この資料については16〜17世紀に位置づけることが可能と考える。

以上、日本の布教期の形態をもとに各形態要素を総合的に検証した結果、

【7011】【7003】【7004】【7009】【7010】【7027】【7037】【7039】【7044】

が新たに16〜17世紀に位置づけることが可能である。

{鈕の形態A類（段を付けて鈕が付く）・横穿孔・楕円形形態のメダイ}

図23 【7003】
左（A面）：聖フランシスコ・ザビエル
右（B面）：聖イグナティウス・デ・ロヨラ

図24 【7004】
左（A面）：ドミニクス
右（B面）：ロザリオの聖母［環状］

図25 【7009】
左（A面）：フェリーペ・デ・ネリ
右（B面）：聖母子像

図26 【7010】
左（A面）：聖セレスティウス
右（B面）：聖ベルナルドゥスと聖女スコラ
／ROMA

図27 【7027】
左（A面）：5聖人／ROMA
右（B面）：ロレートの聖母？［聖母子（三角構図）］

図28 【7037】
左（A面）：男性聖人
右（B面）：パドヴァのアントニウス

図29 【7039】
左（A面）：無原罪の聖母
右（B面）：3聖人

{1750年聖年銘入りメダイ}

図30 【7100】
左（A面）：聖ペテロ
右（B面）：聖堂　聖年銘1750年／ROMA

第2章　メダイ論

{無原罪の聖母　Ⅰ類}

図31　【7015】

図32　【7039】

図33　【7043】

{無原罪の聖母　Ⅱ類}

図34　【7045】

図35　【7049】

{無原罪の聖母　Ⅲ類}

図36　【7026】

図37　【7173】

図38　【7202】

図39　【7211】

図40　【7249】

{無原罪の聖母　Ⅳ類}

図41　【7132】

図42　【7191】

図43　【7193】

図44　【7212】

{無原罪の聖母　Ⅴ類}

図45　【7107】

図46　【7204】

{キリスト磔刑図のメダイ}

図47　【7044】
左（A面）：キリストの磔刑
右（B面）：ピエタ

第 2 章　メダイ論

3）カタルーニャ美術館（MNAC）所蔵 16 〜 17 世紀メダイの理化学分析

　前項で抽出した 16 〜 17 世紀のメダイについて行った、理化学分析結果について検証していきたいと思う。理化学分析とは、具体的には金属組成を見る蛍光 X 線分析、産地同定を行う鉛同位体比分析である。分析は別府大学平尾良光教授と魯禔玹氏（現韓国国立中央博物館）が行った。

　再度、抽出した 16 〜 17 世紀資料を一覧にして表 1 に示す。この表中の分析の欄に◎印があるものが、理化学分析を行ったものである。さらに表 2・3 には蛍光 X 線分析と鉛同位体比分析のデータをそれぞれ示した。

　まず表 2 の蛍光 X 線分析データを見ると、すべて真鍮製であることが分かる。理化学分析データの行えなかった資料は、実見したところでは恐らく真鍮製の可能性が高いと考えている（表中では（真鍮製）と表記）。さらに今回はこの抽出した資料以外に 18 世紀の資料を含む全 43 点を分析している。表 4・5 にその結果を示している。表 4 の 16 〜 18 世紀資料としているのは、前項で行った 16 〜 17 世紀資料の抽出要素を明確に見いだせないが、19 世紀までは下らないのではないかと考えている資料である。現段階では、16 〜 17 世紀に位置づける明確な根拠がないので、16 〜 18 世紀資料として区分した。表 5 は 18 世紀と考えられる資料である。

　表 4・表 5 を見ると両者ともにすべて真鍮製であることが分かる。つまりスペインのカタルーニャ美術館に所蔵されている 18 世紀までの資料は、ほぼすべて真鍮製と考えてよいと思われる。ただ測定を行った平尾良光教授・魯禔玹氏によれば、「16C 〜 17C のメダイの場合、亜鉛の含有量は 10% 〜 15% が多かったことに対して、18C のメダイは半分以上が 20% 以上の亜鉛の含有量を成していた。」[3] としており、時代の推移により若干組成の違いが生じていくようである。いずれにしても、このスペインの資料がすべて真鍮製であるという結果は、前項で布教期の日本のメダイの素材が「鉛・錫製は国内製が多く、真鍮製は西洋製が中心である」としている点に符合する。

　次に表 3・6・7 及び図 48 〜 59 は鉛同位体比分析結果である。まず、16 〜 17 世紀資料について示した図 48 〜 51 を見てみると、カタルーニャ美術館の資料（図中の MNAC とはカタルーニャ国立美術館（Museu Nacional d'Art de Catalunya）の略語）は、これまでに確認されている領域である［朝鮮半島領域］［日本領域］［華南領域］［N 領域（タイのソントー鉱山）］のいずれにも属していない。つまりこれまで把握できていなかった西洋の一つの領域を確認し得たと考えられる。平尾・魯両氏はこの領域の可能性として「イタリアおよびスペインの鉱山のデータとスペイン出土メダイの分析結果を合わせてみた結果、イタリアのサルジニア島にあるポーニ山のデータが一部の資料と類似していることがわかった。サルジニア

島は 1323 年～1720 年までスペインが支配していたことを参考にすると、分析したスペイン出土のメダイはこの地域から材料を調達して作られた可能性もあり得る。」[4]としている。「ただし、それを断定するにはまだデータ不足でありデータの蓄積を待って再考察する必要がある」としている。

そこで問題となるのが、これらのメダイの製作地である。カタルーニャ美術館に所蔵されている 16～17 世紀資料には、"ROMA"と刻銘がある資料が見られるため、ローマで製造されているものが含まれていることが分かる。その数は 28 点中 12 点を占め、半数近くにあたる。その内分析を行った資料は 7 点で、図 56～59 で示されているものである。この分布を見ると、"ROMA"銘のあるメダイが特に他の資料と逸脱しているわけではなく、他の資料と同位置に分布している。平尾・魯両氏はこれらの資料の集中具合から「16C～18C にかけて、同一あるいはかなり近い地域の材料がメダイの製作に利用されたことが分かる。」[5]としており、"ROMA"銘のメダイとそれ以外のメダイは、素材において非常に近い関係にあることがうかがえる。言うまでもなく鉛同位体比は素材となった鉛の産地を示しており、製作場所を直接示しているわけではない。しかし、メダイ製作の中心的存在であったであろう ROMA で製作されたメダイと「同一あるいはかなり近い地域の材料」が使用されている点を考慮に入れると、他のメダイにも同様にローマで製作されたものがある可能性を考えておきたい。

4）16～18 世紀にかけての変遷

図 52～55 には、16～18 世紀資料（16～17 世紀資料の抽出要素を明確に見いだせないが、19 世紀までは下らないのではないかと考えている資料）及び 18 世紀の資料の鉛同位体比と、さらに布教期の日本国内メダイの鉛同位体比値を示した。

このグラフを見る限り、16～17 世紀資料、16～18 世紀資料、18 世紀資料のいずれも同じ所に分布しており、三者に差異を見いだすことはできない。つまりカタルーニャ美術館所蔵メダイは、16 世紀から 18 世紀にかけて、ほぼ同じ産地から素材が供給され製作が行われていたことがうかがえる。

ただし、前述のように亜鉛の含有量には 16～17 世紀資料と 18 世紀資料との間に差異が生じてくるなど、製作工法の上の変化は時代の推移とともに認められる。またメダイの形態についても、前述のように鈕の形態と穿孔方向において、16～17 世紀［A 類（段を付けて鈕が付く）・横穿孔］→ 18 世紀［B 類（直接鈕が付く）・横穿孔］→ 19 世紀以降［B 類（直接鈕が付く）・正面穿孔］と変遷していく様相がうかがえる。

さらには図像の面においても、無原罪の聖母と聖体礼拝図のメダイにおける図像変化が、16～17 世紀資料と 18 世紀資料との間に生じているなど、素材の供給地は変わらずとも、

製作上の技術面における変化は起こっていることが確認できる。カタルーニャ美術館所蔵メダイの中に聖年銘の入ったメダイが2点（【7001】【7100】）あるが、前者は1625年、後者は1750年で、いずれにも"ROMA"の刻銘が見られる。"ROMA"銘入りメダイを抽出して示した図56～59を見る限り、両者は他のメダイと逸脱する訳でもなく、同じ領域に位置しているとみなされる。したがって16～18世紀にかけては、素材の供給地とともに製作地も変化していない可能性が考えられる。

　ただし、カタルーニャ美術館所蔵メダイがすべてローマからもたらされたものになるかというと、それは違う。16～18世紀にかけて、ローマでは同じ供給地（たとえばスペイン領サルジニア）から素材を手に入れてメダイの製作が行われ、それがスペインに渡ったことは想定ができる。カタルーニャ美術館所蔵メダイの中で"ROMA"銘のあるメダイや、それに形態的に類似するものについては、そうした背景のもとに伝わった可能性が高い。しかし"ROMA"銘の無いメダイについては、同じ供給地から素材を手に入れ、ローマ以外の例えばスペインでメダイを製作したことは容易に想像ができることであり、それがどれなのかは、さらに資料の増加を待たねば検証できないのが現状である。今後製作地が分かる資料の理化学分析データが増えてくれば、解明していけるものと考える。

表1 カタルーニャ国立美術館所蔵16〜17世紀メダイ

※図像については浅野ひとみ氏の御教示による

遺物番号	美術館番号	分類区分	分類基準	分析有無	A面 主題	A面 図像詳細	A面 刻銘	B面 主題	B面 図像詳細	B面 刻銘
70 01	94001	聖年銘入りメダイ	聖年銘入りメダイ	◎	5聖人	中央に聖夫農インドロ。上部に精霊。	ROMA	聖年1625年サン・ピエトロ大聖堂とペトロとパウロ	中央に二本の円柱に支えられた破風のあるピエトロ。上に十字架。両脇に向かって左にペトロで鍵を持つ、右に剣を持つパウロ	1625
70 02	94002		A面図像が聖年メダイ[7001]に共通	◎	5聖人	中央に聖夫農インドロ。上部に精霊。	ROMA	聖体讃仰	中央に光輝を発する円形の聖体がカリスの上からのぞく、調和木にひざまずく天使。	SACRA
70 07	94007			◎	5聖人	農夫インドロを中心に、向かって左にテレサ？欠損上部に精霊の光輝。	ROMA	イグナティウス・デ・ロヨラ？	向かって左。祭壇上のカリスの中の聖体を礼拝する男性半身。	なし
70 08	94008		B面図像が聖年メダイ[7001]に共通	◎	ヴェロニカとペトロとパウロ	中央上部のヴェロニカの両脇に立つペトロ（向かって左）、剣を持つパウロ	なし	サン・ピエトロ大聖堂とペトロとパウロ	中央に2本の円柱に支えられた破風のある建物、上部にペトロとパウロ（向かって右）。	なし
70 00	94000		平面形状が共通し、図像Aの構成も近似	◎	聖家族	向かって左にマリア、右にヨセフ、上に精霊、親子は手をつないでいる。	M・CHRIST/IOSEF/ROMA	聖母子像	半身の聖母子 周囲をジグザグの光背がめぐる。	なし
70 33	94033	聖年銘入りメダイに16〜17世紀の位置づけられる資料	円形でA類の形態	◎	スカラ・サンタ、4聖人	中央にスカラ・サンタ、上部に磔刑のキリスト、両脇に4聖人	SCAL/SANC/ROMA	聖堂	4つの門、円形の破風。精霊。中央上部により大きな精霊の表現。	ROMA
70 05	94005			◎	聖体讃仰	中央、カリスの上に円形で光輝を放つ聖体。両脇にひざまずく天使。	ROMA	アッシジのフランチェスコ	向かって左：ひざまずいて天を仰ぎ見るアッシジのフランチェスコ。右は聖体S・FRAを右手に持つ聖女キアラか。	S・FRA
70 48	94048			◎	マリア半身像	向かって左を向いたマリア半身。	MATER SALVAT/ORA PR・N	キリスト半身像	キリストの洗礼 キリスト半身横顔	SALVAT・MVNDI・SALVA・N
70 15	94015		無原罪の聖母	◎	無原罪の聖母	中央三日月に乗った聖母、両手を合わせ、下方を向く立像。	I・M・CO CEVIDA SIN・PEC ORIGINAL	聖体讃仰	中央に円形の聖体。脇にひざまずくイタリア、銘文はイタリア語	両LAVD・SIA IL・SAN・SAC・ROMA
70 43	94043		無原罪の聖母と聖体礼拝図のメダイ	◎	無原罪の聖母	三日月の上に立つ聖母、両手を前にあわせ、向かって右下方を見る聖母。光背は直線	CONCETTA SINE・・・CC OR.	聖体讃仰	カリスからのぞく聖体、その上から光輝が発する。両脇に天使がひざまずいて礼拝。	SS・SAC・/ROMA
70 45	94045			◎	無原罪の聖母	三日月の上に立つ聖母、両手を前にあわせ、向かって右下方を見る聖母。光背は直線と曲線。頭上に星5つ。	なし	聖体讃仰	中央にカリス、光輝が発する聖体。両脇に向かって礼拝、上部に天蓋、端にランプ	ROMA

184

第2章　メダイ論

聖年銘入りメダイを基準に位置づけられる資料 16〜17世紀	無原罪の聖母と聖体礼拝図のメダイ		無原罪の聖母	三日月の上に立つ聖母、両手を前で合わせ、向かって右下を見る聖母。光背は直線と曲線。頭上に星5つ。	中央にカリス、その上から聖体がでて、光輝が発する。両脇に天使がひざまずいて礼拝。上部に天蓋、端にランプ	ROMA
	70 49 94236	◎	フランシスコ・ザビエル	三日月上の聖母、両手を前で合わせ、向かって右下を見る聖母。光背は直線と曲線。頭上に星5つ。銘文はスペルがミス。	赤ん坊を抱いた女性聖人半身。	・TNIZ・ROMA
	70 06 94006		洗礼者ヨハネ	無髭の男性聖人半身、右手に長柄の十字架。	家の上に腰掛ける聖母子。下に3天使。	S・MAR・LAVR
	70 23 94023	トークン形態のメダイ	キリスト半身像	キリストの半身横顔	ロレートの聖母立像（三角構図）	LAVRE
	70 24 94024	◎	IHS	不明	不明	不明
	70 34 94034		IHS	中央にIHSの上に十字架、下に3本の釘	中央に十字架、4区画に文字	CSPB
	70 35 94035	トークン形態で同じモチーフの図像	IHS	祭文上にIHSの上に十字架、下に3本の釘	中央に十字架、腕木の上に横：CSS ML、横にNDSMD。4区画に文字	CSPB
	70 36 94036		IHS	IHS、下に3本の釘、Hの上に十字架	不明	不明
	70 25 94025	突起楕円形の形態のメダイ	サン・ピエトロ大聖堂	中央にひざ型屋根、2本柱の聖堂とその間にひざまずく巡礼者	基壇上部に聖母子。向かって右に幼児イエスが立つ。	なし
	70 11 94011	◎	フランシスコ・ザビエル	祭服を着たザビエルが向かって左を向いて半身、右手に百合の花。	イグナティウス、ロヨラが向いている半身のロヨラ・ス・ア・ロヨラ・ソキエタス・イエス	I・CALI・BPT
	70 03 94003		ドミニクス	中央に修道服男性立像、右手に杖状十字架、左手に3本の花	ロザリオの聖母中央聖母子椅座、幼児キリスト膝に立つ。	FRNC・XAVER・SOCIS・IN
	70 04 94004	◎	フェリーペ・デ・ネリ	男性聖人横顔、司教か？	聖母子像（環状）	SAN/DO
	70 09 94009	鈕形態A類（段を付けて鈕が付く）横芽孔	聖セレスティヌス（半身）	聖セレスティヌス（半身）が向かって右の聖体を礼拝。	幼児を抱くマリア半身	S・PHILIP・NE
	70 10 94010		5聖人	中央に農夫イシドロ、他5人	聖ベルナルドゥス、右：聖女スコラと聖女スコラ花を持つ聖女スコラ	S・P・CELESTIN・P・V
	70 27 94027	楕円形態のメダイ	男性聖人	男性聖人横顔	ロレートの聖母子（三角形構図）？上部に天蓋	ROMA
日本布教期の資料を基準に位置づけられる資料		◎	無原罪の聖母	三日月の上に立つ聖母、両手を前で合わせ、向かって右下を見る聖母。光背は直線と曲線。	カプチン帽の修道士が右手に磔刑像を持つ。フランシスコ？	SAN CTR FRANCISCE O.P.N
	70 37 94037				3聖人（パドヴァのアントニウス、左に男性聖人、上部にj横たわるキリストを膝に抱いた聖母）	BENRD/SCHOLA・ROMA
	70 39 94039	キリスト磔刑図のメダイ	キリストの磔刑	磔刑のキリストの両脇に立つ2人の聖人。	布のかかった十字架の前にj横たわるキリストを膝に抱いた聖母	S・E・R・D・S・A・/D・P・S・?・D・P/ROMA
	70 44 94044				ピエタ	不明

185

表2 カタルーニャ国立美術館所蔵 16〜17世紀メダイの化学組成（％）

資料番号		美術館番号	素材	Cu 銅	Zn 亜鉛	Sn 錫	Pb 鉛	As ヒ素	Fe 鉄	Ag 銀	測定番号
70	01	94001	真鍮製	76	18	1.3	4.0	<0.1	0.3	<0.1	BP1832
70	02	94002	真鍮製	83	10	1.9	4.4	0.1	0.7	0.1	BP1833
70	07	94007	真鍮製	77	15	0.9	5.1	0.3	1.3	0.1	BP1837
70	08	94008	真鍮製	85	8.5	1.2	4.6	0.1	0.4	<0.1	BP1838
70	00	94000	真鍮製	77	19	0.1	3.6	0.2	0.1	<0.1	BP1831
70	33	94033	真鍮製	75	17	0.9	6.9	0.1	0.3	<0.1	BP1849
70	05	94005	（真鍮製）								
70	48	94048	真鍮製	76	21	0.4	1.8	<0.1	0.1	<0.1	BP1853
70	15	94015	真鍮製	73	16	2.9	7.8	<0.1	0.4	<0.1	BP1843
70	43	94043	真鍮製	79	11	1.0	7.8	0.1	0.6	<0.1	BP1850
70	45	94045	（真鍮製）								
70	49	94236	（真鍮製）								
70	06	94006	真鍮製	70	14	0.60	14	<0.1	1.7	<0.1	BP1836
70	23	94023	（真鍮製）								
70	24	94024	真鍮製	69	15	2.5	8.3	0.1	5.3	<0.1	BP1845
70	34	94034	（真鍮製）								
70	35	94035	（真鍮製）								
70	36	94036	（真鍮製）								
70	25	94025	真鍮製	78	20	0.1	1.1	0.2	0.3	<0.1	BP1846
70	11	94011	真鍮製	76	13	4.3	6.1	0.1	0.4	<0.1	BP1840
70	03	94003	真鍮製	80	12	2.8	5.2	0.1	0.5	<0.1	BP1834
70	04	94004	真鍮製	81	13	0.6	3.7	0.1	1.5	<0.1	BP1835
70	09	94009	（真鍮製）								
70	10	94010	真鍮製	89	3.7	2.7	4.7	<0.1	0.5	<0.1	BP1839
70	27	94027	（真鍮製）								
70	37	94037	（真鍮製）								
70	39	94039	（真鍮製）								
70	44	94044	（真鍮製）								

第 2 章　メダイ論

表3　カタルーニャ国立美術館所蔵 16～17 世紀メダイの鉛同位体比値

資料番号		美術館番号	$^{206}Pb/^{204}Pb$	$^{207}Pb/^{204}Pb$	$^{208}Pb/^{204}Pb$	$^{207}Pb/^{206}Pb$	$^{208}Pb/^{206}Pb$	測定番号
70	01	94001	18.371	15.662	38.514	0.8525	2.0965	BP1832
70	02	94002	18.390	15.638	38.460	0.8503	2.0913	BP1833
70	07	94007	18.371	15.649	38.474	0.8518	2.0943	BP1837
70	08	94008	18.388	15.638	38.437	0.8504	2.0903	BP1838
70	00	94000	18.378	15.660	38.516	0.8521	2.0958	BP1831
70	33	94033	18.409	15.651	38.502	0.8502	2.0915	BP1849
70	05	94005						
70	48	94048	18.334	15.647	38.422	0.8535	2.0957	BP1853
70	15	94015	18.386	15.642	38.444	0.8508	2.0909	BP1843
70	43	94043	18.405	15.629	38.417	0.8491	2.0873	BP1850
70	45	94045						
70	49	94236						
70	06	94006	18.425	15.647	38.501	0.8492	2.0897	BP1836
70	23	94023						
70	24	94024	18.429	15.669	38.569	0.8503	2.0929	BP1845
70	34	94034						
70	35	94035						
70	36	94036						
70	25	94025	18.139	15.601	38.138	0.8601	2.1025	BP1846
70	11	94011	18.394	15.647	38.479	0.8507	2.0919	BP1840
70	03	94003	18.418	15.648	38.494	0.8496	2.0901	BP1834
70	04	94004	18.378	15.627	38.396	0.8503	2.0893	BP1835
70	09	94009						
70	10	94010	18.441	15.654	38.556	0.8489	2.0908	BP1839
70	27	94027						
70	37	94037						
70	39	94039						
70	44	94044						

表4 カタルーニャ国立美術館所蔵16〜18世紀メダイの化学組成（%）

資料番号		美術館番号	素材	Cu 銅	Zn 亜鉛	Sn 錫	Pb 鉛	As ヒ素	Fe 鉄	Ag 銀	測定番号
70	12	94012	真鍮製	79	14	2.2	4.2	0.1	0.2	<0.1	BP1841
70	13	94013	（真鍮製）								
70	14	94014	真鍮製	77	15	2.0	4.6	0.1	1.4	<0.1	BP1842
70	16	94016	（真鍮製）								
70	17	94017	真鍮製	70	12	3.3	14	0.1	0.6	<0.1	BP1844
70	18	94018	（真鍮製）								
70	19	94019	（真鍮製）								
70	20	94020	（真鍮製）								
70	21	94021	（真鍮製）								
70	22	94022	（真鍮製）								
70	26	94026	真鍮製	73	20	2.4	4.0	0.1	0.2	<0.1	BP1847
70	28	94028	真鍮製	65	9.1	11	12	0.1	3.0	<0.1	BP1848
70	29	94029	（真鍮製）								
70	30	94030	（真鍮製）								
70	31	94031	（真鍮製）								
70	32	94032	（真鍮製）								
70	38	94038	（真鍮製）								
70	40	94040	（真鍮製）								
70	41	94041	（真鍮製）								
70	42	94042	（真鍮製）								
70	46	94046	真鍮製	72	15	0.1	12	<0.1	0.9	<0.1	BP1851
70	47	94047	真鍮製	74	6.5	5.5	13	0.3	1.0	<0.1	BP1852

表5 カタルーニャ国立美術館所蔵18世紀メダイの化学組成（%）

資料番号		美術館番号	素材	Cu 銅	Zn 亜鉛	Sn 錫	Pb 鉛	As ヒ素	Fe 鉄	Ag 銀	測定番号
71	00	94100	真鍮製	75	21	0.5	2.8	0.1	0.6	<0.1	BP1855
71	03	94103	真鍮製	62	33	0.1	4.3	0.1	0.8	<0.1	BP1856
71	06	94106	真鍮製	74	21	1.9	3.0	0.2	0.5	<0.1	BP1857
71	14	94114	真鍮製	80	8.3	4.1	7.3	<0.1	0.8	<0.1	BP1858
71	15	94115	真鍮製	79	10	2.2	7.9	<0.1	0.8	<0.1	BP1859
71	17	94117	真鍮製	80	7.4	5.6	6.4	0.1	0.6	<0.1	BP1860
71	19	94119	真鍮製	79	9.0	4.9	7.1	<0.1	0.5	<0.1	BP1861
71	23	94123	真鍮製	79	11	3.6	5.5	0.1	0.6	0.1	BP1862
71	38	94138	真鍮製	65	29	2.5	3.2	<0.1	0.4	<0.1	BP1863
71	44	94144	真鍮製	62	31	0.1	6.4	0.1	0.2	<0.1	BP1864
71	53	94153	真鍮製	67	27	0.1	4.9		0.7	<0.1	BP1865
71	57	94157	真鍮製	75	18	0.4	4.8	0.1	1.0	<0.1	BP1866
71	67	94167	真鍮製	66	28	0.1	2.9	0.1	2.8	<0.1	BP1867
71	91	94191	真鍮製	77	9.2	3.7	8.6	0.5	0.6	<0.1	BP1868
72	27	94227	真鍮製	73	20	1.8	4.6	0.1	0.3	0.1	BP1869
72	42	94242	真鍮製	79	16	1.7	3.1	0.2	0.4	<0.1	BP1870
72	47	94247	真鍮製	66	32	0.6	0.9	0.1	0.3	<0.1	BP1871
72	56	94256	真鍮製	69	25	1.7	3.7	0.1	0.3	<0.1	BP1872
72	67	94267	真鍮製	68	26	0.2	2.2	0.1	3.5	<0.1	BP1873
73	54	94354	真鍮製	64	31	0.3	4.2	<0.1	0.3	<0.1	BP1874

表6　カタルーニャ国立美術館所蔵 16～18世紀メダイの鉛同位体比値

資料番号	美術館番号	$^{206}Pb/^{204}Pb$	$^{207}Pb/^{204}Pb$	$^{208}Pb/^{204}Pb$	$^{207}Pb/^{206}Pb$	$^{208}Pb/^{206}Pb$	測定番号
70	12	94012	18.409	15.649	38.495	0.8501	2.0911	BP1841
70	13	94013						
70	14	94014	18.405	15.652	38.508	0.8504	2.0922	BP1842
70	16	94016						
70	17	94017	18.426	15.642	38.485	0.8489	2.0887	BP1844
70	18	94018						
70	19	94019						
70	20	94020						
70	21	94021						
70	22	94022						
70	26	94026	18.380	15.655	38.500	0.8517	2.0947	BP1847
70	28	94028	18.432	15.641	38.485	0.8486	2.0879	BP1848
70	29	94029						
70	30	94030						
70	31	94031						
70	32	94032						
70	38	94038						
70	40	94040						
70	41	94041						
70	42	94042						
70	46	94046	18.410	15.638	38.475	0.8495	2.0900	BP1851
70	47	94047	18.429	15.646	38.503	0.8490	2.0893	BP1852

表7　カタルーニャ国立美術館所蔵 18世紀メダイの鉛同位体比値

資料番号	美術館番号	$^{206}Pb/^{204}Pb$	$^{207}Pb/^{204}Pb$	$^{208}Pb/^{204}Pb$	$^{207}Pb/^{206}Pb$	$^{208}Pb/^{206}Pb$	測定番号
71	00	94100	18.410	15.639	38.463	0.8495	2.0892	BP1855
71	03	94103	18.412	15.642	38.476	0.8495	2.0897	BP1856
71	06	94106	18.411	15.644	38.490	0.8497	2.0906	BP1857
71	14	94114	18.451	15.643	38.524	0.8478	2.0879	BP1858
71	15	94115	18.438	15.645	38.517	0.8485	2.0890	BP1859
71	17	94117	18.441	15.640	38.496	0.8482	2.0875	BP1860
71	19	94119	18.438	15.639	38.478	0.8482	2.0869	BP1861
71	23	94123	18.356	15.637	38.410	0.8519	2.0925	BP1862
71	38	94138	18.373	15.661	38.523	0.8524	2.0967	BP1863
71	44	94144	18.361	15.664	38.516	0.8531	2.0977	BP1864
71	53	94153	18.382	15.668	38.540	0.8524	2.0967	BP1865
71	57	94157	18.404	15.635	38.456	0.8496	2.0895	BP1866
71	67	94167	18.382	15.670	38.535	0.8525	2.0964	BP1867
71	91	94191	18.437	15.665	38.572	0.8496	2.0920	BP1868
72	27	94227	18.417	15.642	38.509	0.8493	2.0909	BP1869
72	42	94242	18.443	15.647	38.508	0.8484	2.0897	BP1870
72	47	94247	18.353	15.675	38.563	0.8541	2.1012	BP1871
72	56	94256	18.378	15.624	38.384	0.8501	2.0886	BP1872
72	67	94267	18.387	15.673	38.551	0.8524	2.0966	BP1873
73	54	94354	18.402	15.688	38.599	0.8525	2.0975	BP1874

表8 布教期日本国内メダイの化学組成（％）

資料番号		出土遺跡・発見地・所有者	素材	Cu 銅	Zn 亜鉛	Sn 錫	Pb 鉛	As ヒ素	Fe 鉄	Ag 銀	測定番号
01	01	中世大友府内町跡第12次調査区	純鉛製	0.1%		0.7%	96.9%	0.1%	0.1%		BP1240
01	02	中世大友府内町跡第12次調査区	純銅製	96.6%		0.1%	1.7%	0.1%	1.7%		BP1241
01	03	中世大友府内町跡第12次調査区	純鉛製	0.2%		6.6%	91.0%	0.1%	0.2%		BP1242
01	04	中世大友府内町跡第12次調査区	純鉛製	0.0%		0.5%	96.0%	0.1%	0.7%		BP1243
01	05	中世大友府内町跡第12次調査区	純鉛製	1.2%		9.4%	86.0%	0.0%	3.4%		BP1019
01	06	中世大友府内町跡第12次調査区	純鉛製	0.0%		0.5%	93.9%	0.1%	1.5%		BP1244
01	07	中世大友府内町跡第12次調査区	錫＋鉛製	1.3%		49.2%	47.0%	0.6%	1.9%		BP1020
01	08	中世大友府内町跡第13次調査区	錫＋鉛製	1.1%		13.9%	84.5%	0.1%	0.5%		BP1021
01	09	中世大友府内町跡第13次調査区	純鉛製	1.1%		0.2%	98.7%	0.0%	0.0%		BP1022
01	10	中世大友府内町跡第13次調査区	純鉛製	1.3%		0.4%	97.6%	0.0%	0.8%		BP1023
01	11	中世大友府内町跡第18次調査区Ⅳ区	青銅（鉛高含量）	18.6%		7.4%	66.4%	5.1%	2.5%		BP1024
01	12	中世大友府内町跡第21次調査区	錫＋鉛製（ヒ素）	1.1%		43.2%	46.5%	8.6%	0.7%		BP1025
01	13	中世大友府内町跡第28次調査区	純鉛（ヒ素）製	0.8%		0.3%	84.4%	13.5%	1.0%		BP1026
01	14	中世大友府内町跡第41次調査区	純鉛（ヒ素）製	0.9%		0.1%	84.4%	13.8%	0.8%		BP1027
01	15	中世大友府内町跡第41次調査区	純鉛製	1.1%		0.3%	97.6%	0.0%	1.0%		BP1028
01	16	中世大友府内町跡第43次調査区	純鉛製	1.2%		0.3%	97.7%	0.0%	0.8%		BP1029
01	17	中世大友府内町跡第43次調査区	純銅製	94.1%		0.2%	0.1%	0.4%	5.2%		BP1030
01	18	中世大友府内町跡第43次調査区	純鉛製	1.2%		0.3%	97.7%	0.0%	0.9%		BP1031
01	19	中世大友府内町跡第51次調査区	純鉛製	1.1%		0.3%	93.7%	0.0%	4.9%		BP1035
01	20	中世大友府内町跡第51次調査区	純鉛製	0.0%		0.5%	95.9%	0.1%	0.5%		BP1237
01	21	中世大友府内町跡第51次調査区	錫＋鉛製	0.1%		54.4%	39.9%	0.0%	2.8%		BP1236
01	22	中世大友府内町跡第20次調査C区	純鉛製	0.1%		1.9%	97.9%	0.1%	0.1%		BP1246
01	23	中世大友府内町跡第69次調査A区	純銅製	93.0%		<0.1	0.6%	0.8%	4.3%	1.0%	BP1232
01	24	大友氏館跡第1次調査区	錫＋鉛製	1.1%	0.2%	51.2%	45.9%	0.1%	1.4%		
01	25	中世大友府内町跡第53次調査区	純鉛製	0.1%		4.8%	95.0%	<0.1	0.4%		BP1017
01	26	中世大友府内町跡第53次調査区	純鉛製	<0.1		<0.1	99.0%	<0.1	0.4%		BP1018
01	27	中世大友府内町跡第7次C調査区	純銅製	94.0%		<0.1	1.2%	4.0%	0.8%	0.4%	BP1447
01	28	中世大友府内町跡第77次調査区	純鉛製	<0.1		7.8%	92.0%	<0.1	0.6%		BP1458
05	01	朝日新聞社長崎支局敷地（ミゼリコルディア跡）	真鍮製	51%	28%		<1		<1	21%	BP1258
06	01	万才町遺跡	錫＋鉛製（鉄は錆混入？）	<1	3.0%	39%	48%		9.0%		BP1257
08	02	山下大恵氏伝世品	錫＋鉛製	0.4%		33.4%	65.4%	0.7%	0.1%		BP1489
08	03	山下大恵氏伝世品	錫＋鉛製	0.3%		53.9%	45.2%	0.4%	0.2%		BP1490
08	06	河浦町崎津のキリシタン信者が所有	錫＋鉛製	0.3%		65.3%	33.9%	0.4%	0.2%		BP1491
09	01	勝山町遺跡	錫＋鉛製	<1	-	29.0%	70.0%		1.0%		BP1254
11	01	博多遺跡群第111次調査区									HS1141
12	01	東京駅八重洲北口遺跡									B5401
15	01	黒崎城跡5区	錫＋鉛製			60.0%	28.5%		1.5%		BP1063
02	01	勝山町遺跡	真鍮製	82.0%	12.0%	1.0%	3.0%		1.0%		BP1251

第 2 章　メダイ論

表 9　布教期日本国内メダイの鉛同位体比値

資料番号		出土遺跡・発見地・所有者	$^{206}Pb/^{204}Pb$	$^{207}Pb/^{204}Pb$	$^{208}Pb/^{204}Pb$	$^{207}Pb/^{206}Pb$	$^{208}Pb/^{206}Pb$	測定番号
01	01	中世大友府内町跡第 12 次調査区	19.208	15.814	39.700	0.8233	2.0669	BP1240
01	02	中世大友府内町跡第 12 次調査区	18.331	15.687	38.834	0.8558	2.1185	BP1241
01	03	中世大友府内町跡第 12 次調査区	18.252	15.751	38.497	0.8630	2.1092	BP1242
01	04	中世大友府内町跡第 12 次調査区	18.288	15.748	38.545	0.8611	2.1076	BP1243
01	05	中世大友府内町跡第 12 次調査区	18.260	15.752	38.518	0.8626	2.1094	BP1019
01	06	中世大友府内町跡第 12 次調査区	18.252	15.749	38.487	0.8628	2.1086	BP1244
01	07	中世大友府内町跡第 12 次調査区	18.584	15.752	39.042	0.8476	2.1009	BP1020
01	08	中世大友府内町跡第 13 次調査区	18.515	15.822	39.077	0.8546	2.1106	BP1021
01	09	中世大友府内町跡第 13 次調査区	18.327	15.756	38.619	0.8597	2.1072	BP1022
01	10	中世大友府内町跡第 13 次調査区	18.254	15.753	38.516	0.8630	2.1100	BP1023
01	11	中世大友府内町跡第 18 次調査区Ⅳ区	18.462	15.739	38.870	0.8525	2.1053	BP1024
01	12	中世大友府内町跡第 21 次調査区	18.342	15.750	38.668	0.8587	2.1082	BP1025
01	13	中世大友府内町跡第 28 次調査区	18.690	15.761	39.087	0.8433	2.0913	BP1026
01	14	中世大友府内町跡第 41 次調査区	18.755	15.768	39.280	0.8408	2.0944	BP1027
01	15	中世大友府内町跡第 41 次調査区	18.267	15.760	38.539	0.8628	2.1097	BP1028
01	16	中世大友府内町跡第 43 次調査区	18.274	15.751	38.528	0.8619	2.1083	BP1029
01	17	中世大友府内町跡第 43 次調査区	18.369	15.680	38.757	0.8536	2.1099	BP1030
01	18	中世大友府内町跡第 43 次調査区	18.094	15.597	38.500	0.8620	2.1278	BP1031
01	19	中世大友府内町跡第 51 次調査区	18.260	15.758	−	0.8630	2.1099	BP1035
01	20	中世大友府内町跡第 51 次調査区	18.480	15.786	38.969	0.8542	2.1087	BP1237
01	21	中世大友府内町跡第 51 次調査区	18.260	15.763	38.539	0.8632	2.1106	BP1236
01	22	中世大友府内町跡第 20 次調査 C 区	18.238	15.750	38.477	0.8636	2.1097	BP1246
01	23	中世大友府内町跡第 69 次調査 A 区	18.367	15.678	38.811	0.8536	2.1131	BP1232
01	24	大友氏館跡第 1 次調査区	18.386	15.723	38.709	0.8552	2.1054	
01	25	中世大友府内町跡第 53 次調査区	18.251	15.740	38.484	0.8625	2.1087	BP1017
01	26	中世大友府内町跡第 53 次調査区	18.245	15.748	38.489	0.8631	2.1096	BP1018
01	27	中世大友府内町跡第 7 次 C 調査区	18.384	15.663	38.747	0.8520	2.1077	BP1447
01	28	中世大友府内町跡第 77 次調査区	18.711	15.770	39.268	0.8428	2.0987	BP1458
04	01	築町遺跡	18.355	15.680	38.759	0.8543	2.1117	BP1255
05	01	朝日新聞社長崎支局敷地（ミゼリコルディア跡）	18.188	15.651	38.185	0.8605	2.0995	BP1258
06	01	万才町遺跡	18.608	15.719	38.913	0.8448	2.0912	BP1257
08	02	山下大恵氏伝世品	18.723	15.780	39.322	0.8428	2.1002	BP1489
08	03	山下大恵氏伝世品	18.552	15.727	39.121	0.8477	2.1087	BP1490
08	06	河浦町崎津のキリシタン信者が所有	18.489	15.742	38.857	0.8514	2.1016	BP1491
09	01	勝山町遺跡	18.283	15.709	38.528	0.8592	2.1073	BP1254
11	01	博多遺跡群第 111 次調査区	18.716	15.753	39.264	0.8417	2.0979	HS1141
12	01	東京駅八重洲北口遺跡	18.488	15.686	38.809	0.8485	2.0992	B5401
15	01	黒崎城跡 5 区	18.279	15.715	38.512	0.8597	2.1069	BP1063
02	01	勝山町遺跡	18.277	15.628	38.370	0.8551	2.0994	BP1251

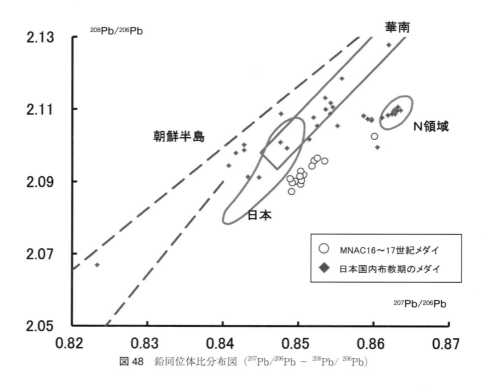

図 48　鉛同位体比分布図（$^{207}Pb/^{206}Pb - ^{208}Pb/^{206}Pb$）

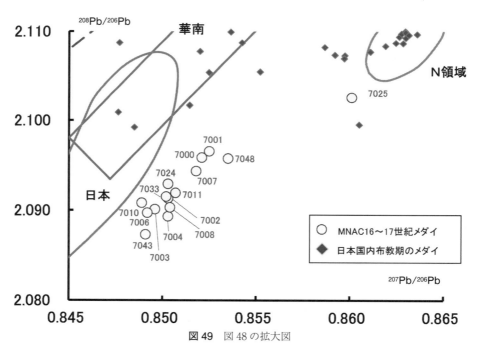

図 49　図 48 の拡大図

第 2 章　メダイ論

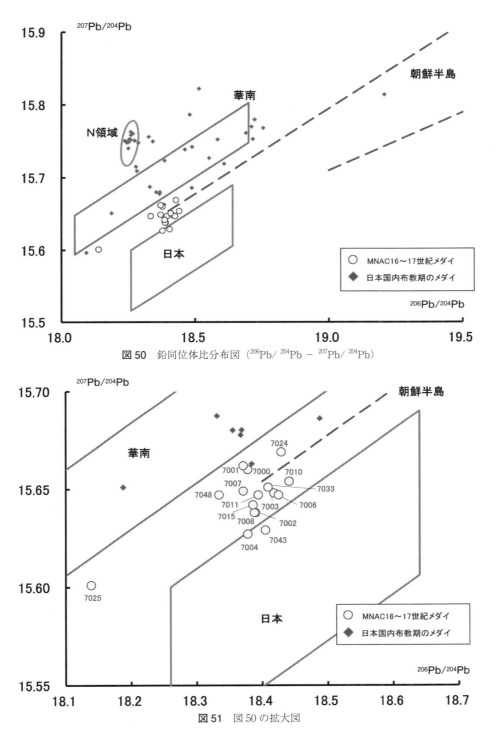

図 50　鉛同位体比分布図（^{206}Pb/^{204}Pb － ^{207}Pb/^{204}Pb）

図 51　図 50 の拡大図

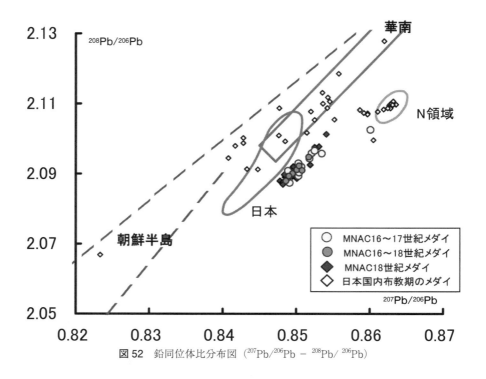

図 52　鉛同位体比分布図（$^{207}Pb/^{206}Pb - {}^{208}Pb/{}^{206}Pb$）

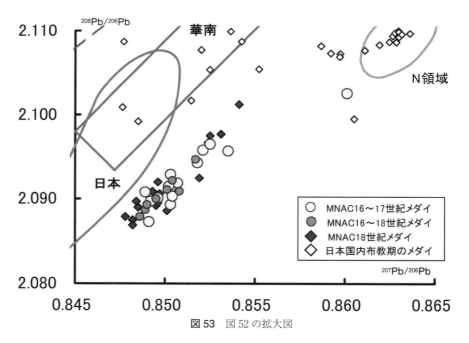

図 53　図 52 の拡大図

第 2 章　メダイ論

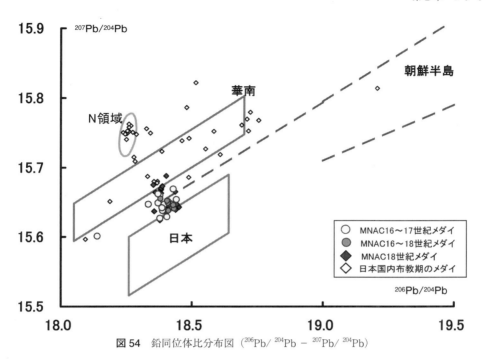

図 54　鉛同位体比分布図（$^{206}Pb/^{204}Pb - ^{207}Pb/^{204}Pb$）

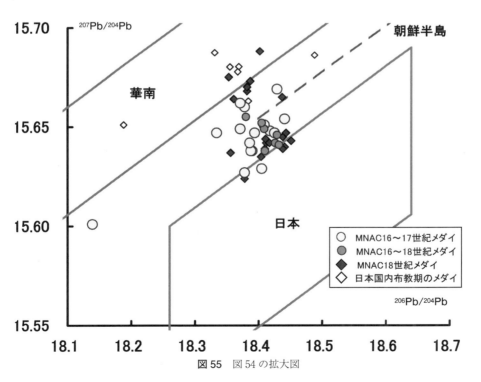

図 55　図 54 の拡大図

195

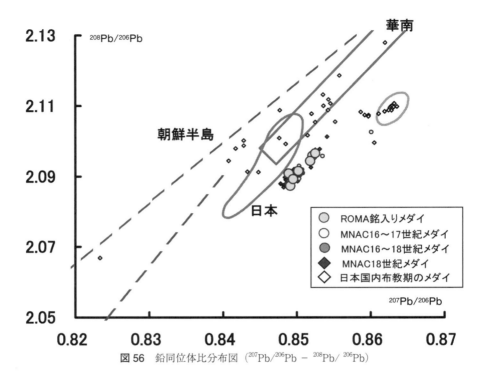

図56 鉛同位体比分布図（^{207}Pb/^{206}Pb − ^{208}Pb/^{206}Pb）

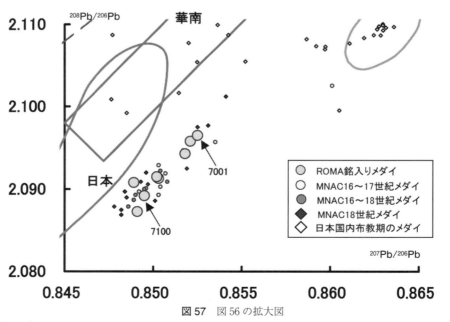

図57 図56の拡大図

第 2 章　メダイ論

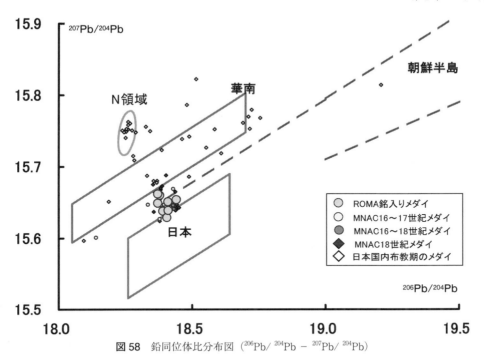

図 58　鉛同位体比分布図（$^{206}Pb/^{204}Pb - ^{207}Pb/^{204}Pb$）

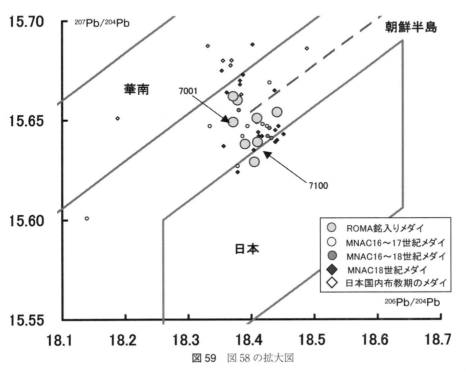

図 59　図 58 の拡大図

197

（註）
（1）　今野春樹氏が分類した名称を使用した。
　　　今野春樹「メダイの図像「無原罪の聖母」の分類について」『純心人文研究』第15号、長崎純心大学、2009
（2）　註1に同じ
（3）　魯禔玹・平尾良光「スペインバルセロナのカタルーニャ美術館所蔵メダイに関する自然科学的調査（2）」2009
（4）　註3に同じ
（5）　註3に同じ

第4節　小結

以下、ここまで行ってきたメダイの検証について再度整理しておく。

1. メダイの形態分類

(a) 平面形状
1. 布教期は
    ①：円形
    ②：楕円形
    ③：突起楕円形（楕円形で周囲に突起を付して十字架を模す）
    ④：八角形
    ⑤：六角形
   など多様な形状が存在する。19世紀以降は楕円形が主流
2. 布教期初期段階は円形が主体であり、次第に楕円形へと主体を移していった。
3. 突起楕円形は布教期の特徴的形態であり、多角形もその可能性がある。
4. 布教期は円形、突起楕円形をはじめ、楕円形、多角形と多様な形態があり、それがやがて、時代が下がるにつれ、楕円形に淘汰されていった。

＜出土資料と伝世資料の関係＞
◎伝世資料に見られる平面形状は①：円形、②：楕円形、③：突起楕円形、④：八角形などが見られるが、④：八角形【0207】以外については、発掘資料でもすべて見られており、よって平面形状から見た場合、これらの伝世資料はいずれも布教期に存在しても問題はないといえる。
◎発掘資料に存在していない④：八角形については、今後検証が必要である。八角形の平面形状は西洋では18世紀によく見られる形態であり、その可能性も考えておく必要がある。
◎伝世資料と出土資料の間では平面形状割合に差異が認められるが、それはメダイ流入の時間的なずれを反映している可能性がある。

(b) 鈕の形態
1. 段をつけずに鈕が付くB類が最も多く半数以上を占め、次に段をつけるA類が多く4分の1を占める。しかしB類は、ほとんど突起楕円形に限られるため、布教期では

段を付ける A 類がむしろ普遍的である。
2. 段をつける A 類は 19 世紀ではほとんど見られず、布教期を特徴づける形態である。

＜出土資料と伝世資料の関係＞
◎伝世資料においても、出土資料においても、いずれも段をつけずに鈕が付く B 類の形態が最も多く、続いて段をつける形態（A-1 〜 A-3 類）が続いており、両者は同じような傾向を示している。

(c) 穿孔方向
1. 布教期のメダイは「横穿孔」が主体である。
2. 横穿孔のメダイで楕円形のものは、大半が段を有して鈕が付く。
3. 横穿孔のメダイで直接鈕が付くものは、突起楕円形が大半を占める。

＜出土資料と伝世資料の関係＞
◎出土資料も伝世資料も、布教期はともに横穿孔が主体となる。

(d) 図像
1. モチーフの数のみで見た場合多いもの
   ① ［無原罪の聖母］39 点
   ② ［天使聖体礼拝図］20 点
   ③ ［文字］17 点
   ④ ［キリスト半身像］15 点
   ⑤ ［聖母子像］14 点
   ⑥ ［キリストの磔刑］13 点
   ⑦ ［マリア半身像］13 点
2. 布教期はマリアのモチーフの人気が高かった。
3. 表裏の図像モチーフのセットとして多いもの
   ① ｜A 面：天使聖体礼拝図 − B 面：文字｜ 17 点
   ② ｜A 面：マリア半身像 − B 面：キリスト半身像｜ 13 点
4. 無原罪の聖母のモチーフは、布教期においては特に好まれた図像であった。

＜出土資料と伝世資料の関係＞
◎出土資料、伝世資料ともに中心となる図像のモチーフは共通している。したがって伝世資料は、図像から見ても、布教期に位置づけることが可能である。

第 2 章　メダイ論

(e) 素材
1. 出土資料では、鉛・錫製が 49％を占め最も多く、続いて真鍮製が 28％、銅製が 16％と続く（蛍光 X 線分析・報告・実見すべて加味した場合）。
2. 伝世資料では、真鍮製が 74％と圧倒的に多く、鉛・錫製は僅かに 20％程度（蛍光 X 線分析・報告・実見すべて加味した場合）。
3. 鉛・錫製は布教期前半に多く、真鍮製は布教期の中でも後半段階に増えてくる。
4. 鉛・錫製は国内製が多く、真鍮製は西洋製が中心である。

＜出土資料と伝世資料の関係＞
◎出土資料と伝世資料の間に見られる素材割合の差異（出土資料は鉛・錫製が多く伝世資料は真鍮製が多いという差異）は、布教期のメダイの流入状況の変化の一端を示している重要なファクターである。

2. 府内型メダイ

中世大友府内町跡において多数出土する金属製品で、その大きさ、形状、素材、出土時期等に加え、当遺跡がキリシタン大名大友宗麟の城下町であることを勘案し、メダイであると認められる。以下、特徴を整理する。

A) 形態：
｛面の形状｝
　　円形が主体となる。
｛面の装飾｝
　　無文のものが圧倒的多数を占めるのが、「一方に窪み、一方に陰刻模様」の形態は、府内型メダイ独特の形態である。窪みにはガラス等で絵が埋め込まれていた可能性がある。
　　また、図像は十字架や受難の道具のようなものが見られる。
｛鈕の形態｝
　　段をつける形態が最も多い。また「ペディメント風の鈕が付く」形態は府内型メダイにしか見られず注目される。

B) 素材：
　　鉛・錫製品が圧倒的多数を占める。中でも純鉛製のものが多く、タイから輸入した鉛のインゴットをそのまま溶解して製作していると考えられる。
　　また銅製品のものが若干見られるが、それらはすべて純銅製で、素材は華南産のもので

ある。したがってこれも西洋からの舶来品ではないことを示している。

C）時期：
　府内への島津侵攻を示す焼土層の下から検出されており、1587年以前に比定できる。

D）型式的序列：
　府内型メダイには、プロトタイプとそれを模倣したものの2種類の存在が認められる。プロトタイプについては搬入された可能性を考慮に入れる必要がある。しかし、鉛同位体比分析の結果より、搬入元はアジアの域を出るものではない。

3．ヴェロニカのメダイ

A）発掘調査により、中世大友府内町跡から出土したヴェロニカのメダイは、その出土状況から1587年以前に位置づけることができる。これは明確に時期認定が行えるメダイの資料としては、最古のものである。さらにこのことにより、日本国内には1587年以前に、ヴェロニカのメダイが存在していたことが立証された。

B）現在日本国内で発見されているヴェロニカのメダイは、製品が4点（府内1・天草2・神戸（元は島原）1）で、鋳型が1点（博多）である。この内、図像の描写、金属組成、素材となる鉛の産地等において、府内のものだけが異なっている。

C）博多で出土した｛A面：キリスト半身像－B面：マリア半身像｝のメダイと、天草のヴェロニカのメダイは、金属組成、鉛同位体比ともに近似しており、両者の間に関係がうかがえる。さらに博多では、ヴェロニカのメダイの鋳型が出土していることから、博多でメダイ製作が盛んに行われた可能性があり、したがって天草のメダイも、博多で製作された可能性が考えられる。島原譲渡（神戸市博所蔵）ヴェロニカのメダイについても同様の可能性が示唆される。一方府内のヴェロニカのメダイについては、形態、図像、金属組成、鉛同位体比値等において、前者の3点のメダイとは異なっており、府内あるいは臼杵を中心とした地域での製作が想定される。いずれにしても、国内で確認されているヴェロニカのメダイはすべて国内で製作されている可能性が高い。

D）海外のヴェロニカのメダイについては、現段階では日本国内と同形態のものは見つかっていない。スペインバルセロナのカタルーニャ美術館所蔵メダイの中には、いわゆる「ヴェロニカを描いたメダイ」は、2点見られるが、図像の構成等において、日本国内

のものとは大きく異なる。日本国内メダイとの相違は、地域差によるものか、時期差によるものかは資料の増加を待って、今後検証すべき点である。ただこの2点については、少なくとも1625年以降と考えられ、日本国内資料よりも後出的なものと位置づけできそうである。

E) フロイスの『日本史』では、メダイに関係する記述14箇所中、12箇所に「veronica」の用語が見られ、当時メダイは「veronica」が主流だったことがうかがわれる。

F) フロイスの記録ではメダイに関しては、1588年が最後であり、よってそれ以前のメダイのことが記述されている。府内で出土したヴェロニカのメダイは1587年以前の所産で、まさに記録に合致している。

G) フロイスの記録に出てくるヴェロニカのメダイの素材は、「金のメダイ medalhas d'ouro」、「鉛のメダイ　veronica de chumbo」、「錫のメダイ　veronica d'estanho」とある。「鉛のメダイ」を持っていたのは、キリシタンのある老女、「錫のメダイ」を頸からかけていたのは、教会の従僕であった。一方「金のメダイ　medalhas d'ouro」を貰ったのは織田信長、「立派なメダイ　veronicas ricas」を製作させたのは大友宗麟である。つまり、一般民衆は主に鉛製・錫製のものを所持しており、領主層は金など質の高いメダイを所持していたことが分かる。

H) ヴェロニカのメダイが国内で製作されていたことは、フロイスの『日本史』で、大友宗麟が「立派なメダイ（原文ではveronica）を作らせた」とされていることなどからも分かる。

4. 西洋のメダイ（スペインバルセロナのカタルーニャ国立美術館所蔵メダイ）

① 聖年銘1625年銘の入ったメダイが1点あり、その形態の考察によって16～17世紀に位置づけられる資料が19点確認された。

② 日本の布教期の資料を基準に16～17世紀に位置づけられる資料がさらに9点確認された。

③ 16～17世紀資料の中で"ROMA"と刻銘がある資料が28点中半数近くの12点を占め、大半はローマで製作されている可能性が考えられる。その他の資料も、鉛同位体比から

同一あるいはかなり近い地域の材料がメダイの製作に利用されたと考えられ、他のメダイにも同様にローマで製作されたものがある可能性が考えられる。

④ 穿孔方向と鈕の形態から次の変遷過程が想定される。
　16〜17世紀：　横穿孔　　A類（段を付けて鈕が付く）
　　18世紀：　　横穿孔　　B類（直接鈕が付く）
　19世紀以降：　正面穿孔　B類（直接鈕が付く）
つまり16世紀〜19世紀へかけて、穿孔方向は横方向から正面方向へと変わり、鈕の形態は段を付けたものから、その段が消失して直接鈕が付く形態へと変化していく。

⑤ 図像については「無原罪の聖母」と「聖体」が表裏でセットになるものが多い。その両者の図像はともに、16〜17世紀から18世紀にかけて変化していることが認められる。

⑥ 分析したカタルーニャ美術館所蔵メダイはすべて真鍮製であった。それは16〜17世紀資料、18世紀資料ともにいえることである。

⑦ 鉛同位体比分析により、鉛・錫製や純銅製のメダイと真鍮製のメダイでは、その素材のルーツが大きく異なることが判明した。そして鉛・錫製や純銅製のメダイの素材はアジアに求められ、真鍮製のメダイは既知のアジア領域のどこにも属さないことから、鉛・錫製や純銅製は国内製、真鍮製は西洋製の可能性が高い。

⑧ カタルーニャ美術館所蔵メダイと鉛同位体比で近い数値を示す資料に、勝山町遺跡の十字架がある。この十字架はスペイン系のドミニコ会がもたらした資料で、素材が真鍮製である点なども共通しており、日本国内の布教期における真鍮製メダイも、ドミニコ会のようなスペイン系の組織がもたらした可能性が考えられる。

⑨ 16〜18世紀にかけて素材の供給地は変わらず、ローマでの製作も続いている様相がうかがえる。ただし、カタルーニャ美術館所蔵メダイのすべてがローマからもたらされたとは限らない。

第3章　コンタツ論

第1節　コンタツについて

　コンタツ（contas）とは、キリシタンが所持する数珠で、祈りの数を数えるのに使用する。コンタとはその数珠の珠をさし、複数でコンタツ、数珠全体ではロザリオ等と称する。コンタツに関しての考古学的研究は、井藤暁子氏によってすでに体系化されている[1]。ただコンタツの考古資料（発掘調査によって得られた資料）が著しく少なく、井藤氏も大半は伝世資料に頼らざるを得ない状況であった。現在でも、考古資料は決して多いわけではないが、井藤氏が発表された段階以後、大分、長崎、東京で新たな考古資料が報告された。本章ではそれらを踏まえて、コンタツの考古資料について再度検証をしていきたいと思う。

　前述のように発掘調査によって出土したと報告されているコンタツの資料は、さほど多いものではない。これは出土したコンタツが、キリシタン遺物のコンタツであるかどうかを明確に認定するために、様々な条件をクリアしなければならない点に起因する。コンタツはその形状、材質において、国内で仏教用具として用いられる数珠と似ている。あるいはコンタツの小珠については、ビーズ等の装飾品と酷似するものもある。例えば大分市所在の中世大友府内町跡で出土したようなガラス珠は非常に良い例である。

　図1・2・3及び写真1が、中世大友府内町跡第48次調査区で出土したガラス珠であるが、このガラス珠はその形状がカボチャ形を呈し、こうした形態は興善町遺跡出土例（図4-1）[2]や原城跡[3]で出土したコンタツ（図3-1・2）に見られる形態である。さらに、中世大友府内町跡という遺跡は、キリシタン大名として著名な大友宗麟が居城を構えた場所であり、府内の町は彼の保護の元にキリシタン文化の栄えた町であった。特にこのカボチャ形のガラス珠が出土した遺構の時期は、約1570年頃から1587年までの間であり、その時期は府内の町にコレジオが造られるなど、キリシタン文化が隆盛を極めた時期でもあった[4]。以上のような諸条件を加味すると、中世大友府内町跡で出土したカボチャ形のガラス珠は、コンタツの一部である可能性が非常に高いといえる。

　ところが、この中世大友府内町跡出土カボチャ形のガラス珠と全く同形態、同材質のガラス珠が山口県山口市所在の瑠璃光寺跡遺跡[5]で出土している（図2-1参照）。中世大友府内町跡出土のガラス珠は蛍光X線分析の結果、鉛ガラス製であることが判明しているが、瑠璃光寺跡遺跡出土のものは、乳白色を呈するガラス製としか報告されていない。しかし、中世大友府内町跡出土のガラス珠も乳白色を呈しており、これはガラス内の鉛の風化によるもの

である。現物を実見していないので断定はできないが、瑠璃光寺跡遺跡のものも恐らく同材質のものであろう。ところでこの瑠璃光寺跡遺跡のものは、土坑墓から出土している。円形墓坑に木棺を据えた土葬墓と考えられ、中からはこのガラス珠とともに銅銭と土師質土器が出土した。この墓の形態は中世日本の典型的形態である。そして銅銭の埋納は六道銭を意味しており、仏教的思想に基づくものである。よって、この墓坑から出土したガラス珠は、仏教的埋納に伴うものであり、数珠と考えるのが無難である。

　さらに、北海道ではアイヌの所持品としてのガラス珠に同形態・同材質のものが見られる。北海道千歳市美々8遺跡出土資料[6]（第2図-2）がそれであるが、ガラスの素材は無色半透明としか報告されていないので断定はできないが、鉛ガラス製の可能性がある。北海道では他の遺跡でも同様のガラス珠が出土しており、蛍光X線分析で、鉛ガラス製のものがあることが認められているようである[7]。

　以上のように、全く同形態・同材質のものでも、それを所持する人によってそのガラス珠の持つ意味は大きく変わってくる。発掘調査によって出土する遺物は、単体で発見されることが多く、よってそのガラス珠の位置づけについては、非常に困難を要する。前述のように、この形が出ればそれがコンタツであるとか、数珠であるといった規定は不可能であり、よって遺物の性格の認定、つまりコンタツかどうかの認定については様々な諸要素を考証して、決定づけなければならない。

　そこで、本書では、次に掲げる4つの条件のいずれかをクリアするものをコンタツとして扱うものとする。

① 単体ではなく、ロザリオの完形品もしくは完形に近い状態で連なって出土した場合。
② 単体で出土するが、十字架やメダイ等のキリシタン遺物と共伴して出土する場合。
③ キリシタン墓から出土する場合などのように、明らかにキリシタンに関係する遺構から出土する場合。
④ 出土する遺構が、直接キリシタン関係のものと認定できなくとも、それを取り巻く周囲の環境がキリスト教と関係が深い場合。

第2節　コンタツの資料概要

(a) 中世大友府内町跡（大分県大分市）

　中世大友府内町跡は、キリシタン大名大友宗麟の勢力下にあった府内の遺跡で、コレジオや教会、病院が建てられるなどキリシタン文化が栄えた町であった。そうした歴史的背景のもとに、本遺跡からはヴェロニカのメダイやキリシタン墓など、キリシタン文化の隆盛を物

第 3 章　コンタツ論

語る遺構や遺物が検出され、コンタと考えられる遺物も多数出土している。
　中世大友府内町跡で出土しているコンタについては、単体のものや複数固まって出土しているものがあるが、複数固まって出土しているものについても、それがロザリオであると確証づけられるような状況では出土していない。つまり十字架やメダイが付されるなど、一見してロザリオの構造をなしていると認められるものはない。よって中世大友府内町跡のコンタツについては、前述の条件①～③に該当するものはなく、④に該当するものである。
　中世大友府内町跡においては、現在も調査は進行中であるが、今のところコンタと想定されている遺物はすべてガラス製である。木製のコンタは出土していない。ガラス製の珠については、各調査区において多数出土しているが、ここではコンタの可能性の高いもののみについて触れたいと思う。
　コンタと考えられるガラス珠が出土したのは、全部で6調査区である。第8・12・28・48・51・80次調査区で出土している[8]。
　まず第8次と第48次調査区出土のものについて見てみる。図1-1～3、写真1がそれであるが、いずれも側面に縊れが5～8つ入りいわゆるカボチャ形を呈している。色はいずれも半透明色、部分的に白濁をしている。蛍光X線分析の結果、これら3点ともかなりの濃度で鉛が検出され、鉛ガラスであることが判明している（表1参照）[9]。したがってこの白濁は鉛の風化によるものであると考えられる。それぞれの大きさについては、図1-1が径1.2cm、厚さ1.0cm、2が径1.5cm、厚さ1.0cm、重さ3.6g、3が径1.5cm、厚さ1.2cm、重さ4.3gである。
　この3点のコンタツについては、さらに鉛同位体比分析を行った[10]。その結果、3点のコンタツは両グラフにおいて、いずれも華南領域に位置することが判明し（表2・図5・6参照）、使用されている鉛は華南産であることが判明した。したがって、これらのコンタツは、西洋からの搬入品ではなく、アジアで製作されている可能性が高い。これについては、フロイスの記録に「尾張には祈るためのコンタツのロザリオ rosario de contas を作る人がいないので、それらはポルトガル人の若者がマカオから売るために持ってきたものです」[11]とあり、分析データと合致していて興味深い。
　ところでこのカボチャ形を呈するコンタが、第28次調査区と第80次調査区でも出土している。しかしこの2つのコンタは前述の半透明色の鉛ガラスとは違い、ブルーの色を呈しており、恐らくカリガラス製と思われる。両者ともに一部欠損しているが、第28次調査区出土（図1-4）については、残存部で厚さ1.0cm、径は復元径で約2.0cm、重さは1.1g、第80次調査区出土（図1-5）については、残存部で厚さ1.4cm、径は約1.1cm、重さは1.3gである。
　次に第12次調査区と第51次調査区で出土した資料について見てみる。この両調査区の出土資料に共通する特徴は、小さな小珠が固まって出土した点である。図1-6～42が第

12次調査区出土のものであるが、全部で37個のほぼ同形態のガラス小珠が集中して出土した。これは、これらの小珠が連なって使用されていたことを示すものであり、そうするとこの小珠の用途としては、ロザリオ、数珠、ビーズの装飾品等が考えられる。しかし、この小珠がまとまって出土した地点は、前述のカボチャ形コンタツを出土した48次調査区にほぼ隣接した地点である点、さらにこのガラス小珠の周囲からは府内型メダイが数点まとまって出土している点などを勘案すると、これらはコンタとして捉えるのが妥当でないかと考える。さらに、このガラス小珠と全く同サイズで同形態ものが、東京駅八重洲北口遺跡のキリシタン墓で出土しており[12]、これも傍証となろう。

写真2は第51次調査区出土ガラス小珠であるが、約80個がまとまって出土した。このまとまって出土した中には大珠は認められなかった。

(b) 原城跡（長崎県南島原市南有馬町浦田名）

原城跡は寛永十四年（1637）に起こった島原の乱の舞台となった遺跡で、出土したコンタはその乱の際に籠城していたキリシタン達が所持していたものと考えられる。よってコンタの認定条件としては③に該当する。コンタは報告書によると全部で19点出土したとされているが、刊行されている報告書『原城跡』[13]『原城跡Ⅱ』[14]に掲載されているものは全部で13点である。ここではその13点について見てみることとする。

図3-6の1点を除き、すべてガラス製である。図3-6は鉛製で、コンタとしてはまれな素材である。この原城跡からは鉛製十字架が多数出土しており、鉄砲玉を溶かして作ったとされている。この鉛製コンタもそうした類の一つでないかと報告者はしている。

図3-1・2は青色を呈し、5つの縊れが入るいわゆるカボチャ形である。大きさは、図3-1が径1.2cm、厚さ0.55cm、重さ1.334g、2が径1.1cm、厚さ0.7cm、重さ1.172gあり、他のコンタに比べて大きい。3は緑色を呈し、14面にカットされた特殊な形態を有している。

図3-4・5、7~13は径0.6~0.8cm、厚さ0.35~0.65cmの間に入り、若干大きさにばらつきがあるものの、同形態のものであろう。いずれも風化して白色を帯びていることから、鉛ガラス製でないかと思われる。

(c) 興善町遺跡（長崎県長崎市興善町）

本遺跡は長崎新町の乙名である八尾家の屋敷跡にあたり、そこから錫製の十字架、花十字瓦とともに、ガラス製のコンタが1点出土している。遺物の時期は、「最初の長崎の焼けた地面の中から」[15]出土したとあるので、寛文三年（1663年）以前、そしてさらに記録上から周囲に住んでいた人たちは1614年まで信仰を守っていたとされていることから、それ以前の時期のものと考えられる。

コンタはガラス製で、詳しい成分は不明である。縦0.7cm、幅0.9cmで7つの縊れが入り、

第3章　コンタツ論

いわゆるカボチャ形を呈している（図4-1）。これも明確にキリシタン関係の遺構から出土したというわけではないので、コンタの認定条件は④に該当する。

(d) 東京駅八重洲北口遺跡（東京都）

　キリシタン墓地が検出された遺跡である[16]。コンタツはその内の2基から出土している。1基は1404号墓で、ガラス製の小珠が49点、木製珠が2点出土している（図4-2～4 ガラス小珠については1点（図4-2）のみ掲載）。いずれも覆土の水洗時に確認できたもので、出土状況は不明である。また、この1404号墓からは無原罪のマリアを描いた青銅製メダイが共伴して出土していることから、認定条件②に該当する。これらはすべて一連のもので、1404号墓被葬者が身につけていたものであろう。ガラス小珠はいずれも青みがかった黒色を呈し、成分分析によりカリガラスであるとされる。いずれも径0.2～0.4cm前後で、形態、サイズにおいて、中世大友府内町跡第12・51次調査区で出土したものとほぼ同じである。

　また木製珠については、一つは径0.65cm、厚さ0.65cmで、引物として製作した痕跡が認められる（図4-3）。もう一つは径0.8cm、厚さ0.8cmで（図4-4）、木製珠の方がガラス珠よりも大きい。これらが一連ものとすれば、ガラス珠が小珠、木製珠が大珠を構成していた可能性がある。

　もう1基の1966号墓からは、ガラス珠が1点出土している（図4-5）。径0.35cm、厚さ0.25cmで、穿孔は未貫通である。木棺蓋上の覆土から出土しており認定条件③に該当する。木棺内からは5体の人骨が確認されており、いずれかの被葬者に伴うものであろう。

(e) 高槻城キリシタン墓地（大阪府高槻市大手町）

　高槻城は高山飛騨守・右近父子が城主を務めた間、キリスト教が積極的に保護され、城内には教会堂が建てられるなど隆盛を極めた。その城内三の丸付近において、キリシタン墓地が発見された[17]。墓地は群をなしており、全部で29基が確認された。コンタツはその内2基から出土しており、特にN8号木棺墓からは小珠約90個、大珠2個、変形珠3個が出土した。これらの珠は、埋葬されていた人骨の右手首付近から集中して出土しており、埋葬時右腕に装着していたものと推定されている。認定条件は③に該当する。

　珠はすべて木製で、小珠が径0.4～0.6cm、厚さ0.3～0.43cm、大珠が径0.71～0.77cm前後、厚さ0.53～0.66cm、変形珠は長さ0.7～0.76cm、最大幅0.4～0.62cm、最大厚0.2～0.3cmである。小珠はすべて同じ形態なので、一部の小珠と変形珠、大珠を図示した。図4-6～16が小珠、17・18が大珠、19～21が変形珠である。また、変形珠と大珠で十字架を構成していたと考えられ、図4-22のような復元がなされている。

第3節　考察

1. コンタツの材質について

　以上コンタツの出土資料を概観してきたが、ここでコンタツの材質について検討してみたいと思う。井藤氏の研究によれば、キリシタン時代のコンタツはそのほとんどが木製という理解である。井藤氏が木製以外でコンタツと認めているのは、原城跡出土の鉛製とガラス製のコンタツのみである。ただこの原城跡出土のものも、他にガラス製の類例が無いことから、「飾り玉の可能性なきにしもあらず」としている[18]。

　そこで今回井藤氏の研究以後に検出された中世大友府内町跡（大分）、興善町遺跡（長崎）、東京駅八重洲北口遺跡（東京）のコンタを見てみると、東京駅八重洲北口遺跡の木製2点を除くと、すべてガラス製なのである。井藤氏が収集された際に、既に出土していた原城跡と高槻城の資料を加えても、木製は高槻城出土資料のみである。これは何を意味するのであろうか。

　一つ考えられるのは、ガラス製の珠はすべてコンタツではなく、高槻城出土のものと東京駅八重洲北口遺跡出土の2点の木製珠のみがコンタツである可能性である。この場合、東京駅八重洲北口遺跡出土資料が問題となる。本遺跡では1基のキリシタン墓から1個のメダイと49個のガラス小珠、2個の木製珠が、1体の被葬者に伴って出土している。この出土状況は、これらの資料が一連のものであることをうかがわせ、その場合ガラス小珠はコンタツである可能性が高い。ただ、木製珠が有機質であることを考えると、2点を除いて他の大半は腐食してしまい、別に装身具等として使用されたガラス小珠49個、つまりコンタツではなくビーズ玉だけが残ったという可能性が全く無いわけではない。

　このサイズのガラス小珠は、中世大友府内町跡でもかなりの数が出土しているが、これらについてはその位置づけが極めて難しい。例えば装飾品としては、関連するものとして、伊達政宗がヨーロッパに派遣した慶長遣欧使節の大使支倉常長が持ち帰った資料の中に、テカ（聖体のパンを入れる容器）を収納する革袋がある。この革袋の表面には、青と白のビーズが多数飾られており、形態的にこのガラス小珠と似ている。

　また、このサイズのガラス小珠は国内では、数珠としてもよく用いられる。前述の瑠璃小路遺跡の121号墓からは、銅銭、土師器とともにこのサイズのガラス小珠43点が出土している。墓坑の形態や共伴する副葬品から、このガラス小珠は数珠である可能性が高い。

　このように、このサイズのガラス小珠については、様々な用途が推測されるため、これをコンタツと認定するのは非常に困難である。さらに他の木製コンタツと比較するとそのサイ

第3章　コンタツ論

ズもかなり小さい。しかし、ここでは、このサイズのガラス小珠が数珠にも使われていた点に注目してみたい。宣教師の記録によるとコンタツは、日本人が大変欲したものの一つであった。その要因の一つに、コンタツが従来から日本人が手にしていた数珠に似ていたことにあったとされている。五野井隆史氏は「キリシタンがメダイやコンタツを珍重し、これを尊崇したのは、一つには日本古来の護符や数珠に代わる物として違和感なく受け入れることができたからであろう」[19]としている。つまり、当時の日本人がキリスト教に改宗した場合、数珠に使用していたこのサイズのガラス小珠には、さほど違和感を覚えなかった可能性があるのである。そして当時の宣教師達もこうした日本人の性格を把握していたと思われる。巡察師ヴァリニャーノが来日して推し進めたのは、日本文化を尊重しながら宣教を進めていくスタンスであった。中世大友府内町跡でこのサイズのガラス小珠が出土したのは、1570年から1587年まで間の層であり、まさしくヴァリニャーノが府内を訪れた頃である。従来数珠に使用していたガラス小珠をコンタツとして使用することに対して、宣教師側もさほど嫌悪感を示さなかったのではないだろうか。こうした歴史的背景と、各遺跡における出土状況を加味して、今回提示したこのサイズのガラス小珠はコンタツとして位置づけておきたい。そして、カボチャ形のガラス珠も含めて、キリシタン時代のコンタツにはガラス製もあったと考えたい。

　ここで再度、出土するコンタツにガラス製が多い点についてであるが、その要因としてもう一つ考えられるのは、考古資料であるが故の宿命によるものである。つまり、土中から出土する考古遺物は、それが有機物である場合、周囲が特定の土壌条件でないと残存しえない。木製のコンタツが残りにくいは当然なのである。現に木製コンタツが出土しているのは、キリシタン墓のみであり、その出土した墓坑では人骨も残っているのである。よって、そうした特定条件下になかった木製のコンタツは、かなりの数が腐食して消失したであろうし、特定条件下でなくても残り得たのが、ガラス製の珠なのである。そこで原城跡の資料について見てみたいと思う。

　図3を参照されたい。1〜3と4〜13を比べると、ガラスの色や形態に明らかな違いが見られ、1〜3が大珠、4〜13が小珠的位置づけを有していた可能性が考えられる。しかし当遺跡で出土した他のキリシタン遺物の量から考えると、コンタツの個数が決して多いとはいえない。先の井藤氏の見解に基づいて、この原城跡の時期は6連63玉が主流であるとすると、ロザリオ一つにも満たない出土量ということになる。当遺跡ではメダイだけでも14点、十字架に至っては鉛製のものを入れれば30点が出土している。こうした状況を考えると、コンタツ自体もっと出土してよいはずである。

　そこで考えられるのがガラス珠で構成されるコンタツは非常に希少であり、他の大半は、高槻城跡や東京駅八重洲北口遺跡の出土例のように、木製のコンタツが使われていた可能性である。有機物である木製コンタツであれば、前述のように土中で残存しにくい。事実フロ

イスの『日本史』の中でも、ガラス製のコンタツを描写している部分はほとんどない。

さらに考えられるのは、ロザリオを構成する際に全部ガラス珠で構成されていなかった可能性である。つまり木製のコンタツで構成されたロザリオに、部分的にガラス珠が使われた場合である。例えば東京国立博物館蔵の長崎奉行所浦上四番崩れ収納品ロザリオの中には、小珠が木製で大珠がガラス珠で構成されるものがある。中には1つだけ青色のガラス珠を使用しているものもある。ただ、この大珠の存在については、井藤氏はこの長崎奉行所収納品の時代以降しか使われないとしている。つまり19世紀中葉以降ということになる。したがって参考にはできないのかもしれないが、19世紀とキリシタン時代に機能的差異はあったにしても、木製珠とガラス珠が混在した可能性は十分あると考える。

2. 出土事例から見るコンタツの数について

井藤暁子氏によれば、キリシタン時代のロザリオは、5連小玉50個、53個及び、6連小玉63個のものがあったとし、キリシタン時代後半～末期（江戸初期～前期）は6連63個であったとしている[20]。ところが、今回確認したコンタツの中には、中世大友府内町跡第51次調査区出土のものが80個、高槻城出土のものが90個と63個を上回るものがみられる。51次調査区のものは、2つのロザリオがあって残りの40数個は紛失したとみられないこともないが[21]、高槻城のものは1基のキリシタン墓から出土しているので、複数のロザリオがあったとは考えにくい。しかも、復元された十字架が一個であることを勘案しても、やはりロザリオは一個だったと見るべきであろう。では、なぜ90個もあったのであろうか。一つには、井藤氏も指摘しているように、区切り玉の無い点になどに注目すれば、数珠からの転用の結果こうした個数を有した可能性も考えられる。

ここで、フロイスの『日本史』の中に次のような記録があるので見てみたい[22]。グレゴリオ・フルヴィオ師が大矢野島から送ってきた書簡の写しの一節で「私は相当数のコンタツのロザリオを携えて行き、かなりの数が残るだろうと思っていましたのに、後にそれらが必要となって盛んに乞われました時には、婦人たちのためにと思って携えて行きました百五十玉のロザリオを解いて三つのロザリオにし、錫の十字架を付けて男の人たちに配るほかはありませんでした。」とある。宣教師が150珠という長いものを持ってきて、それを三つに分けている状況がうかがえるが、ここでは不足していたために敢えて三つにしたようで、当初はその予定ではなかったようである。そうだとすると、150珠近くを有したロザリオがキリシタン時代に存在していたことは十分考えられる。

第4節　小結

　以上、4つの認定条件を満たすコンタの出土資料を分析してきたが、ここで再度、布教期（16世紀後半～17世紀前葉）のコンタツの様相について整理をしておきたいと思う。

A) 布教期において、コンタには木製のものとガラス製のものがあったことが、出土資料から確認された。ガラス製のコンタには大珠と小珠とがあり、大珠は区切り玉等の使い分けがなされていた可能性がある。また、木製のコンタは腐食により残存率がよくないだけで、当時は木製が主流であったと考えらえられる。

B) コンタの中でも小珠については、日本古来の数珠との関連がうかがえる。これは、当時ヴァリニャーノらが中心となって進めていた、日本文化と融合を図る宣教方針を反映していると考えられる。

C) 府内で出土したガラス製のコンタは、鉛同位体比分析の結果、華南産の素材が使用されていることが判明しており、コンタは西洋からの舶来だけではなく、アジアで作られていたことがうかがえる。また一方、木製のコンタについては、フロイス師書簡で次のように記している[23]。

　「洗礼後は祈祷を覚えるに従って彼らに十字架や錫製の影像を分け与え、また、キリシタンのためにコンタツを作らせるため都から挽物師を呼び寄せた。」（1576（77）年8月20日付）

　この記述からも分かるように、当時は日本の挽物師がコンタツを作っていた様相がうかがえ、コンタツは日本でも盛んに製作されていたと考えられる。

D) 布教期におけるコンタツの数は、現存する伝世資料等から見ると5連小玉50個、53個及び、6連小玉63個のものが主流であるが、出土資料の状況を見ると、63個を上回る様々なヴァリエーションがあった可能性がある。

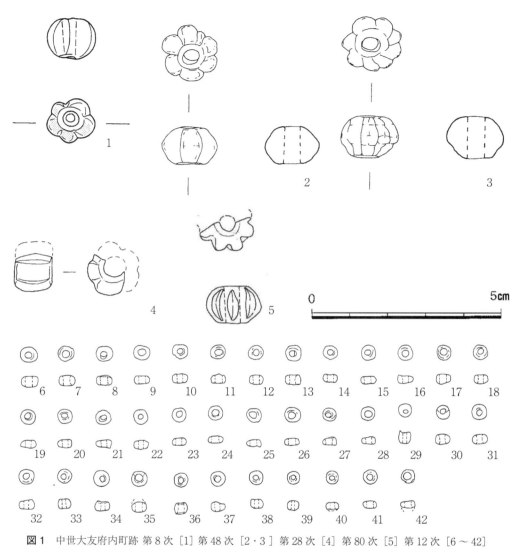

図 1 中世大友府内町跡 第 8 次 [1] 第 48 次 [2・3] 第 28 次 [4] 第 80 次 [5] 第 12 次 [6〜42]

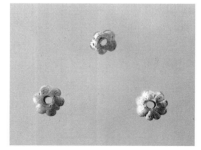

写真 1 中世大友府内町跡第 8・48 次調査区

写真 2 中世大友府内町跡第 51 次調査区

第 3 章　コンタツ論

図 2　関連資料　瑠璃光寺跡遺跡 [1]　美々 8 遺跡 [2]

図 3　原城跡 [1 ～ 13]

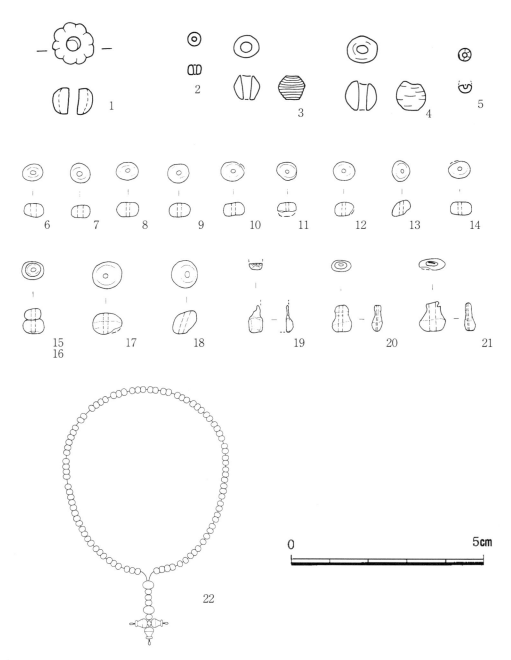

図4 興善町遺跡［1］・東京駅八重洲北口遺跡［2〜5］
高槻城キリシタン墓地［6〜22］（※6〜21が原寸大実測図、22は復元想定図）

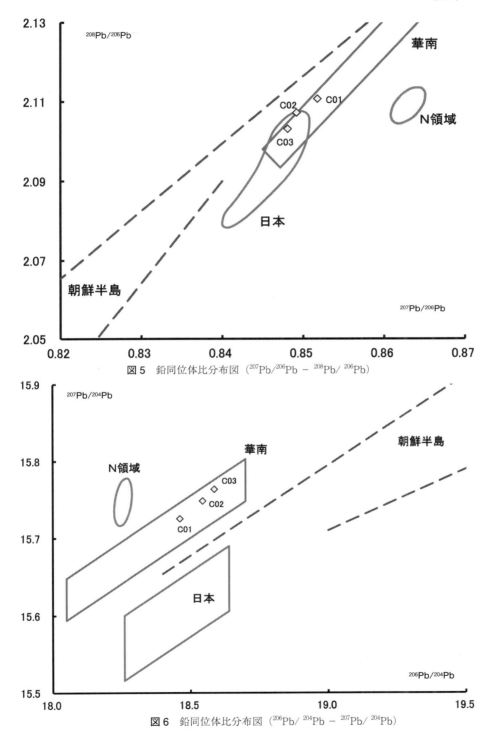

図 5　鉛同位体比分布図（^{207}Pb/^{206}Pb − ^{208}Pb/^{206}Pb）

図 6　鉛同位体比分布図（^{206}Pb/^{204}Pb − ^{207}Pb/^{204}Pb）

表1 キリシタン遺物の化学組成（％）

遺物番号	図版	資料名	出土遺跡	素材	Cu 銅	Zn 亜鉛	Sn 錫	Pb 鉛	As ヒ素	Fe 鉄	Ag 銀
C 01	図1-2	コンタ	中世大友府内町跡 第48次調査区 S010 J区	鉛ガラス	2.15		0.59	96.78			0.48
C 02	図1-3	コンタ	中世大友府内町跡 第48次調査区 S019（上層）	鉛ガラス	1.36		0.46	97.45			0.74
C 03	図1-1	コンタ	中世大友府内町跡 第8次調査区 東端土坑群整地層	鉛ガラス	1.82		0.38	97.15			0.65

表2 キリシタン遺物の鉛同位体比値

遺物番号	図版	資料名	出土遺跡・発見地・出所	$^{206}Pb/^{204}Pb$	$^{207}Pb/^{204}Pb$	$^{208}Pb/^{204}Pb$	$^{207}Pb/^{206}Pb$	$^{208}Pb/^{206}Pb$	測定番号
C 01	図1-2	コンタ	中世大友府内町跡 第48次調査区 S010 J区	18.462	15.725	38.968	0.8518	2.1107	BP1032
C 02	図1-3	コンタ	中世大友府内町跡 第48次調査区 S019（上層）	18.545	15.748	39.078	0.8492	2.1072	BP1033
C 03	図1-1	コンタ	中世大友府内町跡 第8次調査区 東端土坑群整地層	18.587	15.764	39.090	0.8481	2.1031	BP1034

表3 コンタ一覧表 1

図版番号	遺跡名	出土遺構	材質	径(cm)	厚さ(cm)	孔径(cm)	重さ(g)	認定条件
図1-1	中世大友府内町跡第8次調査区	東端土坑群整地層	鉛ガラス	1.2	1.0	0.4	-	④
図1-2	中世大友府内町跡第48次調査区	SF010（道路）	鉛ガラス	1.5	1.0	0.45	3.6	④
図1-3	中世大友府内町跡第48次調査区	SF019（道路）	鉛ガラス	1.5	1.2	0.45	4.3	④
図1-4	中世大友府内町跡第28次調査区	SF012（道路）	ガラス	2.0	1.0	-	1.1	④
図1-5	中世大友府内町跡第80次調査区	SF006（道路）	ガラス	1.1	1.4	0.4	1.3	④
図1-6	中世大友府内町跡第12次調査区	包含層・整地層	ガラス	0.5	0.3	0.2	0.1	④
図1-7	中世大友府内町跡第12次調査区	包含層・整地層	ガラス	0.4	0.3	0.2	0.1	④
図1-8	中世大友府内町跡第12次調査区	包含層・整地層	ガラス	0.4	0.3	0.2	0.1	④
図1-9	中世大友府内町跡第12次調査区	包含層・整地層	ガラス	0.4	0.3	0.2	0.1	④
図1-10	中世大友府内町跡第12次調査区	包含層・整地層	ガラス	0.4	0.3	0.2	0.1	④
図1-11	中世大友府内町跡第12次調査区	包含層・整地層	ガラス	0.4	0.3	0.2	0.1	④
図1-12	中世大友府内町跡第12次調査区	包含層・整地層	ガラス	0.4	0.3	0.2	0.1	④
図1-13	中世大友府内町跡第12次調査区	包含層・整地層	ガラス	0.4	0.3	0.2	0.1	④
図1-14	中世大友府内町跡第12次調査区	包含層・整地層	ガラス	0.4	0.2	0.2	0.1	④
図1-15	中世大友府内町跡第12次調査区	包含層・整地層	ガラス	0.4	0.2	0.2	0.1	④
図1-16	中世大友府内町跡第12次調査区	包含層・整地層	ガラス	0.4	0.2	0.2	0.1	④
図1-17	中世大友府内町跡第12次調査区	包含層・整地層	ガラス	0.4	0.2	0.2	0.1	④

第 3 章　コンタツ論

表4　コンタ一覧表　2

図版番号	遺跡名	出土遺構	材質	径(cm)	厚さ(cm)	孔径(cm)	重さ(g)	認定条件
図1-18	中世大友府内町跡第12次調査区	包含層・整地層	ガラス	0.4	0.2	0.2	0.1	④
図1-19	中世大友府内町跡第12次調査区	包含層・整地層	ガラス	0.4	0.2	0.2	0.1	④
図1-20	中世大友府内町跡第12次調査区	包含層・整地層	ガラス	0.4	0.2	0.2	0.1	④
図1-21	中世大友府内町跡第12次調査区	包含層・整地層	ガラス	0.4	0.2	0.2	0.1	④
図1-22	中世大友府内町跡第12次調査区	包含層・整地層	ガラス	0.4	0.2	0.2	0.1	④
図1-23	中世大友府内町跡第12次調査区	包含層・整地層	ガラス	0.4	0.2	0.2	0.1	④
図1-24	中世大友府内町跡第12次調査区	包含層・整地層	ガラス	0.4	0.2	0.2	0.1	④
図1-25	中世大友府内町跡第12次調査区	包含層・整地層	ガラス	0.4	0.2	0.2	0.1	④
図1-26	中世大友府内町跡第12次調査区	包含層・整地層	ガラス	0.4	0.2	0.2	0.1	④
図1-27	中世大友府内町跡第12次調査区	包含層・整地層	ガラス	0.4	0.2	0.2	0.1	④
図1-28	中世大友府内町跡第12次調査区	包含層・整地層	ガラス	0.4	0.3	0.1	0.1	④
図1-29	中世大友府内町跡第12次調査区	包含層・整地層	ガラス	0.4	0.3	0.1	0.1	④
図1-30	中世大友府内町跡第12次調査区	包含層・整地層	ガラス	0.4	0.3	0.2	0.1	④
図1-31	中世大友府内町跡第12次調査区	包含層・整地層	ガラス	0.4	0.3	0.2	0.1	④
図1-32	中世大友府内町跡第12次調査区	包含層・整地層	ガラス	0.4	0.3	0.1	0.1	④
図1-33	中世大友府内町跡第12次調査区	包含層・整地層	ガラス	0.4	0.3	0.1	0.1	④
図1-34	中世大友府内町跡第12次調査区	包含層・整地層	ガラス	0.4	0.3	0.2	0.1	④
図1-35	中世大友府内町跡第12次調査区	包含層・整地層	ガラス	0.4	0.3	0.2	0.1	④
図1-36	中世大友府内町跡第12次調査区	包含層・整地層	ガラス	0.4	0.3	0.2	0.1	④
図1-37	中世大友府内町跡第12次調査区	包含層・整地層	ガラス	0.4	0.3	0.2	0.1	④
図1-38	中世大友府内町跡第12次調査区	包含層・整地層	ガラス	0.4	0.3	0.1	0.1	④
図1-39	中世大友府内町跡第12次調査区	包含層・整地層	ガラス	0.3	0.3	0.2	0.1	④
図1-40	中世大友府内町跡第12次調査区	包含層・整地層	ガラス	0.4	0.2	0.2	0.1	④
図1-41	中世大友府内町跡第12次調査区	包含層・整地層	ガラス	0.3	0.2	0.2	0.1	④
図3-1	原城跡	17トレンチ	ガラス	1.2	0.55	0.4	1.334	③
図3-2	原城跡	18トレンチ	ガラス	1.1	0.7	0.4	1.172	③
図3-3	原城跡	19トレンチ	ガラス	0.7	0.65	0.2	0.756	③
図3-4	原城跡	19トレンチ	ガラス	0.8	0.65	0.2	0.765	③
図3-5	原城跡	19トレンチ	ガラス	0.75	0.55	0.25	0.58	③
図3-6	原城跡	20トレンチ	鉛	0.65	0.6	0.2	1.709	③
図3-7	原城跡	19トレンチ	ガラス	0.70	0.5	0.2	0.404	③
図3-8	原城跡	30トレンチ	ガラス	0.65	0.55	0.3	0.399	③
図3-9	原城跡	28トレンチ	ガラス	0.55	0.40	0.2	0.220	③
図3-10	原城跡	30トレンチ	ガラス	0.60	0.40	0.2	0.222	③
図3-11	原城跡	28トレンチ	ガラス	0.60	0.35	0.2	0.172	③
図3-12	原城跡	30トレンチ	ガラス	0.65	0.50	0.2	0.330	③
図3-13	原城跡	28トレンチ	ガラス	0.60	0.35	0.3	0.081	③
図4-1	興善町遺跡	八尾宅跡	ガラス	0.9	0.7	0.3	-	④
図4-2	東京駅八重洲北口遺跡	1404号墓	ガラス	0.4	0.3	0.1	-	②・③
図4-3	東京駅八重洲北口遺跡	1404号墓	木	0.65	0.65	0.3	-	②・③

219

表5　コンタ一覧表　3

図版番号	遺跡名	出土遺構	材質	径(cm)	厚さ(cm)	孔径(cm)	重さ(g)	認定条件
図4-4	東京駅八重洲北口遺跡	1404号墓	木	0.8	0.8	0.2	-	②・③
図4-5	東京駅八重洲北口遺跡	1966号墓	ガラス	0.35	0.25	0.1	-	③
図4-6	高槻城キリシタン墓地	N8号木棺墓	木	0.60	0.40	0.15	-	③
図4-7	高槻城キリシタン墓地	N8号木棺墓	木	0.59	0.34	0.15	-	③
図4-8	高槻城キリシタン墓地	N8号木棺墓	木	0.60	0.40	0.10	-	③
図4-9	高槻城キリシタン墓地	N8号木棺墓	木	0.56	0.40	0.10	-	③
図4-10	高槻城キリシタン墓地	N8号木棺墓	木	0.55	0.40	0.10	-	③
図4-11	高槻城キリシタン墓地	N8号木棺墓	木	0.50	0.20	0.10	-	③
図4-12	高槻城キリシタン墓地	N8号木棺墓	木	0.50	0.40	0.10	-	③
図4-13	高槻城キリシタン墓地	N8号木棺墓	木	0.56	0.43	0.10	-	③
図4-14	高槻城キリシタン墓地	N8号木棺墓	木	0.60	0.35	0.10	-	③
図4-15	高槻城キリシタン墓地	N8号木棺墓	木	0.45	0.40	0.10	-	③
図4-16	高槻城キリシタン墓地	N8号木棺墓	木	0.60	0.40	0.10	-	③
図4-17	高槻城キリシタン墓地	N8号木棺墓	木	0.77	0.53	0.10	-	③
図4-18	高槻城キリシタン墓地	N8号木棺墓	木	0.71	0.66	0.15	-	③
図4-19	高槻城キリシタン墓地	N8号木棺墓	木	0.75	0.40	0.20	-	③
図4-20	高槻城キリシタン墓地	N8号木棺墓	木	0.70	0.47	0.20	-	③
図4-21	高槻城キリシタン墓地	N8号木棺墓	木	0.76	0.62	0.20	-	③

※報告書に記載の無いものは筆者が図面より計測した
※図4-19～21は、径の欄が長さ、厚さの欄が最大幅にあたる

(註)

(1) 井藤暁子「キリシタン数珠ロザリオの我が国における態様－遺物から見たキリシタン時代の信仰復元をめざして－」『財団法人大阪府文化財センター研究調査報告』第4集、財団法人大阪府文化財センター、2006

(2) 扇浦正義編『興善町遺跡』長崎市教育委員会、1998

(3) 松本慎二編『原城跡』南有馬町文化財調査報告第2集、南有馬町教育委員会、1996

(4) 近年の発掘調査成果により、1570年以降府内の町は大きく都市計画が変わっており、それは宗麟の嫡子義統の代にあたる。府内で出土するキリシタン遺物はこの頃に集中するが、宗麟はまだ存命でその影響力は強かった。

(5) 山口県教育委員会編『瑠璃光寺跡遺跡－中世墓群の発掘調査－』山口市埋蔵文化財調査報告第28集、山口市教育委員会、1988

(6) 田口尚・鈴木信編『美沢川流域の遺跡群ⅩⅧ』（財）北海道埋蔵文化財センター調査報告書第102集、（財）北海道埋蔵文化財センター、1996

(7) （財）北海道埋蔵文化財センター編『遺跡が語る北海道の歴史－財団法人　北海道埋蔵文化財センター25周年記念誌－』（財）北海道埋蔵文化財センター、2004

(8) 坂本嘉弘・吉田寛・槇島隆二・甲斐寿義編『豊後府内1　中世大友府内町跡第5次・第8次調査区　－大分駅付近連続立体交差事業に伴う埋蔵文化財発掘調査報告書（2）－』大分県教育庁埋蔵文化財センター調査報告書第1集、大分県教育庁埋蔵文化財センター、2005

坂本嘉弘・友岡信彦・原田昭一・槇島隆二・吉田寛・後藤晃一編『豊後府内4　中世大友府内町跡第9次・第12次・第18次・第22次・第28次・第48次調査区－一般国道10号古国府拡幅事業に伴う埋蔵文化財発掘調査報告書（2）－』大分県教育庁埋蔵文化財センター調査報告書第9集、大分県教育庁埋蔵文化財センター、2006

吉田寛・坂本嘉弘編『豊後府内17（第1分冊）　中世大友府内町跡第11・72・76・80次調査区－一般国道10号古国府拡幅事業に伴う埋蔵文化財発掘調査報告書（8）－』大分県教育庁埋蔵文化財センター調査報告書第63集、大分県教育庁埋蔵文化財センター、2013

(9) 別府大学平尾良光教授に分析をお願いし、データを提供していただいた。

(10) 同じく別府大学平尾良光教授に分析をお願いし、データを提供していただいた。

(11) 五野井隆史「キリスト教布教とキリシタンの道具（一）」『英知大学キリスト教文化研究所紀要』第二〇巻第1号、2005

(12) 金子智・今野春樹・鈴木康友編『東京都千代田区　東京駅八重洲北口遺跡』千代田区東京駅八重洲北口遺跡調査会、2003

(13) 註に3同じ

(14) 松本慎二編『原城Ⅱ』南有馬町文化財調査報告第3集、南有馬町教育委員会、2004

(15) 註に2同じ

(16) 註に12同じ

(17) 高橋公一編『高槻城キリシタン墓地』高槻市教育委員会、2001

(18) 註に1同じ

(19) 註に11同じ

(20) 註に1同じ

(21) 第51次調査区出土ガラス玉については、形態、サイズ共に第12次調査区出土のものと酷似し、出土した遺構の時期も近いために、コンタツとして位置づけている。しかし第12次調査区のそれのように、近くでメダイが出土した等といった、コンタツであることを積極的に後押しするような状況がさほどみられない。数の多さも考慮して、ビーズ玉としての性格も可能

　　　 性として考えておく必要があろう。
(22)　浅野ひとみ氏からご教授いただいた。松田毅一・川崎桃太訳『完訳フロイス日本史』1588年　第二部 113 章、中公文庫、2000
(23)　松田毅一監訳『十六・七世紀イエズス会日本報告集』第 3 期第 4 巻 1570 年 − 1577 年、同朋舎、1998

第4章 十字架論

第1節 十字架について

　十字架（クルス）はイエス・キリストが磔刑に処された際に使用されたもので、キリスト教においては最も重要な象徴である。そのため、キリシタンの関係品として認定する際、常に指標とされるのがこの十字架である。十字架は、絵画はもちろんのこと、キリシタンの墓標、メダイ、聖遺物入等、キリシタン関連のあらゆるものに登場するが、本章で対象とするのは、ロザリオ等に吊るされて使用された十字架の製品である。

　この十字架の製品については、キリシタンの子孫の間で伝世されている資料がすでに知られていたが、近年発掘調査による出土例がみられるようになってきた。これまで論じてきたメダイやコンタツ同様、発掘調査による出土資料は、これまで伝世資料でしか把握できなかった情報に、さらに空間と時間軸をもった新たな情報を提供することとなった。具体的には、布教期における十字架の状況が、徐々にではあるが、明確に把握できるようになってきたのである。

　これまで発掘調査によって十字架資料を出土した遺跡は、確認できているもので原城跡（長崎県）・磨屋町遺跡（長崎県）・興善町遺跡八尾宅跡（長崎県）・万才町遺跡（長崎県）・勝山町遺跡（長崎県）・臼杵城（大分県）・博多遺跡群（福岡県）・高槻城（大阪府）の8遺跡である。この内、博多遺跡群と臼杵城のものは、十字架の製品ではなく鋳型である。さらには、長崎県勝山町遺跡で出土した十字架と、ほぼ同形態の十字架が、臼杵で発見されており、発掘調査による出土資料ではないが、この資料についても触れておきたいと思う。

　以下、まず各資料を個別に見ていき、これらの資料からうかがえる布教期の十字架の様相を検証していきたいと思う。

第2節 十字架の資料概要

(a) 原城跡出土十字架（長崎県南島原市南有馬町浦田名）[1]

　最も多くの十字架を出土している遺跡である。本遺跡は島原の乱の舞台となった城跡で、出土した十字架は報告されているもので全部で38点、内1点は聖遺物入れである。本遺跡の資料で特徴的な点は、出土資料の大半を占める資料（36点）が鉛製である点である[2]。

まず鉛製以外の2点の十字架について見てみる。まず図1-1は十字架型の聖遺物入れである。縦7.35cm、横4.70cm、銅製とされている。上部に鈕、左右に突起物がつく。下部は欠損しているようである。中は空洞で箱形を呈しており、この中に聖遺物を入れて使用したと考えられる。表には、星、茨冠、釘貫、鎚、三本の釘、槍、先端に葡萄酒をしみこませた槍が描かれ、裏には蔦状の植物が描かれている。両面ともに魚子文様が背景に充填され、縁には縄状文様が刻まれる。

　図1-2は縦4.59cm、横3.52cmでやはり銅製である。縦軸と横軸に大小の膨らみを持つ。1とは異なり、縦軸下部に環がつく点が注目される。

　図2-3～図4-25はすべて鉛製の十字架でいずれも2～3cm前後の小さいものである。島原の乱の際に信者が火縄銃の弾丸を溶かして作ったとされ、大半が型作りによって製作されている。作りが緻密でなく急場をしのいで作ったものと思われ、当時の信者たちのおかれた苦しい立場がうかがわれる。

　これらの十字架は、調査を担当した松本慎二氏によって5つ（Ⅱ～Ⅵ類）に分類されているが[3]、ここでは紐を通す部位の作り方によって大きく3つに分類してみたい。一つは、十字架縦軸を筒状にして、そこに紐を通す形態である（図2-3～図3-18）。松本氏の記載を借りて、「上下筒状型」とする。この形態は報告されている鉛製十字架全36点の内16点を占め、鉛製十字架の中心的形態であることが分かる。さらにこの「上下筒状型」は、断面形態によって、円形（図2-3～6・9・10、図3-11・15～18）と方形（図2-7・8、図3-12）のものに分けられる。特に円形のものについては、十字の端部が15～18のように膨らみを持つものが認められ、松本氏は「当時、ロザリオに付けられていた十字架は木製の三つの玉を合わせてできており、この三つの玉を粘土に型押しして、その型に鉛を注いで作ったと思われる」としている。そこで断面円形の中でも、特にこの形態のものを「三つ玉型」としておく。

　もう一つの紐の通し方として、十字架の縦軸下方に穿孔を施す形態である。全部で6点ある（図4-19～24）。いずれも断面は方形で、上下筒状型よりも扁平で厚さが薄い。これは縦軸に紐を通すための穿孔がないため、むしろ必然的な形態である。もしかすると、当初は上下筒状型を製作する予定が扁平で薄くなったため、穿孔を急遽施したのかもしれない。この際、いずれも十字架の下に孔を穿とうとする意図が働いている。

　最後に十字架の上に紐を通すための鈕を施す形態のものが1点ある（第4図-25）。これは部分的にしか残っていないので、全体の形状がわからないが、他の十字架資料に比べると圧倒的に薄い。この形態の鈕はメダイ等によく見られる鈕と同じ形態であり、他の十字架とは使用方法が異なったと考えられる。

　この他にレリーフ状製品（図4-26）が1点報告されており、未製品の可能性もある。またガラス製の製品も1点報告されている（第4図-27）。ロザリオの先端部分で十字架を構

第4章 十字架論

成する珠の一つであろうか。

　次に、この原城跡の資料については、別府大学によって一部鉛同位体比分析が行われているので、それについて見てみたいと思う[(4)]。表2及び図8〜13がそれである。このグラフから5・7・11・26がN領域[(5)]（タイのソントー鉱山）、10・13・14・17・23・24・28が国内産の素材を使用していることがうかがわれる。2・22についても日本産の可能性がある。また、8・9・12・21については、N領域産鉛と日本産鉛を混合している可能性も考えられる。16・18は朝鮮半島産の可能性がある。これらの十字架は島原の乱で使用された、鉄砲玉を鋳つぶして製作されたのではないかといわれている。当時鉛玉は国内で製作されたものと、海外から調達されたものがあった。フロイスの『日本史』の記述に「またこの目的のために定航船から十分に仕入れておいた鉛と硝石を提供した。これらのことで彼は六百クルザードを費やした。」（第39章（第2部20章））[(6)]とあり、鉛を輸入していた事実がうかがえる。この鉛は、前項の府内型メダイのところで触れたように、南蛮貿易ルートにのって東南アジア（タイのソントー鉱山）からもたらされたものであろう。したがって、島原の乱の交戦においては、国内産鉛を使用した鉄砲玉と、輸入鉛を使用した鉄砲玉の両者が使用されていたことが分かる。前述のフロイスの記録は有馬氏に対してのことであるので、輸入鉛を使用したのは幕府軍というよりは、原城籠城組の方であったのかもしれない。

(b) 磨屋町遺跡出土十字架（長崎県長崎市桜町6番3号）[(7)]

　2点の十字架を出土している。全く同じ形態のものが2点出土しており、報告書では1点のみが図示されている（第5図-28-1）。縦5.6cm、横3.6cm、厚さ0.6cm、断面は六角形で中は空洞になっている。上部は鈕付きの蓋になっており、左右及び下部にも突起のついた蓋が付く。表面には花や唐草様の文様が施されている。

　この十字架資料については、理化学分析が別府大学によって行われている。まず金属の組成であるが、蛍光X線分析の結果2点ともに銅99％の純銅であることが判明した（表1-28-1・28-2）。そして、鉛同位体比分析では図10・13から分かるように、2点ともに非常に近い数値を示しており、同素材からほぼ同時に製作されたものと思われる。そして鉛の産地は日本のエリアを示している。つまりこの十字架は国内で製作されたと考えられる。

　これまで確認されている純銅製品のキリシタン遺物には、例えば府内型メダイがある。この純銅の府内型メダイはすべて国内製である。さらには、聖遺物入にも純銅製のものがみられる。長崎県長崎市の築町遺跡で出土した聖遺物入れを例に見てみることとする。図5-31がその聖遺物入であるが、長さ4.5cm、最大幅2.5cm、上部には鈕がつき、下部にはネジが付されている。表面には十字架とI・H・S（Iesus［イエス］　Hominum［人間］　Salvator［救い主］)、3本の釘が陰刻されている。

　3区の焼土1層から出土しており、寛文の大火（1663年）以前の時期設定がなされている。

これらの蛍光X線分析による金属組成と鉛同位体比分析の結果が表1・2と図10～13の31-1と31-2である。聖遺物入れは蓋と身に分かれるため、それぞれのデータを記している（31-1が蓋で、31-2が身である）。

　まず、鉛同位体比分析については図10～13を見てみると、蓋も身も華南産の鉛が使用されていることが分かる。これはこの聖遺物入の製作地を考える上で非常に興味深いデータである。この遺物を出土した築町遺跡の報告書においては、これを西洋製と位置づけている。しかしこの聖遺物入については、その素材が華南産であるとすると、その解釈がなりたたなくなる。つまり、もしこの聖遺物入れが西洋からもたらされたとすると、華南から素材を西洋に輸入して製作したこととなる。そうしたことが絶対にないとは言い切れないが、当時のポルトガルやスペインの交易形態から考えて、その可能性は極めて低いと考えられる。とすると、この聖遺物入れは華南産の素材を使用して、その周辺のアジアのどこかで作られ、南蛮貿易ルートに乗ってもたらされたか、あるいは、華南産の素材が日本に輸入され、国内で製作されたかということになる。当時の南蛮貿易の形態を考えると、納得できる結論である。

　次に金属の組成についてであるが、蛍光X線分析の結果、蓋の部分のみであるが（31-1）、銅が92％を占め、錫や亜鉛などが認められないことがわかり、ほぼ純銅と考えられる。ただ3％の金が認められており、分析を行った平尾教授はこれを鍍金と判断している。この純銅で鍍金という点については、フロイスの『日本史』に興味深い記録がある。志賀太郎（ドン・パウロ）が受洗した際に、ペドゥロ・ゴーメス師に聖遺物と祝別されたコンタツを求めた際の一節で、「司祭は、学院には、彼への贈物にできるほどの別の（品）がなかったので、ゴアからもたらされた塗金の銅製の聖遺物入れを贈呈した。(O Padre Ihe deo hum relicario destes que vem de Goa, de cobre dourado, porque não havia no collegio outro que Ihe podesse mandar, com que não cabia de prazer.)」（フロイス『日本史』8　第61章（第2部63章））[8]とある。ここで注目されるのは、「塗金の銅製」と記されている点である。まさに前述の蛍光X線分析結果と合致している。この一節は豊後の事なので、聖遺物入の出土した長崎とは場所が異なる等の問題もあるが、当時こうした金属組成の聖遺物入が九州に存在していたことを示す記録としては大いに意味がある。そしてさらに、注目すべきは、この聖遺物入れはゴアからもたらされたと記されている点である。前述の鉛同位体比分析の結果、この聖遺物入れは華南産の素材の可能性が高いため、西洋製ではなく南蛮製か、国内製であろうとした。この見解にもよく合致している。

　以上より、純銅製のキリシタン遺物は、日本国内の製作も含めて、アジア製のものが圧倒的に多く、現段階で明らかな西洋製純銅製品は確認できていない。

(c) 興善町遺跡出土十字架（長崎県長崎市興善町）[9]

　興善町八尾宅跡から出土した。本遺跡からは十字架の他に、ガラス製のカボチャ形コンタが1点と花十字瓦が1点出土している。遺物の時期は、「最初の長崎の焼けた地面の中から」出土したとあるので、寛文三年（1663年）以前、そしてさらに記録上から周囲に住んでいた人たちは1614年まで信仰を守っていたとされていることから、それ以前の時期のものと考えられる。

　出土した十字架は縦3.1cm、横2.0cm、厚さ0.6cmで、縦軸下方が丸くなっている（図5-29）。紐を通すような鈕は認められず、結城了悟氏は首からかけるものではなく、聖具か御像の一部であるとしている。材質は報告では錫とされているが、別府大学の分析の結果錫34％、鉛64％の合金であることが判明した[10]（表1参照）。

　また、鉛同位体比分析では図10～13より分かるように、華南産の素材が使われていることがデータとして得られた。したがってこの十字架は国内も含めて、東アジアのどこかで製作された可能性が高い。

(d) 万才町遺跡出土十字架（長崎県長崎市）[11]

　大村純忠の建設した長崎六町の一つ平戸町にあたる場所で、地下室状遺構SK4から1点十字架が出土している。このSK4の時期については、慶長大火（1601）の火災層の上面にある整地層を掘り込んでいることよりそれ以降、そして出土する遺物の主体となる時期と遺構内に焼土や火を受けた瓦等が見られることから、寛文大火（1663）を下限にすると位置づけている。

　出土した十字架は、縦3.2cm、横2.2cm、厚さ0.4cm、重さ4.33gである（図5-30）。縦軸の下部分が膨らんでおり、興善町遺跡出土のものと同形態である。金属の素材も別府大学が測定したところ錫27％、鉛71％の合金であることが分かり（表1）、金属組成においても興善町遺跡出土十字架と近似していることが分かる。さらに鉛同位体比については、図10～13に示されているように、N領域からはずれるものの、近くに位置している。このN領域と称される領域は、前述のようにタイのソントー鉱山とされている[12]。またこの資料はN領域と華南の領域との中間地点に位置することから、N領域産のものと華南産のものを混ぜた可能性もある。よってこの十字架も西洋からの舶来とは考えにくく、素材自体から見ても、興善町遺跡出土例と関連が深いものであることがうかがわれる。

(e) 勝山町遺跡出土十字架（長崎県長崎市勝山町）

　勝山町遺跡は長崎市桜町小学校新設に伴い発掘調査が実施され、近世初期の教会跡であるサント・ドミンゴ教会跡等を検出した。この十字架（図6-32・33）は表面採取品らしいが、サント・ドミンゴ教会との関連を報告書では示唆している。サント・ドミンゴ教会はスペイ

ン系カトリック組織であるドミニコ会の教会で、十字架はその教徒の所持品である可能性が高い。ドミニコ会の布教は天正十五年（1587）にマニラを拠点として開始されるが、日本に於いて宣教師が布教を行ったのは1591年のファン・コボが最初のことである[13]。よってこの十字架が日本にもたらされた時期はそれ以降ということになる。

　この十字架は、長径4.0cm、短径2.1cm、上部には鈕が付き、さらにその鈕にコイル状の接続部が付いている。十字架の左右と縦下方に3ヵ所溶着痕が残り、キリスト像が付属していた可能性が高いとしている。金属組成については、報告書では銅としているが、平尾良光教授を中心に別府大学によって蛍光X線分析がなされ、金属組成の詳細が確認された。表1がその結果である。銅を主体とするが、12％の亜鉛を含んでおり、真鍮製ということが判明した。

　さらに別府大学ではこの十字架の鉛同位体比分析を実施した。表2及び図10～13に十字架の鉛同位体比分析の結果を記す。グラフ中の番号32がそれであるが、図10～13のいずれにおいても、日本・朝鮮・華南・タイソントー鉱山（N領域）の領域から外れていることが分かる。つまり、これまで認識されていた領域以外の地域の鉛が使用されていることとなるが、先に「第3章　5．西洋のメダイ」で触れたように、この十字架の位置する領域はバルセロナ・カタルーニャ美術館所蔵メダイの素材産地領域（図14・15の「MNAC16～17世紀メダイ」としているデータ）に一致する。前述のようにこの十字架は、出土した遺跡の性格から、ドミニコ会との関係が示唆されている。既知のアジア領域以外の素材、そして、ドミニコ会との深い関連という背景は、この十字架が西洋から持ち込まれたことを示唆している。さらにドミニコ会はスペイン系のカトリック教会であることを勘案すると、スペインからのルートが一つの可能性として考えられるため、このカタルーニャ美術館と領域が一致している事実は大きな意味を持っている。

(f)　臼杵出土の十字架（澤田美喜記念館（神奈川県中郡大磯町1152）蔵）

　十字架（図6-34～36）は、現在大磯の澤田美喜記念館（神奈川県中郡大磯町1152）に所蔵されている。澤田美喜記念館の鯛氏の話によると、澤田美喜氏が臼杵を訪れた際に譲り受けたものだそうである。当記念館は三菱財閥の創始者岩崎弥太郎の孫澤田美喜が全国を回って集めたキリシタン遺物851点が納められている。澤田美喜は「エリザベス・サンダース・ホーム」を設立し、混血孤児救済のためにその人生を捧げたことで著名であるが、子供の頃からキリスト教に関心を寄せていたようである。しかし岩崎家が真言宗だったこともあって、当初は周囲の反対を受けて控えていたが、クリスチャンである澤田廉三と結婚したことを契機に積極的に教会に足を運ぶようになる。澤田美喜はこうした背景の元、キリシタン遺物の収集を行ったものと思われる。現在その遺物が収蔵されている建物は、ノアの方舟をイメージした長六角形を呈しており、2階が聖ステパノ礼拝堂、1階が収蔵室となっている。

第 4 章　十字架論

　実物は図 6-35 のように箱に収められていた。箱には、十字架が発見された時の状況が墨書されており、「大正六年二月十四日大分県北海部郡臼杵町人字海添四十八番地の畑中に於て八丈之助の発見する所也」とある（図 6-36）。大正 6 年に大分県臼杵市の畑の中から偶然発見されたものであることが分かる。かつて、大分市丹生で農作業中に偶然畑の中から備前焼の壺が出土し、その中にはザビエルとロヨラを描いたメダイをはじめ十字架・ロザリオ等が含まれていた。その資料は故賀川光夫氏が調査し報告され[14]、現在は長崎の日本二十六聖人記念館に保管されている。臼杵の資料も発見の経緯は同じようなものだったと思われる。

　十字架は長径 3.8cm、短径 2.1cm、厚さ 0.3cm で上部には紐等を通す鈕が付く（図 6-34）。十字架内には斜め方向の線が数条認められる。さらに十字架内面の左右・下の端内部に小さい突起が、さらに十字の交差部分には 5 つの小さな突起が認められる。恐らくこの十字架にはキリストの磔刑像が付されていたと思われる。よって左右・下端の突起は、キリストの磔の際に打ち付けられた釘を表現した痕跡ではないかと考えられる。さらに十字架中央部に 5 つの突起が集中しているのは、もしこの部分にキリストの像が付されていたとすれば、この位置は丁度キリストの頭上に当たるため、ニンブスなどが表現されていた痕跡ではないかと考えられる。

　金属の素材については、蛍光Ｘ線分析により真鍮製であることが判明している[15]（表 1 参照）。

　ここで勝山町遺跡出土の十字架との比較をもとに、臼杵出土十字架の位置づけを試みたいと思う（図 6-32〜34）。まず形態について見てみる。臼杵出土十字架は長径 3.8cm、短径 2.1cm、厚さ 0.3cm、一方勝山町遺跡出土十字架は長径 4.0cm、短径 2.1cm、厚さ 0.14cm（報告書に記載が無いため、図面から計測）で、両者はほぼ同サイズである。十字架上部には両者ともに鈕が付く。十字架の模様については、両者ともに表面にのみ施され、裏面は無文で平らに仕上げられている。ただ勝山町遺跡出土の方は、表面で釘を表現したと思われる部分の痕跡が裏面に表れている。表面の模様については、両者ともに縁取りがされている。そしてキリストを磔にした釘を表現したと思われるものが、左右と下の部分に計 3 ヵ所認められる。さらに縁取りされた内部には、線刻が施される。ただこの線の描写については、両者に若干の差異が認められ、臼杵出土資料は斜方向の線が描かれるのに対して、勝山町遺跡資料の方は、左右の軸は縦線、縦軸の方は横線が描かれている。

　この線の描写の違いについては、浅野ひとみ氏によれば「勝山町遺跡のものは縦軸、上に 4、下に 12 本、横軸左右に 4 本ずつの筋が入り、12 の数字を強調していることから、12 使徒を意識したと考えられるのに対して、臼杵のものはその意図を失っている。したがって、臼杵出土の十字架はドミニコ会のもたらした十字架を真似て製作した国内製のものである可能性がある。」としている。

ただ、この臼杵の十字架については、前述のように蛍光X線分析の結果、真鍮製であることが判明している。真鍮製のキリシタン遺物で、国内製作が確認できているものは、現段階ではない。さらに17世紀初頭における、真鍮自体の国内製造については、疑問視がされている。その理由の一つして、真鍮製造に必要な亜鉛の真空精錬の技術が、当時国内にはまだなかったとされていることにある。そうした点と、先の浅野ひとみ氏の図像解釈を勘案すると、臼杵の十字架の製作については、次の2点が可能性として考えられよう。
　① 臼杵出土の十字架は、日本国内ではなく、南蛮貿易ルートにのるアジアの国、あるいはスペインの航海ルート上のいずれかの国等で製作され、もたらされた。
　② 17世紀以降、日本で真鍮製品を製作できるようになって製作された。
　このうち、②については、徳川の禁教令以降、特に島原の乱後（1637～38年）の製作を考えるのは難しいため、17世紀前半でも早い段階、もしくは再布教後の19世紀以降を考える必要があろう。
　ところで17世紀前半については、近年発掘調査により真鍮製作に関わる工房が、北九州市黒崎城跡で検出された[16]。当遺跡では炉跡をはじめ、坩堝等の金属加工関連遺物が出土しており、城普請に必要な土木具、工具、施設具、装身具を調達するための金属加工場であったとされている。さらに調査担当者によると、この金属加工場が存在した時期は、「城下町が機能した慶長9年（1604年）から廃城後黒崎宿場町が築かれ、街道の真向かいに本陣が設置される寛永年間と考え、その画期を初代代官大塚権左衛門が赴任した寛永15年（1638年）ごろと考えたい。」としており、したがって17世紀の早い段階から、日本国内で真鍮を製造していた可能性が高くなってきたのである。こうした点を踏まえれば、17世紀の早い段階、具体的にはキリシタン弾圧が激しくなる以前に、ドミニコ会のもたらした十字架を模倣して、真鍮製の十字架を国内で作った可能性は十分考えられることとなる。この点については、鉛同位体比分析により産地データが得られれば、解明できうることと思われるが、残念ながら、臼杵の十字架については、鉛同位体比分析が行われておらず、現段階ではこれ以上のことは言及できない。

(g) 臼杵城出土十字架鋳型（大分県臼杵市臼杵）

　キリシタン大名大友宗麟の居城である臼杵城跡（丹生島城跡）から、十字架の鋳型に転用されたと考えられる軒丸瓦が出土した（図6-37）。臼杵市教育委員会による石垣解体修理作業で出土した。出土した瓦は直径16cmほどで、十字架は裏面に彫り込まれている。十字架は瓦を焼いた後に彫り込まれている。十字架自体の大きさは、縦5cm、横3.5cm、深さ0.7cmで、縦軸下端は丸みを帯びて若干膨らんでいる。膨らみは小さいが、興善町遺跡出土資料や万才町出土資料と似た形態を有したものかもしれない。
　遺物の時期については、共伴する土師器等より、城下が被災した1588年から1615年の

第4章　十字架論

間に転用され廃棄されたものと推定されている。

(h) 博多遺跡群出土十字架鋳型（福岡県福岡市博多区奈良屋町1）[17]

　福岡市の博多遺跡群第111次調査で出土した十字架とヴェロニカのメダイの鋳型である（図7－38）。ここでは、さらにキリストとマリアの半身像を表裏に描いた鉛製メダイ1点と府内型メダイ1点が出土している。博多の地は1557年にフランシスコ＝ザビエルが布教を行ったのを初めとして、その後キリシタン大名大友宗麟の支配下にあったこともあり、その宗麟が与えた土地に教会が設立されるなど、キリスト教文化が栄えた場所であった。

　十字架の製品こそは出土していないが、その鋳型が出土したことは、博多で十字架やメダイの製作が行われていた証であり貴重である。図7－38の実測図を見ると、ヴェロニカのメダイとともに十字架が鎖か紐のような物に通されていることが看取される。これは製品を粘土に押し当てて製作したことを示しており、踏み返し用である。鋳型の大きさは残存長4.0cm、幅5.5cm、厚さ1.4cmで、十字架については図面から計測する限りでは、横2.0cm、縦が残存長で2.2cmである。十字架表面には線刻が認められるが、それが模様なのかキリスト磔刑図なのかは不明である。前述のように鎖か紐の様な物に通されているが、メダイの方まで通っていたかどうかは、残りがよくなく判然としない。ただ、このような鎖の通し方から見る限り、ロザリオの先端に付された物ではなく、メダイとともに首等に掛けていたものではないかと考える。

(i) 高槻城キリシタン墓地出土十字架（大阪府高槻市大手町）[18]

　高槻城は高山飛騨守・右近父子が城主を務めた間、キリスト教が積極的に保護され、城内に教会堂が建てられるなど隆盛を極めた。その城内三の丸付近において、キリシタン墓地が発見され、全部で29基が確認された。その内2基からコンタツが出土しており、特にN8号木棺墓からは小珠約90個、大珠2個、変形珠3個が出土した。これらの珠は、埋葬されていた人骨の右手首付近から集中して出土しており、埋葬時右腕に装着していたものと推定されている。本遺跡においては、これまで見てきた他の遺跡のように十字架そのものが出土しているわけではないが、前述のコンタツの内の変形玉が十字架を構成していたと考えられている（図7－39復元想定図）。

　井藤暁子氏によれば、伝世されているコンタツはそのほとんどが木製であり、そのコンタツ（ロザリオ）に付される十字架は、同じ木製の十字架玉を組み合わせて構成されている[19]。高槻城出土例の復元もこうした伝世品をもとに行っている。この玉の組み合わせについては諸説あるようだが、いずれにしても木棺内から木製玉以外の遺物の出土が認められないことから、十字架は木製玉を組み合わせたものであることに間違いないと思われる。

第3節　十字架の形態と流入ルート

　以上、布教期における十字架の出土例を見てきたが、ここでこれらの資料を再度検証し、布教期における十字架の形態について整理してみたい。
　まず、出土例から見る限り、布教期における十字架の形態には、紐の通し方で大きく以下の5つの形態があることが分かる。

　　Ⅰ類：ロザリオの先端部分で、複数の玉（十字架用の玉）に紐を通して組み合わせて十字
　　　　　架を構成する。
　　Ⅱ類：Ⅰ類同様紐を通すが、Ⅰ類のように複数組み合わせるのではなく、一つにまとめら
　　　　　れた金属製等の十字架の中に紐を通す。
　　Ⅲ類：金属等で作られた十字架の下の部分に鈕（環）を付す。
　　Ⅳ類：金属等で作られた十字架の上部にメダイのような鈕がつくもの。
　　Ⅴ類：金属等で作られた十字架で紐を通す孔を有さないもの。

　まず、Ⅰ類は高槻城キリシタン墓地出土資料（図7-39～55）、原城跡出土ガラス製の十字架玉（図4-27）が該当する。次にⅡ類は、原城跡出土資料（図2-3～10、図3-11～18）の上下筒状形態のものが該当する。Ⅲ類は、原城跡出土資料（図1-2、図4-19～24）が該当するが、十字架部分の外に鈕を別に設けるタイプのⅢa類（図1-2）と、十字架内に直接穿孔をするタイプのⅢb類（図4-19～24）とに分けられる。Ⅳ類は、臼杵出土資料（図6-34）、勝山遺跡出土資料（図6-32）、原城跡出土資料（図1-1、図4-25）、磨屋町遺跡出土資料（図5-28-1）、博多第111次調査区出土資料（図7-38）が該当する。そして最後のⅤ類は興善町遺跡出土資料（図5-29）、万才町遺跡出土資料（図5-30）、臼杵城出土軒丸瓦転用鋳型（図6-37）が該当する。
　以上の5つの形態は、十字架の機能、性格に基づく差異から生ずるものと考えられる。井藤氏はロザリオの集成を通して、ロザリオの十字架と吊し用の十字架単独品の2種が存在することを指摘している。そしてロザリオの十字架は上下逆方向（十字架縦軸の短い方が下にくる）に吊され、十字架単独品は正常方向（十字架縦軸の短い方が上にくる）に吊されるとしており[20]、首肯できるものである。
　この見解に基づけば、Ⅰ類・Ⅱ類・Ⅲ類はロザリオの十字架で、Ⅳ類は吊し用十字架単独品であると考えられる。特にⅣ類については、上部に鈕がついていることから上下正常方向に吊されることは間違いない。博多遺跡群第111次調査区出土の鋳型も、ロザリオの先端に付されるものとは異なった吊され方をしていたことを示している。さらに井藤氏は、首に吊したりする十字架としては、小型の金属製キリスト磔刑像がキリシタン時代には一般的と

しているが、原城の図4-25は欠損部分が多いので除くとして、他の臼杵出土資料（図6-34）、勝山遺跡出土資料（図6-32）、博多第111次調査区出土資料（図7-38）については、いずれもキリスト像はないものの、磔刑像の十字架であった可能性がある。

また、このⅣ類については磨屋町遺跡出土資料（図5-28-1）、原城跡出土資料（図1-1）のような、聖遺物入れも含まれる。こうした例も加味すると、このⅣ類の形態はロザリオの十字架とは性格を全く異にしていることが分かる。

なお、Ⅴ類については、紐を通す穿孔が全く認められないため、前述のⅠ～Ⅳ類とはまた別の性格を有するものと思われる。結城了悟氏が指摘するように「聖具や御像の一部分」[21]の可能性が高いと思われるが、興善町遺跡と万才町遺跡でほぼ同形態のものが出土していることなどから、今後類例を検証していく必要があろう。

第4節　小結

以下、布教期の十字架の様相について、再度ここに整理しておきたい。

A）　布教期の十字架は紐の通し方で大きく以下の5つの形態があることが分かる。
　　Ⅰ類：ロザリオの先端部分で、複数の玉（十字架用の玉）に紐を通して組み合わせて十字
　　　　　架を構成する。
　　Ⅱ類：Ⅰ類同様紐を通すが、Ⅰ類のように複数組み合わせるのではなく、一つにまとめら
　　　　　れた金属製等の十字架の中に紐を通す。
　　Ⅲ類：金属等で作られた十字架の下の部分に鈕（環）を付す。
　　Ⅳ類：金属等で作られた十字架の上部にメダイのような鈕がつくもの。
　　Ⅴ類：金属等で作られた十字架で紐を通す孔を有さないもの。

B）　上記の分類で、Ⅰ類・Ⅱ類・Ⅲ類はロザリオの十字架で、Ⅳ類は吊し用十字架単独品、Ⅴ類は聖具や御像の一部と考えられる。

C）　臼杵出土十字架も同様にドミニコ会に関連するものだとすれば、ドミニコ会の宣教開始が1591年以降であるため、上限がそこに位置づけられることとなる。臼杵は大友宗麟が丹生島城を構え、政治の拠点となった場所であると同時に教会が建てられるなどキリシタン文化が栄えた場所でもあった。しかし、天正十四年（1587）の島津の侵攻に伴い、城下は被災してしまう。こうした歴史的背景からみると、十字架はその被災後にもたらされたこととなる。臼杵ではこの丹生島城跡から、ちょうどこの島津侵攻後に当たる時

期に、軒丸瓦を転用して作られた十字架鋳型も出土しており、臼杵における、島津侵攻後のキリシタン信仰の状況の一端を示している可能性がある。

D) 臼杵の十字架の製作については、次の２点が可能性として考えられる。
　①臼杵出土の十字架は、日本国内ではなく、南蛮貿易ルートにのるアジアの国、あるいはスペインの航海ルート上のいずれかの国等で製作され、もたらされた。
　②17世紀以降、日本で真鍮製品を製作できるようになって製作された。

E) 鉛同位体比分析の結果によると、かなりの割合でアジアの素材が使用されていることが判明した。出土十字架資料の中では、磨屋町遺跡出土資料が国内産の素材、万才町遺跡はタイのソントー鉱山産の素材、興善町遺跡出土資料は華南産の素材、原城跡出土資料では国内産とタイのソントー鉱山産の素材が確認されており、勝山町遺跡出土資料を除くすべてがアジア一帯の素材によって製作されており、このことは、出土十字架の大半が、西洋からの舶来ではなく、アジアで製作されていることを物語っている。

F) 勝山町遺跡の十字架の鉛同位体比値は、バルセロナ・カタルーニャ美術館所蔵メダイの素材産地領域に一致する。この十字架は、出土した遺跡の性格から、ドミニコ会との関係が示唆されており、西洋から持ち込まれたことを示唆している。さらにドミニコ会はスペイン系のカトリック教会であることを勘案すると、スペインからのルートが一つの可能性として考えられるため、カタルーニャ美術館所蔵メダイと領域が一致している事実は重要な意味を持っている。

第４章　十字架論

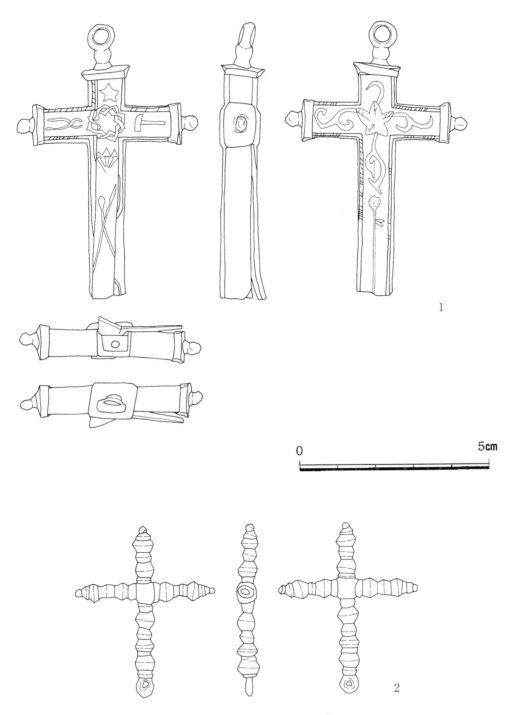

図１　原城跡出土十字架１（S=1/1）

図2 原城跡出土十字架2 (S=1/1)

第4章 十字架論

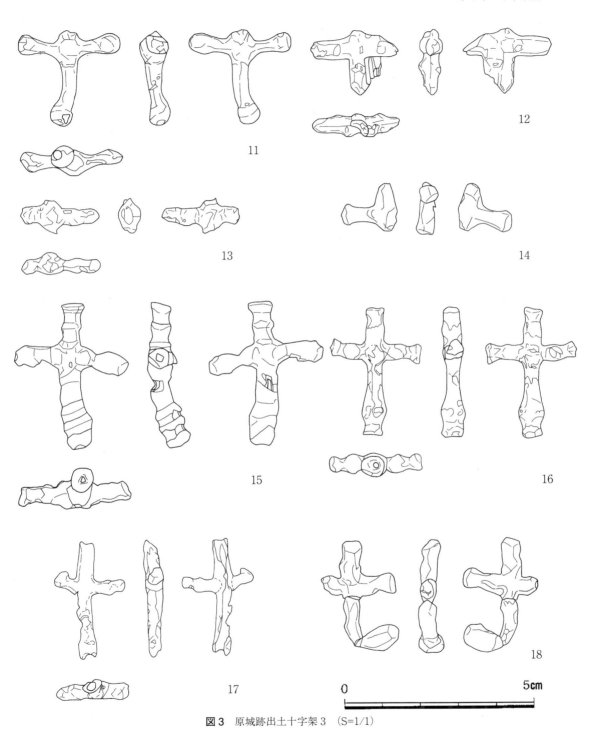

図3 原城跡出土十字架3 (S=1/1)

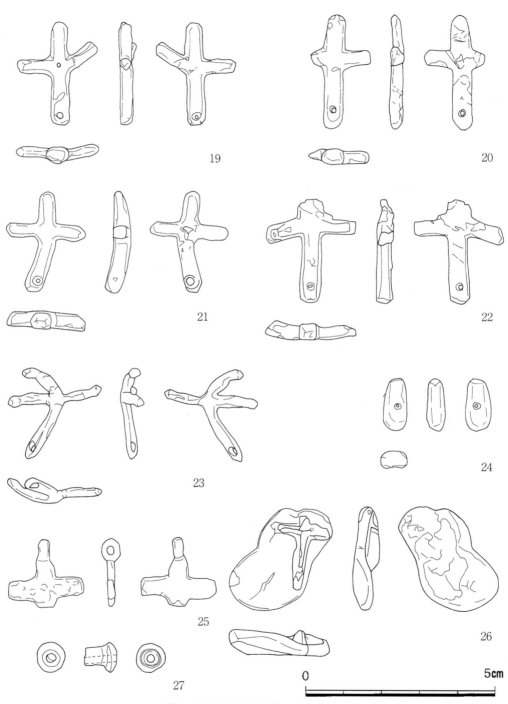

図 4　原城跡出土十字架 4　(S=1/1)

第4章 十字架論

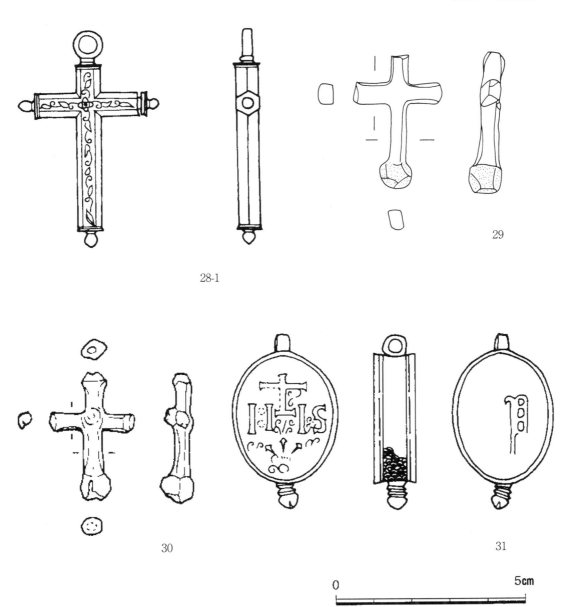

図5 出土十字架・聖遺物入れ（S=1/1）
　　磨屋町遺跡［28-1］　興善町遺跡［29］　万才町遺跡［30］　築町遺跡［31］

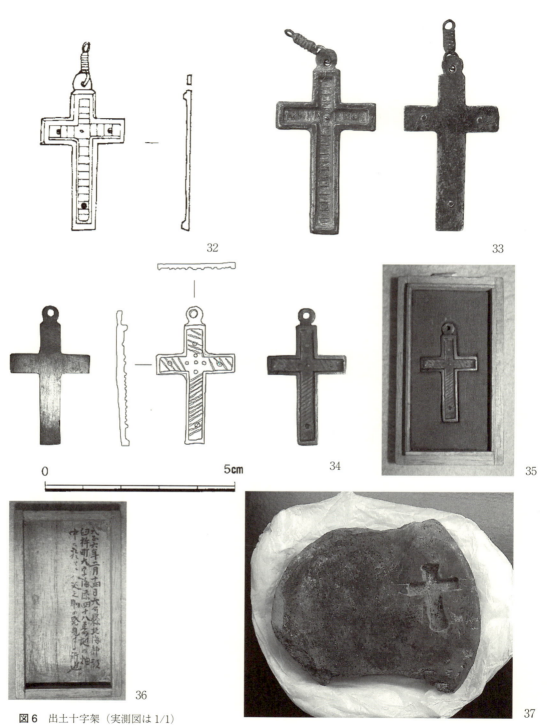

図6　出土十字架（実測図は1/1）
　　勝山町遺跡［32・33］　臼杵出土［34〜36］（澤田美喜記念館所蔵）　臼杵城出土十字架鋳型［37］

第 4 章　十字架論

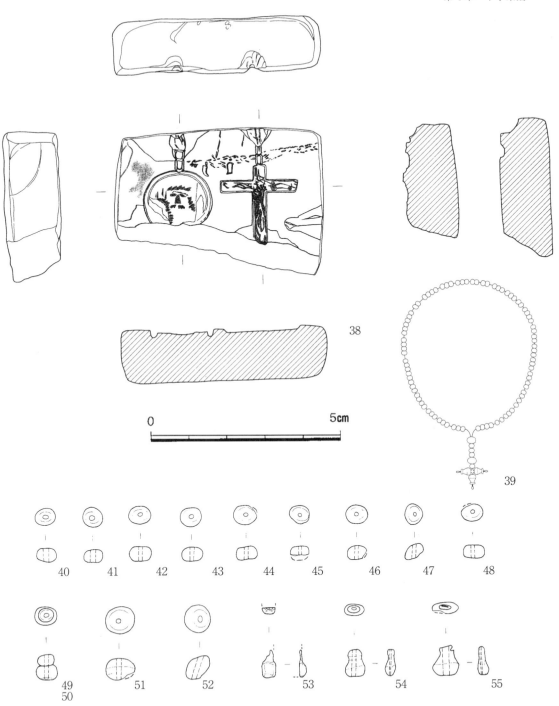

図 7　出土十字架・鋳型（実測図は S = 1/1　図 7 - 39 は除く）
　　　博多遺跡群出土十字架鋳型［38］　高槻城出土十字架［39 〜 55］（※ 39 は復元想定図）

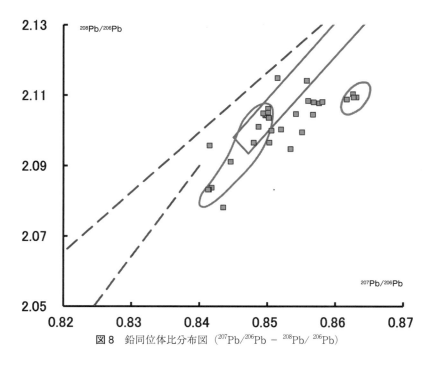

図8　鉛同位体比分布図　(^{207}Pb/^{206}Pb − ^{208}Pb/^{206}Pb)

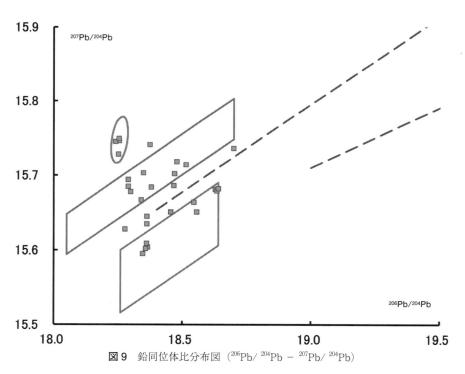

図9　鉛同位体比分布図　(^{206}Pb/^{204}Pb − ^{207}Pb/^{204}Pb)

第 4 章　十字架論

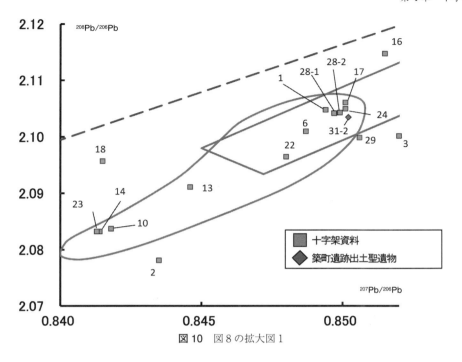

図 10　図 8 の拡大図 1

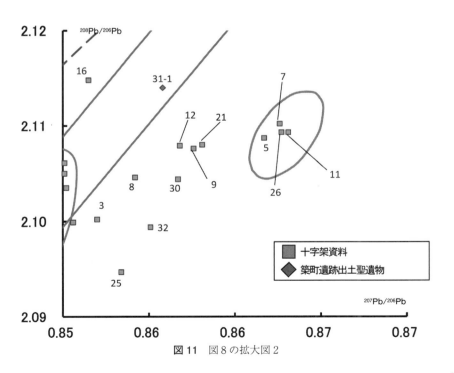

図 11　図 8 の拡大図 2

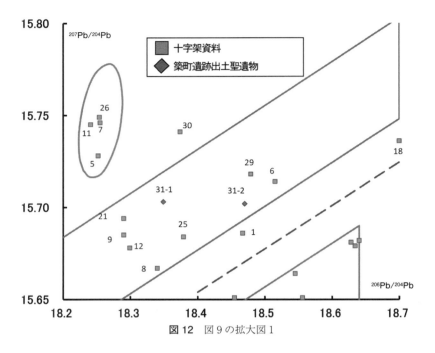

図12　図9の拡大図1

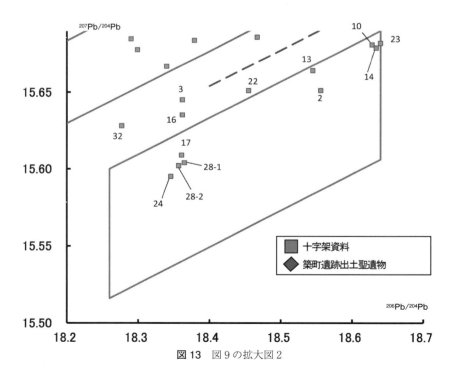

図13　図9の拡大図2

第4章 十字架論

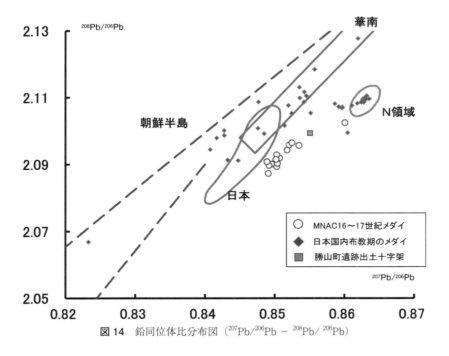

図14 鉛同位体比分布図（$^{207}Pb/^{206}Pb - ^{208}Pb/^{206}Pb$）

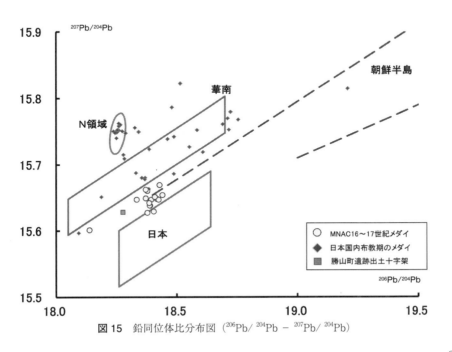

図15 鉛同位体比分布図（$^{206}Pb/^{204}Pb - ^{207}Pb/^{204}Pb$）

表1 キリシタン遺物の化学組成（％）

図版番号	資料名	出土遺跡・発見地・出所	素材	Cu 銅	Zn 亜鉛	Sn 錫	Pb 鉛	As ヒ素	Fe 鉄	Ag 銀	Au 金
28-1	十字架	磨屋町遺跡	純銅	99.0%	-	-	＜1		＜1		
28-2	十字架	磨屋町遺跡	純銅	99.0%	-	＜1	＜1		＜1		
29	十字架	興善町遺跡（八尾宅）	ハンダ	＜1	-	34.0%	64.0%		2.0%		
30	十字架	万才町遺跡（高島邸）	ハンダ	-	-	27.0%	71.0%		2.0%		
32	十字架	勝山町遺跡	真鍮	82.0%	12.0%	1.0%	3.0%		1.0%		
	十字架	丹生		35.7%	23.3%	0.8%	29.7%	1.0%	9.6%	<0.1	
	十字架	丹生		83.9%	12.6%	0.7%	1.6%	0.6%	0.6%	<0.1	
	十字架	臼杵出土	真鍮製	80.9%	17.3%	0.4%	0.9%	0.2%	0.3%		
31-1	聖遺物入	築町遺跡	純銅（鍍金）	92.0%			＜1	4.0%	＜1		3.0%

表2 キリシタン遺物の鉛同位体比値

図版番号	資料名	出土遺跡・発見地・出所	$^{206}Pb/^{204}Pb$	$^{207}Pb/^{204}Pb$	$^{208}Pb/^{204}Pb$	$^{207}Pb/^{206}Pb$	$^{208}Pb/^{206}Pb$	測定番号
1	十字架	原城跡	18.467	15.686	38.870	0.8494	2.1048	BP1954
2	十字架	原城跡	18.556	15.651	38.560	0.8435	2.0781	BP1955
3	十字架	原城跡	18.362	15.645	38.564	0.8520	2.1002	BP1944
5	十字架	原城跡	18.252	15.728	38.488	0.8617	2.1087	BP1301
6	十字架	原城跡	18.515	15.714	38.900	0.8487	2.1010	BP1935
7	十字架	原城跡	18.255	15.746	38.521	0.8626	2.1102	BP1936
8	十字架	原城跡	18.340	15.667	38.599	0.8542	2.1046	BP1938
9	十字架	原城跡	18.290	15.685	38.549	0.8576	2.1076	BP1939
10	十字架	原城跡	18.628	15.681	38.815	0.8418	2.0837	HS1162
11	十字架	原城跡	18.241	15.745	38.476	0.8631	2.1093	BP1943
12	十字架	原城跡	18.299	15.678	38.573	0.8568	2.1079	BP1294
13	十字架	原城跡	18.545	15.664	38.780	0.8446	2.0911	BP1295
14	十字架	原城跡	18.634	15.679	38.820	0.8414	2.0832	BP1934
16	十字架	原城跡	18.362	15.635	38.832	0.8515	2.1148	HS1160
17	十字架	原城跡	18.361	15.609	38.670	0.8501	2.1061	BP1298
18	十字架	原城跡	18.700	15.736	39.168	0.8415	2.0957	BP1300
21	十字架	原城跡	18.290	15.694	38.555	0.8581	2.1080	BP1945
22	十字架	原城跡	18.455	15.651	38.691	0.8480	2.0965	BP1946
23	十字架	原城跡	18.640	15.682	38.831	0.8413	2.0832	BP1947
24	十字架	原城跡	18.346	15.595	38.618	0.8501	2.1050	BP1932
25	十字架	原城跡	18.379	15.684	38.499	0.8534	2.0947	BP1933
26	十字架	原城跡	18.254	15.749	38.504	0.8627	2.1093	BP1937
28-1	十字架	磨屋町遺跡	18.365	15.604	38.643	0.8497	2.1042	BP1249
28-2	十字架	磨屋町遺跡	18.357	15.602	38.628	0.8499	2.1043	BP1250
29	十字架	興善町遺跡（八尾宅）	18.479	15.718	38.804	0.8506	2.0999	BP1252
30	十字架	万才町遺跡（高島邸）	18.374	15.741	38.667	0.8567	2.1044	BP1253
32	十字架	勝山町遺跡	18.277	15.628	38.370	0.8551	2.0994	BP1251
31-1	聖遺物入	築町遺跡	18.349	15.703	38.790	0.8558	2.1140	BP1259
31-2	聖遺物入	築町遺跡	18.470	15.702	38.852	0.8502	2.1035	BP1260

第4章 十字架論

表3 出土十字架一覧表

図版番号	資料名	出土遺跡・発見地・出所	出土遺構	素材	所蔵	サイズ（cm）			
						長径	短径	厚さ	重量
1	十字架	原城跡	TP38	青銅	南有馬市教育委員会	7.35	4.70	0.75	25.813
2	十字架	原城跡	TP39	青銅	南有馬市教育委員会	4.59	3.52	0.60	6.295
3	十字架	原城跡	TP19	鉛・錫	南有馬市教育委員会	2.90	2.32	0.35	4.111
4	十字架	原城跡	TP20	鉛・錫	南有馬市教育委員会	2.15	2.30	0.30	5.368
5	十字架	原城跡	TP30	鉛	南有馬市教育委員会	3.00	2.42	0.40	5.077
6	十字架	原城跡	TP39	鉛	南有馬市教育委員会	3.00	2.11	0.61	7.658
7	十字架	原城跡	TP39	鉛	南有馬市教育委員会	2.94	2.26	0.40	5.274
8	十字架	原城跡	TP56	鉛	南有馬市教育委員会	2.80	2.00	0.40	4.684
9	十字架	原城跡	TP64	鉛	南有馬市教育委員会	2.40	2.30	0.40	3.476
10	十字架	原城跡	TP17	鉛・錫	南有馬市教育委員会	2.40	1.95	0.50	6.022
11	十字架	原城跡	TP17	鉛・錫	南有馬市教育委員会	2.50	2.65	0.75	6.623
12	十字架	原城跡	TP17	鉛	南有馬市教育委員会	-	-	0.60	4.74
13	十字架	原城跡	TP15	鉛	南有馬市教育委員会	-	-	0.56	2.386
14	十字架	原城跡	TP30	鉛	南有馬市教育委員会	-	-	0.49	2.204
15	十字架	原城跡	TP38	鉛	南有馬市教育委員会	4.00	3.00	0.79	7.999
16	十字架	原城跡	TP19	鉛・錫	南有馬市教育委員会	3.50	2.35	0.50	7234
17	十字架	原城跡	TP20	鉛	南有馬市教育委員会	3.18	1.88	0.42	3.628
18	十字架	原城跡	TP30	鉛	南有馬市教育委員会	3.70	1.90	0.35	4.648
19	十字架	原城跡	TP20	鉛	南有馬市教育委員会	2.69	2.05	0.38	4.730
20	十字架	原城跡	TP19	鉛	南有馬市教育委員会	3.05	1.90	0.31	5.156
21	十字架	原城跡	TP50	鉛	南有馬市教育委員会	2.78	2.00	0.40	5.892
22	十字架	原城跡	TP56	鉛	南有馬市教育委員会	-	2.32	0.41	4.436
23	十字架	原城跡	TP59	鉛	南有馬市教育委員会	2.50	2.40	0.30	2.845
24	十字架	原城跡	TP18	鉛	南有馬市教育委員会	-	-	0.60	2.445
25	十字架	原城跡	TP28	鉛	南有馬市教育委員会	-	2.00	0.20	1.584
26	十字架	原城跡	TP50	鉛	南有馬市教育委員会	2.80	1.80	0.62	13.446
27	十字架	原城跡	TP30	ガラス	南有馬市教育委員会	0.80	0.75	0.80	0.439
28-1	十字架	磨屋町遺跡	SK16	純銅	長崎市教育委員会	5.60	3.60	0.60	-
28-2	十字架	磨屋町遺跡	SK16	純銅	長崎市教育委員会	5.60	3.60	0.60	-
29	十字架	興善町遺跡（八尾宅）	3層	鉛・錫	長崎市教育委員会	3.10	2.00	0.60	
30	十字架	万才町遺跡（高島邸）	不明	鉛・錫	長崎市教育委員会	3.20	2.20	0.40	4.33
32	十字架	勝山町遺跡	表採	真鍮	長崎市教育委員会	4.00	2.10	0.14	-
37	十字架鋳型瓦	臼杵城時鐘櫓跡	石垣	瓦	臼杵市教育委員会	10.30	13.80	2.20	-
38	十字架鋳型	博多遺跡群	土壙（SK20）	土製	福岡市教育委員会	2.20	2.00	-	-

(註)

(1) 松本慎二編『原城跡』南有馬町文化財調査報告第2集、南有馬町教育委員会、1996
　　松本慎二編『原城Ⅱ』南有馬町文化財調査報告第3集、南有馬町教育委員会、2004
　　松本慎二編『地下に眠る信仰のあかし』南有馬町教育委員会、2002
(2) 鉛を板状にのばし、そこに十字を陽刻したレリーフ状製品も含めている。
(3) 松本慎二「原城出土のキリシタン遺物」九州考古学会夏季（大分）大会発表資料『キリシタン大名の考古学』2007
(4) 分析は別府大学平尾良光教授、魯禔玹氏（現韓国国立中央博物館）が行い、データを提供していただいた。
(5) 魯禔玹「南蛮貿易と金属材料－自然化学的方法を用いた中世キリスト教関連遺物の研究－」九州考古学会夏季（大分）大会発表資料『キリシタン大名の考古学』2007
(6) 松田毅一・川崎桃太訳『完訳フロイス日本史10　大村純忠・有馬晴信篇Ⅱ』中公文庫、2000
(7) 宮下雅史編『磨屋町遺跡』長崎市教育委員会、2002
(8) 松田毅一・川崎桃太訳『完訳フロイス日本史8　大友宗麟篇Ⅲ』中公文庫、2000
　　(ed.) Wicki José; Froís Luií: Historia de Japam, 1-5vols. Lisboa. 1976-1984.
(9) 結城了悟「キリシタン遺物」『興善町遺跡』長崎市教育委員会、1998
(10) 違う部位の測定では錫19％、鉛79％であったがいずれにしても鉛の方が多い合金である。
(11) 川口洋平・中尾篤志・平田賢明編『万才町遺跡Ⅱ』長崎県文化財調査報告書第192集、長崎県教育委員会、2007
(12) 註5に同じ
(13) H. チースリク監修　太田淑子編『日本史小百科　キリシタン』東京堂出版、2001
(14) 賀川光夫「丹生台地で発見されたキリシタン遺物」『考古学ジャーナル』13、1967
　　賀川光夫「キリスト教一宗教考古学の諸相」『季刊考古学』2号、1983
(15) 魯禔玹氏（当時別府大学）に測定してもらい、データを提供していただいた。
(16) 佐藤浩司編『黒崎城跡3－前田熊手線街路事業に伴う埋蔵文化財発掘調査報告3－』北九州市埋蔵文化財調査報告書第375集、財団法人北九州市芸術文化振興財団埋蔵文化財調査室、2007
　　角川茂・上野淳也・平尾良光・佐藤浩司「出土した鋳造関連遺物の鉛同位体比」『研究紀要第22号』財団法人北九州市芸術文化振興財団埋蔵文化財調査室、2008
(17) 佐藤一郎編『博多85－博多小学校建設に伴う埋蔵文化財発掘調査報告書－』福岡市埋蔵文化財発掘調査報告書第711集、福岡市教育委員会、2002
(18) 高橋公一編『高槻城キリシタン墓地』高槻市教育委員会、2001
(19) 井藤暁子「キリシタン数珠ロザリオの我が国における態様－遺物から見たキリシタン時代の信仰復元をめざして－」『財団法人大阪府文化財センター研究調査報告』第4集、財団法人大阪府文化財センター、2006
(20) 註19に同じ
(21) 註9に同じ

第5章 結語
―――布教期におけるキリシタン遺物の流入形態―――

　以上、布教期におけるキリシタン遺物の分析、検証を行ってきたが、それらを再度ここで整理し、最終的に布教期におけるキリシタン遺物の流入形態について言及していきたいと思う。

第1節　布教期のメダイの形態

　A）平面形状
　円形・楕円形・突起楕円形（楕円形で周囲に突起を付して十字架を模す）・八角形・六角形など多様な形状が存在する。19世紀以降は楕円形が主流になることを考えると、この形状の多様性が布教期の一つの特徴であるといえる。
　さらにその中でも、突起楕円形については、他の時期には見られない布教期の特徴的形態である考えられ、布教期のメダイを認定する上での一つの指標となろう。
　B）鈕の形態
　段をつけずに鈕が付くB類が最も多く半数以上を占め、次に段をつけるA類が多く4分の1を占めるが、B類は、ほとんど突起楕円形に限られ、布教期では段を付けるA類がむしろ普遍的である。段をつけるA類は19世紀ではほとんど見られず、布教期を特徴づける形態である。
　C）穿孔方向
　布教期のメダイの穿孔方向は、メダル面を正面に向けた際横方向に穿孔がなされる「横穿孔」が主体となる。これは、首等から吊るした際、メダイが正面を向くために必然的な穿孔方向である。19世紀以降、現代においても主体となる穿孔方向は、メダル面に向かって穿孔がなされる「正面穿孔」である。この穿孔の場合、メダイが正面を向くためには、メダイの鈕にさらにもう一つリングを付ける必要がある。布教期当時は、そのリングを必要としない形態であった。
　D）図像
　布教期当時のメダイに多かったモチーフは［無原罪の聖母］（39点）、［天使聖体礼拝図］（20点）、［文字］（17点）、［キリスト半身像］（15点）、［聖母子像］（14点）、［キリストの磔刑］（13

点）、［マリア半身像］（13点）等であった。そして、表裏の図像の組み合わせとして多かったのが、|A面：天使聖体礼拝図－B面：文字|（17点）、|A面：マリア半身像－B面：キリスト半身像|（13点）であった。

　無原罪の聖母をはじめとするマリアのモチーフは、布教期においては特に好まれた図像であった。

　以上が布教期のメダイにおける形態的特徴である。この形態的特徴は、発掘出土資料と伝世資料の双方において、ほぼ共通している。伝世資料については、これまで資料自体は16〜17世紀という位置づけが、図像的解釈からなされていた。しかし、その資料がいつ日本に伝来したかという点については、言及できていなかったのが現実である。それに対して近年の発掘出土資料は、メダイ資料の布教期における伝来をダイレクトに示すものである。本書における検証の結果、発掘出土資料と伝世資料の形態的特徴に大きな差異が認められなかったことは、これまで確認されている伝世資料が、布教期の日本において十分の存在しえたことを立証するものである。

第2節　布教期のメダイの時期認定

　メダイの年代については、メダイに描かれた図像により具体的に知ることができるものがある。1591年銘のある「グレゴリウス14世」メダイ【1304】（グレゴリウス14世の在位期間1590〜91年）、1600年銘のある「クレメンス8世」メダイ【1301】（製作は1620年以降）、「B.FranciscusXaverius」銘により、ザビエルの福者期間である1619〜21年が年代推定される福者ザビエルメダイ【0301】、【1001】、【1308】、【2009】聖カルロ・ボッロメーオが1610年11月1日に列聖されたことにより、それ以降の製造ということが分かる「聖カルロ・ボッロメーオ」メダイ【1402】【1413】【0204】等がそれである。

　しかしさらに発掘調査によってメダイが出土するようになったため、日本への伝来時期が分かる資料がみられるようになった。次頁の図がそれである。

　この中で注目されるのが、1587年以前に位置付けられる中世大友府内町跡出土遺物である。前述の、図像から年代の分かる資料でも、最も古いものは「グレゴリウス14世メダイ」で、1591年以降である。したがって、日本で最も古い段階に位置付けられるのがこの中世大友府内町跡の資料である。この中世大友府内町跡とは、大分県大分市の中心部（当時の府内）に位置する遺跡であるが、注目すべきはキリシタン大名大友宗麟の城下町跡である点である。この遺跡は、キリシタン墓をはじめ、コンタツやメダイなどのキリシタン遺物を多数出土している。中でも特筆すべき資料はメダイで、ヴェロニカのメダイ1点と、府内で独

第5章　結語

| （西暦年） | 1550 | 1560 | 1570 | 1580 | 1590 | 1600 | 1610 | 1620 | 1630 | 1640 |

(a) 1587年以前：
中世大友府内町跡出土遺物【0101～0130】

(b) 1620年代以前：
黒崎城跡5区出土遺物【1501】

(c) 1619年～1638年：
原城跡出土遺物
（福者ザビエル・福者ロヨラ）

(d) 1638年以前：
原城跡出土遺物【0302～0314】

(e) 16世紀第4四半期
～17世紀ごく初頭：
東京駅八重洲北口遺跡出土遺物

(f) 16世紀末～
17世紀初頭：
博多遺跡群第111次調査【1101～1103】
万才町遺跡【0601】
万才町遺跡（県庁新別館）【0701・0702】

(g) 17世紀初頭：
勝山町遺跡【0901】

自に製造されたと考えられる府内型メダイが、29点出土している。

　府内型メダイについては、当時宣教師が所持していたメダイを模倣して、府内で独自に製作したと考えられる。したがって、府内型メダイの形態は、1587年以前当時日本に存在していた、あるいはもたらされたメダイの形態を反映している。

第3節　府内型メダイ

　府内型メダイの素材は、鉛製、錫＋鉛製、純銅製等からなり、その内鉛を主成分とするものが圧倒的に多い。府内型メダイは言うまでもなく国内製であるため、この鉛製、錫＋鉛製、純銅製といった素材は、他のキリシタン遺物の製作背景を考察する上でも指標となる。

　さらに、府内型メダイの大半は、その素材となっている鉛の産地が鉛同位体比分析によって、N領域と呼ばれるタイのソントー鉱山に求められる。それらの資料は非常に近い鉛同位体比値をそれぞれ示しており、そのことから同一素材、つまりはインゴットをもとに製作されたことが想定される。そのインゴットは円錐形をしたもので、府内型メダイを出土する中世大友府内町跡で1点確認されている。さらに現段階、府内以外で、長崎県山見沖海底遺跡出土資料1点、長崎県万才町遺跡出土資料2点、高知県岡豊城跡出土資料1点、和歌山県城山遺跡出土資料2点、静岡県駿府城出土資料2点の計8点の国内資料に加え、フィリピン北部で沈没したスペイン船 SAN DIEGO 号の出土資料5点を加えた合計14点が確認されている。

　そしてそのインゴットを製作したと考えられる、土製の鋳型もタイのソントー鉱山で発見されており、円錐形鉛インゴットのルーツがはっきりとしきた。

　東南アジアから、鉛のインゴットを輸入してメダイを製作した、ということの背景には、

251

南蛮貿易の存在がうかがわれる。当時鉛は南蛮貿易の主要輸入品であった。鉛は、軍事的要素を主としてもたらされたと思われるが、府内ではメダイ製作にも用いられた。鉛はその素材の性質から容易に加工できるため、その結果府内型メダイは大量に生産されたのである。そしてこの鉛の輸入おいて、媒介となったのはイエズス会の宣教師やポルトガル商人達であったと考えられる。

第4節　ヴェロニカのメダイ

　府内において、府内型メダイとともに出土したメダイにヴェロニカのメダイがある。一方の面にヴェロニカ、もう一方の面に聖母子像が描かれる、円形のメダイである。このメダイは、府内型メダイ同様、鉛と錫で作られていた。

　また、ヴェロニカのメダイは筆者が知りうる限りでは、日本国内で製品が4点、鋳型が1点確認されている。その製品4点は府内の1点以外に、天草伝世資料2点、神戸市立博物館所蔵品（元は島原旧教徒所持）の1点で、鋳型は博多で出土している。この5点の資料の中で、府内の資料のみが図像の描写で大きく異なっている。

　鉛同位体比分析では、府内の資料の産地は未知の領域に位置しており不明であるが、その素材からして西洋ではなく、日本での製造が想定される。また天草の資料の1点は、鉛同位体比分析の結果朝鮮半島産の鉛を使用しており、国内で製作している可能性が高い。さらにこの天草のメダイは博多の鋳型と図像的に同じであり、博多におけるメダイの製作に関係していることがうかがわれる。府内の資料のみが図像的に異なっているのは、こうした素材の産地の違いが反映している可能性が高い。

第5節　フロイスの『日本史』に見られるメダイ

　フロイスの『日本史』にメダイに関する記述がみられる。フロイスの「日本史」では、メダイに関係する記述14箇所中、12箇所に「veronica」の用語が見られ、当時ヴェロニカのメダイが主流だったことがうかがわれる。

　メダイに関しての記録は、1588年が最後であり、よって記述されたメダイはそれ以前のものを指している。府内で出土したヴェロニカのメダイは1587年以前の所産で、まさに記録に合致している。

　さらにフロイスの記録に出てくるヴェロニカのメダイの素材は、「金のメダイ medalhas d'ouro」、「鉛のメダイ　veronica de chumbo」、「錫のメダイ　veronica d'estanho」とあり、

第 5 章　結語

「鉛のメダイ」を持っていたのは、キリシタンのある老女、「錫のメダイ」を頸からかけていたのは、教会の従僕であった。一方「金のメダイ　medalhas d'ouro」を貰ったのは織田信長、「立派なメダイ　veronicas ricas」を製作させたのは大友宗麟である。つまり、一般民衆は主に鉛製・錫製のものを所持しており、領主層は金など質の高いメダイを所持していたことが分かる。

第 6 節　素材から見た布教期メダイの様相

　1587 年以前、府内型メダイやヴェロニカのメダイに見られるように、確認されているメダイの素材は一部純銅製があるものの、大半が鉛・錫製であった。さらに 1638 年以前の出土資料すべてを見ても、鉛・錫製が約 50％を占めている。これらはすべて、おそらく日本国内で製作されたものであろう。

　ところが、日本国内で伝世されている資料を見ると、真鍮製が 74％と圧倒的に多く、鉛・錫製は僅かに 20％程度となってしまう。真鍮製のメダイについては、スペインバルセロナのカタルーニャ美術館に所蔵されている 16 世紀〜 17 世紀の資料が、その大半が真鍮製である（蛍光 X 線分析を行った資料はすべて真鍮製）ことから、西洋製の可能性が高い。日本国内での 17 世紀初頭における真鍮製のメダイの製作は、当時の日本の技術から考えてもそう多くはないと考えられる。

　以上のことから分かるのは、素材の違いの背景には、製作地の違いが潜在している点である。そして出土資料と伝世資料で素材の中心が異なるのは、出土資料と伝世資料との間に、時期の偏差が存在しており、換言すれば、布教期の中でも、鉛・錫製のメダイが主体をなす時期と、真鍮製が主体をなす時期が存在する可能性があることである。

第 7 節　メダイ以外のキリシタン遺物

　メダイ以外のキリシタン遺物として、コンタと十字架の出土資料について検証を行ったが、大半がその素材がアジアに求められ、したがって国内もしくは南蛮貿易ルートのいずれかの国での製作の可能性が高い。1 点のみ勝山町遺跡出土の十字架が、スペインバルセロナのカタルーニャ美術館所蔵メダイと近い産地を示している。この資料はスペイン系カトリックのドミニコ会関係の遺物である。

　よって日本を含むアジア製のものと、西洋からの舶来品とが認められ、メダイの状況と似ている。

第8節　布教期のキリシタン遺物の流入形態

　以上の検証結果を総合すると、布教期におけるキリシタン遺物流入形態が明らかになってくる。

　まずメダイの形態については、横方向の穿孔や段を付けて鈕を作る形態は、布教期に一貫して見られる。しかし、平面形状については、1587年以前に位置付けられるヴェロニカのメダイはすべて円形であり、さらに当時のメダイの形態を反映している府内型メダイも平面形状は円形が主体となる。したがって、布教期でも前半段階（仮に1587年以前としておく）は、日本に存在したメダイは円形が主体であった可能性が高い。メダイがもともとはメダルであったことを考えれば、当然の結果であろう。そして、後半段階（仮に1587年以降としておく）になると、メダイの形態は、円形の他に、楕円形・突起楕円形・八角形・六角形など多様な形状が存在するようになり、やがて布教期以降、メダイが爆発的に世界中で広まりだした19世紀以降には楕円形に淘汰されていく。

　次に、メダイの素材については、1587年以前は府内型メダイやヴェロニカのメダイを見る限り、鉛や錫製が中心となっている。これは当時の記録フロイス『日本史』の記録からもうかがえる。フロイスのメダイの記録は1588年以前のものになるが、それによると当時の一般民衆は鉛や錫のヴェロニカのメダイを所持していたことが分かる。

　ところが、布教期のメダイ全体で見ると、真鍮製のメダイの割合が多く、したがって布教期の中でも前半段階（仮に1587年以前としておく）と後半段階では、メダイの素材に変化があったとみなすことができる。具体的には、前半段階は鉛・錫のメダイが主体を占め、後半段階は真鍮製のメダイが増えてくることが想定される。ただしこれはメダイ自体の形態変化ではなく、メダイの流入形態の変化としてとらえるべきである。その根拠について、次にみていくこととする。

　まず、メダイの素材の違いは、メダイの製作地を反映している点である。鉛同位体比分析による産地同定結果を検証すると、鉛・錫製、純銅製のメダイは日本国内及び南蛮貿易ルート上にのるアジアのいずれか国で製作されている可能性が高い。一方真鍮製のメダイは西洋製の可能性が高い。つまりこの現象を整理すると、布教期前半段階（仮に1587年以前）は、アジア製のメダイが多く、後半段階は西洋製のメダイが多くなったということになり、メダイは地元で生産する段階から、輸入を中心とする段階へ移行していったということになる。本来ならば、地元での生産工程が確立しているならば、そこから敢えて輸入中心の形態に変化していくのは不自然な気がするが、実はこの変化が起こったのは、その背景に別の外的要因があったからに他ならない。

これまで前半段階と後半段階の境目を「仮に1587年」としてきたが、これはたまたま、年代を限定できる資料が、府内の資料に限られるため、その府内の年代設定に準じて「仮に1587年」としてきたわけである。しかし、実はこの仮に設定した1587年は、前述の「外的要因」の起こった時期に、偶然にも合致しているのである。その外的要因とは次の要因である。

① 天正15（1587）年のバテレン追放令により、メダイの国内製作に規制がかかった可能性がある。
② 1590年に天正遣欧使節が帰国し、彼らの持ち帰ったキリシタン遺物あるいは技術が、後の国内のキリシタン遺物に影響を与えた。
③ 1590年以降にはスペイン系托鉢修道会（フランシスコ会・ドミニコ会・アウグスチノ会等）が来日するようになる。

どれも影響として大きかったと考えられるが、筆者はこの内③の要因が、素材や形態に劇的な変化をもたらしたのではないかと考えている。

スペインよりもいち早く南蛮貿易ルートを確保したポルトガルは、キリシタン遺物の素材の供給から製品の製作までをアジア地域で完結し得たと思われる。鉛同位体比の示すデータはそれを物語っている。イエズス会が中心となって日本で宣教を行っていた時期はまさにこの頃であり、イエズス会宣教師達もこの貿易ルートにのって日本へ訪れてきたのである。

当時のイエズス会布教長カブラルによる対日宣教方針は、「封建君主に優る宣教師はない」[1]というスタンスであり、領主を取り込んで布教を広げるという方法がとられた。こうした宣教スタイルを背景に、キリシタン遺物の提供においては、領主層と一般庶民の関係を重視し、両者の間に明確な差違を生じさせたものと思われる。その結果、フロイスの記録に見られるように、一般民衆に鉛・錫のメダイ、君主に金のメダイといった区別が生じたのであろう。そして当時非常に渇望されたヴェロニカのメダイをはじめとする、キリシタン遺物に対する高い需要に対しては、西洋からの輸入に頼らず、アジアの中で完結させる、つまり、アジアの中で製作して提供するというシステムが構築されていたのではないかと考えられる。これはポルトガルがいち早くアジアの植民地化に成功し、物資の流通形態を確立していたことに起因すると考えられる。

一方フランシスコ会やドミニコ会はそうした背景とは全く異なる過程を経て日本に入ってきた。その結果自ずとキリシタン遺物の導入形態も変わってきたはずである。つまりアジアを起点とせずに、西洋からダイレクトにキリスト教信心具を持ち込み、配った可能性があるのである。つまり、イエズス会が行ってきた階層を重視して、キリスト教信心具を配布するのではなく、ダイレクトに民衆へキリスト教信心具を配布し布教を広めていったのではないだろうか。

当時の民衆にとって、金色に輝く真鍮製のメダイは、それまでの鉛や錫のメダイより渇望

されたことは想像に難くない。布教活動においても勢いを増したものと思われる。しかし、折しも豊臣秀吉によって、1587年に伴天連追放令が出され、国内での布教活動に制限がかかりはじめた時であった。当初は貿易を容認していたために、伴天連追放令そのものにさほど強い拘束力がなかったものの、秀吉がキリシタンの布教活動に脅威を感じはじめていたのは事実である。やがて、1596年のサン・フェリペ号の漂着を契機に、翌年26聖人の大殉教が起こってしまう。

　イエズス会はいち早く日本に到着して、幾多の失敗や試練を乗り越え、当時の日本の封建制と戦国社会を理解したうえで、徐々に日本国内に布教を定着させていった。イエズス会にとってはその経験が糧となり、ある程度の成功を収めていたのであろう。しかし、遅れて日本に入ったスペイン系托鉢修道会は、ある程度日本に布教の礎が築かれた上での、布教活動の開始であった。その結果、当時の日本の構造や、日本における布教の困難さをさほど理解できぬままに、さらにはある程度の基礎ができていたがために、布教活動を活発化させていったものと考えられる。金色に輝く真鍮製のメダイの大量流布は、こうした背景のもとに行われたのではないだろうか。

　ルソンからやってきたドミニコ会の宣教師達に対して、フロイスが次のようにぼやいていたことからも、当時のイエズス会と托鉢修道会の間に差が生じていることがうかがえる。

「修道士たちはこれらのキリシタンたちに対してすこぶる寛大に振舞い、コンタツや聖フランシスコの帯や制服を分けあたえていた。彼らはそういう品物を寛大に与えれば与えるほど、日本人たちが速やかに信心を失ってしまうことや、またそれが日本の習わしでもあることに気づかないでいた。都にいたオルガンティーノ師がそのことで警告し、その他必要な注意を与えたが、彼らは修道会ごとに定められた生き方に従うべきだと言って聞き入れようとしなかった。」（史料⑰）

　このように、府内の資料によって導き出された1587年前後の境界というのは、キリシタン遺物流入形態においても大きな変革の時期であったことが分かる。本書では、スペインバルセロナのカタルーニャ美術館の資料に触れたが、西洋の資料の状況を把握するには、まだまだ情報不足である。今後西洋の資料の検証をさらに行い、さらには南蛮貿易ルート上の国において資料が把握されるようになってくれば、キリシタン遺物の流入形態の変革がより一層明確になってくるものと考える。そしてさらには、今まで文献や美術史学の中でしか知りえなかった、布教期のキリシタン文化の様相がより一層明らかになってくるものと確信する。

（註）
（1）　松田毅一・佐久間正『日本巡察記　ヴァリニャーノ』東西交渉旅行記全集Ⅴ、桃源社、1965

謝辞

　本書を成すにあたり、以下の諸先生・諸氏には様々なご教示・ご助言を賜りました。心よりお礼申し上げます。

青柳洋治	浅野ひとみ	井藤暁子	今野春樹	大石一久	岡泰正	小川伊作
川上茂次	川嵜富人	小野正敏	神田高士	神庭伸幸	木村幾多郎	小島道裕
後藤宏樹	五野井隆史	坂本満	佐々田学	坂本嘉弘	佐藤一郎	佐藤浩司
下川達彌	鯛茂	高橋公一	竹広文明	田中敏雄	田中裕介	坪根伸也
中園成生	野島永	原祐一	平尾良光	平田豊弘	古瀬清秀	本田光子
松本慎二	宮下雅史	山下大恵	山田拓伸	結城了悟	吉田寛	魯禔玹

デ・ルカ・レンゾ（De Luca, Renzo, sj）
Maria de Gràcia Salvà Picó
Surapol Natapintu
Waiyapot Worakanok

（五十音順　敬称略）

第6章　参考文献一覧

※論文については、著者五十音順　報告書については、報告書名五十音順

〔著書・論文等〕
* 浅野ひとみ・後藤晃一「コンタツ論」『純心人文研究』第14号、長崎純心大学、2008
* 浅野ひとみ「信心具としての《ヴェロニカのメダイ》」『純心人文研究』第15号、長崎純心大学、2009
* 浅野ひとみ「布教期の金属製キリシタン信仰具」『文化財学へのいざない』平尾良光先生古稀記念論集、2013
* 浅野ひとみ「金属製キリシタン信仰具」『千提寺・下音羽のキリシタン遺物研究』平成23-25年度学術研究助成基金助成金（挑戦的萌芽研究　課題番号23652026　代表：浅野ひとみ）、長崎純心大学、2014
* 新井白石『西洋紀聞』東洋文庫、1968
* 井藤暁子「キリシタン数珠ロザリオの我が国における態様―遺物から見たキリシタン時代の信仰復元をめざして―」『財団法人大阪府文化財センター研究調査報告』第4集、財団法人大阪府文化財センター、2006
* 今野春樹「布教期におけるメダイの研究―16世紀後半～17世紀前半にかけて―」『物質文化』82、物質文化研究会、2006
* 今野春樹「キリシタン遺物の諸相―新発見の可能性に備えて―」『キリシタン文化』研究会報128号、キリシタン文化研究会、2006
* 今野春樹「メダイの図像「無原罪の聖母」の分類について」『純心人文研究』第15号、長崎純心大学、2009
* 今野春樹「メダイの図像「無原罪の聖母」の分類について」『純心人文研究』第15号、長崎純心大学、2009
* 今野春樹『キリシタン考古学－キリシタン遺跡を掘る－』考古調査ハンドブック8、ニューサイエンス社、2013
* 岡田章雄『日欧交渉と南蛮貿易』岡田章雄著作集Ⅲ、思文閣出版、1983
* 岡田温司『キリストの身体-血と肉と愛の傷-』中公新書、2009
* 鹿毛敏夫『アジアン戦国大名大友氏の研究』吉川弘文館、2011
* 加藤知弘『バテレンと宗麟の時代』石風社、1996
* 神田千里『島原の乱-キリシタン信仰と武装蜂起-』中公新書、2005
* 賀川光夫「丹生台地で発見されたキリシタン遺物」『考古学ジャーナル』13、ニューサイエンス社、1967
* 賀川光夫「キリスト教―宗教考古学の諸相」『季刊考古学』2、雄山閣、1983

- 角川茂・上野淳也・平尾良光・佐藤浩司「出土した鋳造関連遺物の鉛同位体比」『研究紀要第 22 号』財団法人北九州市芸術文化振興財団埋蔵文化財調査室、2008
- 川崎桃太『フロイスの見た戦国日本』中公文庫、2006
- 北野隆亮「和歌山平野における円錐形鉛インゴットと鉛製鉄砲玉－城山遺跡の「織豊系陣城」評価と出土遺物の検討－」『紀伊考古学研究』第 16 号、2013
- 木村幾多郎「2.府内と府内古図」『中世大友再発見フォーラム　南蛮都市・豊後府内都市と交易』大分市教育委員会・中世都市研究会発行、61～70 頁、2001
- 五野井隆史『日本キリスト教史』吉川弘文館、1990
- 五野井隆史「キリスト教布教とキリシタンの道具（一）」『英知大学キリスト教文化研究所紀要』第二〇巻第 1 号、英知大学キリスト教文化研究所、2005
- 佐々木稔編『火縄銃の伝来と技術』吉川弘文館、2003
- 高瀬弘一郎『イエズス会と日本』岩波書店、1981
- 高瀬弘一郎『キリシタン時代対外関係の研究』吉川弘文館、1994
- 高瀬弘一郎『キリシタン時代の文化と諸相』八木書店、2001
- 高橋裕史『イエズス会の世界戦略』講談社選書メチエ、講談社、2006
- 竹下節子『聖母アリア』講談社、1998
- 竹村覚『キリシタン遺物の研究』開文社、1964 年
- 中島楽章「十六世紀末の九州・東南アジア貿易 加藤清正のルソン貿易をめぐって」『史学雑誌』118、財団法人史学会、2009
- 新村出「摂津高槻在東氏所蔵の吉利支丹遺物」『吉利支丹遺物の研究　附録　日本青銅利器聚成』京都帝国大学文学部考古学研究報告第 7 冊、京都帝国大学、1926
- 魯禔玹「南蛮貿易と金属材料—自然化学的方法を用いた中世キリスト教関連遺物の研究—」『キリシタン大名の考古学』九州考古学会夏季（大分）、大会発表資料、九州考古学会夏季（大分）大会実行委員会、2007
- 平尾良光編『古代青銅の流通と鋳造』鶴山堂、1999
- 平尾良光「戦国時代の鉄砲玉が語る東南アジア交易」『鉛同位体比法を用いた東アジア世界における金属の流通に関する歴史的研究』平成 21 年～23 年度科学研究費補助金進学術領域研究（研究課題提案型）研究成果報告書（課題番号 21200028）研究代表者平尾良光、2012
- 平尾良光・飯沼賢司・村井章介編『大航海時代の日本と金属交易』思文閣出版、2014
- 松田毅一・佐久間正編訳　ヴァリニャーノ『日本巡察記』東西交渉旅行記全集〔5〕、桃源社、1965
- 松田毅一『南蛮巡礼』中公文庫、1967
- 松田毅一『キリシタン　史実と美術』淡交社、1969 年
- 松田毅一監訳　『十六・七世紀イエズス会日本報告集』第 3 期第 4 巻　1570 年 -1577 年、同朋舎、1998
- 松田毅一・川崎桃太訳『完訳フロイス日本史』1～12、中公文庫、2000
- 松本慎二「原城出土のキリシタン遺物」『キリシタン大名の考古学』九州考古学会夏季（大分）、大会発表資料、九州考古学会夏季（大分）大会実行委員会、2007
- 三重野誠『大名領国支配の構造』校倉書房、2003

第6章 参考文献一覧

* 三俣俊二「草津のサンタマリア」『聖母女学院短期大学研究紀要』第24集、聖母女学院短期大学、12〜29頁、1995
* 宮下雅史「花十字紋瓦考」『西海考古』第5号、西海考古同人会、49〜62頁、2003
* 村上隆『金・銀・銅の日本史』岩波新書、2007
* 柳宗玄・中森義宗編『キリスト教美術図典』吉川弘文館、1994
* 結城了悟『日本二十六聖人記念館の聖フランシスコ・ザビエル』日本二十六聖人記念館、1998
* 結城了悟「キリシタン遺物」『興善町遺跡』長崎市教育委員会、1998
* H. チースリク監修　太田淑子編『日本史小百科　キリシタン』東京堂出版、2001
* Hubert Cieslik S. J.「高山右近両の山間部におけるキリシタン－武侠・司牧上の一考察－」（キリシタン文化研究会編『キリシタン研究』第十六輯　吉川弘文館、1976年）
* Ji-hyun RO and Yoshimitsu Hirao,: *Lead Isotope Ratios and Chemical Compositions of Christian Medals in Museu Nacional Art de Catalunya (Barcelona Spain)* Junshin Journal of Grants-in-Aid for Scientific Research'. pp. 31-48. esp. p. 34, 2012
* Mitsuo KAGAWA: *Christian Relics Discovered at Nyu Hill in Oita City*, Memoirs of Beppu Unitversity25 (1984), Oita, pp. 53-60, 1984
* Wicki José; Froís Luií: *Historia de Japam*, 1-5vols. Lisboa. 1976-1984

〔報告書・図録等〕

* 旭充他編『葵　徳川三代展』NHKプロモーション、2000
* 永松実編『朝日新聞社長崎支局敷地埋蔵文化財発掘調査報告書』長崎市埋蔵文化財調査協議会、1992
* 『遺跡が語る北海道の歴史』（財）北海道埋蔵文化財センター、（財）北海道埋蔵文化財センター調査報告書第102集、1996
* 長直信・西田京平・山口将史・平尾良光『大友府内17　中世大友府内町跡第87次調査報告　旧万寿寺境内および五重塔跡確認調査』大分市埋蔵文化財発掘調査報告書第105集、大分市教育委員会、2010
* 森田尚宏『岡豊城跡Ⅱ－第6次発掘調査報告書－』高知県埋蔵文化財センター発掘調査報告書第6集　財団法人高知県文化財埋蔵文化財センター、1992
* 中園成生編『改訂版　生月島のかくれキリシタン』平戸市生月町博物館・島の館、2006
* 扇浦正義編『勝山町遺跡－長崎市桜町小学校新設に伴う埋蔵文化財発掘調査報告書－』長崎市教育委員会、2003
* 樋口隆康編『吉利支丹遺物の研究　附録　日本青銅利器聚成』京都帝国大学文学部考古学研究報告第7冊、京都帝国大学、1926
* 佐藤浩司編『黒崎城跡3－田熊手線街路事業に伴う埋蔵文化財発掘調査報告3－』北九州市埋蔵文化財調査報告書第375集、財団法人北九州市芸術文化振興財団埋蔵文化財調査室、2007
* 扇浦正義編『興善町遺跡』長崎市教育委員会、1998

* 仙台市博物館編『国宝「慶長遣欧使節関連資料」』仙台市博物館収蔵資料図録、仙台市博物館、2001
* 梅崎恵司、川上秀秋、中村利至久、田村和裕編『小倉城三ノ丸跡第6地点5(4区と5区の調査)』北九州埋蔵文化財調査報告書第473集　財団法人北九州市芸術文化振興財団　埋蔵文化財調査室、2012
* 井藤暁子編『彩都（国際文化公園都市）周辺地域の歴史・文化総合調査報告書』大阪府文化財調査研究センター、1999
* 山本宏司編『駿府城跡Ⅰ（遺物編1）』静岡市埋蔵文化財調査報告44、静岡市教育委員会、1998
* 茨木市教育委員会編『千提寺・下音羽のキリシタン遺跡』茨木市教育委員会、2000
* 高橋公一編『高槻城キリシタン墓地』高槻市教育委員会、2001
* 松本慎二編『地下に眠る信仰のあかし』南有馬町教育委員会、2002
* 扇浦正義編『築町遺跡－築町別館跡地開発に伴う埋蔵文化財発掘調査報告書－』長崎市教育委員会、1997
* 小林牧編『東京国立博物館図版目録－キリシタン関係遺品篇－』東京国立博物館、2001
* 金子智・今野春樹・鈴木康友編『東京都千代田区　東京駅八重洲北口遺跡』千代田区東京駅八重洲北口遺跡調査会、2003
* 宮下雅史編『磨屋町遺跡』長崎市教育委員会、2002
* 『特別史跡　一乗谷朝倉氏遺跡　Ⅶ』昭和50年度発掘調査整備事業概報、福井県教育委員会・朝倉氏遺跡調査研究所、1976
* 『特別展根来寺の歴史と文化－教大師覚鑁の法灯－』山県立博物館、2002
* 大分市教育委員会文化財課編『南蛮都市・豊後府内』大分市教育委員会・中世都市研究会編、2001
* 岡泰正・成澤勝嗣編『南蛮美術セレクション』神戸市立博物館、1998
* 佐藤一郎編『博多85－博多小学校建設に伴う埋蔵文化財発掘調査報告書－』福岡市埋蔵文化財発掘調査報告書第711集、福岡市教育委員会、2002
* 松本慎二編『原城跡』南有馬町文化財調査報告第2集、南有馬町教育委員会、1996
* 松本慎二編『原城Ⅱ』南有馬町文化財調査報告第3集、南有馬町教育委員会、2004
* 伊藤健司編『原城Ⅳ』南有馬町文化財調査報告第4集、南有馬町教育委員会、2010
* 坂本嘉弘・吉田寛・槇島隆二・甲斐寿義編『豊後府内1　中世大友府内町跡第5次・第8次調査区－大分駅付近連続立体交差事業に伴う埋蔵文化財発掘調査報告書（2）－』大分県教育庁埋蔵文化財センター調査報告書第1集、大分県教育庁埋蔵文化財センター、2005
* 坂本嘉弘・原田昭一・松本康弘・後藤晃一編『豊後府内2　中世大友府内町跡第9次・第13次・第21次調査区－一般国道10号古国府拡幅事業に伴う埋蔵文化財発掘調査報告書（1）－』大分県教育庁埋蔵文化財センター調査報告書第2集、大分県教育庁埋蔵文化財センター、2005
* 坂本嘉弘・田中裕介・石川健・田中良之編『豊後府内3　中世大友府内町跡第7次・第16次調査区－大分駅付近連続立体交差事業に伴う埋蔵文化財発掘調査報告書（3）－』大分県教育庁埋蔵文化財センター調査報告書第8集、大分県教育庁埋蔵文化財センター、2006

第6章　参考文献一覧

* 坂本嘉弘・友岡信彦・原田昭一・槙島隆二・吉田寛・後藤晃一編『豊後府内 4　中世大友府内町跡第 9 次・第 12 次・第 18 次・第 22 次・第 28 次・第 48 次調査区－一般国道 10 号古国府拡幅事業に伴う埋蔵文化財発掘調査報告書（2）－』大分県教育庁埋蔵文化財センター調査報告書第 9 集、大分県教育庁埋蔵文化財センター、2006

* 高橋信武・西本豊弘編『豊後府内 5　中世大友府内町跡第 31 次調査区－大分駅付近連続立体交差事業に伴う埋蔵文化財発掘調査報告書（4）－』大分県教育庁埋蔵文化財センター調査報告書第 10 集、大分県教育庁埋蔵文化財センター、2006

* 坂本嘉弘・田中祐介・後藤晃一編『豊後府内 6　中世大友府内町跡第 10 次調査区－大分駅付近連続立体交差事業に伴う埋蔵文化財発掘調査報告書（5）－』大分県教育庁埋蔵文化財センター調査報告書第 15 集、大分県教育庁埋蔵文化財センター、2007

* 坂本嘉弘・後藤晃一編『豊後府内 7　中世大友府内町跡第 20 次調査区－一般国道 10 号古国府拡幅事業に伴う埋蔵文化財発掘調査報告書（3）－』大分県教育庁埋蔵文化財センター調査報告書第 16 集、大分県教育庁埋蔵文化財センター、2007

* 坂本嘉弘・友岡信彦編『豊後府内 8　中世大友府内町跡第 34・43 次調査区－一般国道 10 号古国府拡幅事業に伴う埋蔵文化財発掘調査報告書（4）－』大分県教育庁埋蔵文化財センター調査報告書第 23 集、大分県教育庁埋蔵文化財センター、2008

* 高橋信武編『豊後府内 9　中世大友府内町跡第 36 次・第 55 次調査区－庄の原佐野線建設工事に伴う埋蔵文化財発掘調査報告書（3）－』大分県教育庁埋蔵文化財センター調査報告書第 24 集、大分県教育庁埋蔵文化財センター、2008

* 高橋信武編『豊後府内 10　中世大友府内町跡第 40 次調査区－大分駅付近連続立体交差事業に伴う埋蔵文化財発掘調査報告書（6）－』大分県教育庁埋蔵文化財センター調査報告書第 26 集、大分県教育庁埋蔵文化財センター、2008

* 坂本嘉弘編『豊後府内 11　中世大友府内町跡第 61 次調査区－大分駅付近連続立体交差事業に伴う埋蔵文化財発掘調査報告書（8）－』大分県教育庁埋蔵文化財センター調査報告書第 28 集、大分県教育庁埋蔵文化財センター、2008

* 坂本嘉弘・後藤晃一編『豊後府内 12　中世大友府内町跡第 29・35・42・68 次調査区－一般国道 10 号古国府拡幅事業に伴う埋蔵文化財発掘調査報告書（5）－』大分県教育庁埋蔵文化財センター調査報告書第 16 集、大分県教育庁埋蔵文化財センター、2009

* 坂本嘉弘編『豊後府内 13　中世大友府内町跡第 71 次調査区－大分駅付近連続立体交差事業に伴う埋蔵文化財発掘調査報告書（8）－』大分県教育庁埋蔵文化財センター調査報告書第 42 集、大分県教育庁埋蔵文化財センター、2009

* 坂本嘉弘編『豊後府内 14　中世大友府内町跡第 30 次調査区－一般国道 10 号古国府拡幅事業に伴う埋蔵文化財発掘調査報告書（6）－』大分県教育庁埋蔵文化財センター調査報告書第 46 集、大分県教育庁埋蔵文化財センター、2010

* 坂本嘉弘編『豊後府内 15　中世大友府内町跡第 49・51・52・67・78・79 次調査区－一般国道 10 号古国府拡幅事業に伴う埋蔵文化財発掘調査報告書（7）－』大分県教育庁埋蔵文化財センター調査報告書第 47 集、大分県教育庁埋蔵文化財センター、2010

* 高橋信武・後藤一重・横澤慈・平尾良光・西本豊弘編『豊後府内 16　中世大友府内町跡第 41・69・75・77 次調査区－庄の原佐野線建設工事に伴う埋蔵文化財発掘調査報告書（5）－』

* 大分県教育庁埋蔵文化財センター調査報告書第48集、大分県教育庁埋蔵文化財センター、2010
* 吉田寛・坂本嘉弘編『豊後府内17（第1分冊）　中世大友府内町跡第11・72・76・80次調査区－一般国道10号古国府拡幅事業に伴う埋蔵文化財発掘調査報告書（8）－』大分県教育庁埋蔵文化財センター調査報告書第63集、大分県教育庁埋蔵文化財センター、2013
* 小柳和宏・染谷和徳編『豊後府内17（第2分冊）　中世大友府内町跡第88・95次調査区－一般国道10号古国府拡幅事業に伴う埋蔵文化財発掘調査報告書（8）－』大分県教育庁埋蔵文化財センター調査報告書第63集、大分県教育庁埋蔵文化財センター、2013
* 吉田寛・染谷和徳・坂本嘉弘編『豊後府内18　中世大友府内町跡第91・92・93次調査区－一般国道10号古国府拡幅事業に伴う埋蔵文化財発掘調査報告書（9）－』大分県教育庁埋蔵文化財センター調査報告書第64集、大分県教育庁埋蔵文化財センター、2013
* 宮崎貴夫・寺田正剛編『万才町遺跡－長崎県庁新別館建替に伴う発掘調査報告書－』長崎県文化財調査報告書第123集、長崎県教育委員会、1996
* 扇浦正義・高田美由紀編『万才町遺跡－朝日生命ビル建設に伴う埋蔵文化財発掘調査報告書－』長崎市埋蔵文化財調査協議会、1996
* 川口洋平・中尾篤志・平田賢明編『万才町遺跡Ⅱ』長崎県文化財調査報告書第192集、長崎県教育委員会、2007
* 田口尚・鈴木信編『美沢川流域の遺跡群ⅩⅧ』（財）北海道埋蔵文化財センター調査報告書第102集、（財）北海道埋蔵文化財センター、1996
* 林田憲三・塚原博編『山見沖海底遺跡－小値賀町山見沖海底遺跡確認調査報告－』小値賀町文化財調査報告書第16集、九州・沖縄水中考古学協会　小値賀町教育委員会、2002
* 山口県教育委員会編『瑠璃光寺跡遺跡－世墓群の発掘調査－』山口市埋蔵文化財調査報告第28集、山口市教育委員会、1988
* Nigra sum: *Iconografia de Santa Maria de Montserrat*　Museu de Montserrat 1995
* *Treasures of the SAN DIEGO* National Museum of the Philippines 1996

【理化学分析　参考文献】
1. 平尾良光・榎本潤子『奈良県東大寺南大門で発見された鉛製弾丸の自然科学的調査　東大寺南大門－国宝木造金剛力士像修理報告書－』1993、142-156頁
2. 平尾良光・鈴木浩子「長崎県原城跡から出土した十字架・鉛玉の鉛同位体比」長崎県南有馬町教育委員会へ報告、2003
3. 魯禔玹・平尾良光「中世大友府内町跡出土金属製品・ガラス玉の鉛同位体比分析」『豊後府内4　中世大友府内町跡第9次、・第12次・第18次・第22次・第28次・第48次調査区－一般国道10号古国府拡幅事業に伴う埋蔵文化財発掘調査報告書（2）第3分冊－』大分県教育庁埋蔵文化財センター調査報告書第23集、大分県教育庁埋蔵文化財センター、2006、205-212頁
4. 魯禔玹・平尾良光「中世大友府内町跡出土金属製品に関する自然科学的調査」『豊後府内6　中世大友府内町跡第10次調査区－大分駅付近連続立体交差事業に伴う埋蔵文化財発掘調査報告書（5）－』大分県教育庁埋蔵文化財センター調査報告書第15集、大分県教育庁埋蔵文化財セン

ター、2007、303-310 頁
5. 魯禔玹・平尾良光「中世大友府内町跡出土金属製品に関する自然科学的調査」『豊後府内7　中世大友府内町跡第20次調査区－一般国道10号古国府拡幅事業に伴う埋蔵文化財発掘調査報告書（3）－』大分県教育庁埋蔵文化財センター調査報告書第16集、大分県教育庁埋蔵文化財センター、2007、324-331 頁
6. 魯禔玹・金奎虎・平尾良光「武寧王陵から出土したガラスに関する鉛同位体比調査」『武寧王陵』国立公州博物、2007、126-131 頁［韓国語］
7. 魯禔玹・上野淳也・平尾良光「福岡県北九州市黒崎城跡から出土したメダイの自然科学的研究」『黒崎城跡 3』北九州市埋蔵文化財調査報告書 375、北九州市芸術文化振興財団、2007、303-309 頁
8. 魯禔玹・平尾良光「中世大友府内町跡出土金属製品に関する自然科学的調査」『豊後府内8　中世大友府内町跡第34・43次調査区－一般国道10号古国府拡幅事業に伴う埋蔵文化財発掘調査報告書（4）－』大分県教育庁埋蔵文化財センター調査報告書第23集、大分県教育庁埋蔵文化財センター、2008、291-298 頁
9. 「九州国立博物館が所蔵する東南アジアおよび東アジア青銅器の自然科学的調査」内部資料未公開、2009
10. 魯禔玹・西田京平・平尾良光「南蛮貿易と金属材料」別府大学文化財研究所・九州考古学会・大分県考古学会編『キリシタン大名の考古学』思文閣出版、2009、131-141 頁
11. 魯禔玹・下村　智・平尾良光・池田朋生「熊本県小田良古墳出土ガラスに関する材料の産地推定」『日本文化財科学会第26回大会研究発表要旨集』日本文化財科学会、2009、262-273 頁
12. 平尾　良光「鉛同位体比から見た日本の中世戦国時代における南蛮船で運ばれた鉛材料」『大航海時代における東アジア世界の交流』第60回西洋史学会（口頭発表）、2010
13. 西田京平・山口将史・平尾良光「第1節 中世大友府内町跡から出土した金属製品と鋳造関連遺物の文化財科学的調査」『豊後府内16　中世大友府内町跡第77次調査区　第4分冊－庄の原佐野線建設工事に伴う埋蔵文化財発掘調査報告書（5）－』大分県埋蔵文化財発掘調査報告書　第9集、大分県教育庁埋蔵文化財センター、2010、281-297 頁
14. 西田京平・山口将史・平尾良光「2. 中世大友府内町跡第83次調査区出土の金属製品の鉛同位体比」『大友府内15　中世大友府内町跡第83・83-2次調査－店舗建設に伴う埋蔵文化財発掘調査報告書－』大分市埋蔵文化財発掘調査報告書第102集、大分市教育委員会、2010、50-52 頁
15. 魯禔玹・平尾良光「原城跡出土のキリスト教関連製品の鉛同位体比分析」『原城跡Ⅳ』南島原市文化財調査報告書第4集、長崎県南島原市境域委員会、2010、239-247 頁
16. 魯禔玹・平尾良光「原城跡出土の青銅製品に関する鉛同位体比分析」南島原教育委員会へ報告済み、2010
17. 平尾良光・山口将史・魯禔玹・角川茂「カンボジア（プンスナイ遺跡）とタイ（バンポンマナオ遺跡）から出土した青銅製品に関する科学的調査」2006年～2009年度資料『年縞の分析による年単位の環境史復元と稲作漁労文明の興亡』、平成18年度・平成22年度科学研究費補助金（基盤研究研 S）研究成果報告書、研究代表者 安田喜憲、2011、222-268 頁
18. 山口将史・平尾良光・山本信夫「第8章　金属製品の文化財科学的な調査」『アンコール遺跡における出土貿易陶磁器の様相解明』平成19年度～平成22年度科学研究費補助金（基盤研究（A）

海外）研究成果報告書、研究代表者 山本信夫、2011、159-184 頁
19. 「長崎県万才町遺跡から出土した鉛製品の文化財科学的な調査」内部資料未公開、2011
20. 平尾良光・魯禔玹・石川優生・韓ソルイ・早川 泰弘「琉球王国のガラスの科学的調査」『沖縄のガラス・玉等製品関係資料調査報告書　沖縄県史料調査シリーズ第5集』沖縄県文化財報告書第149集、沖縄県教育委員会、2011、78-98 頁
21. 魯禔玹・平尾良光「大阪府茨木市所蔵キリスト教関連遺物に関する化学組成調査」『千提寺・下音羽のキリシタン遺物研究』平成23-25年度学術研究助成基金助成金（挑戦的萌芽研究　課題番号23652026　代表：浅野ひとみ）、長崎純心大学、2014

巻末資料

Ⅰ　キリシタン資料一覧
Ⅱ　史料一覧表
Ⅲ　理化学分析データ一覧

バルセロナカタルーニャ国立美術館のメダイの図像については、浅野ひとみ氏から御教示頂いた。その他の図像は巻末の参考文献による。

Ⅰ. キリシタン資料一覧

メダイ Medalha

遺物番号	写真	出土/伝世	出土遺跡・発見地・出所	TYPE	素材	鉛同位体比	図像 主題[刻銘]	図像 主題[刻銘]	サイズ 長径 cm	サイズ 短径 cm	サイズ 厚さ cm	重量 g	穿孔	時期	製作地	形態分類 面の形態	形態分類 鈕の形態	形態分類 穿孔の方向	形態分類 面の装飾	所蔵
01 01		出土資料	中世大友府内町跡 第12次調査区	府内型	純鉛製	朝鮮半島	無し	無し	2	1.6	0.4	9	横穿孔	1587年以前	府内製	①円形	A-1	Ⅰ	g	大分県教育庁埋蔵文化財センター
01 02		出土資料	中世大友府内町跡 第12次調査区	府内型	純鋼製	華南	無し	無し	2.4	2.2	0.3	9.7	正面穿孔	1587年以前	府内プロトタイプor府内製	①円形	A-1	Ⅱ	g	大分県教育庁埋蔵文化財センター
01 03		出土資料	中世大友府内町跡 第12次調査区 SB01 焼土層	府内型	純鉛製	ソントー鉱山(ンタイ)	無し	無し	1.5	1.2	0.3	4	横穿孔	1587年以前	府内製	①円形	A-2	Ⅰ	g	大分県教育庁埋蔵文化財センター
01 04		出土資料	中世大友府内町跡 第12次調査区 L-12区	府内型	純鉛製	ソントー鉱山(ンタイ)	無し	無し	2	1.8	0.3	7.9	不明	1587年以前	府内製	①円形	A-2	-	g	大分県教育庁埋蔵文化財センター
01 05		出土資料	中世大友府内町跡 第12次調査区 K-12区	府内型	純鉛製	ソントー鉱山(ンタイ)	無し	無し	2.5	1.6	0.2	4.7	不明	1587年以前	府内製	①円形	D	-	-	大分県教育庁埋蔵文化財センター

巻末資料

Ⅰ．キリシタン資料一覧　　　メダイ　Medalha

遺物番号	写真	出土伝世	出土遺跡・発見地・出所	TYPE	素材	鉛同位体比	図像 主題[刻銘]	図像 主題[刻銘]	サイズ 長径cm	サイズ 短径cm	サイズ 厚さcm	重量g	穿孔	時期	製作地	形態分類 面の形態	形態分類 鈕の形態	形態分類 穴の穿孔方向	形態分類 面の装飾	所蔵
01 06		出土資料	中世大友府内町跡 第12次調査区 南北大路町屋側溝	府内型	純鉛製	ソントー鉱山	無し	無し	2.2	2	0.3	9.6	正面穿孔	1587年以前	府内製	⑤六角形	C	Ⅱ	g	大分県教育庁埋蔵文化財センター
01 07		出土資料	中世大友府内町跡 第12次調査区 M-12区	府内型	錫+鉛製	華南	無し	無し	1.65	1.51	0.36	3.4	不明	1587年以前	府内製	①円形	A-2	-	g	大分県教育庁埋蔵文化財センター
01 08		出土資料	中世大友府内町跡 第13次調査区 土坑(SK011)	円型	錫+鉛製	不明	ヴェロニカ	聖母子像	2.0	2.0	0.2	2.0	不明	1587年以前	国内製orアジア製	①円形	-	-	a	大分県教育庁埋蔵文化財センター
01 09		出土資料	中世大友府内町跡 第13次調査区	府内型	純鉛製	ソントー鉱山	十字のような線刻	無し	1.9	1.3	0.3	4.8	正面穿孔	1587年以前	府内製	①円形	A-1	Ⅱ	e	大分県教育庁埋蔵文化財センター
01 10		出土資料	中世大友府内町跡 第13次調査区 30K区	府内型	純鉛製	ソントー鉱山	無し	無し	1.82	1.79	0.32	6.7	横穿孔	1587年以前	府内製	①円形	A-2	Ⅰ	g	大分県教育庁埋蔵文化財センター

269

I. キリシタン資料一覧　メダイ　Medalha

遺物番号	写真	出土/伝世	出土遺跡・発見地・出所	TYPE	素材	鉛同位体比	図像 主題[刻銘]	図像 主題[刻銘]	サイズ 長径cm	サイズ 短径cm	サイズ 厚さcm	重量g	穿孔	時期	製作地	形態分類 面の形態	形態分類 鈕の形態	形態分類 穿孔方向	形態分類 面の装飾	所蔵
01 11		出土資料	中世大友府内町跡 第18次調査区IV区 包含層（L.14区 III層）	府内型	青銅（鉛高含量）	華南	無し	無し	1.99	1.79 (1.81)	0.38	7.3	不明	1587年以前	府内製	①円形	B	-	g	大分県教育庁埋蔵文化財センター
01 12		出土資料	中世大友府内町跡 第21次調査区 S087（溝）	府内型	錫＋鉛製（ヒ素）	ソントー鉱山	陰刻 イ（キリシャ十字?）	図像不明 嵌め込み	2.4	1.8	0.4	5	横穿孔	1587年以前	府内製 or 府内プロトタイプ	①円形	A-3	I	c	大分県教育庁埋蔵文化財センター
01 13		出土資料	中世大友府内町跡 第28次調査区	府内型	純鉛製（ヒ素）	朝鮮半島	無し	無し	2.3	1.68	0.56	11.2	正面穿孔	1587年以前	府内製	①円形	B	II	g	大分県教育庁埋蔵文化財センター
01 14		出土資料	中世大友府内町跡 第41次調査区 包含層	府内型	純鉛製（ヒ素）	朝鮮半島	受難具の組み合わせか（金槌・釘抜き?）	無し	2.16	1.68	0.4	7	横穿孔	1587年以前	府内製 or 府内プロトタイプ	①円形	D	I	f	大分県教育庁埋蔵文化財センター
01 15		出土資料	中世大友府内町跡 第41次調査区 S005（浅い土坑状）	府内型	純鉛製（ヒ素）	ソントー鉱山	無し	無し	1.65	1.31	0.30	3.6	横穿孔	1587年以前	府内製	①円形	A-1	I	g	大分県教育庁埋蔵文化財センター

巻末資料

I. キリシタン資料一覧　メダイ　Medalha

遺物番号	写真	出土/伝世	出土遺跡・発見地・出所	TYPE	素材	鉛同位体比	図像 主題/刻銘	図像 主題/刻銘	サイズ 長径cm	サイズ 短径cm	サイズ 厚さcm	重量g	穿孔	時期	製作地	形態分類 面の形態	形態分類 鈕の形態	形態分類 穿孔方向	面の装飾	所蔵
01 16		出土資料	中世大友府内町跡 第43次調査区 包含層 (S-15 No.1)	府内型	純鉛製	ソントー鉱山	無シ	無シ	1.7	1.36	0.32	4	横穿孔	1587年以前	府内製	①円形	A-2	I	g	大分県教育庁埋蔵文化財センター
01 17		出土資料	中世大友府内町跡 第43次調査区 包含層 (H-65 No.3)	府内型	純銅製	華南	無シ	無シ	1.72	1.6	0.47	4.6	不明	1587年以前	府内製	①円形	B	-	g	大分県教育庁埋蔵文化財センター
01 18		出土資料	中世大友府内町跡 第43次調査区 包含層 (H-63 No.4)	府内型	純鉛製	華南	無シ	無シ	1.48	1.26	0.45	5.2	横穿孔	1587年以前	府内製	①円形	B	I	g	大分県教育庁埋蔵文化財センター
01 19		出土資料	中世大友府内町跡 第51次調査区 K-31区 道路第1面 No.1	府内型	純鉛製	ソントー鉱山	無シ	嵌め込み	2.12	1.7	0.28	3.9	正面穿孔	1587年以前	府内製	①円形	A-3	II	c	大分県教育庁埋蔵文化財センター
01 20		出土資料	中世大友府内町跡 第51次調査区 S200 J37区	府内型	純鉛製	不明	無シ	無シ	1.9	1.36	0.45	6.2	横穿孔	1587年以前	府内製	①円形	D	I	d	大分県教育庁埋蔵文化財センター
01 21		出土資料	中世大友府内町跡 第51次調査区 S345 町屋整地層 K-32区 No.1	府内型	錫+鉛製	ソントー鉱山	無シ	無シ	1.66	1.66	0.29	3.6	不明	1587年以前	府内製	①円形	-	-	g	大分県教育庁埋蔵文化財センター

271

I. キリシタン資料一覧　メダイ　Medalha

遺物番号	写真	出土/伝世	出土遺跡・発見地・出所	TYPE	素材	鉛同位体比	図像 主題[浮彫]	図像 主題[刻銘]	サイズ 長径 cm	サイズ 短径 cm	サイズ 厚さ cm	重量 g	穿孔	時期	製作地	形態分類 面の形態	形態分類 鈕の形態	形態分類 穿孔の方向	形態分類 面の装飾	所蔵
01 22		出土資料	中世大友府内町跡 第20次調査C区 包含層（L-37区）	府内型	純鉛製	（ソントー鉱山）	無し	無し	1.85	1.15	0.3	3.47	不明	1587年以前	府内製	②楕円形	B	-	g	大分県教育庁埋蔵文化財センター
01 23		出土資料	中世大友府内町跡 第69次調査A区 60 B	府内型	純銅製	華南	無し	無し	1.93	1.48	0.45	4.5	正面穿孔	1587年以前	府内製	②楕円形	B	II	g	大分県教育庁埋蔵文化財センター
01 24		出土資料	大友氏館跡第1次調査区 庭園埋め戻し埋土（島津侵攻後）	府内型	錫＋鉛銅製	（ソントー鉱山）？	無し	無し	1.7	1.5	0.4	6.2	横穿孔	1587年以前	府内製	①円形	B	I	g	大分市教育委員会
01 25		出土資料	中世大友府内町跡 第53次調査区 S101 P-71	府内型	純鉛製	（ソントー鉱山）	無し	無し	1.75	1.24	0.43	5	横穿孔	1587年以前	府内製	①円形	B	I	g	大分市教育委員会
01 26		出土資料	中世大友府内町跡 第53次調査区 S140 上層	府内型	純鉛製	（ソントー鉱山）	無し	無し	1.57	1.31	0.44	5.4	正面穿孔	1587年以前	府内製	②楕円形	C	II	g	大分市教育委員会
01 27		出土資料	中世大友府内町跡 第7次C調査区 C6	府内型	純銅製	華南	無し	無し	1.32	1.19	0.3	1.6	不明	1587年以前	府内製	①円形	B	-	g	大分県教育庁埋蔵文化財センター

巻末資料

I. キリシタン資料一覧　メダイ Medalha

遺物番号	写真	出土伝世	出土遺跡・発見地・出所	素材	鉛同位体比	図像 主題〔刻銘〕	図像 主題〔刻銘〕	サイズ 長径 cm	サイズ 短径 cm	サイズ 厚さ cm	重量 g	穿孔	時期	製作地	形態分類 面の形態	形態分類 鈕の形態	形態分類 穿孔の方向	面の装飾	所蔵
01 28		出土資料	中世大友府内町跡第77次調査区 Y60 S601 一括	純鉛製	朝鮮半島	無し	無し	2.15	1.75	0.25	3.5	不明	1587年以前	府内製	①円形	D	-	g	大分県教育庁埋蔵文化財センター
01 29		出土資料	中世大友府内町跡第93次調査区 SF015	純鉛製	華南	無し	無し	2.0	1.5	0.3	4.5	不明	1587年以前	府内製	②楕円形	B	-	g	大分県教育庁埋蔵文化財センター
01 30		出土資料	中世大友府内町跡第51次調査区 SD200	真鍮製	華南	無し	無し	2.0	1.6	0.4	7.1	不明	1587年以前	府内製	①円形	A-3	-	g	大分県教育庁埋蔵文化財センター
02 01		伝世資料	長崎奉行所旧蔵品（宗門蔵にて保管）	真鍮製		天使聖体礼拝図	文字〔刻銘〕LOV/VADO SE/LA O SANC/TISS SA/CRAM	2.1	1.7			横穿孔	16世紀後期〜17世紀初期	西洋	③突起楕円形	B	II	a	東京国立博物館
02 02		伝世資料	長崎奉行所旧蔵品（宗門蔵にて保管）	真鍮製		天使聖体礼拝図	文字〔刻銘〕LOV/VADO SE/LA O SANC/TISS SA/CRAM	2.4	1.8			横穿孔	16世紀後期〜17世紀初期	西洋	③突起楕円形	B	I	a	東京国立博物館
02 03		伝世資料	長崎奉行所旧蔵品（宗門蔵にて保管）	真鍮製		無原罪の聖母	大天使ミカエル	2.1	1.5			横穿孔	16世紀後期〜17世紀初期	西洋	③突起楕円形	B	I	a	東京国立博物館

273

I. キリシタン資料一覧

メダイ Medalha

遺物番号	写真	出土伝世	出土遺跡・発見地・出所	TYPE	素材	鉛同位体比	図像 主題[刻銘]	図像 主題[刻銘]	サイズ 長径cm	サイズ 短径cm	サイズ 厚さcm	重量g	穿孔	時期	製作地	形態分類 面の形態	形態分類 鈕の形態	形態分類 穿孔の方向	形態分類 面の装飾	所蔵
02 04		伝世資料	長崎奉行所旧蔵品（宗門蔵にて保管）	円型	真鍮製		聖母子像 [刻銘] M.D.CAR	聖カルロ・ボッロメーオ [刻銘] S.A.CAR	1.8	1.2			横穿孔	1610年以降	西洋	①円形	A-2	I	a	東京国立博物館
02 05		伝世資料	長崎奉行所旧蔵品（宗門蔵にて保管）	突起楕円型	真鍮製		無原罪の聖母	聖人像	2.1	1.2			横穿孔	16世紀後期～17世紀初期	西洋	③突起楕円形	B	I	a	東京国立博物館
02 06		伝世資料	長崎奉行所旧蔵品（宗門蔵にて保管）	楕円型	真鍮製		キリスト半身像	聖母子像	2.8	2.1			不明	16世紀後期～17世紀初期	西洋	②楕円形	-	-	a	東京国立博物館
02 07		伝世資料	長崎奉行所旧蔵品（宗門蔵にて保管）	多角形型	真鍮製		リマの聖ロサ像 [刻銘] S.ROSA.VIRG.DE.LIMA	聖ドミニコ像 [刻銘] S.DOMINICO.R.P.TRO.	2.5	1.9			横穿孔	16世紀後期～17世紀初期	西洋	④八角形	B	I	a	東京国立博物館
02 08		伝世資料	京都府福知山城堡内発掘	突起楕円型	真鍮製		天使聖体礼拝図	文字 [刻銘] LOV/VADO SE/IA O SANC/TISS SA/CRAM	2.1	1.7			横穿孔	16世紀後期～17世紀初期	西洋	③突起楕円形	B	I	a	東京国立博物館
02 09		伝世資料	京都府福知山城堡内発掘	突起楕円型	真鍮製		天使聖体礼拝図	文字 [刻銘] LOV/VADO SE/IA O SANC/TISS SA/CRAM	2	1.6			横穿孔	16世紀後期～17世紀初期	西洋	③突起楕円形	B	I	a	東京国立博物館

巻末資料

I．キリシタン資料一覧　　メダイ　Medalha

遺物番号	写真	出土/伝世	出土遺跡・発見地・出所	TYPE	素材	銅同位体比	図像 主題 [刻銘]	図像 主題 [刻銘] 文字	サイズ 長径 cm	サイズ 短径 cm	サイズ 厚さ cm	重量 g	穿孔	時期	製作地	形態分類 面の形態	形態分類 鈕の形態	形態分類 穿孔方向	形態分類 面の装飾	所蔵
02 10		伝世資料	京都府福知山城堡内発掘	突起楕円型	真鍮製		天使聖体礼拝図	[刻銘] LOV/VADO SE/IA O SANC/TISS SA/CRAM	2.5	1.7			横穿孔	16世紀後期～17世紀初期	西洋	③突起楕円形	B	I	a	東京国立博物館
02 11		伝世資料	京都府福知山城堡内発掘	突起楕円型	真鍮製		無原罪の聖母	聖母を拝する僧	2	1.4			横穿孔	16世紀後期～17世紀初期	西洋	③突起楕円形	B	I	a	東京国立博物館
02 12		伝世資料	京都府福知山城堡内発掘	楕円型	真鍮製		マリア半身像	キリスト半身像 [刻銘] S.IACI ROMA	2	1.1			横穿孔	16世紀後期～17世紀初期	西洋	②楕円形	A-2	I	a	東京国立博物館
02 13		伝世資料	京都府福知山城堡内発掘	円型	真鍮製		マリア半身像	キリスト半身像	2.9	2.3			横穿孔	16世紀後期～17世紀初期	西洋	①円形	B	I	a	東京国立博物館
02 14		伝世資料	京都府福知山城堡内発掘	突起楕円型	真鍮製		聖フランシスコ・ザビエル	聖イグナティウス・デ・ロヨラ	1.8	1.2			横穿孔	16世紀後期～17世紀初期	西洋	③突起楕円形	B	I	a	東京国立博物館
02 15		伝世資料	京都府福知山城堡内発掘	突起楕円型	真鍮製		聖フランシスコ・ザビエル	聖イグナティウス・デ・ロヨラ	1.7	1.2			横穿孔	16世紀後期～17世紀初期	西洋	③突起楕円形	B	I	a	東京国立博物館

I. キリシタン資料一覧

メダイ Medalha

遺物番号	写真	出土/伝世	出土遺跡・発見地 出所	TYPE	素材	鉛同位体比	図像 主題[刻銘]	図像 主題[刻銘]	サイズ 長径cm	サイズ 短径cm	サイズ 厚さcm	重量g	穿孔	時期	製作地	形態分類 面の形態	形態分類 鈕の形態	形態分類 穿孔の方向	形態分類 面の装飾	所蔵
02 16		伝世資料	伝明治12年12月内務省社寺局より引継ぎ	円型	錫+鉛製		キリストの磔刑	聖母子像	2.8	2.5			正面穿孔	16世紀後期～17世紀初期	国産	①円形	C	II	a	東京国立博物館
03 01		出土資料	原城跡 19トレンチ	楕円型	真鍮製	華南	福者フランシスコ・ザビエル	福者イグナティウス・デ・ロヨラ	3	2.05	0.2	3.536	横穿孔	1619年～1637年	西洋	②楕円形	A-2	I	a	南島原市教育委員会
03 02		出土資料	原城跡 20トレンチ	楕円型	真鍮製	華南	天使聖体礼拝図	文字 [刻銘] LOV/VADO SE/IA O SANC/TISS SA/CRAM	3.15	2.05	0.2	4.356	正面穿孔	1637年(寛永14年)以前	西洋	②楕円形	B	II	a	南島原市教育委員会
03 03		出土資料	原城跡 22トレンチ	突起楕円型	真鍮製	西洋領域	不明	図柄不明、下部に文字 [刻銘] ROMA?	2.6	1.75	0.1	1.396	横穿孔	1637年(寛永14年)以前	西洋	③突起楕円形	B	I	a	南島原市教育委員会
03 04		出土資料	原城跡 20トレンチ	突起楕円型	真鍮製	華南	天使聖体礼拝図	不明	2.3	1.6	0.15	1.737	横穿孔	1637年(寛永14年)以前	西洋	③突起楕円形	B	I	a	南島原市教育委員会
03 05		出土資料	原城跡 17トレンチ	突起楕円型	真鍮製	華南	無原罪の聖母	不明	2.1	1.5	0.2	0.934	横穿孔	1637年(寛永14年)以前	西洋	③突起楕円形	B	I	a	南島原市教育委員会

巻末資料

I. キリシタン資料一覧　　メダイ　Medalha

遺物番号	写真	出土/伝世	出土遺跡・発見地・出所	TYPE	素材	鉛同位体比	図像 主題[刻銘]	図像 主題[刻銘]	サイズ 長径cm	サイズ 短径cm	サイズ 厚さcm	重量g	穿孔	時期	製作地	形態分類 面の形態	形態分類 鈕の形態	形態分類 穿孔の方向	形態分類 面の装飾	所蔵
03 06		出土資料	原城跡 20トレンチ	突起楕円型	真鍮製		天使聖体礼拝図	不明	2.25	1.65	0.15	1.391	正面穿孔	1637年(寛永14年)以前	西洋	突起楕円形③	B	II	a	南島原市教育委員会
03 07		出土資料	原城跡 20トレンチ	突起楕円型	真鍮製	不明	無原罪の聖母	不明	1.9	1.3	0.2	1.378	横穿孔	1637年(寛永14年)以前	西洋	突起楕円形③	B	I	a	南島原市教育委員会
03 08		出土資料	原城跡 25トレンチ	楕円型	真鍮製	不明	文字 図柄不明	十字架・文字	2.1	1.4	0.1	1.266	正面穿孔	1637年(寛永14年)以前	西洋	楕円形②	B	II	a	南島原市教育委員会
03 09		出土資料	原城跡 17トレンチ	楕円型	真鍮製	西洋領域	マリア半身像	キリスト半身像	2.1	1.1	0.1	0.848	横穿孔	1637年(寛永14年)以前	西洋	楕円形②	A-2	I	a	南島原市教育委員会
03 10		出土資料	原城跡 20トレンチ	突起楕円型	真鍮製	西洋領域	キリストの磔刑	不明	2.1	1.5	0.2	0.806	横穿孔	1637年(寛永14年)以前	西洋	突起楕円形③	B	I	a	南島原市教育委員会
03 11		出土資料	原城跡 20トレンチ	突起楕円型	真鍮製	西洋領域	無原罪の聖母	不明	1.7	1.85	0.2	0.908	不明	1637年(寛永14年)以前	西洋	突起楕円形③	-	-	a	南島原市教育委員会

277

I. キリシタン資料一覧　メダイ Medalha

遺物番号	写真	出土／伝世	出土遺跡・発見地・出所	TYPE	素材	鉛同位体比	図像 主題[刻銘]	図像 主題[刻銘]	サイズ 長径cm	サイズ 短径cm	サイズ 厚さcm	重量g	穿孔	時期	製作地	形態分類 面の形態	形態分類 鈕の形態	形態分類 穿孔方向	面の装飾	所蔵
03 12		出土資料	原城跡	突起楕円型	真鍮製	不明	天使聖体礼拝図	不明	1.8	1.2	0.1		不明	1637年（寛永14年）以前	西洋	突起楕円形 ③	-	-	a	南島原市教育委員会
03 13		出土資料	原城跡	楕円型	真鍮製		不明	不明	2.3	1.4	0.1		横穿孔	1637年（寛永14年）以前	西洋	楕円形 ②	B	I	a	南島原市教育委員会
03 14		出土資料	原城跡	突起楕円型	真鍮製	西洋領域	カルロ？	不明	1.4	1.2	0.2		不明	1637年（寛永14年）以前	西洋	突起楕円形 ③	-	-	a	南島原市教育委員会
05 01		出土資料	朝日新聞社長崎支局敷地（ミゼリコルディア跡）表採	多角形型	真鍮製	不明	聖ペトロ [刻銘] SANCTVS PETRVS	聖ジョウジ	3.5	3		13.6	正面穿孔	16世紀末〜17世紀初頭	個人鋳造所（イタリア製）	六角形 ⑤	C	II	a	長崎市教育委員会
06 01		出土資料	万才町遺跡 B区3層	楕円型	錫+鉛製	朝鮮半島	聖母子像		3	2.5			不明	16世紀末〜17世紀初頭	国産	楕円形 ②	-	-	a	長崎市教育委員会
07 01		出土資料	万才町遺跡（県庁新別館）B-5区7層	楕円型			キリストの磔刑 おける聖イグナチオ	ラ・ストルタにおける聖イグナチオ	3.5	2.4	0.3		正面穿孔	16世紀末〜17世紀初頭		楕円形 ②	A-2	II	a	長崎県教育委員会

278

巻末資料

I. キリシタン資料一覧　　メダイ　Medalha

遺物番号	写真	出土伝世	出土遺跡・発見地・出所	TYPE	素材	鉛同位体比	図像 主題 [刻銘]	図像 主題 [刻銘]	サイズ 長径 cm	サイズ 短径 cm	サイズ 厚さ cm	重量 g	穿孔	時期	製作地	形態分類 面の形態	形態分類 鈕の形態	形態分類 穿孔の方向	面の装飾	所蔵
07 02		出土資料	万才町遺跡（県庁新別館）SK35（火災整理土坑）	楕円型			不明	不明	3.3	2.3	0.3		不明	16世紀末〜17世紀初頭		②楕円形	B	-	-	長崎県教育委員会
08 01		伝世資料	山下大恵氏伝世品（現在所有者）	円型	錫＋鉛製	朝鮮半島	ヴェロニカ	聖母子像	1.95	1.97	0.22	3	不明	16世紀末〜17世紀初頭	国産	①円形	-	-	a	天草ロザリオ館
08 02		伝世資料	山下大恵氏伝世品（現在所有者）	トリシン型	錫＋鉛製	朝鮮半島	ヴェロニカ	聖母子像	1.94	1.94	0.22	3.4	無し	16世紀末〜17世紀初頭？	国産	①円形	-	-	a	天草ロザリオ館
08 03		伝世資料	山下大恵氏伝世品（現在所有者）	楕円型	錫＋鉛製	華南領域？	マリア半身像	キリスト半身像	3.02	2.09	0.26	6.2	不明	16世紀末〜17世紀初頭？	国産	②楕円形	A-2	-	a	天草ロザリオ館
08 04		伝世資料	山下大恵氏伝世品（現在所有者）	突起楕円型	真鍮製		天使聖体礼拝図 文字 [刻銘] LOV/VADO SE/LA O SANC/TISS SA/CRAM	[刻銘] LOV/VADO SE/LA O SANC/TISS SA/CRAM	2.1	1.56	0.15	1.7	正面穿孔	16世紀末〜17世紀初頭？	西洋	③突起楕円形	B	II	a	天草ロザリオ館
08 05		伝世資料	山下大恵氏伝世品（現在所有者）	円型			キリストの磔刑	無し	3.62	3.78	0.11	7.8	正面穿孔	潜伏期	国産	①円形	C	II	e	天草ロザリオ館

I. キリシタン資料一覧　メダイ　Medalha

遺物番号	出土・伝世	出土遺跡・発見地・出所	写真	TYPE	素材	鉛同位体比	図像 主題 [刻銘]	図像 主題 [刻銘]	サイズ 長径 cm	サイズ 短径 cm	サイズ 厚さ cm	重量 g	穿孔	時期	製作地	形態分類 面の形態	形態分類 鈕の形態	形態分類 穿孔の方向	形態分類 面の装飾	所蔵
09 01	出土資料	勝山町遺跡 2区排水溝6		楕円型	錫+鉛製		無原罪の聖母	聖人像	1.9	1.3			不明	I期（17世紀初頭）	国産	②楕円形	B	-	a	長崎市教育委員会
10 01	伝世資料	生月町（正和2）		楕円型	真鍮製		福者フランシスコ・ザビエル [刻銘] B.FRANC. XAVERIVS	福者イグナチイウス・デ・ロヨラ	3.28	2.03	0.17	3.4	横穿孔	17世紀初頭 1619年以降	西洋	②楕円形	A-2	I	a	生月町博物館「島の館」
10 02	伝世資料	生月町（正和2）		突起楕円型	真鍮製		天使聖体礼拝図	文字 [刻銘] LOV/VADO SE/IA O SANC/TISS SA/CRAM	2.18	1.52	0.15	1.6	正面穿孔	16世紀後期～17世紀初頭	西洋	③突起楕円形	B	II	a	生月町博物館「島の館」
10 03	伝世資料	生月町（正和2）		突起楕円型	真鍮製		天使聖体礼拝図	文字 [刻銘] LOV/VADO SE/IA O SANC/TISS SA/CRAM	2.09	1.58	0.15	2.5	正面穿孔	16世紀後期～17世紀初頭	西洋	③突起楕円形	B	II	a	生月町博物館「島の館」
10 04	伝世資料	生月町（谷内ツイ氏寄贈）		突起楕円型	真鍮製		キリストの磔刑	聖母子像	3.18	2.35	0.19	3.6	横穿孔	16世紀後期～17世紀初頭	西洋	③突起楕円形	B	I	a	生月町博物館「島の館」
10 05	伝世資料	生月町（旧日草3垣内）		突起楕円型	真鍮製		キリストの磔刑	聖母子像	2.05	1.48	0.11	0.9	横穿孔	16世紀後期～17世紀初頭	西洋	③突起楕円形	B	I	a	生月町博物館「島の館」

巻末資料

I. キリシタン資料一覧　　メダイ　Medalha

遺物番号	写真	出土/伝世	出土遺跡・発見地・出所	素材	鉛同位体比	図像 主題[刻銘]	図像 主題[刻銘]	サイズ 長径 cm	サイズ 短径 cm	サイズ 厚さ cm	重量 g	穿孔	時期	製作地	形態分類 面の形態	形態分類 鈕の形態	形態分類 穿孔の方向	面の装飾	所蔵
10 06		伝世資料	生月町（旧日早3垣内）	貝		無原罪の聖母	キリストの磔刑	2.56	1.74	0.13	1.8	正面穿孔	16世紀後期～17世紀初頭	国産	②楕円形	B	II	b	生月町博物館「島の館」
11 01		出土資料	博多遺跡群第111次調査（博多区奈良屋小学校跡地）IV区 包含層 G-3区 I層		朝鮮半島	マリア半身像	キリスト半身像	3.2	2.3	0.3		不明	16世紀末～17世紀初頭	国産	②楕円形	B	-	a	福岡市教育委員会
11 02		出土資料	博多遺跡群第111次調査（博多区奈良屋小学校跡地）II区 土壙（SK20）			ヴェロニカ	不明	1.8				横穿孔	16世紀末～17世紀初頭	国産	①円形	B	I	a	福岡市教育委員会
11 03		出土資料	博多遺跡群第111次調査（博多区奈良屋小学校跡地）II区（包含層）			無し	無し	2.1	1.8	0.7		横穿孔	16世紀末～17世紀初頭	国産（府内製）	①円形	D	I	g	福岡市教育委員会
12 01		出土資料	東京駅八重洲北口遺跡 墓壙（1404号）	報告書では青銅	不明	無原罪の聖母	不明	2.6	1.7	0.2		正面穿孔	16世紀第4四半期～17世紀ご〈初頭〉[I期]		②楕円形	A-2	II	a	東京都千代田区立四番町歴史民俗資料館

281

I. キリシタン資料一覧　メダイ　Medalha

遺物番号	写真	出土/伝世	出土遺跡・発見地・出所	TYPE	素材	鉛同位体比	図像 主題 [刻銘]	図像 主題 [刻銘]	サイズ 長径 cm	サイズ 短径 cm	サイズ 厚さ cm	重量 g	穿孔	時期	製作地	形態分類 面の形態	形態分類 鈕の形態	形態分類 穿孔方向	形態分類 面の装飾	所蔵
13 01		伝世資料	千提寺 中谷栄太郎（発見時所有者） 中谷栄（現在所有者）	突起楕円型	真鍮製		ローマ教皇「クレメンス8世」1600年銘 [刻銘] CLEMENS Ⅷ・PON・MAX・AN・Ⅶ・1600	義の門 [刻銘] IVSTI・INTRABANT・PER・EAM	3.08	2.38	0.2	3.6	横穿孔	17世紀（1600年以降）	西洋	③突起楕円形	B	Ⅰ	a	中谷栄
13 02		伝世資料	千提寺 東藤次郎（発見時所有者） 東藤嗣（現在所有者）	楕円型	真鍮製		マリア半身像	キリスト半身像	3.33	2.15	0.31	5.9	横穿孔	16後半〜17世紀初頭	西洋	②楕円形	A-2	Ⅰ	a	東藤嗣
13 03		伝世資料	千提寺 東藤次郎（発見時所有者） 東藤嗣（現在所有者）	円型	錫+鉛製		キリストの磔刑	聖母子像	2.98	2.46	0.24	6.5	正面穿孔	16後半〜17世紀初頭	国産	①円形	B	Ⅱ	a	東藤嗣
13 04		伝世資料	千提寺 東藤次郎（発見時所有者） 東藤嗣（現在所有者）	円型	真鍮製		ローマ教皇「グレゴリオ14世」 [刻銘]（上方）GREGORIVS・XIV・PONT・MAX（下方）AN・Ⅰ	聖母 鳩 マリア （上方 時計回り）IN・GRAM・PHILIPPINARVM（下方反時計回り）ROMAE・AN・1591	4.62	3.77	0.53	26.4	横穿孔	1591年以降〜17世紀	西洋	①円形	A-2	Ⅰ	a	東藤嗣
13 05		伝世資料	千提寺 東藤次郎（発見時所有者） 東藤嗣（現在所有者）	楕円型	真鍮製		無原罪の聖母	救世主像・IHS・3本の釘	2.03	1.12	0.1	0.9	横穿孔	16後半〜17世紀初頭	西洋	②楕円形	A-2	Ⅰ	a	東藤嗣

巻末資料

I. キリシタン資料一覧　メダイ Medalha

遺物番号	写真	出土・伝世	出土遺跡・発見地・出所	TYPE	素材	鉛同位体比	図像 主題 [刻銘]	図像 主題 [刻銘] 文字	サイズ 長径 cm	サイズ 短径 cm	サイズ 厚さ cm	重量 g	穿孔	時期	製作地	形態分類 面の形態	形態分類 鈕の形態	形態分類 穿孔の方向	形態分類 面の装飾	所蔵
13 06		伝世資料	千提寺（発見時所有者）東藤嗣（現在所有者）	突起楕円型	真鍮製		天使聖体礼拝図	LOV/VADO SE/IA O SANC/TISS SA/CRAM	1.97	1.49	0.11	1.1	正面穿孔	16後半～17世紀初頭	西洋	突起楕円形 ③	B	II	a	東藤嗣
13 07		伝世資料	千提寺（発見時所有者）東藤嗣（現在所有者）	突起楕円型	真鍮製		十字架捧持者（フランシスコ・ザビエル）	十字架捧持者（イグナティウス・デ・ロヨラ）	2	1.41	0.15	1.4	横穿孔	16後半～17世紀初頭	西洋	突起楕円形 ③	B	I	a	東藤嗣
13 08		伝世資料	千提寺（発見時所有者）東藤嗣（現在所有者）	楕円型	真鍮製		福者フランシスコ・ザビエル [刻銘] B.FRANC. XAVERIVS	イエス・聖母マリア・マグダラのマリア？ [刻銘] SPSP	2.62	1.8	0.19	2.9	正面穿孔	1619	西洋	楕円形 ①	B	II	a	東藤嗣
14 01		伝世資料	福井医家伝来資料	円型	真鍮製		聖イグナティウス・デ・ロヨラ		2.9	2.6	0.3	9.92	正面穿孔	17世紀	西洋	円形 ①	C	II	a	神戸市立博物館
14 02		伝世資料	福井医家伝来資料	楕円型	真鍮製		聖母子像（カルメル山の聖母）	聖カルロ・ボロメーオ [刻銘] S・CAR・B	1.7	0.9	0.1	0.56	横穿孔	1610年以降	西洋	楕円形 ②	A-2	I	a	神戸市立博物館
14 03		伝世資料	島原譲渡品	突起楕円型	真鍮製		無原罪の聖母	聖痕を受けるアッシジの聖フランシスコ	2.2	1.5	0.1	0.94	横穿孔	17世紀	西洋	突起楕円形 ③	B	I	a	神戸市立博物館

I. キリシタン資料一覧

メダイ　Medalha

遺物番号	写真	出土／伝世	出土遺跡・発見地・出所	TYPE	素材	鉛同位体比	図像 主題［刻銘］	図像 主題［刻銘］	サイズ 長径 cm	サイズ 短径 cm	サイズ 厚さ cm	重量 g	穿孔	時期	製作地	形態分類 面の形状	形態分類 鈕の形態	形態分類 穿孔の方向	面の装飾	所蔵
14 04		伝世資料	鳥原氏譲渡品	円型	錫+鉛製		ヴェロニカ	聖母子像	2.4	1.9	0.2	4.39	横穿孔	16後半〜17世紀	国産	①円形	B	I	a	神戸市立博物館
14 05		伝世資料	福井医家伝来資料	突起楕円型	錫+鉛製?or銅		十字架（線刻）	聖母子立像（三角構図）	2.9	2	0.1	2.06	正面穿孔	17〜18世紀	国産	③突起楕円形	B	II	f	神戸市立博物館
14 06		伝世資料	福井医家伝来資料	楕円型	真鍮製		無原罪の聖母	救世主像・IHS・3本の釘	2	1.1	0.2	0.93	横穿孔	17世紀	西洋	②楕円形	A-2	I	a	神戸市立博物館
14 07		伝世資料	福井医家伝来資料	突起楕円型	真鍮製		無原罪の聖母	ロザリオの聖母（環状）	2.5	1.8	0.2	1.34	横穿孔	17世紀	西洋	③突起楕円形	B	I	a	神戸市立博物館
14 08		伝世資料	福井医家伝来資料	楕円型	真鍮製		無原罪の聖母	聖アントニウスと傍らで跪くロバ［刻銘］SANCTE ANTONI	2.8	1.7	0.2	2.63	横穿孔	17世紀	西洋	②楕円形	A-2	I	a	神戸市立博物館
14 09		伝世資料	福井医家伝来資料	楕円型	真鍮製?錫+鉛製?		無原罪の聖母	聖ライムンドゥス	2	1	0.3	1.68	横穿孔	17世紀	国産?	②楕円形	A-2	I	a	神戸市立博物館

巻末資料

I. キリシタン資料一覧　　メダイ　Medalha

遺物番号	写真	出土/伝世	出土遺跡・発見地・出所	TYPE	素材	鉛同位体比	図像 主題[刻銘]	図像 主題[刻銘]	サイズ 長径 cm	サイズ 短径 cm	サイズ 厚さ cm	重量 g	穿孔	時期	製作地	形態分類 面の形態	形態分類 鈕の形態	形態分類 面の穿孔方向	面の装飾	所蔵
14 10		伝世資料	福井医家伝来資料	楕円型	真鍮製		無原罪の聖母	聖ロック [刻銘] S・ROCH	2.1	1.2	0.2	1.05	横穿孔	17世紀	西洋	②楕円形	A-2	I	a	神戸市立博物館
14 11		伝世資料	福井医家伝来資料	楕円型	真鍮製		無原罪の聖母	洗礼者ヨハネ [刻銘] S・G・BATIS	2.1	1.2	0.3	1.59	横穿孔	17世紀	西洋	②楕円形	A-2	I	a	神戸市立博物館
14 12		伝世資料	福井医家伝来資料	楕円型	真鍮製		無原罪の聖母	洗礼者ヨハネ [刻銘] S・GIO	2	1.2	0.2	1.12	横穿孔	17世紀	西洋	②楕円形	A-2	I	a	神戸市立博物館
14 13		伝世資料	福井医家伝来資料	楕円型	真鍮製		無原罪の聖母	聖カルロ・ボッロメーオ [刻銘] S・CARO	2	1.1	0.2	1.18	横穿孔	1610年以降	西洋	②楕円形	A-2	I	a	神戸市立博物館
14 14		伝世資料	福井医家伝来資料	突起楕円型	真鍮製		マリア半身像	キリスト半身像	2.2	1.7	0.2	1.26	横穿孔	17世紀	西洋	③突起楕円形	B	I	a	神戸市立博物館
14 15		伝世資料	福井医家伝来資料	突起楕円型	真鍮製		王座の聖母	王冠を付けた磔刑のイエズス	2	1.4	0.2	0.77	横穿孔	17世紀	西洋	③突起楕円形	B	I	a	神戸市立博物館

285

I. キリシタン資料一覧　メダイ　Medalha

遺物番号	写真	出土/伝世	出土遺跡・発見地・出所	TYPE	素材	鉛同位体比	図像 主題[刻銘]	図像 主題[刻銘]	サイズ 長径 cm	サイズ 短径 cm	サイズ 厚さ cm	重量 g	穿孔	時期	製作地	形態分類 面の形態	形態分類 鈕の形態	形態分類 穿孔の方向	形態分類 面の装飾	所蔵
14 16		伝世資料	福井医家伝来資料	突起楕円型	真鍮製		王座の聖母	王冠を付けた磔刑のイエズス	2.2	1.6	0.2	1.24	横穿孔	17世紀	西洋	③突起楕円形	B	I	a	神戸市立博物館
14 17		伝世資料	福井医家伝来資料	突起楕円型	錫+鉛製		マリア半身像	キリスト半身像	2.6	1.7	0.2	2.54	正面穿孔	17世紀	国産	③突起楕円形	A-2	II	a	神戸市立博物館
14 18		伝世資料	福井医家伝来資料	突起楕円型	錫+鉛製		マリア半身像	キリスト半身像	2.4	1.7	0.2	2.4	正面穿孔	17世紀	国産	③突起楕円形	A-2	II	a	神戸市立博物館
14 19		伝世資料	福井医家伝来資料	楕円型	錫+鉛製		マリア半身像	キリスト半身像	2.6	1.6	0.3	3.9	正面穿孔	17世紀	国産	②楕円形	A-2	II	a	神戸市立博物館
14 20		伝世資料	福井医家伝来資料	楕円型	錫+鉛製		無原罪の聖母	キリストの磔刑	2.5	1.7	0.2	2.46	横穿孔	17世紀	国産	②楕円形	B	I	a	神戸市立博物館
14 21		伝世資料	福井医家伝来資料	突起楕円型	真鍮製		聖体と文字 [刻銘] LOV/VADO SE/IA O SANC/TISS SA/CRAM	聖イグナティウス・デ・ロヨラ	2.2	1.6	0.1	1.45	正面穿孔	17世紀	西洋	③突起楕円形	B	II	a	神戸市立博物館

巻末資料

Ⅰ. キリシタン資料一覧

メダイ　Medalha

遺物番号	写真	出土／伝世	出土遺跡・発見地・出所	TYPE	素材	鉛同位体比	図像 主題［刻銘］	図像 副題［刻銘］	サイズ 長径 cm	サイズ 短径 cm	サイズ 厚さ cm	重量 g	穿孔	時期	製作地	形態分類 面の形態	形態分類 鈕の形態	形態分類 穿孔方向	形態分類 面の装飾	所蔵
14 22		伝世資料	福井医家伝来資料	突起楕円型	真鍮製		天使聖体礼拝図	文字 [刻銘] LOV/VADO SE/IA O SANC/TISS SA/CRAM	2.2	1.8	0.2	2.08	正面穿孔	17世紀	西洋	突起楕円形 ③	B	Ⅱ	a	神戸市立博物館
14 23		伝世資料	福井医家伝来資料	突起楕円型	錫＋鉛鑞製		天使聖体礼拝図	文字 [刻銘] LOV/VADO SE/IA O SANC/TISS SA/CRAM	2.4	1.7	0.1	1.6	横穿孔	17世紀	国産？	突起楕円形 ③	B	Ⅰ	a	神戸市立博物館
14 24		伝世資料	福井医家伝来資料	突起楕円型	錫＋鉛鑞製？		天使聖体礼拝図	文字 [刻銘] LOV/VADO SE/IA O SANC/TISS SA/CRAM	2.4	1.7	0.2	1.85	横穿孔	17世紀	国産？	突起楕円形 ③	B	Ⅰ	a	神戸市立博物館
14 25		伝世資料	福井医家伝来資料	突起楕円型	真鍮製		無原罪の聖母	聖痕を受ける アッシジの聖フランシスコ	2.2	1.6	0.2	1.03	横穿孔	17世紀	西洋	突起楕円形 ③	B	Ⅰ	a	神戸市立博物館
14 26		伝世資料	福井医家伝来資料	突起楕円型	真鍮製		無原罪の聖母	聖母マリアとコザリを持つ幼児キリスト 背景にモンセラト	2.2	0.6	0.2	1.02	横穿孔	17世紀	西洋	突起楕円形 ③	B	Ⅰ	a	神戸市立博物館

I. キリシタン資料一覧

メダイ Medalha

遺物番号	写真	出土/伝世	出土遺跡・発見地・出所	TYPE	素材	鉛同位体比	図像 主題[刻銘]	図像 主題[刻銘]	サイズ 長径cm	サイズ 短径cm	サイズ 厚さcm	重量g	穿孔	時期	製作地	形態分類 面の形態	形態分類 鈕の形態	形態分類 穿孔の方向	形態分類 面の装飾	所蔵
14 27		伝世資料	福井医家伝来資料	突起楕円型	錫+鉛製		無原罪の聖母	救世主像・IHS・3本の釘	1.9	1.7	0.2	1.44	正面穿孔	17世紀	国産	突起楕円形③	C	II	a	神戸市立博物館
14 28		伝世資料	福井医家伝来資料	突起楕円型	真鍮製		無原罪の聖母	洗礼者ヨハネ	2.2	1.6	0.2	0.9	横穿孔	17世紀	西洋	突起楕円形③	B	I	a	神戸市立博物館
14 29		伝世資料	福井医家伝来資料	突起楕円型	真鍮製		無原罪の聖母	キリストの磔刑	2.1	1.5	0.2	0.91	横穿孔	17世紀	西洋	突起楕円形③	B	I	a	神戸市立博物館
14 30		伝世資料	福井医家伝来資料	突起楕円型	真鍮製		無原罪の聖母	苦行するマグダラのマリア	2.3	1.7	0.2	1.13	横穿孔	17世紀	西洋	突起楕円形③	B	I	a	神戸市立博物館
14 31		伝世資料	福井医家伝来資料	突起楕円型	真鍮製		無原罪の聖母	最後の審判における魂の裁き	2.2	1.5	0.2	1.11	横穿孔	17世紀	西洋	突起楕円形③	B	I	a	神戸市立博物館
14 32		伝世資料	福井医家伝来資料	突起楕円型	真鍮製		無原罪の聖母	マリアへのお告げ	2.2	1.6	0.2	1.11	横穿孔	17世紀	西洋	突起楕円形③	B	I	a	神戸市立博物館

巻末資料

Ⅰ．キリシタン資料一覧　　メダイ　Medalha

遺物番号	写真	出土/伝世	出土遺跡・発見地・出所	TYPE	素材	鉛同位体比	図像 主題[刻銘]	図像 主題[刻銘]	サイズ 長径 cm	サイズ 短径 cm	サイズ 厚さ cm	重量 g	穿孔	時期	製作地	形態分類 面の形態	形態分類 鈕の形態	形態分類 穿孔の方向	形態分類 面の装飾	所蔵
14 33		伝世資料	福井医家伝来資料	突起楕円型	真鍮製		無原罪の聖母	聖母マリアとロザリオを持つ幼児キリスト背景にモンセラート	2.2	1.6	0.2	0.98	横穿孔	17世紀	西洋	突起楕円形③	B	Ⅰ	a	神戸市立博物館
14 34		伝世資料	福井医家伝来資料	突起楕円型	真鍮製		無原罪の聖母	聖痕を受けるアッシジの聖フランシスコ	2.1	1.6	0.1	1.06	横穿孔	17世紀	西洋	突起楕円形③	B	Ⅰ	a	神戸市立博物館
14 35		伝世資料	福井医家伝来資料	突起楕円型	真鍮製		無原罪の聖母	聖ヒエロニムス	2	1.3	0.2	0.91	横穿孔	17世紀	西洋	突起楕円形③	B	Ⅰ	a	神戸市立博物館
14 36		伝世資料	福井医家伝来資料	突起楕円型	真鍮製		無原罪の聖母	キリストの磔刑	2.2	1.5	0.2	1.15	横穿孔	17世紀	西洋	突起楕円形③	B	Ⅰ	a	神戸市立博物館
14 37		伝世資料	福井医家伝来資料	突起楕円型	真鍮製		無原罪の聖母	福音記者聖ヨハネ	2.1	1.5	0.2	1.15	横穿孔	17世紀	西洋	突起楕円形③	B	Ⅰ	a	神戸市立博物館
14 38		伝世資料	福井医家伝来資料	突起楕円型	真鍮製		キリストの磔刑	不明	1.9	1.3	0.1	0.72	正面穿孔	17世紀	西洋	突起楕円形③	B	Ⅰ	a	神戸市立博物館

I. キリシタン資料一覧

メダイ　Medalha

遺物番号	写真	出土/伝世	出土遺跡・発見地・出所	TYPE	素材	鉛同位体比	図像 主題[刻銘]	図像 主題[刻銘]	サイズ 長径 cm	サイズ 短径 cm	サイズ 厚さ cm	重量 g	穿孔	時期	製作地	形態分類 面の形態	形態分類 鈕の形態	形態分類 面の穿孔方向	形態分類 面の装飾	所蔵
15 01		出土資料	黒崎城跡5区 土坑	楕円型	錫＋鉛製		マリア半身像	キリスト半身像	2.8	2.2	0.3	7.55	不明	1620年代以前	国産	②楕円形	-	-	a	北九州市芸術文化振興財団埋蔵文化財調査室
17 01		伝世資料	新上五島町土井の浦	突起楕円型	純銅製		フランシスコ・ザビエル	イグナティウス・デ・ロヨラ	1.72	1.25	0.14	1.3	横穿孔	17世紀	西洋	突起楕円形 ③	B	I	a	土井の浦キリスト記念館
18 01		伝世資料	平戸市飯良町在住の作尾藤四郎氏宅	府内型	純鉛製		無し 何か貼付されていた物（ガラス等）が剥げた痕か	無し	2.25	1.78	0.44	9.8	横穿孔	16世紀後半（府内例からか推測）	府内タイプロット	①円形	A-1	I	g	川上茂次氏
18 02		伝世資料	平戸市飯良町在住の作尾藤四郎氏宅	府内型	純鉛製		無し 何か描かれたようであるが不明	無し	2.78	1.44	0.27	5.5	正面穿孔	16世紀後半（府内例からか推測）	府内タイプロット	①円形	D	-	g	川上茂次氏
18 03		伝世資料	平戸市飯良町在住の作尾藤四郎氏宅	楕円型	錫＋鉛製		キリスト半身像	聖母子像	2.64	2.12	0.35	7.1	不明	16世紀後半（府内例からか推測）	国産	②楕円形	-	-	g	川上茂次氏
18 04		伝世資料	平戸根獅子	楕円型	錫＋鉛製		マリア半身像	キリスト半身像	2.45	2.01	0.38	6.6 (7.1)	不明	16世紀後半（府内例からか推測）	国産	②楕円形	B	II	a	川上茂次氏

巻末資料

I. キリシタン資料一覧　　メダイ　Medalha

遺物番号	出土／伝世	出土遺跡・発見地・出所	TYPE	素材	鉛同位体比	図像 主題(刻銘)	図像 主題(刻銘)	サイズ 長径 cm	サイズ 短径 cm	サイズ 厚さ cm	重量 g	穿孔	時期	製作地	形態分類 面の形態	形態分類 鈕の形態	形態分類 穿孔の方向	形態分類 面の装飾	所蔵
19_01	伝世資料	崎津	楕円型	白蝶貝		無原罪の聖母	キリストの磔刑	2.15	1.53	0.16	0.8	不明	17世紀	国産	楕円形 ②	-	-	b	日本二十六聖人記念館
19_02	伝世資料	崎津	楕円型	白蝶貝		福者イグナティウス・デ・ロヨラ	十字架・IHS・3本の釘	6.35	4.65	0.44	18.6	正面穿孔	17世紀	国産	楕円形 ②	A-2	II	b	日本二十六聖人記念館
19_03	伝世資料	崎津	楕円型	白蝶貝		無原罪の聖母	キリストの磔刑	2.1	1.68	0.15	0.7	不明	17世紀	国産	楕円形 ②	-	-	b	日本二十六聖人記念館
19_04	伝世資料	崎津	楕円型	錫+鉛製		ミカエル	聖母子像	3.55	2.22	0.32	11.8	正面穿孔	17世紀	国産	楕円形 ②	B	II	a	日本二十六聖人記念館
19_05	伝世資料	崎津	突起楕円型	真鍮製		聖体と文字 [刻銘] LOV/VADO SE/IA O SANC/TISS SA/CRAM	聖イグナティウス・デ・ロヨラ	2.23	1.58	0.13	1.7	正面穿孔	17世紀	西洋	突起楕円形 ③	B	II	a	日本二十六聖人記念館
19_06	伝世資料	崎津	突起楕円型	真鍮製		無原罪の聖母	聖痕を受けるアッシジの聖フランシスコ	2.11	1.5	0.19	1	横穿孔	17世紀	西洋	突起楕円形 ③	B	I	a	日本二十六聖人記念館

291

I. キリシタン資料一覧　メダイ Medalha

遺物番号	写真	出土/伝世	出土遺跡・発見地・出所	TYPE	素材	鉛同位体比	図像 主題[刻銘]	図像 主題[刻銘]	サイズ 長径 cm	サイズ 短径 cm	サイズ 厚さ cm	重量 g	穿孔	時期	製作地	形態分類 面の形態	形態分類 鈕の形態	形態分類 面の穿孔方向	面の装飾	所蔵
19 07		伝世資料	崎津	楕円型	真鍮製		無原罪の聖母	救世主像・IHS・3本の釘	1.87	1.25	0.8	0.9	横穿孔	17世紀	西洋	②楕円形	A-2	I	a	日本二十六聖人記念館
20 01		伝世資料（出土）	丹生 1968年に備前の壺の中より出土	突起楕円型	鉛入り真鍮製		天使聖体礼拝図	文字 [刻銘] LOV/VADO SE/IA O SANC/TISS SA/CRAM	2.38	1.63	0.15	1.2	横穿孔	17世紀	西洋	③突起楕円形	B	I	a	日本二十六聖人記念館
20 02		伝世資料（出土）	丹生 1968年に備前の壺の中より出土	突起楕円型	真鍮製		天使聖体礼拝図	文字 [刻銘] LOV/VADO SE/IA O SANC/TISS SA/CRAM	2.41	1.78	0.16	1.7	横穿孔	17世紀	西洋	③突起楕円形	B	I	a	日本二十六聖人記念館
20 03		伝世資料（出土）	丹生 1968年に備前の壺の中より出土	突起楕円型	真鍮製		天使聖体礼拝図	文字 [刻銘] LOV/VADO SE/IA O SANC/TISS SA/CRAM	2.15	1.7	0.15	1.4	横穿孔	17世紀	西洋	③突起楕円形	B	I	a	日本二十六聖人記念館
20 04		伝世資料（出土）	丹生 1968年に備前の壺の中より出土	突起楕円型	真鍮製		天使聖体礼拝図	文字 [刻銘] LOV/VADO SE/IA O SANC/TISS SA/CRAM	2.24	1.54	0.17	1.6	横穿孔	17世紀	西洋	③突起楕円形	B	I	a	日本二十六聖人記念館

巻末資料

I. キリシタン資料一覧　メダイ　Medalha

遺物番号	写真	出土／伝世	出土遺跡・発見地・出所	TYPE	素材	鉛同位体比	図像 主題[刻銘]	図像 主題[刻銘]	サイズ 長径 cm	サイズ 短径 cm	サイズ 厚さ cm	重量 g	穿孔	時期	製作地	形態分類 面の形態	形態分類 鈕の形態	形態分類 穿孔の方向	面の装飾	所蔵
20 05		伝世資料（出土）	丹生 1968年に備前の壺の中より出土	楕円型	鉛入り真鍮製（鉛多め）		マリア半身像	キリスト半身像	2.11	1.13	0.14	0.7	横穿孔	17世紀	西洋	②楕円形	A-2	I	a	日本二十六聖人記念館
20 06		伝世資料（出土）	丹生 1968年に備前の壺の中より出土	突起楕円型	鉛入り真鍮製（鉛多め）		無原罪の聖母	聖痕を受けるアッシジの聖フランシスコ	2.06	1.52	0.16	0.9	横穿孔	17世紀	西洋	③突起楕円形	B	I	a	日本二十六聖人記念館
20 07		伝世資料（出土）	丹生 1968年に備前の壺の中より出土	楕円型	鉛入り真鍮製（鉛多め）		無原罪の聖母	救世主像・IHS・3本の釘	1.97	1.26	0.12	0.6	横穿孔	17世紀	西洋	②楕円形	A-2	I	a	日本二十六聖人記念館
20 08		伝世資料（出土）	丹生 1968年に備前の壺の中より出土	その他	真鍮製		嵌め込み	嵌め込み	3.78	2.33	0.64	3.4	正面穿孔	17世紀	西洋	③突起楕円形	B	II	-	日本二十六聖人記念館
20 09		伝世資料（出土）	丹生 1968年に備前の壺の中より出土	楕円型	鉛入り真鍮製		福者フランシスコ・ザビエル [刻銘] B.Franciscus Xaverius	福者イグナティウス・デ・ロヨラ	2.57	1.63	0.15	1.6	横穿孔	1619～21年以降	西洋	②楕円形	A-2	I	a	日本二十六聖人記念館

293

I. キリシタン資料一覧　メダイ　Medalha

遺物番号	写真	出土・伝世	出土遺跡・発見地・出所	TYPE	素材	鉛同位体比	図像 主題 [刻銘]	図像 主題 [刻銘]	サイズ 長径 cm	サイズ 短径 cm	サイズ 厚さ cm	重量 g	穿孔	時期	製作地	形態分類 面の形態	形態分類 鈕の形態	形態分類 穿孔の方向	面の装飾	所蔵
20 10		伝世資料（出土）	丹生 1968年に備前の壺の中より出土	突起楕円型	鉛入り真鍮製		王座の聖母	聖カルロ・ボッロメーオ [刻銘] S.CAR	2.06	1.5	0.14	0.6	横穿孔	17世紀	西洋	突起楕円形 ③	B	I	a	日本二十六聖人記念館
22 01		出土資料	小倉城三ノ丸跡 第6地点5 (4区と5区の調査) 42号土坑	府内型	純銅製	華南領域	無し	無し	1.75	1.5	0.4	5.4	横穿孔	16世紀後半	国産	円形 ①	A-2	I	g	北九州市芸術文化振興財団埋蔵文化財調査室
70 00		西洋資料	Museu Nacional d'Art de Catalunya (Palau Nacional- Parc de Montjuic 08038 Barcelona)	円型	真鍮製	西洋領域	聖家族 向かって左にマリア、中央にキリスト、右にヨセフ、上に精霊。親子は手をつないでいる。[刻銘] M・CHRIST / IOSEF // ROMA	聖母子像 半身の聖母子 周囲をジグザグの光背がめぐる。	2.15	2.14	0.13	2.3	正面穿孔	16世紀後半-17世紀	ROMA	円形 ①	C	II	a	Museu Nacional d'Art de Catalunya
70 01		西洋資料	Museu Nacional d'Art de Catalunya (Palau Nacional- Parc de Montjuic 08038 Barcelona)	トークン型	真鍮製	西洋領域	5聖人 中央に聖農夫イシドロ。上部に精霊。[刻銘] ROMA	聖年１６２５年 中央に二本の円柱に支えられた破風のある聖堂、上に十字架。両脇に向かって左に鍵を持つペトロ、右に剣を持つパウロ。[刻銘] 1625	2.21	2.19	0.12	2.2	無し	1625年	ROMA	円形 ①	-	-	a	Museu Nacional d'Art de Catalunya

I. キリシタン資料一覧　メダイ Medalha

遺物番号	写真	出土/伝世	出土遺跡・発見地・出所	素材 TYPE	鉛同位体比	図像 主題 [刻銘]	図像 主題 [刻銘]	サイズ 長径 cm	サイズ 短径 cm	サイズ 厚さ cm	重量 g	穿孔	時期	製作地	形態分類 面の形態	形態分類 鈕の形態	形態分類 穿孔方向	面の装飾	所蔵
70 02		西洋資料	Museu Nacional d'Art de Catalunya (Palau Nacional-Parc de Montjuic) 08038 Barcelona	円型 真鍮製	西洋領域	5聖人 中央に聖廣夫インドロ。上部に聖霊。[刻銘] ROMA	聖体讃仰 中央に光輝を発する円形の聖体がカリスの上からのぞく。調和木にひざまずく天使。[刻銘] SACRA	1.97	1.84	0.11	1.4	不明	17世紀	ROMA	①円形	-	-	a	Museu Nacional d'Art de Catalunya
70 03		西洋資料	Museu Nacional d'Art de Catalunya (Palau Nacional-Parc de Montjuic) 08038 Barcelona	楕円型 真鍮製	西洋領域	フランシスコ・ザビエル 祭服を着たザビエルが向かって左を向いて半身、右手に百合の花。[刻銘] ・FRNC・XAV ER・SOCIS・IN	イグナティウス・デ・ロヨラ 向かって右を向いている半身のロヨラが表されている。[刻銘] 不明	2.92	1.87	0.25	4.8	横穿孔	17世紀	西洋製	②楕円形	A-2	I	a	Museu Nacional d'Art de Catalunya
70 04		西洋資料	Museu Nacional d'Art de Catalunya (Palau Nacional-Parc de Montjuic) 08038 Barcelona	楕円型 真鍮製	西洋領域	ドミニクス 中央に修道服男性立像、右手に杖状十字架、左手に3本の花。[刻銘] SAN/DO	ロザリオの聖母（環状） 中央に聖母子椅座、幼児キリスト膝に立つ。	2.59	1.51	0.15	1.8	横穿孔	16世紀後半-17世紀	西洋製	②楕円形	A-2	I	a	Museu Nacional d'Art de Catalunya
70 05		西洋資料	Museu Nacional d'Art de Catalunya (Palau Nacional-Parc de Montjuic) 08038 Barcelona	円型 真鍮製	西洋領域	聖体讃仰 中央、カリスの上に円形で光輝を放つ聖体。両脇にひざまずく天使。[刻銘] ROMA	アッシジのフランチェスコ 向かって左にひざまずいて天を仰ぎ見るアッシジのフランチェスコ。右は聖体を右手に持って立つ聖女キアラか。[刻銘] S・FRA	2.76	1.94	0.15	2.3	横穿孔	17世紀	ROMA	①円形	A-2	I	a	Museu Nacional d'Art de Catalunya

I. キリシタン資料一覧　メダイ　Medalha

遺物番号	写真	出土伝世	出土遺跡・発見地・出所	素材 TYPE	銅同位体比	図像 主題 [刻銘]	図像 主題 [刻銘]	サイズ 長径 cm	サイズ 短径 cm	サイズ 厚さ cm	重量 g	穿孔	時期	製作地	形態分類 面の形態	形態分類 鈕の形態	形態分類 穿孔方向	形態分類 面の装飾	所蔵
70 06		西洋資料	Museu Nacional d'Art de Catalunya (Palau Nacional-Parc de Montjuic 08038 Barcelona)	真鍮製 トレンチ型	西洋領域	フランシスコ・ザビエル 祭壇上の磔刑像を見上げる男性聖人半身。銘文はスペルミス。[刻銘] SAN・(F) RNAS/ AVE	パドヴァのアントニウス？ 赤ん坊を抱いた男性聖人半身。[刻銘] ・・TNIZ・	1.79	1.63	0.16	1.8	無し	17世紀	西洋製	楕円形 ②	-	-	a	Museu Nacional d'Art de Catalunya
70 07		西洋資料	Museu Nacional d'Art de Catalunya (Palau Nacional-Parc de Montjuic 08038 Barcelona)	真鍮製 円型	西洋領域	5聖人 農夫インドロを中心に、向かって左にチレサ？欠損上部に精霊の光輪。[刻銘] ROMA	イグナチウス・デ・ロヨラ？ カリスの中の聖体を礼拝する男性聖人半身。	2.23	2.16	0.11	1.9	不明	17世紀	ROMA	円形 ①	-	-	a	Museu Nacional d'Art de Catalunya
70 08		西洋資料	Museu Nacional d'Art de Catalunya (Palau Nacional-Parc de Montjuic 08038 Barcelona)	真鍮製 円型	西洋領域	ヴェロニカとペトロ 中央上部のヴェロニカの両脇に立つペトロ（向かって左）、剣を持つパウロ。[刻銘] なし	サン・ピエトロ大聖堂とペトロとパウロ 中央に2本の円柱に支えられた破風のある建物、上部に十字架。脇にペトロとパウロ（向かって右）。	1.58	1.55	0.09	0.8	不明	17世紀	ROMA	円形 ①	-	-	a	Museu Nacional d'Art de Catalunya
70 09		西洋資料	Museu Nacional d'Art de Catalunya (Palau Nacional-Parc de Montjuic 08038 Barcelona)	真鍮製 楕円型	西洋領域	フェリーペ・デ・ネリ 男性聖人横顔、司教か？[刻銘] S・PHILIP・NE・	聖母子像 幼児を抱くマリア半身。	3.53	2.38	0.19	4.9	横穿孔	17世紀	西洋製	楕円形 ②	A-2	I	a	Museu Nacional d'Art de Catalunya

I. キリシタン資料一覧　メダイ　Medalha

遺物番号		写真	出土/伝世	出土遺跡・発見地・出所	TYPE	素材	鉛同位体比	図像 主題 [刻銘]	図像 主題 [刻銘]	サイズ 長径 cm	サイズ 短径 cm	サイズ 厚さ cm	重量 g	穿孔	時期	製作地	形態分類 面の形態	形態分類 鈕の形態	形態分類 穿孔の方向	形態分類 面の装飾	所蔵
70	10		西洋伝世資料	Museu Nacional d'Art de Catalunya (Palau Nacional- Parc de Montjuic 08038 Barcelona)	楕円形型	真鍮製	西洋領域	聖セレスティヌス・トンスラの男性聖人(半身)が向かって右の聖体を礼拝。[刻銘] S・P・CELESTIN・P・P・V	聖ベルナルドゥスと聖女スコラ 向かって左、左手に司教杖を持つ聖ベルナルドゥス、右：左手に杖、右手に花を持つ聖女スコラ。[刻銘] S・BENRD/S・SCHOLA・ROMA	3.23	1.94	0.17	3.3	横穿孔	17世紀	ROMA	②楕円形	A-2	I	a	Museu Nacional d'Art de Catalunya
70	11		西洋伝世資料	Museu Nacional d'Art de Catalunya (Palau Nacional- Parc de Montjuic 08038 Barcelona)	突起楕円形型	真鍮製	西洋領域	サン・ピエトロ大聖堂 中央に弓型屋根、2本柱の聖堂とその間にひざまずく巡礼者。[刻銘] I・CALI・BPT	ロザリオの聖母 基壇上部に聖母子。向かって右に幼児イエスが立つ。	2.37	2.23	0.19	3.7	無し	17世紀	ROMA	③突起楕円形	-	-	a	Museu Nacional d'Art de Catalunya
70	12		西洋伝世資料	Museu Nacional d'Art de Catalunya (Palau Nacional- Parc de Montjuic 08038 Barcelona)	多角形型	真鍮製	西洋領域	フランシスコ・ザビエル アルベ、ストラを身につけたザビエル半身。両手を胸前で交差。[刻銘] S・FRANC・XAVE・SO	イグナティウス・デ・ロヨラ 書見台の前で、天を仰ぎ見るロヨラ、右手を胸に当てる。天には HIS の文字。半身、祭服。[刻銘] S・IGNATIVS・L・S・I・H	2.44	1.86	0.16	2.8	正面穿孔	17世紀	西洋製	④八角形	A-2	II	a	Museu Nacional d'Art de Catalunya

297

I. キリシタン資料一覧　　メダイ　Medalha

遺物番号	写真	出土/伝世	出土遺跡・発見地・出所	素材 TYPE	鉛同位体比	図像 主題 [刻銘]	図像 主題 [刻銘]	サイズ 長径 cm	サイズ 短径 cm	サイズ 厚さ cm	重量 g	穿孔	時期	製作地	形態分類 面の形態	形態分類 鈕の形態	形態分類 穿孔方向	形態分類 面の装飾	所蔵
70 13		西洋資料	Museu Nacional d'Art de Catalunya (Palau Nacional-Parc de Montjuic 08038 Barcelona)	円型 真鍮製		聖カルロ・ボロメーオ 向かって右の磔刑像を礼拝する修道士半身。[刻銘] S・CARL・B・CAR・S・P・A・M	受胎告知 向かって右に昔見合の前にひざまずくマリア。左に雲に乗った天使、3つまたの百合を左手に持ち、右手の人指し指を上げる。上部に精霊。	2.64	2.18	0.11	2.3	無し	17世紀	西①洋製	円形	B	I	a	Museu Nacional d'Art de Catalunya
70 14		西洋資料	Museu Nacional d'Art de Catalunya (Palau Nacional-Parc de Montjuic 08038 Barcelona)	楕円型 真鍮製		キリストの洗礼 向かって左にキリストほぼ全身、右に長袖の十字架を持つ洗礼者ヨハネ、右手をキリストの頭上に置く。[刻銘] PIL・ME・D・	ピエタ 中央にキリストを膝に横たえるマリア。[刻銘] B・V・DE・COR・I・M	2.58	1.79	0.15	2.2	横穿孔	17世紀	西②洋製	楕円形	B	I	a	Museu Nacional d'Art de Catalunya
70 15		西洋資料	Museu Nacional d'Art de Catalunya (Palau Nacional-Parc de Montjuic 08038 Barcelona)	楕円型 真鍮製		無原罪の聖母 中央に三日月に乗った聖母、両手を合わせ、下方を向く立像。[刻銘] I・M・CO・CEVIDA・SIN・PEC・ORIGINAL・	聖体讃仰 中央にカリス、上部に円形の聖体。両脇にイタリア語。[刻銘] LAVD・SIA・IL・SAN・SAC・	2.78	1.73	0.1	2.1	横穿孔	17世紀	西②洋製	楕円形	A-2	I	a	Museu Nacional d'Art de Catalunya
70 16		西洋資料	Museu Nacional d'Art de Catalunya (Palau Nacional-Parc de Montjuic 08038 Barcelona)	多角形型 真鍮製		聖女バルバラ 向かって右に塔、その前に半身の聖女、右手にミシュロを持つ。[刻銘] S/BA	大天使ミカエル 左手に天秤、右手に剣をふりかざす。軍服。	2.06	1.31	0.1	1	横穿孔	17世紀	西④洋製	八角形	B	I	a	Museu Nacional d'Art de Catalunya

298

I. キリシタン資料一覧

メダイ　Medalha

遺物番号	写真	出土／伝世	出土遺跡・発見地・出所	TYPE	素材	鉛同位体比	図像 主題 [刻銘]	図像 主題 [刻銘]	サイズ 長径 cm	サイズ 短径 cm	サイズ 厚さ cm	重量 g	穿孔	時期	製作地	形態分類 面の形態	形態分類 鈕の形態	形態分類 穿孔の方向	面の装飾	所蔵
70 17		西洋資料	Museu Nacional d'Art de Catalunya (Palau Nacional-Parc de Montjuïc 08038 Barcelona)	楕円形型	真鍮製	西洋領域	聖クリストフォロス 左手で杖をついて肩に幼児キリストを乗せ、川を渡る巨人。[刻銘] …STFORO…	パドヴァのアントニウス 向かって右に立つ幼児キリスト、左に男性聖人半身。[刻銘] SA	2.1	1.8	0.19	2.1	不明	17世紀	西洋製	楕円形 ②	-	-	a	Museu Nacional d'Art de Catalunya
70 18		西洋資料	Museu Nacional d'Art de Catalunya (Palau Nacional-Parc de Montjuïc 08038 Barcelona)	多角形型	真鍮製		聖フェリーペ・デ・ネリ？ 男性聖人半身、胸元に十字架。[刻銘] S・FELI/ VALCYS ?	ピエタ 布のかかった十字架の前に横たわるキリストを膝に抱いた聖母。[刻銘] S・S・DE/ISCC	2.2	1.92	0.27	4.5	不明	17世紀	西洋製	八角形 ④	-	-	a	Museu Nacional d'Art de Catalunya
70 19		西洋資料	Museu Nacional d'Art de Catalunya (Palau Nacional-Parc de Montjuïc 08038 Barcelona)	楕円形型	真鍮製		聖女バルバラ？ シュロ状のものを手にした聖人半身像。[刻銘] 不明	パドヴァのアントニウス 祭壇上に幼児キリスト、聖人半身。	2.22	1.51	0.19	2.4	横穿孔	17世紀	西洋製	楕円形 ②	B	I	a	Museu Nacional d'Art de Catalunya
70 20		西洋資料	Museu Nacional d'Art de Catalunya (Palau Nacional-Parc de Montjuïc 08038 Barcelona)	円形型	真鍮製		フランシスコ・ザビエル 聖人半身、手に3つ又の花。[刻銘] XAV	イグナティウス・デ・ロヨラ 半身横聖人。[刻銘] S・IGN/D…	1.76	1.63	0.19	2.2	不明	17世紀	西洋製	円形 ①	-	-	a	Museu Nacional d'Art de Catalunya

Ⅰ. キリシタン資料一覧

メダイ Medalha

遺物番号	写真	出土/伝世	出土遺跡・発見地・出所	素材	TYPE	鉛同位体比	図像 主題 [刻銘]	図像 主題 [刻銘]	サイズ 長径 cm	サイズ 短径 cm	サイズ 厚さ cm	重量 g	穿孔	時期	製作地	形態分類 面の形態	形態分類 鈕の形態	形態分類 面の穿孔方向	形態分類 面の装飾	所蔵
70 21		西洋資料	Museu Nacional d'Art de Catalunya (Palau Nacional-Parc de Montjuic 08038 Barcelona)	真鍮製	楕円型		アッシジのフランチェスコ [刻銘] FR/ANCESCO	カプチン帽の修道士半身、天を仰ぎ見る。上から光。 パドヴァのアントニウス 祭壇上に幼児キリスト。その前に立つ聖人。左手を上げる。	2.12	1.41	0.21	2	横穿孔	17世紀	西洋製	楕円形②	B	Ⅰ	a	Museu Nacional d'Art de Catalunya
70 22		西洋資料	Museu Nacional d'Art de Catalunya (Palau Nacional-Parc de Montjuic 08038 Barcelona)	真鍮製	トークン型		男性聖人 半身横顔 [刻銘] NICOLA/DE/TOLIEN	アウグスティヌス大司教 司教冠、司教杖を持つ聖人半身。 [刻銘] S・AGVST・E	1.99	1.89	0.12	1.8	無し	17世紀	西洋製	円形①	-	-	a	Museu Nacional d'Art de Catalunya
70 23		西洋資料	Museu Nacional d'Art de Catalunya (Palau Nacional-Parc de Montjuic 08038 Barcelona)	真鍮製	トークン型		洗礼者ヨハネ 無髭の男性聖人半身、右手に長柄の十字架。 [刻銘] S・IOANN/ES/BAPTI・	ロレートの聖母 家の上に腰掛ける聖母子。下に3天使。 [刻銘] S・MAR・LAVR・	2.09	2.07	0.19	3.2	無し	17世紀	西洋製	円形①	-	-	a	Museu Nacional d'Art de Catalunya
70 24		西洋資料	Museu Nacional d'Art de Catalunya (Palau Nacional-Parc de Montjuic 08038 Barcelona)	真鍮製	円型	西洋領域	救世主 キリストの半身横顔。 [刻銘] SALVATOR MVND	ロレートの聖母 聖母子立像 (三角構図) [刻銘] LAVRE	2.37	2.36	0.27	4.6	不明	17世紀	西洋製	円形①	-	-	a	Museu Nacional d'Art de Catalunya
70 25		西洋資料	Museu Nacional d'Art de Catalunya (Palau Nacional-Parc de Montjuic 08038 Barcelona)	真鍮製	円型	西洋領域	IHS IHS、下に3本の釘、Hの上に十字架 [刻銘] MOLIVR	不明 [刻銘] 不明	2.45	1.89	0.11	2.2	横穿孔	17世紀	西洋製	円形①	B	Ⅰ	a	Museu Nacional d'Art de Catalunya

巻末資料

I. キリシタン資料一覧　メダイ　Medalha

遺物番号	写真	出土伝世	出土遺跡・発見地・出所	TYPE	素材	鉛同位体比	図像 主題 [刻銘]	図像 主題 [刻銘]	サイズ 長径 cm	サイズ 短径 cm	サイズ 厚さ cm	重量 g	穿孔	時期	製作地	形態分類 面の形態	形態分類 鈕の形態	形態分類 面の穿孔方向	形態分類 面の装飾	所蔵
70 26		西洋資料	Museu Nacional d'Art de Catalunya (Palau Nacional-Parc de Montjuïc) 08038 Barcelona	多角形型	真鍮製	西洋領域	無原罪の聖母 中央、三日月上に立つ聖母。向かって左下を見る。両手を合わせ、直線光輝。 [刻銘] ・B・VIRGO・SINE/PEC・ORIG・CON・	バルトロマイ 有髭の男性聖人半身像。向かって左上の光輝を見る。右手に剣、左手に聖書。 [刻銘] ・S・BART/OLO/MEVS・AP・	3.04	1.95	0.15	3.4	横穿孔	17世紀	西洋製	④ 八角形	A-2	I	a	Museu Nacional d'Art de Catalunya
70 27		西洋資料	Museu Nacional d'Art de Catalunya (Palau Nacional-Parc de Montjuïc) 08038 Barcelona	楕円形型	真鍮製		5聖人 中央に農夫イシドロ、他5人。 [刻銘] ROMA	ロレートの聖母？ 聖母子（三角形構図）、両脇に2天使、上部に天蓋。	3.7	2.37	0.14	3.6	横穿孔	17世紀	ROMA	② 楕円形	A-2	I	a	Museu Nacional d'Art de Catalunya
70 28		西洋資料	Museu Nacional d'Art de Catalunya (Palau Nacional-Parc de Montjuïc) 08038 Barcelona	楕円形型	真鍮製		アッシジのフランチェスコ？ 修道服の聖人半身像、向かって右上方を見上げる。 [刻銘] 不明	パドヴァのアントニウス 向かって左に祭壇上に立つ幼児キリスト、その前の聖人、4分の3の像。	2.35	2.05	0.18	2.3	不明	17世紀	西洋製	② 楕円形	-	-	a	Museu Nacional d'Art de Catalunya
70 29		西洋資料	Museu Nacional d'Art de Catalunya (Palau Nacional-Parc de Montjuïc) 08038 Barcelona	円形型	真鍮製		聖フアン・デ・ラ・クルース 男性聖人半身、向かって左上を見上げる。 [刻銘] S・IOA/…A・CRVCE	女性聖人半身 修道服の女性半身、胸前で手を合わせる。 [刻銘] …AT…REAS？	3.11	2.58	0.34	10.2	正面穿孔	17世紀	西洋製	① 円形	B	II	a	Museu Nacional d'Art de Catalunya

301

I. キリシタン資料一覧　メダイ Medalha

遺物番号	写真	出土/伝世	出土遺跡・発見地・出所	TYPE	素材	鉛同位体比	図像 主題 [刻銘]	図像 主題 [刻銘]	サイズ 長径 cm	サイズ 短径 cm	サイズ 厚さ cm	重量 g	穿孔	時期	製作地	形態分類 面の形態	形態分類 鈕の形態	形態分類 穿孔の方向	面の装飾	所蔵
70 30		西洋資料	Museu Nacional d'Art de Catalunya (Palau Nacional-Parc de Montjuic) 08038 Barcelona	楕円型	真鍮製		キリストの十字架の道行きキリストを担ぐイエス全身。[刻銘] IESVS/SALV	キリストの十字架の前に横たわるキリストを膝に抱いた聖母。[刻銘] MATER DE…	2.32	1.52	0.12	1.6	横穿孔	17世紀	西洋製	楕円形 ②	B	I	a	Museu Nacional d'Art de Catalunya
70 31		西洋資料	Museu Nacional d'Art de Catalunya (Palau Nacional-Parc de Montjuic) 08038 Barcelona	楕円型	真鍮製		聖ヨアン・デ・ラ・クルース イエス会男性半身、右上に光源。[刻銘] S・IO…	男性聖人、向かって右を見る。[刻銘] S・VIN・A/P・C/M・F	3.47	2.45	0.3	8.9	横穿孔	17世紀	西洋製	楕円形 ②	B	I	a	Museu Nacional d'Art de Catalunya
70 32		西洋資料	Museu Nacional d'Art de Catalunya (Palau Nacional-Parc de Montjuic) 08038 Barcelona	楕円型	真鍮製		男性聖人半身、正面を向いて両手を広げる。左手に何かを持つ。[刻銘] 不明	7つの悲しみの聖母 中央にピエタ形聖母子、7本の剣が向かって左に3本、右に4本刺さる。	2.73	2.04	0.28	6	横穿孔	17世紀	西洋製	楕円形 ②	B	I	a	Museu Nacional d'Art de Catalunya
70 33		西洋資料	Museu Nacional d'Art de Catalunya (Palau Nacional-Parc de Montjuic) 08038 Barcelona	円型	真鍮製	西洋領域	スカラ・サンクタ、4聖人 中央にスカラ・サンクタ、上部に磔刑のキリスト、両脇に4聖人。[刻銘] SCAL/SANC/ROMA	聖堂 4つの門、凹門の破風、各門の上部に精霊、中央上部に大きな精霊の表現。[刻銘] ROMA	2.5	1.78	0.1	1.6	横穿孔	17世紀	ROMA	円形 ①	A-2	I	a	Museu Nacional d'Art de Catalunya

巻末資料

Ⅰ. キリシタン資料一覧

メダイ　Medalha

遺物番号	写真	出土/伝世	出土遺跡・発見地・出所	TYPE	素材	鉛同位体比	図像 主題	図像 刻銘	主題	刻銘	長径cm	短径cm	厚さcm	重量g	穿孔	時期	製作地	面の形態	鈕の形態	穿孔の方向	面の装飾	所蔵
70 34		西洋資料	Museu Nacional d'Art de Catalunya (Palau Nacional-Parc de Montjuic 08038 Barcelona)	トークン型	真鍮製		中央にIHSの十字架、下に3本の釘。	刻銘不明	十字架	刻銘不明	1.83	1.83	0.08	1.5	無し	17世紀	西洋製	①円形	-	-	a	Museu Nacional d'Art de Catalunya
70 35		西洋資料	Museu Nacional d'Art de Catalunya (Palau Nacional-Parc de Montjuic 08038 Barcelona)	トークン型	真鍮製		中央にIHSの十字架、下に3本の釘。	刻銘 VPSNSMVSM OLIVB	中央に十字架、4区画に文字。	刻銘 CSPB	1.88	1.87	0.11	2	無し	17世紀	西洋製	①円形	-	-	a	Museu Nacional d'Art de Catalunya
70 36		西洋資料	Museu Nacional d'Art de Catalunya (Palau Nacional-Parc de Montjuic 08038 Barcelona)	トークン型	真鍮製		中央にIHSの十字架、下に3本の釘。	刻銘 VPSNSMVSM OLIVB	十字架 中央に十字架、胸木の上に縦：CSSML、横にNDSMD。4区画に文字。	刻銘 CSPB	2.06	2.06	0.1	2.2	無し	17世紀	西洋製	①円形	-	-	a	Museu Nacional d'Art de Catalunya
70 37		西洋資料	Museu Nacional d'Art de Catalunya (Palau Nacional-Parc de Montjuic 08038 Barcelona)	楕円型	真鍮製		男性聖人 カプチン帽の修道士が手に磔刑像を持って向かって左にドクロ。 刻銘 SAN CTR FRANCISCE O. P. N		パドヴァのアントニウス 修道士の広げた本の上に幼児キリスト。		4.45	2.95	0.31	17.2	横穿孔	17世紀	西洋製	②楕円形	A-2	Ⅰ	a	Museu Nacional d'Art de Catalunya

303

I. キリシタン資料一覧　メダイ Medalha

遺物番号	写真	出土/伝世	出土遺跡・発見地・出所	素材 TYPE	鉛同位体比	図像 主題 [刻銘]	図像 主題 [刻銘]	サイズ 長径 cm	サイズ 短径 cm	サイズ 厚さ cm	重量 g	穿孔	時期	製作地	形態分類 面の形態	形態分類 鈕の形態	形態分類 穿孔の方向	面の装飾	所蔵
70 38		西洋資料	Museu Nacional d'Art de Catalunya (Palau Nacional-Parc de Montjuïc 08038 Barcelona)	多角形型 真鍮製		ヒエロニムス 腰掛けで胸を石で打つ聖人。	聖母子像（三角構図） 聖母子像、手に杓。[刻銘] I. D. O	2.82	1.91	0.23	3.9	横穿孔	17世紀	西洋製	八角形 ④	A-2	I	a	Museu Nacional d'Art de Catalunya
70 39		西洋資料	Museu Nacional d'Art de Catalunya (Palau Nacional-Parc de Montjuïc 08038 Barcelona)	楕円形型 真鍮製		無原罪の聖母 三日月の上に立つ聖母、両手を前で合わせ、向かって右下を見る聖母、光背は直線と曲線が交互。[刻銘] TOTA PVLCHRA ES AMICA MEA	3聖人（パドヴァのアントニウス他） 中央に杖を持った聖人、向かって右にアントニウス、左に男性聖人、上部に2天使。[刻銘] S・E・R・D・ S・A・/D・P・ S・?・D・P/R OMA	3.54	2.53	0.12	4.5	正面穿孔	17世紀	西洋製	楕円形 ②	A-2	II	a	Museu Nacional d'Art de Catalunya
70 40		西洋資料	Museu Nacional d'Art de Catalunya (Palau Nacional-Parc de Montjuïc 08038 Barcelona)	楕円形型 真鍮製		ヒエロニムス 磔刑像の前で上半身裸で腰掛けて胸を石で打つ聖人。	聖母子像（三角構図） 三日月上に聖母子像。[刻銘] S・M・D・C・	3.5	2.6	0.24	8	正面穿孔	17世紀	西洋製	楕円形 ②	A-2	II	a	Museu Nacional d'Art de Catalunya
70 41		西洋資料	Museu Nacional d'Art de Catalunya (Palau Nacional-Parc de Montjuïc 08038 Barcelona)	多角形型 真鍮製		洗礼者ヨハネ フィラクテルのから まった十字架を手にする聖人半身像横向き。[刻銘] S・IOANN・・B・TISTA	ペトロとパウロ 首のみのペトロ（向かって左）、右にパウロ、向かい合わせ、細い紐状のニンブス。[刻銘] ROMA	3.15	2.51	0.13	3.1	正面穿孔	17世紀	ROMA ④	八角形	A-2	II	a	Museu Nacional d'Art de Catalunya

304

Ⅰ．キリシタン資料一覧

メダイ　Medalha

遺物番号	写真	出土伝世	出土遺跡・発見地・出所	TYPE	素材	鉛同位体比領域	図像 主題［刻銘］	図像 主題［刻銘］	サイズ 長径cm	サイズ 短径cm	サイズ 厚さcm	重量g	穿孔	時期	製作地	形態分類 面の形態	形態分類 鈕の形態	形態分類 穿孔方向	形態分類 面の装飾	所蔵
70 42		西洋資料	Museu Nacional d'Art de Catalunya (Palau Nacional-Parc de Montjuic 08038 Barcelona)	多角形型	真鍮製	西洋領域	聖ミカエル 竜の上に立つ軍服姿の大天使ミカエル、右手に剣、左手に秤。[刻銘] S・MICH・ARCH・	聖母子像 頬を寄せる聖母子半身像。[刻銘] S・MARIA DEL・CARM・O・P・M	3.66	2.42	0.13	3.9	横穿孔	17世紀	西洋製	八角形 ④	A-2	Ⅰ	a	Museu Nacional d'Art de Catalunya
70 43		西洋資料	Museu Nacional d'Art de Catalunya (Palau Nacional-Parc de Montjuic 08038 Barcelona)	楕円形型	真鍮製		無原罪の聖母 三日月の上に立つ聖母、両手を前であわせ、向かって右下を見る聖母、光背は直線。[刻銘] CONCETTA・・SINE・・CC・・OR・	聖体讃仰 カリスからのぞく聖体。二天使、ひざまずいて礼拝。[刻銘] SS・SAC・/ ROMA	3.2	2.39	0.13	4.5	正面穿孔	17世紀	ROMA	楕円形 ②	A-2	Ⅱ	a	Museu Nacional d'Art de Catalunya
70 44		西洋資料	Museu Nacional d'Art de Catalunya (Palau Nacional-Parc de Montjuic 08038 Barcelona)	円型	真鍮製		キリストの磔刑 磔刑のキリストの両脇に立つ2人の聖人。[刻銘] …C/RI…	ピエタ 布のかかった十字架の前に横たわるキリストを膝に抱いた聖母。[刻銘] 不明	3.02	2.13	0.2	4.2	横穿孔	17世紀	西洋製	円形 ①	B	Ⅰ	a	Museu Nacional d'Art de Catalunya
70 45		西洋資料	Museu Nacional d'Art de Catalunya (Palau Nacional-Parc de Montjuic 08038 Barcelona)	楕円型	真鍮製		無原罪の聖母 三日月の上に立つ聖母、両手を前であわせ、向かって右下を見る聖母、光背は直線と曲線、頭上に星5つ。	聖体讃仰 中央にカリス、その上から聖体がのぞく、光輝がひざまずいて礼拝。両脇に天蓋、端にランプ。[刻銘] ROMA	3.41	2.74	0.11	4.4	正面穿孔	17世紀	ROMA	楕円形 ②	C	Ⅱ	a	Museu Nacional d'Art de Catalunya

305

I. キリシタン資料一覧

メダイ Medalha

遺物番号	写真	出土伝世	出土遺跡・発見地・出所	TYPE	素材	鉛同位体比	図像 主題 [刻銘]	図像 主題 [刻銘]	サイズ 長径 cm	サイズ 短径 cm	サイズ 厚さ cm	重量 g	穿孔	時期	製作地	形態分類 面の形態	形態分類 鈕の形態	形態分類 穿孔方向	面の装飾	所蔵
70 46		西洋資料	Museu Nacional d'Art de Catalunya (Palau Nacional-Parc de Montjuic 08038 Barcelona)	円形型	真鍮製	西洋領域	フランシスコ・ザビエル？ トンスラ、修道服の男性聖人半身。向かって右に十字架。[刻銘] 不明	男性聖人 男性聖人半身、カプチン帽、長い髭？ [刻銘] 不明	3.03	2.15	0.22	4.1	横穿孔	17世紀	西洋製	円形 ①	B	I	a	Museu Nacional d'Art de Catalunya
70 47		西洋資料	Museu Nacional d'Art de Catalunya (Palau Nacional-Parc de Montjuic 08038 Barcelona)	多角形型	真鍮製	西洋領域	フランシスコ・ザビエル デ・ロヨラの死 向かって左下に床に横たわるザビエル。胸に磔刑像を抱く。手にロザリオ。右上から童子形の天使。小屋の内部。[刻銘] S・FR/CAV/S・IES・	イグナティウス・デ・ロヨラ 向かって左にロヨラが四分の三身で立ち、天を仰ぎ見る。天には神の姿。[刻銘] S・IGNAT・FV/S・I・	3.18	2.48	0.14	4.3	正面穿孔	17世紀	西洋製	八角形 ④	A-2	II	a	Museu Nacional d'Art de Catalunya
70 48		西洋資料	Museu Nacional d'Art de Catalunya (Palau Nacional-Parc de Montjuic 08038 Barcelona)	円形型	真鍮製	西洋領域	マリア半身像 向かって左を向いたマリア半身。[刻銘] MATER・SALVAT/ORA・PR・N	救世主 キリストの洗礼。キリストの半身横顔。[刻銘] SALVAT・MVNDI・SALVA・N	3.2	2.6	-	-	横穿孔	17世紀	西洋製	円形 ①	A-2	I	a	Museu Nacional d'Art de Catalunya
70 49		西洋資料	Museu Nacional d'Art de Catalunya (Palau Nacional-Parc de Montjuic 08039 Barcelona)	楕円型	真鍮製	西洋領域	無原罪の聖母 三日月の上に立つ聖母、両手を前であわせ、向かって右下を見る聖母。光背は直線で曲線。頭上に星5つ。	聖体讃仰 中央にカリス、その上から聖体がのぞく。光輝が発する。両脇に天使が跪きて礼拝。上部に天蓋、端にランプ。[刻銘] ROMA	3.6	2.4	-	4.1	横穿孔	17世紀	西洋製	楕円形 ②	A-2	I	a	Museu Nacional d'Art de Catalunya

306

巻末資料

I. キリシタン資料一覧　メダイ Medalha

遺物番号	写真	出土伝世	出土遺跡・発見地・出所	素材 TYPE	素材	鉛同位体比	図像 主題 [刻銘]	図像 主題 [刻銘]	サイズ 長径 cm	サイズ 短径 cm	サイズ 厚さ cm	重量 g	穿孔	時期	製作地	形態分類 面の形態	形態分類 鈕の形態	形態分類 穿孔方向	形態分類 面の装飾	所蔵
71 00		西洋資料	Museu Nacional d'Art de Catalunya (Palau Nacional-Parc de Montjuïc 08038 Barcelona)	楕円型	真鍮製	西洋領域	聖ペトロ ペトロ斬首、向かって左を見る。[刻銘] HIS・V・R・S・N/S/・・Q・L・T・V・E	1750年聖年？中央に2本の柱のある聖堂、上部、ファサーナは王冠型。柱の間に3人の巡礼者がひざまずく。王冠下、まぐさ部分に1750？[刻銘] ANNO/IVBIL…	2.48	1.54	0.16	2.3	横穿孔	1750年	ROMA	②楕円形	B	I	a	Museu Nacional d'Art de Catalunya
71 03		西洋資料	Museu Nacional d'Art de Catalunya (Palau Nacional-Parc de Montjuïc 08038 Barcelona)	楕円型	真鍮製	西洋領域	キリストの神殿奉献 大司祭シメオンの前に幼児イエスを差し出すヨセフ、他に2名の姿が見える。	悲しみの聖母 中央に、7本の剣を胸に刺す聖母マリアが腰掛けている。	1.97	1.72	0.22	3.1	横穿孔	18世紀	西洋製	②楕円形	C	II	a	Museu Nacional d'Art de Catalunya
71 06		西洋資料	Museu Nacional d'Art de Catalunya (Palau Nacional-Parc de Montjuïc 08038 Barcelona)	円型	真鍮製	西洋領域	聖ベネディクト 中央に髭のある男性聖人が立つ。[刻銘] C.T.VX・S・/P BENED	ベネディクト十字 中央やや盛り上がった部分に十字が描かれ、その周囲に祈祷文がめぐる。[刻銘] S・M・O・L・I・V・B・IHS・V・X・S・N・S・M・V	2.42	1.67	0.22	2.8	横穿孔	18世紀	西洋製	①円形	B	I	a	Museu Nacional d'Art de Catalunya
71 14		西洋資料	Museu Nacional d'Art de Catalunya (Palau Nacional-Parc de Montjuïc 08038 Barcelona)	楕円型	真鍮製	西洋領域	聖大ヤコブ 外套を着て杖を突く男性聖人の半身。	受胎告知 向かって台に告知を受ける聖母マリア、左に大天使ガブリエルが認められる。	2.57	1.7	0.24	3.3	横穿孔	18世紀	西洋製	②楕円形	B	I	a	Museu Nacional d'Art de Catalunya

I. キリシタン資料一覧

メダイ Medalha

遺物番号		写真	出土／伝世	出土遺跡・発見地・出所	TYPE	素材	鉛同位体比	図像 主題 [刻銘]	図像 主題 [刻銘]	サイズ 長径 cm	サイズ 短径 cm	サイズ 厚さ cm	重量 g	穿孔	時期	製作地	形態分類 面の形態	形態分類 鈕の形態	形態分類 穿孔の方向	面の装飾	所蔵
71	15		西洋資料	Museu Nacional d'Art de Catalunya (Palau Nacional-Parc de Montjuïc 08038 Barcelona)	楕円形型	真鍮製	西洋領域	聖大ヤコブ 外套を着て杖を突く男性聖人の半身。	受胎告知 向かって右に告知を受ける聖母マリア、左に大天使ガブリエルが認められる。	2.66	1.7	0.22	2.6	横穿孔	18世紀	西洋製	楕円形 ②	B	I	a	Museu Nacional d'Art de Catalunya
71	17		西洋資料	Museu Nacional d'Art de Catalunya (Palau Nacional-Parc de Montjuïc 08038 Barcelona)	円形型	真鍮製	西洋領域	洗礼者聖ヨハネの首 目をつぶった聖ヨハネの首をニンフスが開む。	カメリーノの聖ヴェナンティウス 旗を持ち武装した聖年の半身像が表されている。 [刻銘] S・VEN	2.61	1.81	0.2	2.6	横穿孔	18世紀	西洋製	円形 ①	B	I	a	Museu Nacional d'Art de Catalunya
71	19		西洋資料	Museu Nacional d'Art de Catalunya (Palau Nacional-Parc de Montjuïc 08038 Barcelona)	楕円形型	真鍮製	西洋領域	アッシジの聖フランチェスコか？ フード付の修道服をまとい剃髪した修道士が向かって右を向いて半身で表される。 [刻銘] S・PER'GR LA TIO・FOR	受胎告知 向かって右にいる聖母マリアが左から来た天使より告知を受けている。	2.63	1.6	0.17	2	横穿孔	18世紀	西洋製	楕円形 ②	B	I	a	Museu Nacional d'Art de Catalunya
71	23		西洋資料	Museu Nacional d'Art de Catalunya (Palau Nacional-Parc de Montjuïc 08038 Barcelona)	多角形型	真鍮製	西洋領域	ロザリオの聖母 幼児イエスを膝に抱いた聖母が中央に描かれ、キリストは左手に書物、右手にロザリオを下げる。 [刻銘] RHG・S・CRAT・RD?	聖ドミニクス 左手に書物、右手に花を持つ半身像。 [刻銘] DOMIN・D	2.71	1.64	0.15	2.1	横穿孔	18世紀	西洋製	八角形 ④	A-2	I	a	Museu Nacional d'Art de Catalunya

巻末資料

I．キリシタン資料一覧　メダイ　Medalha

遺物番号	写真	出土／伝世	出土遺跡・発見地・出所	TYPE	素材	鉛同位体比	図像 主題［刻銘］	図像 主題［刻銘］	サイズ 長径cm	サイズ 短径cm	サイズ 厚さcm	重量g	穿孔	時期	製作地	形態分類 面の形態	形態分類 鈕の形態	形態分類 穿孔の方向	形態分類 面の装飾	所蔵
71 38		西洋資料	Museu Nacional d'Art de Catalunya (Palau Nacional-Parc de Montjuïc 08038 Barcelona)	円型	真鍮製	西洋領域	受難具 中央にヴェロニカ、はしごと柱がクロス、下にサイコロ、上に精霊、向かって左に衣、鶏、サイコロ、頭、交叉した槍、ト書き、右に香油瓶、トンカチ、釘抜き、2本の釘、木の根元に交叉した骨。[刻銘] PAS・CRI・SAL・NOB「我らが救い主キリストのご受難」	受難具 十字架に架けられた次の冠、交差部に釘にかって左に、向かって左に、釘根元に2本の釘、木の根元に交差した骨。[刻銘] SAN DEVS SAN FOR SAN ・・・	2.7	2.7	0.16	4.3	正面穿孔	18世紀	西洋製	①円形	C	II	a	Museu Nacional d'Art de Catalunya
71 44		西洋資料	Museu Nacional d'Art de Catalunya (Palau Nacional-Parc de Montjuïc 08038 Barcelona)	楕円型	真鍮製	西洋領域	聖ジョルジュか？中央に立つ人物が右手を掲げる。下方に横長の龍らしきものが描かれる。	キリストの磔刑像 中央に十字架に架けられたキリスト、両脇に聖母マリアと使徒ヨハネ、十字架の足元にも一人が猫かれる。	3.6	2.6	0.21	7.2	正面穿孔	18世紀	西洋製	②楕円形	B	II	a	Museu Nacional d'Art de Catalunya
71 53		西洋資料	Museu Nacional d'Art de Catalunya (Palau Nacional-Parc de Montjuïc 08038 Barcelona)	楕円型	真鍮製	西洋領域	聖アロイシウス・ゴンザーガと聖スタニスラウス・コストカ (両者1726年に列聖) 二人のイエズス会士が天をあおいでいる。[刻銘] S・AL・G・/S・STAN	聖イグナティウス・デ・ロヨラと聖フランシスコ・ザビエル 裏面同様に2人のイエズス会を代表する聖人がひざまずいて立ち、天を仰いでいる。[刻銘] S・IGN・D・L/S・FR・X	3.6	2.5	0.32	8.4	横穿孔	18世紀	西洋製	②楕円形	B	I	a	Museu Nacional d'Art de Catalunya
71 57		西洋資料	Museu Nacional d'Art de Catalunya (Palau Nacional-Parc de Montjuïc 08038 Barcelona)	多角形型	真鍮製	西洋領域	カルメル山の聖母マリア 聖母子半身像。[刻銘] S・MARIA・DEL CARM・O・P・N	大天使ミカエル 竜の上に立つ大天使ミカエル、右手に剣、左手に笏。[刻銘] MIC・E L A・CH	2.8	2.4	0.13	3.8	正面穿孔	18世紀	西洋製	④八角形	C	II	a	Museu Nacional d'Art de Catalunya

309

I. キリシタン資料一覧

メダイ Medalha

遺物番号	写真	出土伝世	出土遺跡・発見地・出所	TYPE	素材	鉛同位体比	図像 主題 [刻銘]	図像 主題 [刻銘]	サイズ 長径 cm	サイズ 短径 cm	サイズ 厚さ cm	重量 g	穿孔	時期	製作地	形態分類 面の形態	形態分類 鈕の形態	形態分類 穿孔の方向	形態分類 面の装飾	所蔵
71 67		西洋資料	Museu Nacional d'Art de Catalunya (Palau Nacional-Parc de Montjuic 08038 Barcelona)	楕円型	真鍮製	西洋領域	悲しみの聖母 中央に座した聖母の胸に7本の剣がささっている。 [刻銘] MA‥‥	受難具 中央の十字架に槍、スポンジ、がかけられ、その他、はしごなどの受難具が表される。 [刻銘] PA‥ST‥ONBORTA‥IB	3.8	2.85	0.24	10.2	横穿孔	18世紀	西洋製	楕円形②	B	I	a	Museu Nacional d'Art de Catalunya
72 91		西洋資料	Museu Nacional d'Art de Catalunya (Palau Nacional-Parc de Montjuic 08038 Barcelona)	円型	真鍮製	西洋領域	聖体 中央に聖体顕示台が描かれる。 [刻銘] RO MA	聖心のマリア 三日月の上に聖母が立ち、左手で胸をおさえる。 [刻銘] EEATA VIRG‥BECCORACON	3.45	2.5	0.26	8.2	横穿孔	18世紀	西洋製	円形①	B	I	a	Museu Nacional d'Art de Catalunya
72 27		西洋資料	Museu Nacional d'Art de Catalunya (Palau Nacional-Parc de Montjuic 08038 Barcelona)	楕円型	真鍮製	西洋領域	ベネディクト十字 中央に十字架があり、その周囲に祈りの言葉が並ぶ。 [刻銘] S・M・O・L・I・V・B・IHS・V・X・S・N・S・M・V	聖ベネディクト 修道服の聖人が右手に十字架を持って立つ。 [刻銘] 7106と同じで恐らく C.T.VX・S・/P B E N E D	3.6	2.5	-	6.8	横穿孔	18世紀	西洋製	楕円形②	B	I	a	Museu Nacional d'Art de Catalunya
72 42		西洋資料	Museu Nacional d'Art de Catalunya (Palau Nacional-Parc de Montjuic 08038 Barcelona)	楕円型	真鍮製	西洋領域	大天使ミカエル 竜の上に立ち剣をかざす大天使ミカエル。 [刻銘] MICH‥‥	地獄 中央、上方に聖杯が置かれ、下には炎に焼かれている3人の人が救済を求める。	4.0	2.8	-	7.1	横穿孔	18世紀	西洋製	楕円形②	B	I	a	Museu Nacional d'Art de Catalunya

巻末資料

I. キリシタン資料一覧　　メダイ　Medalha

遺物番号	写真	出土/伝世	出土遺跡・発見地・出所	TYPE	素材	同位体比	鉛	図像 主題 [刻銘]	図像 主題 [刻銘]	サイズ 長径 cm	サイズ 短径 cm	サイズ 厚さ cm	重量 g	穿孔	時期	製作地	形態分類 面の形態	形態分類 鈕の形態	形態分類 穿孔の方向	形態分類 面の装飾	所蔵
72 47		西洋資料	Museu Nacional d'Art de Catalunya (Palau Nacional-Parc de Montjuic 08038 Barcelona)	楕円形型	真鍮製		西洋領域	聖家族 中央の幼児キリストをはさんで向かって右に聖母マリア、左にヨセフ、イエスの頭上には聖霊 [刻銘] LAUEE ??	被昇天の聖母マリア 中央に聖母マリアが立ち、両脇の天使が身体を支える。足元に雲。 [刻銘] MONSTR・TE ESSE・MATR (E?) M	4.1	2.65	-	6.9	横穿孔	18世紀	西洋製	楕円形 ②	B	I	a	Museu Nacional d'Art de Catalunya
72 56		西洋資料	Museu Nacional d'Art de Catalunya (Palau Nacional-Parc de Montjuic 08038 Barcelona)	楕円形型	真鍮製		西洋領域	マギの礼拝（？） 聖母子が中央に描かれ、その周囲に3人の人物が認められる。 [刻銘] …ACI CMR……	二つの聖心 心臓が並んで二つ描かれる。 [刻銘] SS?…	3.7	2.4	-	6.7	横穿孔	18世紀	西洋製	楕円形 ②	B	I	a	Museu Nacional d'Art de Catalunya
72 67		西洋資料	Museu Nacional d'Art de Catalunya (Palau Nacional-Parc de Montjuic 08038 Barcelona)	楕円形型	真鍮製		西洋領域	聖フランシスコ・ボルジア 半身で表されたイエスス会士が両手を胸の前で交差させて、向かって左の祭壇上方の聖体を見つめる。 [刻銘] S FRAN BORGIA・S・I	3人の日本人イエズス会士 (1826年列聖) 3人のイエズス会士（パウロ三木、ディエゴ喜斎、ヨハネ五島）が並び立つ。背後に十字架が日本見える。 [刻銘] SS・MM・IAP	3.9	2.8	-	11.6	横穿孔	18世紀	西洋製	楕円形 ②	B	I	a	Museu Nacional d'Art de Catalunya
73 54		西洋資料	Museu Nacional d'Art de Catalunya (Palau Nacional-Parc de Montjuic 08038 Barcelona)	多角形型	真鍮製		西洋領域	聖ヒエロニムス 上半身裸のヒエロニムスが右手に石を持ち胸を打つ。 [刻銘] S・HI E R・ON I・MVSECCD・	トレドの聖母 王冠を被った聖母マリアが両手を胸の前で合わせ祈りを捧げている。 [刻銘] N・S・DEL SAC R・DE・TOLED	4.8	3.2	-	22.2	横穿孔	18世紀	西洋製	八角形 ④	B	I	a	Museu Nacional d'Art de Catalunya

311

I. キリシタン資料一覧　　コンタ　Conta

GR番号	資料番号	分析番号	写真	遺跡名	出土遺構	材質	径(cm)	厚さ(cm)	孔径(cm)	重さ(g)	認定条件	時期	所蔵
01	001	C01		中世大友府内町跡第48次調査区	SF010（道路）	鉛ガラス	1.5	1.0	0.45	3.6	④	16世紀後半	大分県教育庁埋蔵文化財センター
01	002	C02		中世大友府内町跡第48次調査区	SF019（道路）	鉛ガラス	1.5	1.2	0.45	4.3	④	16世紀後半	大分県教育庁埋蔵文化財センター
01	003	C03		中世大友府内町跡第8次調査区	東端土坑群整地層	鉛ガラス	1.2	1.0	0.4		④	16世紀後半	大分県教育庁埋蔵文化財センター
01	004			中世大友府内町跡第28次調査区	SF012（道路）	ガラス	2.0	1.0	-	1.1	④	16世紀後半	大分県教育庁埋蔵文化財センター
01	005			中世大友府内町跡第12次調査区	包含層・整地層	ガラス	0.5	0.3	0.2	0.1	④	16世紀後半	大分県教育庁埋蔵文化財センター
01	006			中世大友府内町跡第12次調査区	包含層・整地層	ガラス	0.4	0.3	0.2	0.1	④	16世紀後半	大分県教育庁埋蔵文化財センター
01	007			中世大友府内町跡第12次調査区	包含層・整地層	ガラス	0.4	0.3	0.2	0.1	④	16世紀後半	大分県教育庁埋蔵文化財センター
01	008			中世大友府内町跡第12次調査区	包含層・整地層	ガラス	0.4	0.3	0.2	0.1	④	16世紀後半	大分県教育庁埋蔵文化財センター
01	009			中世大友府内町跡第12次調査区	包含層・整地層	ガラス	0.4	0.3	0.2	0.1	④	16世紀後半	大分県教育庁埋蔵文化財センター
01	010			中世大友府内町跡第12次調査区	包含層・整地層	ガラス	0.4	0.3	0.2	0.1	④	16世紀後半	大分県教育庁埋蔵文化財センター
01	011			中世大友府内町跡第12次調査区	包含層・整地層	ガラス	0.4	0.3	0.2	0.1	④	16世紀後半	大分県教育庁埋蔵文化財センター
01	012			中世大友府内町跡第12次調査区	包含層・整地層	ガラス	0.4	0.3	0.2	0.1	④	16世紀後半	大分県教育庁埋蔵文化財センター
01	013			中世大友府内町跡第12次調査区	包含層・整地層	ガラス	0.4	0.3	0.2	0.1	④	16世紀後半	大分県教育庁埋蔵文化財センター
01	014			中世大友府内町跡第12次調査区	包含層・整地層	ガラス	0.4	0.2	0.2	0.1	④	16世紀後半	大分県教育庁埋蔵文化財センター
01	015			中世大友府内町跡第12次調査区	包含層・整地層	ガラス	0.4	0.2	0.2	0.1	④	16世紀後半	大分県教育庁埋蔵文化財センター
01	016			中世大友府内町跡第12次調査区	包含層・整地層	ガラス	0.4	0.2	0.2	0.1	④	16世紀後半	大分県教育庁埋蔵文化財センター
01	017			中世大友府内町跡第12次調査区	包含層・整地層	ガラス	0.4	0.2	0.2	0.1	④	16世紀後半	大分県教育庁埋蔵文化財センター
01	018			中世大友府内町跡第12次調査区	包含層・整地層	ガラス	0.4	0.2	0.2	0.1	④	16世紀後半	大分県教育庁埋蔵文化財センター
01	019			中世大友府内町跡第12次調査区	包含層・整地層	ガラス	0.4	0.2	0.2	0.1	④	16世紀後半	大分県教育庁埋蔵文化財センター
01	020			中世大友府内町跡第12次調査区	包含層・整地層	ガラス	0.4	0.2	0.2	0.1	④	16世紀後半	大分県教育庁埋蔵文化財センター
01	021			中世大友府内町跡第12次調査区	包含層・整地層	ガラス	0.4	0.2	0.2	0.1	④	16世紀後半	大分県教育庁埋蔵文化財センター
01	022			中世大友府内町跡第12次調査区	包含層・整地層	ガラス	0.4	0.2	0.2	0.1	④	16世紀後半	大分県教育庁埋蔵文化財センター

巻末資料

I. キリシタン資料一覧　　コンタ　Conta

GR番号	資料番号	分析番号	写真	遺跡名	出土遺構	材質	径(cm)	厚さ(cm)	孔径(cm)	重さ(g)	認定条件	時期	所蔵
01	023			中世大友府内町跡第12次調査区	包含層・整地層	ガラス	0.4	0.2	0.2	0.1	④	16世紀後半	大分県教育庁埋蔵文化財センター
01	024			中世大友府内町跡第12次調査区	包含層・整地層	ガラス	0.4	0.2	0.2	0.1	④	16世紀後半	大分県教育庁埋蔵文化財センター
01	025			中世大友府内町跡第12次調査区	包含層・整地層	ガラス	0.4	0.2	0.2	0.1	④	16世紀後半	大分県教育庁埋蔵文化財センター
01	026			中世大友府内町跡第12次調査区	包含層・整地層	ガラス	0.4	0.2	0.2	0.1	④	16世紀後半	大分県教育庁埋蔵文化財センター
01	027			中世大友府内町跡第12次調査区	包含層・整地層	ガラス	0.4	0.2	0.2	0.1	④	16世紀後半	大分県教育庁埋蔵文化財センター
01	028			中世大友府内町跡第12次調査区	包含層・整地層	ガラス	0.4	0.3	0.1	0.1	④	16世紀後半	大分県教育庁埋蔵文化財センター
01	029			中世大友府内町跡第12次調査区	包含層・整地層	ガラス	0.4	0.3	0.2	0.1	④	16世紀後半	大分県教育庁埋蔵文化財センター
01	030			中世大友府内町跡第12次調査区	包含層・整地層	ガラス	0.4	0.3	0.2	0.1	④	16世紀後半	大分県教育庁埋蔵文化財センター
01	031			中世大友府内町跡第12次調査区	包含層・整地層	ガラス	0.4	0.3	0.2	0.1	④	16世紀後半	大分県教育庁埋蔵文化財センター
01	032			中世大友府内町跡第12次調査区	包含層・整地層	ガラス	0.4	0.3	0.1	0.1	④	16世紀後半	大分県教育庁埋蔵文化財センター
01	033			中世大友府内町跡第12次調査区	包含層・整地層	ガラス	0.4	0.3	0.2	0.1	④	16世紀後半	大分県教育庁埋蔵文化財センター
01	034			中世大友府内町跡第12次調査区	包含層・整地層	ガラス	0.4	0.3	0.2	0.1	④	16世紀後半	大分県教育庁埋蔵文化財センター
01	035			中世大友府内町跡第12次調査区	包含層・整地層	ガラス	0.4	0.3	0.2	0.1	④	16世紀後半	大分県教育庁埋蔵文化財センター
01	036			中世大友府内町跡第12次調査区	包含層・整地層	ガラス	0.4	0.3	0.2	0.1	④	16世紀後半	大分県教育庁埋蔵文化財センター
01	037			中世大友府内町跡第12次調査区	包含層・整地層	ガラス	0.4	0.3	0.2	0.1	④	16世紀後半	大分県教育庁埋蔵文化財センター
01	038			中世大友府内町跡第12次調査区	包含層・整地層	ガラス	0.4	0.3	0.1	0.1	④	16世紀後半	大分県教育庁埋蔵文化財センター
01	039			中世大友府内町跡第12次調査区	包含層・整地層	ガラス	0.4	0.2	0.2	0.1	④	16世紀後半	大分県教育庁埋蔵文化財センター
01	040			中世大友府内町跡第12次調査区	包含層・整地層	ガラス	0.3	0.2	0.2	0.1	④	16世紀後半	大分県教育庁埋蔵文化財センター
01	041			中世大友府内町跡第12次調査区	包含層・整地層	ガラス	0.3	0.2	0.2	0.1	④	16世紀後半	大分県教育庁埋蔵文化財センター
01	042			中世大友府内町跡第80次調査区	SF006（道路）	ガラス	1.1	1.4	0.4	1.3	④	16世紀後半	大分県教育庁埋蔵文化財センター
01	043			中世大友府内町跡第51次調査区		ガラス					④	16世紀後半	大分県教育庁埋蔵文化財センター
02	001			原城跡	17トレンチ	ガラス	1.2	0.55	0.4	1.334	③	～1637年	南有馬市教育委員会
02	002			原城跡	18トレンチ	ガラス	1.1	0.7	0.4	1.172	③	～1637年	南有馬市教育委員会

313

I. キリシタン資料一覧　　コンタ　Conta

GR番号	資料番号	分析番号	写真	遺跡名	出土遺構	材質	径(cm)	厚さ(cm)	孔径(cm)	重さ(g)	認定条件	時期	所蔵
02	003			原城跡	19トレンチ	ガラス	0.7	0.65	0.2	0.756	③	～1637年	南有馬市教育委員会
02	004			原城跡	19トレンチ	ガラス	0.8	0.65	0.2	0.765	③	～1637年	南有馬市教育委員会
02	005			原城跡	19トレンチ	ガラス	0.75	0.55	0.25	0.58	③	～1637年	南有馬市教育委員会
02	006			原城跡	20トレンチ	鉛	0.65	0.6	0.2	1.709	③	～1637年	南有馬市教育委員会
02	007			原城跡	19トレンチ	ガラス	0.70	0.5	0.2	0.404	③	～1637年	南有馬市教育委員会
02	008			原城跡	30トレンチ	ガラス	0.65	0.55	0.3	0.399	③	～1637年	南有馬市教育委員会
02	009			原城跡	28トレンチ	ガラス	0.55	0.40	0.2	0.220	③	～1637年	南有馬市教育委員会
02	010			原城跡	30トレンチ	ガラス	0.60	0.40	0.2	0.222	③	～1637年	南有馬市教育委員会
02	011			原城跡	28トレンチ	ガラス	0.60	0.35	0.2	0.172	③	～1637年	南有馬市教育委員会
02	012			原城跡	30トレンチ	ガラス	0.65	0.50	0.2	0.330	③	～1637年	南有馬市教育委員会
02	013			原城跡	28トレンチ	ガラス	0.60	0.35	0.3	0.081	③	～1637年	南有馬市教育委員会
03	001			興善町遺跡	八尾宅跡	ガラス	0.9	0.7	0.3		④		長崎市教育委員会
04	001			東京駅八重洲北口遺跡	1404号墓	ガラス	0.4	0.3	0.1		②・③		東京都千代田区立日比谷図書館
04	002			東京駅八重洲北口遺跡	1404号墓	木	0.65	0.65	0.3		②・③		東京都千代田区立日比谷図書館
04	003			東京駅八重洲北口遺跡	1404号墓	木	0.8	0.8	0.2		②・③		東京都千代田区立日比谷図書館
04	004			東京駅八重洲北口遺跡	1966号墓	ガラス	0.35	0.25	0.1		③		東京都千代田区立日比谷図書館

I. キリシタン資料一覧　コンタ Conta

資料番号	GR番号	分析番号	写真	遺跡名	出土遺構	材質	サイズ 径(cm)	サイズ 厚さ(cm)	サイズ 孔径(cm)	サイズ 重さ(g)	認定条件	時期	所蔵
05	001			高槻城キリシタン墓地	N8号木棺墓	木	6.0	4.0	1.5		③		大阪府高槻市教育委員会
05	002			高槻城キリシタン墓地	N8号木棺墓	木	5.9	3.4	1.5		③		大阪府高槻市教育委員会
05	003			高槻城キリシタン墓地	N8号木棺墓	木	6.0	4.0	1.0		③		大阪府高槻市教育委員会
05	004			高槻城キリシタン墓地	N8号木棺墓	木	5.6	4.0	1.0		③		大阪府高槻市教育委員会
05	005			高槻城キリシタン墓地	N8号木棺墓	木	5.5	4.0	1.0		③		大阪府高槻市教育委員会
05	006			高槻城キリシタン墓地	N8号木棺墓	木	5.0	2.0	1.0		③		大阪府高槻市教育委員会
05	007			高槻城キリシタン墓地	N8号木棺墓	木	5.0	4.0	1.0		③		大阪府高槻市教育委員会
05	008			高槻城キリシタン墓地	N8号木棺墓	木	5.6	4.3	1.0		③		大阪府高槻市教育委員会
05	009			高槻城キリシタン墓地	N8号木棺墓	木	6.0	3.5	1.0		③		大阪府高槻市教育委員会
05	010			高槻城キリシタン墓地	N8号木棺墓	木	4.5	4.0	1.0		③		大阪府高槻市教育委員会
05	011			高槻城キリシタン墓地	N8号木棺墓	木	6.0	4.0	1.0		③		大阪府高槻市教育委員会
05	012			高槻城キリシタン墓地	N8号木棺墓	木	7.7	5.3	1.0		③		大阪府高槻市教育委員会
05	013			高槻城キリシタン墓地	N8号木棺墓	木	7.1	6.6	1.5		③		大阪府高槻市教育委員会
05	014			高槻城キリシタン墓地	N8号木棺墓	木	7.5	4.0	2.0		③		大阪府高槻市教育委員会
05	015			高槻城キリシタン墓地	N8号木棺墓	木	7.0	4.7	2.0		③		大阪府高槻市教育委員会
05	016			高槻城キリシタン墓地	N8号木棺墓	木	7.6	6.2	2.0		③		大阪府高槻市教育委員会

I. キリシタン資料一覧

十字架　Cruz　（※ 実測図は縮尺不同）

資料番号	写真	実測図	出土遺跡・発見地・出所出土遺構	時期	製作地	素材産地	素材	形態	サイズ(cm) 長径	短径	厚さ	重量	表面 図像・刻銘	裏面 図像・刻銘	所蔵
01 01			磨屋町遺跡 SK16		国内製	日本	純銅	IV類	5.60	3.60	0.60	-	花 唐草様文様	花 唐草様文様	長崎市教育委員会
01 02			磨屋町遺跡 SK16		国内製	日本	純銅	IV類	5.60	3.60	0.60	-	花 唐草様文様	花 唐草様文様	長崎市教育委員会
02 01			勝山町遺跡 表採	I期(17世紀初頭)?	西洋製	西洋	真鍮	IV類	4	2.1	0.14	-	縦軸、上に4、下に12本、横軸左右に4本ずつの筋があり、12の数字を強調していることから、12使徒を意識したと考えられる	表の釘の頭の跡(3か所)	
03 01			興善町遺跡(八尾宅)3層	16C末〜17C初(〜1614)	国内製	華南	鉛・錫	V類	3.1	2	0.6	-			長崎市教育委員会
04 01			万才町遺跡(髙島邸)	1601(慶長大火)〜1633(寛文大火)	国内製	不明	鉛・錫	V類	3.2	2.2	0.4	4.33			長崎市教育委員会
05 01			丹生		西洋製?			IV類	4.17	2.56	0.29	3.2	キリストの磔刑 ロザリオ?		日本二十六聖人記念館

316

巻末資料

I. キリシタン資料一覧　　十字架　Cruz

資料番号	写真	図	出土遺跡・発見地・出所 出土遺構	時期	製作地	素材産地	素材	形態	サイズ (cm) 長径	短径	厚さ	重量	表面 図像 刻銘	裏面 図像 刻銘	所蔵
05 02			丹生		西洋製？			-	4.54	1.87	-	-	キリストの磔刑		日本二十六聖人記念館
06 01			上五島		国内製？		鉛・錫	IV類	3.57	2.09	0.2	3.3	キリストの磔刑	受難の道具 十字架/金槌 釘抜き?/斧?/釘	土井の浦教会 カリスト記念館
07 01			臼杵出土		国内製？		真鍮	IV類	3.80	2.10	0.30	-	十字架内面の左右・下の端内部に小さい突起、さらに十字の交差部分には4つの小さな突起 斜線の線刻		澤田美喜記念館
08 01			原城跡 TP38	～1638年	国内製	華南？	青銅	IV類	7.35	4.70	0.75	25.813	星、茨冠、釘抜き、鎚、3本の釘、槍、葡萄酒を浸ませた槍 魚子 (ななこ) 文様	蔦状の植物・魚子 (ななこ) 文様	南有馬市教育委員会
08 02			原城跡 TP39	～1638年	国内製	日本？	青銅	III類	4.59	3.52	0.60	6.295			南有馬市教育委員会
08 03			原城跡 TP19	～1638年	国内製	西洋？	鉛・錫	II類	2.90	2.32	0.35	4.111			南有馬市教育委員会

317

I. キリシタン資料一覧　　十字架　Cruz

資料番号	写真		出土遺跡・発見地・出所出土遺構	時期	製作地	素材産地	素材	形態	サイズ (cm)				表面		裏面		所蔵
									長径	短径	厚さ	重量	図像	刻銘	図像	刻銘	
08 04			原城跡 TP20	～1638年	国内製	測定なし	鉛・錫	II類	2.15	2.30	0.30	5.368					南有馬市教育委員会
08 05			原城跡 TP30	～1638年	国内製	N領域	鉛	II類	3.00	2.42	0.40	5.077					南有馬市教育委員会
08 06			原城跡 TP39	～1638年	国内製	華南	鉛	II類	3.00	2.11	0.61	7.658					南有馬市教育委員会
08 07			原城跡 TP39	～1638年	国内製	N領域	鉛	II類	2.94	2.26	0.40	5.274					南有馬市教育委員会
08 08			原城跡 TP56	～1638年	国内製	日本とN領域の混合	鉛	II類	2.80	2.00	0.40	4.684					南有馬市教育委員会
08 09			原城跡 TP64	～1638年	国内製	日本とN領域の混合	鉛	II類	2.40	2.30	0.40	3.476					南有馬市教育委員会
08 10			原城跡 TP17	～1638年	国内製	日本	鉛・錫	II類	2.40	1.95	0.50	6.022					南有馬市教育委員会

I. キリシタン資料一覧　十字架　Cruz

資料番号	写真	図	出土遺跡・発見地・出土遺構	時期	製作地	素材産地	素材	形態	サイズ (cm) 長径	短径	厚さ	重量	表面 図像	表面 刻銘	裏面 図像	裏面 刻銘	所蔵
08_11			原城跡 TP17	～1638年	国内製	N領域	鉛・錫	II類	2.50	2.65	0.75	6.623					南有馬市教育委員会
08_12			原城跡 TP17	～1638年	国内製	日本とN領域の混合	鉛	II類	-	-	0.60	4.74					南有馬市教育委員会
08_13			原城跡 TP15	～1638年	国内製	日本	鉛	II類	-	-	0.56	2.386					南有馬市教育委員会
08_14			原城跡 TP30	～1638年	国内製	日本	鉛	II類	-	-	0.49	2.204					南有馬市教育委員会
08_15			原城跡 TP38	～1638年	国内製		鉛	II類	4.00	3.00	0.79	7.999					南有馬市教育委員会
08_16			原城跡 TP19	～1638年	国内製	朝鮮	鉛・錫	II類	3.50	2.35	0.50	7234					南有馬市教育委員会
08_17			原城跡 TP20	～1638年	国内製	日本	鉛	II類	3.18	1.88	0.42	3.628					南有馬市教育委員会

Ⅰ. キリシタン資料一覧　　十字架　Cruz

資料番号	写真		出土遺跡・発見地・出所 出土遺構	時期	製作地	素材産地	素材	形態	サイズ (cm) 長径	サイズ (cm) 短径	サイズ (cm) 厚さ	重量	表面 図像	表面 刻銘	裏面 図像	裏面 刻銘	所蔵
08 18			原城跡 TP30	～1638年	国内製	朝鮮	鉛	Ⅱ類	3.70	1.90	0.35	4.648					南有馬市教育委員会
08 19			原城跡 TP20	～1638年	国内製	測定なし	鉛	Ⅲ類	2.69	2.05	0.38	4.730					南有馬市教育委員会
08 20			原城跡 TP19	～1638年	国内製	測定なし	鉛	Ⅲ類	3.05	1.90	0.31	5.156					南有馬市教育委員会
08 21			原城跡 TP50	～1638年	国内製	日本とN領域の混合	鉛	Ⅲ類	2.78	2.00	0.40	5.892					南有馬市教育委員会
08 22			原城跡 TP56	～1638年	国内製	日本？	鉛	Ⅲ類	-	2.32	0.41	4.436					南有馬市教育委員会
08 23			原城跡 TP59	～1638年	国内製	日本	鉛	Ⅲ類	2.50	2.40	0.30	2.845					南有馬市教育委員会
08 24			原城跡 TP18	～1638年	国内製	日本	鉛	Ⅲ類	-	-	0.60	2.445					南有馬市教育委員会

I. キリシタン資料一覧

十字架　Cruz

資料番号	写真		出土遺跡・発見地・出所 出土遺構	時期	製作地	素材産地	素材	形態	サイズ (cm) 長径	サイズ (cm) 短径	サイズ (cm) 厚さ	重量	表面 図像	表面 刻銘	裏面 図像	裏面 刻銘	所蔵
08 25			原城跡 TP28	〜1638年	国内製	?	鉛	IV類	-	2.00	0.20	1.584					南有馬市教育委員会
08 26			原城跡 TP50	〜1638年	国内製	N領域	鉛	-	2.80	1.80	0.62	13.446					南有馬市教育委員会
08 27			原城跡 TP30	〜1638年	国内製		ガラス	I類	0.80	0.75	0.80	0.439					南有馬市教育委員会
08 28			原城跡 TP17	〜1638年	国内製		鉛	II類	2.93	1.90	0.50	4.595					南有馬市教育委員会
08 29			原城跡 TP59	〜1638年	国内製		鉛	II類	2.95	2.20	0.65	6.17					南有馬市教育委員会
08 30			原城跡 TP64	〜1638年	国内製		鉛・錫	II類	4.05	1.51	0.70	6.612					南有馬市教育委員会
08 31			原城跡 TP64	〜1638年	国内製		鉛	III類	3.25	1.20	0.52	3.677					南有馬市教育委員会

321

I. キリシタン資料一覧　　十字架　Cruz

資料番号	写真		出土遺跡・発見地・出所出土遺構	時期	製作地	素材産地	素材	形態	サイズ (cm)			重量	表面		裏面		所蔵
									長径	短径	厚さ		図像	刻銘	図像	刻銘	
08 32			原城跡 TP22	～1638年	国内製		鉛	-	2.20	2.30	0.20	6.646					南有馬市教育委員会
08 33			原城跡 TP17	～1638年	国内製	日本	鉛	-	-	-	0.60	4.338					南有馬市教育委員会
08 34			原城跡 TP38	～1638年	国内製	?	鉛	-	1.98	2.10	0.40	3.244					南有馬市教育委員会
08 35			原城跡 TP16	～1638年	国内製		鉛	Ⅱ類	-	-	0.53	2.465					南有馬市教育委員会
08 36			原城跡 TP73	～1638年	国内製		鉛	-	-	-	0.35	0.807					南有馬市教育委員会
08 37			原城跡 TP81	～1638年	国内製		鉛	-	1.11	1.90	0.42	2.094					南有馬市教育委員会
08 38			原城跡 TP59	～1638年	国内製		鉛	-	1.65	1.81	0.70	2.505					南有馬市教育委員会

巻末資料

Ⅰ．キリシタン資料一覧　　十字架　Cruz

資料番号	写真	出土遺跡・発見地・出所 出土遺構	時期	製作地	素材産地	素材	形態	サイズ (cm) 長径	サイズ (cm) 短径	サイズ (cm) 厚さ	重量	表面 図像刻銘	裏面 図像刻銘	所蔵
00 01		博多遺跡群	16C後 17C初	国内製		土製	Ⅳ類	2.20	2.00	-	-	キリストの磔刑		福岡市教育委員会
00 02		臼杵城 時鐘櫓跡	16C末	国内製		瓦	Ⅴ類	10.30	13.80	2.20	-			臼杵市教育委員会

323

I. キリシタン資料一覧　　聖遺物入 Relicario

番号	資料番号	写真	出土遺跡・発見地 出土遺構	時　期	製作地	素材	所蔵	サイズ (cm) 長径	短径	厚さ	重量	図像 刻銘
01-1	K110		築町遺跡 3区焼土1層	16世紀後期～17世紀初頭（寛文の大火（1663年）以前）	アジア製	純銅で鍍金	長崎市教育委員会	4.5	2.5			十字架、I・H・S、3本の釘
01-2	K111											
02	K112		興善町遺跡（新興善小跡） 3区・SK123			真鍮	長崎市教育委員会					（A面）ゴルゴタの丘 十字架、3本の釘（B面）茨、茨の冠
03-1	K113-1		平戸市飯良町在住の作尾藤四郎氏宅	16世後半（府内例から推測）	アジア製	純銅製	川上茂次氏	4.83	3.19	0.95	11.4	十字架・釘らしきもの、罪状書きのある磔刑の木の根元に、しゃれこうべと骨と思われるものが描かれる
03-2	K113-2		平戸市飯良町在住の作尾藤四郎氏宅	16世後半（府内例から推測）	アジア製	純銅製	川上茂次氏	3.82	3.15	0.77	7.9	MARIAの[M]と[A]のモノグラム（文字の組み合わせ図案）で、上部は意匠化されたユリの花

II. 史料一覧表 (松田毅一・川崎桃太訳『完訳フロイス日本史』1〜12 2000年・(ed.) Wicki José; Frois Luí: Historia de Japam, 1-5vol, Lisboa, 1976-1984)

巻	篇	頁	章	年(西暦)	完訳フロイス キーワード	完訳フロイス 文章	Historia de Japam. Vol.	p	part		year	Text	史料番号
2	織田信長篇II	149	第35章 第1部 86章	1569年 永禄12	聖母マリア像がついた金のメダイ、コルドヴァ産の革製品、切子ガラス	彼らが彼に提供した品々は、ヨーロッパ製の衣服、緋色の合羽、縁なし帽子、羽がついたビロードの(縁付き)帽子であり、聖母マリア像がついた金のメダイ、コルドヴァ産の革製品、時計、豪華な毛皮外套、非常に立派な切子ガラス、緞子絹、イン ド製のその他の品等で、それらで多くの大きい箱が充満している有様であった。	II	274	Primeira parte	C86°	1569	Era tanto o numero das que lie aprezentavão que huns se admiravão dos outros, sem saberem donde a estas partes tão remotas podia vir tanta multidão de peças, nem donde os japões as podião ter adquiridas, porque lie davão vestidos de Europa, capas de grã, gorras e sombreiros de veludo com suas plumas, e **medalhas** d'ouro com a imagem de N. Senhora, peças de cordovão, relógios, pelicas requissimas,vidros de Veneza cristalinos mui ricos 10, damascos, setins e outras diver-sas pessas da India, de que enchião muitos e grandes caxões.	①
2	織田信長篇II	242	第41章 第1部 94章	1571年 元亀2	コンタツの端につけた鉛のメダイ	奉行が家のくにいて、彼女がそこに来ているのを聞くに先立って、その老女は、前廊に腰をかけ、コンタツで祈りながら、しばらく待っていました。そこへ異教徒の貴人たちの小姓や家臣たちが集まって来て、彼女のためにコンタツを没取しました。その中の一人は、ふざけて、彼女がコンタツの端につけていました鉛のメダイを取り上げました。	II	345	Primeira parte	C94°	1571	Hindo esta velha hum dia a sua caza pela menhãcedo para lhe fallar sobre este negocio, antes de o Vice-Rey saber dentro que ella alli estava. esperou a velha hum pedaço assentada em huma varanda rezando por suas contas. Ajuntarão-se alguns pagens e criados de fidalgos gentios, e tomarão-lhas das mãos rindo-se da velha e zombando della; hum [341r] delles mais travesso lhe tomou huma **veronica** de chumbo que tinha no cabo da[s] contas.	②
2	織田信長篇II	306	第45章 第1部 103章	1574年 天正2	十字架や小メダイ コンタツ 髑髏師	そして彼らが受洗後に祈りを学ぶや、彼は十字架や小メダイを彼らに与えたが、それらは同祭司たちに交付したもので、これがために彼はキリシタンたちのであった。また彼は十字架を作製させるとして、わざわざコンタツを都から一人のすぐれた異教徒の髑髏師を呼ばせ、高槻に住まわせて生活の面倒を見ていたが、その人はダリオの教えを説かれ、ついにその後、妻子ともどもキリシタンとなるに至った。	II	417	Primeira parte	C103°	1574	Passado pouco mais de hum anno erão já baptizados os principaes fidalgos e soldados com suas mulheres e filhos que havia na fortaleza, que erão muitos em numero, e tudo por persuação e praticas santas de Dario. Ao tempo do baptismo elle era o padrinho de grandes e pequenos, altos e baxos, e de seo proprio moto fez hum livro em que lhe escrevia os nomes de christãos e de gentios para a todo tempo os conhecer e saber o que era feito delles. E depois de baptizados segundo que hião aprendendo as oraçoes, assim repartia com elles cruzes e **veronicas** que os Padres para isso lhe entregavão; e de propozito mandou chamar hum bom torneiro-gentio do Miaco e alli o sostentou à sua custa para que fizesse contas aos christãos e tanto lhe pregou athé que o fez depois christão, die e sua mulher e filhos.	③

325

Ⅱ．史料一覧表 (松田毅一・川崎桃太訳『完訳フロイス日本史』1〜12 2000年・(ed.) Wicki José; Frois Luí: Historia de japam, 1-5vol., Lisboa, 1976-1984)

巻	篇	頁	章	年(西暦)	完訳フロイス キーワード	完訳フロイス 文章	Historia de Japam. Vol.	Historia de Japam. p	Historia de Japam. part	Historia de Japam. year	Historia de Japam. Text	史料番号
7	大友宗麟篇Ⅱ	14	第27章 第1部 47章	1563年 永禄6	ヴェロニカ コンタツ	平戸の島々のキリシタンたちは、新来の伴天連方が聖別したコンタツやヴェロニカのメダイを携えて来たことを聞くと、ある者は家を離れ、また或る者は妻子を伴い、貧しかったにもかかわらずそれらを得ようとして船を雇って横瀬浦に赴いた。そして彼らは何をしに来たのかと問われると、ただ聖別した一個の王の（コンタツ）と一個のヴェロニカを貰うだけの目的でやって来た、と述べた。同察たちは、聖別され、金にはめまれた王付きの立派なコンタツを彼らに与えた。彼はそれを大いに尊んで、さっそく頭に掛けた。	I	327	Primeira parte	1563	Sabendo os christãos das ilhas de Firando que os novos Padres trazião **contas bentas** e **veronicas**, huns deixavão suas cazas, outros vinhão com mulheres e filhos, fretando para isso embarcações, sendo pobres, e assim separtirão para Yocoxiura; e perguntando-lhes ao que vinhão, dizião que somente a pedir huma conta benta e huma veronica.	④
7	大友宗麟篇Ⅱ	192	第43章 第2部 8章	1578年 天正6	ヴェロニカのメダイ コンタツ 十字架	すでに作ってあった十字架の前に跪いて折りを捧げた。彼らはまだコンタツを持っていなかったので、指などもってそれに代えたが、……これらの人々は、全員がコンタツやヴェロニカのメダイを求めて少なからぬ熱心さを示したが、これらを家人に教理を教えることを示したリアンとマリアの熱意はそれよりもはるかに大きかった。	III	62	Segunda parte	1578	Depois de serem catequizados foi lá o P.e Luiz Frois com dous Irmãos, e forão recebidos em sua caza com estranho gazalhado e amor. E conservando-se com bons ornamentos hum altar em huma caza sua grande, se lhes fez hum solemne baptismo. A elle se poz nome Leão e a ella Mariase baptizarão-se com elles cento e treze pessoas de sua família. Era grande o fervor em todos em pedir **contas** e **veronicas**, e muito mayor o cuidado de Leão e Maria em doutrinar sua faimília porque, em muí pouco tempo, seos criados lavradores sabião a doutrina, e athé as crianças de 4 e sinco annos andavão dizendo o Pater noster, Ave Mania e Credo sem quazi saberem ainda fallar outra couza, e não se tratava naquella caza senão das couzas de sua salvação e dos proximos.	⑤
7	大友宗麟篇Ⅱ	278	第50章 第2部 16章	1579年 天正7	聖遺物入れ(レリカリオス) 立派なメダイや、多数の美しいコンタツ	国主は著しい霊的利益をもたらす工夫を愛好する習わしがあった。そして聖遺物入れ(レリカリオス)かが立派なメダイや、多数の美しいコンタツを絶えず製作させることであった。そしてこれらのあるものに、金の縁や十字架を付けたはどこか仰のことを忘れていないとは、貴人の誰かが熱心のことを忘れていると聞くと、これらのコンタツからなるロザリオか、もしくは聖遺物入れを送り届けた。	III	122	Segunda parte	1579	[53v] Tinha por costume uzar de huma industria de que se seguia notavel proveito, e era continuamente mandar fazer relicarios, **veronicas** ricas e cootas muito boas, e algumas dellas com os extremos e cruzes d'ouro. E como sabia que algumas pessoas nobres andavão tibias ou remissas na fé mandava-lhe hum rozario destas contas ou algum relicario, que não era pequeno estimulo para os mandar a tornarem em sy; a outros muitos as mandava e repartia destas christãos para desta maneira os persuadir a perseverarem em seos bons propozitos.	⑥

巻末資料

II. 史料一覧表 (松田毅一・川崎桃太訳『完訳フロイス日本史』1〜12　2000年・(ed.) Wicki José; Frois Lui: Historia de japam, 1-5vol., Lisboa. 1976-1984)

巻	篇	頁	章	年(西暦)	完訳フロイス キーワード	文章	Vol.	p	part	year	Historia de Japam. Text	史料番号
8	大友宗麟篇Ⅲ	12	第55章 第2部 38章	1582年 天正10	メダイ / コンタツ / 主なるキリストや聖母マリアの像	彼の心の中にはキリシタンになりたいという希望がますます募り、彼は先の婦人からキリシタンの祈りを学び、暗記するためにそれを書き取り、我らの主なるキリストや聖母マリアの像を集めて拝礼し、コンタツを求めてそれを持って祈り、身につけるためにメダイを求め、キリシタンたちが信心のために用いているその他の品を蒐集した。	Ⅲ	315	Segunda parte	1582	E acrescentando nelle cada vez mais este dezejo, aprendeo logo desta mulher as orações, e escrevia para as decorar; e andava ajuntando imagens de Christo Nosso Senhor e da Vir[g]em Nossa Senhora para as adorar, e **contas para rezar e couzas bentas** para trazer consigo, e as mais couzas de que os christãos uzão para sua devoção. E sendo, como temos dito, menino desta idade, sempre rezava em sua camara pedindo a Nosso Senhor o encaminhasse como se podesse baptizar.	⑦
8	大友宗麟篇Ⅲ	246	第72章 第2部 95章	1587年 天正15	象牙の曝首(しゃれこうべ)がついたコンタツ / ローマの聖布(ヴェロニカ) / 宗麟の棺 … 一種の家の形をした寝椰 / 黄金の十字架	奥方のジュリア様が私に、数あるコンタツのロザリオの中でも国主が特に愛用しておられました象牙の曝首(しゃれこうべ)がついたコンタツとローマの聖布(ヴェロニカ)を国主の頭に付けることを許されたいと切に願いましたので、こうした悲しみの折でもありますので、その堂々にしてそれらを頭に付けましたが、…。一種の家の形をした寝椰が作られましたが、その廻りには張り出し様々がめぐらされ入角形の屋根が付いていました。…屋根は金箔や銀箔で飾られ、また屋根は、ゴアのカナリン瓦で葺って作った薄板製でした。…その側面などの外から見えるところは、ことごとく金色で、屋根の頂中には銀色の球が作られ、その四隅の上には黄金の十字架が立っていて棺椰に格別の気品を添えました。	Ⅳ	385	Segunda parte	1587	E porque entre outros rozarios de contas tinha humas preta[s] que muito estimava, com sua caveira de marfim e huma **veronica** de Roma, pedio-me Julia muito lhas deixasse levar ao pescoço; e por ser em tempo de tristeza, condecendi com seo dezejo e lhas puzemos ao pescoço. Em cima de tudo isto fizerão hum como lençol de seda branca de Japão e nella o emburilharão, cosm huma cruz pintada que lhe cahia em riba dos peitos, e os cravos pintados de vermelho.	⑧
9	大村純忠・有馬晴信篇Ⅰ	119	第8章 第1部 50章	1563年 永禄6	コンタツ メダイ / アグヌス・デイ	そしていとも真剣に、そして多くの涙を流しながら、司祭がインドから携えて来て祝別されたコンタツやメダイやアグヌス・デイを彼にこい求めた。	Ⅰ	354	Primeira parte	1563	Ao tempo que o Padre alii chegou, estava D. Antonio na guerra, e sua mulher Dona Izabel em Firando, e de là os mandou logo vizitar: e o mesmo fizerão os christãos de todas as demais ilhas, seos vassalos, e vinhão em embarcações carregadas de gente, huns apoz os outros, a pedir com muita instancia e lagrimas que lhe dessem oontas bentas, **veronicas** e **Agnus Dei**, que o Padre trazia da India.	⑨

327

Ⅱ. 史料一覧表（松田毅一・川崎桃太郎訳『完訳フロイス日本史』1〜12 2000年・(ed.) Wicki José; Frois Lui: Historia de japam, 1-5vol., Lisboa. 1976-1984）

巻	篇	頁	章	年（西暦）	完訳フロイス キーワード	文章	Historia de Japam. Vol.	p	part		year	Text	史料番号
9	大村純忠・有馬晴信篇Ⅰ	189	第12章 第1部63章	1565年 永禄8	ヴェロニカ	その時、彼はその若者が頭に掛けていた錫のメダイを見つけ、手ずからそれをひったくり、デウスにまつわることへの侮蔑と嫌悪の念からそれを足で踏みつけた。そしてそれでも満足することなく一個の石をとってメダイを押しつぶし、それから速くへ投げ捨てて先へと進んで行った。	Ⅱ	78	Primeira parte	C63º	1565	acertando de lhe ver huma **veronica** d'estanho que o mosso trazia ao pescoço, elle mesmo lha tirou e, por des-prezo e odio das couzas de Deos, a meteo debaxo dos pés e a pizou aoscouces, e não contente com isto, tomou huma pedra e a pizou com ella, e depois a lançou fora e passou seo camirfio.	⑩
9	大村純忠・有馬晴信篇Ⅰ	318	第22章 第1部96章	1572年 元亀3	メダイ コンタツ	それにどうかメダイ、コンタツ、また死者を埋葬する時のために短白衣を一着お与え下さい。	Ⅱ	369	Primeira parte	C96º	1572	Ao cabo de tres annos que perseverou continuos nestes exercicios de pregar a palavra de Deos, com a doutrina das palavras e com o exemplo de sua vida virtuoza, vendo que já era chegado o tempo de a semente da palavra de [353r] Deos produzir seo fruto, vindo pela Pascoa ao Miaco pedio ao P.e Luiz Froiz lhe ensinasse a forma de baptizar, e o instruisse bem na materia do baptismo e lhe desse algumas **veronicas, rozarios de contas** e huma sobrepeliz para o enterramento dos deffuntos, porque já la deixava alguns cathequizados e com as orações sabidas para receberem o baptismo, tanto que para o administrar elle levasse licença e tornasse, conforme ao que dezejava, negociado.	⑪
10	大村純忠・有馬晴信篇Ⅱ	168	第41章 第2部33章	1581年 天正9	コンタツ ヴェロニカ キリストや十字架やキリストの画像	そしてその代わりとして、我らのコンタツや十字架や、ヴェロニカ、キリストの画像など、キリシタンの標章となる品、もしくは日本人は生来、儀式や礼拝を嗜好するので、自宅になんらかの画像のような品を与えてほしいとて願ったような。かくて一基の美しくて高い十字架が建立されたが、それはこの尾張の国に掲げられた最初のキリストの旗印とでもいうべきものであった。	Ⅲ	271	Segunda parte	C33º	1581	E acabado o baptismo levavão ao Padre as **contas** pelas quaes primeiro rezavão sendo gentios, pedindo-lhe as queimasse e em seo logar lhes desse outras das nossas e alguma insignia de christãos, como cruzes, **veronicas** ou quaesquer imagens que podesse[m] ter em suas cazas, por serem os japoens naturalmente mui dados ao culto e adoraçam.	⑫

II. 史料一覧表 (松田毅一・川崎桃太訳『完訳フロイス日本史』1〜12　2000年・(ed.) Wicki José; Frois Lui: Historia de japam, 1-5vol., Lisboa. 1976-1984)

		完訳フロイス				Historia de Japam.					史料番号
巻	篇	頁	年(西暦)	章	キーワード	文章	Vol.	p	part	year	Text
11	大村純忠・有馬晴信篇Ⅲ	30	1586年 天正14	第58章 第2部 73章	コンタツ ヴェロニカ	彼女たちは司祭たちからは、祈願用にと、アグヌス・デイが付いた幾つかの御守りや、祝別されたコンタツ、ヴェロニカなどを贈られ、深く慰められて帰って行ったが、彼女たちは我らの船に同乗していたキリシタン異教徒たち全員に感化を残した。	Ⅳ	219	Segunda parte C29°	1586	E porque, como fica dito, logo em amanhecendo a fune se havia de partir, para que não ficassem sem alguma instrução que as mais corroborasse nas couzas da fe, lhes pregou o Irmão Damião por espaço de huma hora, tratando-lhe do que mais lhes importava acerca de sua salvação. E dando-lhes os Padres algumas nominas, com **Agnus Dei e contas bentas e veronica**, para rezarem, se tornarão com grande consolaçam sua e edificação de todos os christãos e gentios que hiam naquella embarcação.	⑬
11	大村純忠・有馬晴信篇Ⅲ	170	1588年 天正16	第71章 第2部 109章	コンタツ ヴェロニカ	御守り	日本人は元来霊魂の救いを求める名傾向があり、その優れた判断力によって自分たちに説かれたことを容易に理解し得るので、ただちに信仰を取り戻し、祈禱文を覚え教会に通い、コンタツやヴェロニカや御守りを求め始めた。	Ⅴ	15	Segunda parte C02°	1588	E como os japões são naturalmente inclinados às couzas da salvação, e por seo bom juizo se começarão a reduzir, aprender as orações, frequentarem a igreja, pedirem **contas, veronicas e nominas**.	⑭
3	織田信長篇Ⅲ	98	1581年 天正9	第52章 第2部 30章	聖人の遺物や祝別されたコンタツ	神のお守り(アグヌス・デイス)、マージェンス	すなわち彼らの多くは、心から主なるデウスの教えを守り、しばしば秘蹟を受け、聖人の遺物や祝別されたコンタツやマージェンス(イメージェス)を深く敬って所持し、異教徒たちの心を動かして生活しており、多くの貴人や身分ある人たちは、一つの神のお守り(アグヌス・デイ)、一つの御像、もしくは一つの祝別されたコンタツを入手するために、十五日から二十日の間も、ある地方から他の地方へと、幾多の懇願を重ね、しつこいほかり敬虔に巡察師に伴って歩き、欲するものを得ようとして祈りを棒げ、鞭打ちその他の苦行をしてやまなかったからである。	Ⅲ	248	Segunda parte	1581	Não menos satisfação derão estes christãos ao P.e Vizitador com as obras e devoção interior, do que mostrão no gazalhado exterior, porque vivem muitos delles de maneira que poem admiração aos gentios, uzando dos sacramentos com muita frequencia e tendo as reliquias, contas bentas e imagens em grande veneração; porque muitos fidalgos e pessoas nobres o seguião quinze ou vinte dias, hindo de huma parte para outra com tantos rogos e pias importunações por alcansar hum **Agnus Dei**, huma imagem ou huma **conta** benta, fazendo orações e disciplinas e outras penitencias para conseguir o que dezejavão.	

II. 史料一覧表（松田毅一・川崎桃太訳『完訳フロイス日本史』1～12　2000年・(ed.) Wicki José; Frois Luí: Historia de japam, 1-5vol., Lisboa. 1976-1984)

					完訳フロイス		Historia de Japam.					
巻	篇	頁	章	年（西暦）	キーワード	文章	Vol.	p	part	year	Text		史料番号
8	大友宗麟篇III	98	第60章 第2部62章	1585年 天正13	聖遺物入れの皮袋 小さいアグヌス・デイ	仲間たちが傷を負っているかどうか調べて見たところ、弾丸は衣服を貫き、彼が身につけていた聖遺物入れの皮袋に命中しており、皮は貫かれていたが、小さいアグヌス・デイやその他の聖遺物を包んだ紙は貫かれておらず、彼の身体には掠傷（かすり傷）一つなかった。……一週間に七人の聖人をいただくわけで、彼はそれら聖人の名をいた小さい木札に書いて腰に携えていた。彼はその敵から銃撃を浴びたが、弾丸はその諸聖人の名を記入した札に当たって、彼には何の害をも為さなかった。	IV	144	Segunda parte	1585	Senão quando, dahi a hum pouco tornando em sy, olharão se estava ferido e acharão que o pilouro lhe passou o vestido e lhe foi dar em hum relicario que trazia metido em huma bolsinha de pelle, e passada a mesma pelle, não passou de hum papel em que estava emburilhado hum pequeno de **Agnus Dei** com outra reliquia, sem lhe fazer nenhum sinal no corpo, sendo o espaço, como disse, de 14 ou 15 passos somente.	
9	大村純忠・有馬晴信篇I	125	第8章 第1部50章	1563年 永禄6	アグヌス・デイ 聖遺物入れ	ところでここの他の人々は知識欲が盛んで、自分の救霊に助けとなり得ることならば、どのようなことにも心を傾ける性分なので、我々のアグヌス・デイをない求めていともがアグヌス・デイをしいたちが殺到して来た。それを彼らは「愛の聖遺物」と呼んでいるのだが、千五百人を超えるほどにも行きわたるようにするためには、手もとにあった幾多の小片にせねばならなかった。一同はそれを入れるために、能力に応じて、銅、錫、真鍮、骨、木などで聖遺物入れをつくり、片面には JESUS の名を、他の面には三本の釘と刺蕀の冠付きの十字架を配した。	I	357	Primeira parte	C50° 1563	[161r] E como esta gente he ourioza e enclinada a todos os meios que os podem ajudar para sua salvação, foi tantaa gente que concorreo em nos pedir **Agnus Dei**, a que elles chamão reliquias de amor, que lhes foi necessario fazer, dos que tinhão, tantas partes que bastassem para mais de mil e quinhentas pessoas. E assim todos, segundo sua possibilidade, lhe fazião relicarios de cobre, estanho, latão, de osso e pao, pondo-lhe de huma banda hum Jesus, e da outra huma cruz com tres cravos e sua coroa de espinhos.	⑱
11	大村純忠・有馬晴信篇III	270	第78章 第2部123章	1589年 天正17	アグヌス・デイの御守り袋（ノミナ）コンタツのロザリオ	盲人は携えていたアグヌス・デイの御守り袋（ノミナ）と、自分のコンタツのロザリオを彼女の頭に投げかけようと努めた。	V	133	Segunda parte	1589	Mas tralbalhava o cego por lhe lançar ao pescoço huma nomina que trazia de hum Agnus Dei e o seo relicario de contas, porem ella o repugnava grandissimamente.	

Ⅱ. 史料一覧表 (松田毅一・川崎桃太訳『完訳フロイス日本史』1〜12 2000年・(ed.) Wicki José; Frois Luí: Historia de japam, 1-5vol., Lisboa. 1976-1984)

巻	篇	頁	章	年(西暦)	完訳フロイス キーワード	文章	Historia de Japam. Vol.	p	part	year	Text	史料番号
8	大友宗麟篇Ⅲ 忠・有	110	第61章 第2部 63章	1585年 天正13	コンタツ 塗金の銅製の聖遺物入れ	司祭は、学院には、彼への贈物にできるほどの品がなかったので、ゴアからもたらされた塗金の銅製の聖遺物入れを贈呈した。それをもらって彼は喜びに堪えなかった。それとは別に修練院の院長は、彼に様飾りが付いた紙製の小さな記録帳をお祝いとして贈与した。	Ⅳ	151	Segunda parte	1585	O Padre lhe deo hum relicario destes que vem de Goa, de cobre dourado, porque não havia no collegio [314v] outro que lhe podesse mandar, com que não cabia de prazer. E o P.e Reitor da caza de aprovação lhe mandou hum registo pequeno de papel posto em humas fasquias.	
12	大村純馬晴信篇Ⅳ	194	第105章 第3部 35章	1593年 文禄3	品物を寛大に与える	修道士たちはこれらのキリシタンたちに対してすこぶる寛大に振舞い、コンタツや聖フランシスコの帯や剃制服を分け与えていた。彼らはそういう品物を寛大に与えるほど、日本人たちが速やかに信心を失ってしまうことや、またそれが日本の習わしでもあることに気づかないでいた。都でその任にあるオルガンティーノ師がそのことで警告し、その他必要な注意を与えたが、彼らは修道会ごとに定められた生き方に従うべきだと言って聞き入れようとしなかった。	Ⅴ	456	Segunda parte	C59º 1593	Dizem suas missas recolhidos naquella caza e vão alguns dos nossos christãos a vê-los, com os quaes são muy liberaes em irepartir contas, cordões e babitos de São Francisco, não tendo ainda oahido que, quanto mais liberaes forem em dar estas couzas, tanto mais dpressa lhe perderão a devoção, por ser este o costume de Jappam. E posto que o P.e Organtino, que está no Miaco, [290v] não faltou de os advertir disto e dar-lhes outras advertencias necessarias, nam fazem entendimento disso, dizendo quie cada Religião se há-de guiar a seo modo.	⑰

Ⅱ．史料一覧表（松田毅一・川崎桃太訳『完訳フロイス日本史』1～12　2000年・（ed.) Wicki José; Frois Luí: Historia de japam, 1-5vol., Lisboa. 1976-1984)

巻	篇	頁	章	年（西暦）	完訳フロイス キーワード	完訳フロイス 文章	Vol.	p	part		year	Historia de Japam. Text	史料番号
2	織田信長篇Ⅱ	39	第27章 第1部 75章	1566年 永禄9	十字架 旗	数名のキリシタンの武将たちがいたところには、キリストの十字架、もしくはイエスの御名がついた大きい旗が見受けられた。	Ⅱ	174	Primeira parte	C75°	1566	Nos logares onde estavão alguns capitães christãos havia grandes bandeiras de campo com a cruz de Christo, ou [258v] com o nome de Jesus;	⑯
10	大村純忠・有馬晴信篇Ⅱ	146	第39章 第2部 20章	1580年 天正8	鉛と硝石	巡察師には、その地に密集しているこの貧しい群衆を救うのに施しを行なうほど目的にかなり有意義なことはないと思われた。そこで彼はかなりの量の貧糧を購入させ、毎日、修道院に喜捨を求めに来るすべての貧者に施しを与えたほか、焼失した城に救助の手を差しのべるように命令し、いくらかの銀をおよびかなりの範囲内でこの目的のために定航船から十分に仕入れておいたのことから鉛と硝石を提供した。これらのことで彼は六百クルザードを費やした。	Ⅲ	145	Segunda parte	C20°	1580	De maneira que vendo o Pe Vizitador tantas necessidades, às quaes nem Arimadono nem outran podia acudir, porque as padeciao elles mesmos, determinou como melhor podia acudir-lhes para que nao desesperasse de todo e se acabassem de perder, parecendo-lhe que se nao podia fazer esmolas mais bem empregadas que acudir a tantos pobres como havia naquellas terras. E assim fez comprar boa copia de mantimentos e, alem das esmolas que dava cada dia a todos os pobres que vinhao pedi-las a caza, mandou soccorrer tambem as fortalezas que [se] queimarão, provendo-as com mantimentos e alguma prata conforme ao que podia, provendo-os tambem de **chumbo** e salitre, de que tinha feito com a nao bom provimento para este effeito e gastando nestas couzas perto de seiscentos cruzados.	⑮

Ⅲ．理化学分析データ一覧　［キリシタン遺物の化学組成（蛍光X線分析法）（質量%）］

資料名	資料番号	出土遺跡・発見地・出所	素材	Cu銅	Zn亜鉛	Sn錫	Pb鉛	Asヒ素	Fe鉄	Ag銀	Au金
メダイ	01 01	中世大友府内町跡第12次調査区	純鉛製	0.1%		0.7%	96.9%	0.1%	0.1%		
メダイ	01 02	中世大友府内町跡第12次調査区	純銅製	96.6%		0.1%	1.7%	0.1%	1.7%		
メダイ	01 03	中世大友府内町跡第12次調査区	純鉛製	0.2%		6.6%	91.0%	0.1%	0.2%		
メダイ	01 04	中世大友府内町跡第12次調査区	純鉛製	0.0%		0.5%	96.0%	0.1%	0.7%		
メダイ	01 05	中世大友府内町跡第12次調査区	純鉛製	1.2%		9.4%	86.0%	0.0%	3.4%		
メダイ	01 06	中世大友府内町跡第12次調査区	純鉛製	0.0%		0.5%	93.9%	0.1%	1.5%		
メダイ	01 07	中世大友府内町跡第12次調査区	錫＋鉛製	1.3%		49.2%	47.0%	0.6%	1.9%		
メダイ	01 08	中世大友府内町跡第13次調査区	錫＋鉛製	1.1%		13.9%	84.5%		0.5%		
メダイ	01 09	中世大友府内町跡第13次調査区	純鉛製	1.1%		0.2%	98.7%	0.0%	0.0%		
メダイ	01 10	中世大友府内町跡第13次調査区	純鉛製	1.3%		0.4%	97.6%	0.0%	0.8%		
メダイ	01 11	中世大友府内町跡第18次調査区Ⅳ区	青銅（鉛高含量）	18.6%		7.4%	66.4%	5.1%	2.5%		
メダイ	01 12	中世大友府内町跡第21次調査区	錫＋鉛製（ヒ素）	1.1%		43.2%	46.5%	8.6%	0.7%		
メダイ	01 13	中世大友府内町跡第28次調査区	純鉛製（ヒ素）	0.8%		0.3%	84.4%	13.5%	1.0%		
メダイ	01 14	中世大友府内町跡第41次調査区	純鉛製（ヒ素）	0.9%		0.1%	84.4%	13.8%	0.8%		
メダイ	01 15	中世大友府内町跡第41次調査区	純鉛製	1.1%		0.3%	97.6%	0.0%	1.0%		
メダイ	01 16	中世大友府内町跡第43次調査区	純鉛製	1.2%		0.3%	97.7%				
メダイ	01 17	中世大友府内町跡第43次調査区	純銅製	94.1%		0.2%	0.1%	0.4%	5.2%		
メダイ	01 18	中世大友府内町跡第43次調査区	純鉛製	1.2%		0.3%	97.7%	0.0%	0.9%		
メダイ	01 19	中世大友府内町跡第51次調査区	純鉛製	1.1%		0.3%	93.7%	0.0%	4.9%		
メダイ	01 20	中世大友府内町跡第51次調査区	純鉛製	0.0%		0.5%	95.9%	0.1%	0.5%		
メダイ	01 21	中世大友府内町跡第51次調査区	錫＋鉛製	0.1%		54.4%	39.9%	0.0%	2.8%		
メダイ	01 22	中世大友府内町跡第20次調査C区	純鉛製	0.1%		1.9%	97.9%	0.1%	0.1%		
メダイ	01 23	中世大友府内町跡第69次調査A区	純銅製	93.0%		<0.1	0.6%	0.8%	4.3%	1.0%	
メダイ	01 24	大友氏館跡第1次調査区	錫＋鉛製	1.1%	0.2%	51.2%	45.9%	0.1%	1.4%		
メダイ	01 25	中世大友府内町跡第53次調査区	純鉛製	0.1%		4.8%	95.0%	<0.1	0.4%		
メダイ	01 26	中世大友府内町跡第53次調査区	純鉛製	<0.1		<0.1	99.0%	<0.1	0.4%		
メダイ	01 27	中世大友府内町跡第7次C調査区	純銅製	94.0%		<0.1	1.2%	4.0%	0.8%		0.4%
メダイ	01 28	中世大友府内町跡第77次調査区	純鉛製	<0.1		7.8%	92.0%	<0.1	0.6%		
メダイ	01 29	中世大友府内町跡第93次調査区	純鉛製	0.04~0.01		0.1%	97.7%	0.1%	2.1%		
メダイ	01 30	中世大友府内町跡第51次調査区	真鍮製	74.4%	11.6%	0.9%	12.0%		0.9%		
メダイ	03 01	原城跡19トレンチ	真鍮製	73.3%	6.2%	0.1%	16.0%	1.5%	2.8%	0.1%	
メダイ	03 09	原城跡17トレンチ	真鍮製	84.0%	9.0%	0.1%	5.5%	0.1%	1.3%	0.0%	
メダイ	03 10	原城跡20トレンチ	真鍮製	74.9%	9.2%	6.5%	7.0%	0.0%	2.4%	0.0%	
メダイ	05 01	朝日新聞社長崎支局敷地（ミゼリコルディア跡）	真鍮	51.0%	28.0%		＜1		＜1	21.0%	
メダイ	06 01	万才町遺跡	錫＋鉛製（鉄は錆混入？）	＜1	3.0%	39.0%	48.0%		9.0%		

Ⅲ．理化学分析データ一覧　［キリシタン遺物の化学組成（蛍光 X 線分析法）（質量%）］

資料名	資料番号	出土遺跡・発見地・出所	素材	Cu 銅	Zn 亜鉛	Sn 錫	Pb 鉛	As ヒ素	Fe 鉄	Ag 銀	Au 金
メダイ	08 01	山下大恵氏伝世品	錫＋鉛製	0.3%		48.3%	50.6%	0.6%	0.1%		
メダイ	08 02	山下大恵氏伝世品	錫＋鉛製	0.4%		33.4%	65.4%	0.7%	0.1%		
メダイ	08 03	山下大恵氏伝世品	錫＋鉛製	0.3%		53.9%	45.2%	0.4%	0.2%		
メダイ	08 04	山下大恵氏伝世品	真鍮製	81.4%	11.9%	1.8%	4.4%	0.0%	0.5%		
メダイ	08 06	河浦町崎津のキリシタン信者が所有	錫＋鉛製	0.3%		65.3%	33.9%	0.4%	0.2%		
メダイ	09 01	勝山町遺跡	錫＋鉛製	＜1		29.0%	70.0%	1.0%			
メダイ	10 01	生月町	真鍮製	52.4%	21.9%	3.2%	20.3%		2.1%		
メダイ	10 02	生月町	真鍮製	78.8%	19.3%	0.0%	1.6%		0.2%		
メダイ	10 03	生月町	真鍮製	78.6%	19.4%	0.0%	1.9%	0.0%	0.1%		
メダイ	10 04	生月町	真鍮製	45.5%	7.1%	6.3%	37.2%	0.0%	3.9%		
メダイ	10 05	生月町	真鍮製	73.9%	21.3%	0.8%	3.7%	0.0%	0.3%		
メダイ	13 01	千提寺　中谷家	真鍮製	72.7%	18.4%	1.6%	4.6%		0.4%		
メダイ	13 02	千提寺　東家	真鍮製	66.8%	23.5%	2.4%	6.6%		0.6%		
メダイ	13 03	千提寺　東家	錫＋鉛製	0.5%		60.2%	39.4%				
メダイ	13 04	千提寺　東家	真鍮製	78.5%	14.7%	1.7%	4.2%		0.4%		
メダイ	13 05	千提寺　東家	真鍮製	72.0%	20.5%	0.7%	5.6%		0.3%		
メダイ	13 06	千提寺　東家	真鍮製	79.1%	12.1%	3.4%	4.5%		0.9%		
メダイ	13 07	千提寺　東家	真鍮製	82.3%	16.9%	0.3%	0.3%		0.2%		
メダイ	13 08	千提寺　東家	真鍮製	65.4%	29.0%	0.4%	4.7%		0.4%		
メダイ	15 01	黒崎城跡５区	錫＋鉛製			60.0%	28.5%		1.5%		
メダイ	18 01	平戸根獅子	純銅製	97.6%			1.1%	1.2%		0.2%	
メダイ	18 02	平戸根獅子	純鉛製	0.2%		0.0%	99.7%		0.1%	0.0%	
メダイ	18 03	平戸根獅子	錫＋鉛製	0.2%		48.4%	50.9%		0.5%	0.0%	
メダイ	18 04	平戸根獅子	錫＋鉛製	0.4%		40.7%	58.8%		0.1%		
メダイ	19 06	崎津	錫＋鉛製	0.6%		46.2%	52.4%	0.6%	0.2%		
メダイ	19 07	崎津	真鍮製	72.1%	26.5%	0.0%	1.2%	0.0%	0.1%	0.0%	
メダイ	19 08	崎津	真鍮製	73.3%	20.3%	1.5%	4.1%	0.5%	0.3%	0.0%	
メダイ	19 09	崎津	真鍮製	72.5%	20.5%	2.6%	4.1%	0.0%	0.2%	0.0%	
メダイ	20 01	丹生	鉛入り真鍮製	58.7%	25.8%		10.6%	0.0%	3.0%	1.9%	
メダイ	20 02	丹生	真鍮製	72.3%	19.7%	0.7%	4.1%	0.0%	3.1%	0.0%	
メダイ	20 03	丹生	真鍮製	70.2%	22.3%	0.0%	6.0%		1.5%	0.0%	
メダイ	20 04	丹生	真鍮製	69.9%	16.7%		10.5%		0.9%	2.0%	
メダイ	20 05	丹生	鉛入り真鍮製（鉛多め）	38.5%	20.2%	3.1%	31.5%	0.2%	5.3%	1.4%	
メダイ	20 06	丹生	鉛入り真鍮製（鉛多め）	37.8%	13.0%	3.7%	43.6%	0.2%	1.7%	0.0%	
メダイ	20 07	丹生	鉛入り真鍮製（鉛多め）	46.1%	11.6%	6.4%	32.4%	0.1%	3.1%	0.4%	
メダイ	20 08	丹生	真鍮製	86.6%	8.4%		4.1%	0.0%	0.5%	0.5%	

Ⅲ．理化学分析データ一覧　［キリシタン遺物の化学組成（蛍光X線分析法）（質量％）］

資料名	資料番号	出土遺跡・発見地・出所	素材	Cu 銅	Zn 亜鉛	Sn 錫	Pb 鉛	As ヒ素	Fe 鉄	Ag 銀	Au 金
メダイ	20 09	丹生	鉛入り真鍮製	62.3%	11.8%	3.1%	21.5%	0.1%	1.3%	0.0%	
メダイ	20 10	丹生	鉛入り真鍮製	58.0%	7.9%	3.9%	27.3%	1.1%	1.9%	0.0%	
メダイ	22 01	小倉城三ノ丸跡	純銅製	98.1%			1.1%			0.8%	
メダイ	70 00	Museu Nacional d'Art de Catalunya	真鍮製	76.8%	19.2%	0.1%	3.6%	0.2%	0.1%	<0.1	
メダイ	70 01	Museu Nacional d'Art de Catalunya	真鍮製	76.0%	18.4%	1.3%	4.0%	<0.1	0.3%	<0.1	
メダイ	70 02	Museu Nacional d'Art de Catalunya	真鍮製	82.6%	10.3%	1.9%	4.4%	0.1%	0.7%	0.1%	
メダイ	70 03	Museu Nacional d'Art de Catalunya	真鍮製	79.8%	11.6%	2.8%	5.2%	0.1%	0.5%	<0.1	
メダイ	70 04	Museu Nacional d'Art de Catalunya	真鍮製	81.0%	13.2%	0.6%	3.7%	0.1%	1.5%	<0.1	
メダイ	70 06	Museu Nacional d'Art de Catalunya	真鍮製	70.1%	13.5%	0.6%	14.0%	<0.1	1.7%	<0.1	
メダイ	70 07	Museu Nacional d'Art de Catalunya	真鍮製	77.0%	15.4%	0.9%	5.1%	0.3%	1.3%	0.1%	
メダイ	70 08	Museu Nacional d'Art de Catalunya	真鍮製	85.2%	8.5%	1.2%	4.6%	0.1%	0.4%	<0.1	
メダイ	70 10	Museu Nacional d'Art de Catalunya	真鍮製	88.5%	3.7%	2.7%	4.7%	<0.1	0.5%	<0.1	
メダイ	70 11	Museu Nacional d'Art de Catalunya	真鍮製	76.1%	13.0%	4.3%	6.1%	0.1%	0.4%	<0.1	
メダイ	70 12	Museu Nacional d'Art de Catalunya	真鍮製	79.4%	14.0%	2.2%	4.2%	0.1%	0.2%	<0.1	
メダイ	70 14	Museu Nacional d'Art de Catalunya	真鍮製	77.2%	14.8%	2.0%	4.6%	0.1%	1.4%	<0.1	
メダイ	70 15	Museu Nacional d'Art de Catalunya	真鍮製	72.6%	16.3%	2.9%	7.8%	<0.1	0.4%	<0.1	
メダイ	70 17	Museu Nacional d'Art de Catalunya	真鍮製	70.2%	11.7%	3.3%	14.2%	0.1%	0.6%	<0.1	
メダイ	70 24	Museu Nacional d'Art de Catalunya	真鍮製	68.6%	15.2%	2.5%	8.3%	0.1%	5.3%	<0.1	
メダイ	70 25	Museu Nacional d'Art de Catalunya	真鍮製	78.3%	20.0%	0.1%	1.1%	0.2%	0.3%	<0.1	
メダイ	70 26	Museu Nacional d'Art de Catalunya	真鍮製	72.9%	20.3%	2.4%	4.0%	0.1%	0.2%	<0.1	
メダイ	70 28	Museu Nacional d'Art de Catalunya	真鍮製	64.6%	9.1%	11.1%	12.1%	0.1%	3.0%	<0.1	
メダイ	70 33	Museu Nacional d'Art de Catalunya	真鍮製	75.0%	16.8%	0.9%	6.9%	0.1%	0.3%	<0.1	
メダイ	70 43	Museu Nacional d'Art de Catalunya	真鍮製	79.1%	11.3%	1.0%	7.8%	0.1%	0.6%	<0.1	
メダイ	70 46	Museu Nacional d'Art de Catalunya	真鍮製	71.9%	14.7%	0.1%	12.4%	<0.1	0.9%	<0.1	
メダイ	70 47	Museu Nacional d'Art de Catalunya	真鍮製	73.7%	6.5%	5.5%	12.9%	0.3%	1.0%	<0.1	
メダイ	70 48	Museu Nacional d'Art de Catalunya	真鍮製	76.3%	21.4%	0.4%	1.8%	<0.1	0.1%	<0.1	
メダイ	71 00	Museu Nacional d'Art de Catalunya	真鍮製	74.6%	21.4%	0.5%	2.8%	0.1%	0.6%	<0.1	
メダイ	71 03	Museu Nacional d'Art de Catalunya	真鍮製	62.1%	32.5%	0.1%	4.3%	0.1%	0.8%	<0.1	
メダイ	71 06	Museu Nacional d'Art de Catalunya	真鍮製	73.6%	20.8%	1.9%	3.0%	0.2%	0.5%	<0.1	
メダイ	71 14	Museu Nacional d'Art de Catalunya	真鍮製	79.5%	8.3%	4.1%	7.3%	<0.1	0.8%	<0.1	
メダイ	71 15	Museu Nacional d'Art de Catalunya	真鍮製	78.8%	10.3%	2.2%	7.9%	<0.1	0.8%	<0.1	
メダイ	71 17	Museu Nacional d'Art de Catalunya	真鍮製	80.0%	7.4%	5.6%	6.4%	0.1%	0.6%	<0.1	
メダイ	71 19	Museu Nacional d'Art de Catalunya	真鍮製	78.5%	9.0%	4.9%	7.1%	<0.1	0.5%	<0.1	
メダイ	71 23	Museu Nacional d'Art de Catalunya	真鍮製	79.4%	10.8%	3.6%	5.5%	0.1%	0.6%	0.1%	
メダイ	71 38	Museu Nacional d'Art de Catalunya	真鍮製	64.8%	29.1%	2.5%	3.2%	<0.1	0.4%	<0.1	
メダイ	71 44	Museu Nacional d'Art de Catalunya	真鍮製	62.1%	31.0%	0.1%	6.4%	0.1%	0.2%	<0.1	
メダイ	71 53	Museu Nacional d'Art de Catalunya	真鍮製	67.3%	27.0%	0.1%	4.9%		0.7%	<0.1	
メダイ	71 57	Museu Nacional d'Art de Catalunya	真鍮製	75.2%	18.4%	0.4%	4.8%	0.1%	1.0%	<0.1	

Ⅲ. 理化学分析データ一覧　[キリシタン遺物の化学組成（蛍光X線分析法）（質量%）]

資料名	資料番号	出土遺跡・発見地・出所	素材	Cu銅	Zn亜鉛	Sn錫	Pb鉛	Asヒ素	Fe鉄	Ag銀	Au金
メダイ	71 67	Museu Nacional d'Art de Catalunya	真鍮製	66.2%	27.9%	0.1%	2.9%	0.1%	2.8%	<0.1	
メダイ	71 91	Museu Nacional d'Art de Catalunya	真鍮製	77.4%	9.2%	3.7%	8.6%	0.5%	0.6%	<0.1	
メダイ	72 27	Museu Nacional d'Art de Catalunya	真鍮製	72.7%	20.4%	1.8%	4.6%	0.1%	0.3%	0.1%	
メダイ	72 42	Museu Nacional d'Art de Catalunya	真鍮製	78.5%	16.2%	1.7%	3.1%	0.2%	0.4%	<0.1	
メダイ	72 47	Museu Nacional d'Art de Catalunya	真鍮製	65.7%	32.4%	0.6%	0.9%	0.1%	0.3%	<0.1	
メダイ	72 56	Museu Nacional d'Art de Catalunya	真鍮製	69.2%	25.0%	1.7%	3.7%	0.1%	0.3%	<0.1	
メダイ	72 67	Museu Nacional d'Art de Catalunya	真鍮製	68.2%	25.9%	0.2%	2.2%	0.1%	3.5%	<0.1	
メダイ	73 54	Museu Nacional d'Art de Catalunya	真鍮製	64.1%	31.1%	0.3%	4.2%	<0.1	0.3%	<0.1	
メダイ	16 03	万才町遺跡（高島邸）	錫入真鍮／亜鉛入青銅	76.0%	4.0%	5.0%	14.0%		1.0%		
指輪		中世大友府内町跡第43次調査区	錫＋鉛製	0.1%		57.8%	40.3%	0.1%	1.8%		
チェーン		中世大友府内町跡第43次調査区	真鍮製	79.3%	19.4%	0.0%	0.5%	0.1%	0.7%		
コンタ	01 001	中世大友府内町跡第48次調査区	鉛ガラス	2.2%		0.6%	96.8%	0.0%	0.5%		
コンタ	01 002	中世大友府内町跡第48次調査区	鉛ガラス	1.4%		0.5%	97.5%	0.0%	0.7%		
コンタ	01 003	中世大友府内町跡第8次調査区	鉛ガラス	1.8%		0.4%	97.2%	0.0%	0.7%		
十字架		臼杵出土	真鍮製	80.9%	17.3%	0.4%	0.9%	0.2%	0.3%		
十字架	01 01	磨屋町遺跡	純銅製	99.0%			<1		<1		
十字架	01 02	磨屋町遺跡	純銅製	<1		<1	<1				
十字架	02 01	勝山町遺跡	真鍮製	82.0%	12.0%	1.0%	3.0%		1.0%		
十字架	03 01	興善町遺跡（八尾町）	錫＋鉛製	<1		34.0%	64.0%		2.0%		
十字架	04 01	万才町遺跡（高島邸）	錫＋鉛製			27.0%	71.0%		2.0%		
聖遺物入	01-1	築町遺跡	純銅製（鍍金）	92.0%			<1	4.0%	<1		3.0%
聖遺物入	02	興善町遺跡（新興善小跡）	真鍮製	76.0%	19.0%	1.0%	<1	1.0%	<1		
聖遺物入	03-1	聖骨箱	純銅製	99.6%		0.0%	0.0%	0.2%	0.2%	0.0%	
聖遺物入	03-2	聖骨箱	純銅製	99.7%		0.0%		0.2%	0.0%	0.0%	

Ⅲ．理化学分析データ一覧　［キリシタン遺物の鉛同位体比値］

資料名	資料番号		出土遺跡・発見地・出所	$^{206}Pb/^{204}Pb$	$^{207}Pb/^{204}Pb$	$^{208}Pb/^{204}Pb$	$^{207}Pb/^{206}Pb$	$^{208}Pb/^{206}Pb$	測定番号
メダイ	01	01	中世大友府内町跡第12次調査区	19.208	15.814	39.700	0.8233	2.0669	BP1240
メダイ	01	02	中世大友府内町跡第12次調査区	18.331	15.687	38.834	0.8558	2.1185	BP1241
メダイ	01	03	中世大友府内町跡第12次調査区	18.252	15.751	38.497	0.8630	2.1092	BP1242
メダイ	01	04	中世大友府内町跡第12次調査区	18.288	15.748	38.545	0.8611	2.1076	BP1243
メダイ	01	05	中世大友府内町跡第12次調査区	18.260	15.752	38.518	0.8626	2.1094	BP1019
メダイ	01	06	中世大友府内町跡第12次調査区	18.252	15.749	38.487	0.8628	2.1086	BP1244
メダイ	01	07	中世大友府内町跡第12次調査区	18.584	15.752	39.042	0.8476	2.1009	BP1020
メダイ	01	08	中世大友府内町跡第13次調査区	18.515	15.822	39.077	0.8546	2.1106	BP1021
メダイ	01	09	中世大友府内町跡第13次調査区	18.327	15.756	38.619	0.8597	2.1072	BP1022
メダイ	01	10	中世大友府内町跡第13次調査区	18.254	15.753	38.516	0.8630	2.1100	BP1023
メダイ	01	11	中世大友府内町跡第18次調査区Ⅳ区	18.462	15.739	38.870	0.8525	2.1053	BP1024
メダイ	01	12	中世大友府内町跡第21次調査区	18.342	15.750	38.668	0.8587	2.1082	BP1025
メダイ	01	13	中世大友府内町跡第28次調査区	18.690	15.761	39.087	0.8433	2.0913	BP1026
メダイ	01	14	中世大友府内町跡第41次調査区	18.755	15.768	39.280	0.8408	2.0944	BP1027
メダイ	01	15	中世大友府内町跡第41次調査区	18.267	15.760	38.539	0.8628	2.1097	BP1028
メダイ	01	16	中世大友府内町跡第43次調査区	18.274	15.751	38.528	0.8619	2.1083	BP1029
メダイ	01	17	中世大友府内町跡第43次調査区	18.369	15.680	38.757	0.8536	2.1099	BP1030
メダイ	01	18	中世大友府内町跡第43次調査区	18.094	15.597	38.500	0.8620	2.1278	BP1031
メダイ	01	19	中世大友府内町跡第51次調査区	18.260	15.758	−	0.8630	2.1099	BP1035
メダイ	01	20	中世大友府内町跡第51次調査区	18.480	15.786	38.969	0.8542	2.1087	BP1237
メダイ	01	21	中世大友府内町跡第51次調査区	18.260	15.763	38.539	0.8632	2.1106	BP1236
メダイ	01	22	中世大友府内町跡第20次調査C区	18.238	15.750	38.477	0.8636	2.1097	BP1246
メダイ	01	23	中世大友府内町跡第69次調査A区	18.367	15.678	38.811	0.8536	2.1131	BP1232
メダイ	01	24	大友氏館跡第1次調査区	18.386	15.723	38.709	0.8552	2.1054	BPA1023
メダイ	01	25	中世大友府内町跡第53次調査区	18.251	15.740	38.484	0.8625	2.1087	BP1017
メダイ	01	26	中世大友府内町跡第53次調査区	18.245	15.748	38.489	0.8631	2.1096	BP1018
メダイ	01	27	中世大友府内町跡第7次C調査区	18.384	15.663	38.747	0.8520	2.1077	BP1447
メダイ	01	28	中世大友府内町跡第77次調査区	18.711	15.770	39.268	0.8428	2.0987	BP1458
メダイ	01	29	中世大友府内町跡第93次調査区	18.505	15.698	38.935	0.8483	2.1040	BP5897
メダイ	01	30	中世大友府内町跡第51次調査区	18.462	15.726	38.958	0.8518	2.1101	BP5898
メダイ	03	01	原城跡19トレンチ	18.487	15.700	38.814	0.8493	2.0995	BP1762
メダイ	03	02	原城跡20トレンチ	18.418	15.711	38.804	0.8530	2.1068	BP1498
メダイ	03	03	原城跡22トレンチ	18.373	15.666	38.524	0.8527	2.0968	BP1761
メダイ	03	04	原城跡20トレンチ	18.387	15.712	38.762	0.8545	2.1082	BP1497
メダイ	03	07	原城跡20トレンチ	18.409	15.674	38.781	0.8514	2.1067	BP1499
メダイ	03	08	原城跡25トレンチ	18.402	15.652	38.603	0.8505	2.0977	BP1759
メダイ	03	09	原城跡17トレンチ	18.385	15.671	38.543	0.8524	2.0964	BP1293
メダイ	03	10	原城跡20トレンチ	18.385	15.675	38.562	0.8526	2.0975	BP1299
メダイ	03	11	原城跡20トレンチ	18.385	15.667	38.518	0.8522	2.0950	BP1297

Ⅲ. 理化学分析データ一覧　［キリシタン遺物の鉛同位体比値］

資料名	資料番号	出土遺跡・発見地・出所	$^{206}Pb/^{204}Pb$	$^{207}Pb/^{204}Pb$	$^{208}Pb/^{204}Pb$	$^{207}Pb/^{206}Pb$	$^{208}Pb/^{206}Pb$	測定番号
メダイ	03 12	原城跡	18.383	15.680	38.622	0.8530	2.1020	BP1291
メダイ	03 14	原城跡	18.403	15.666	38.544	0.8513	2.0944	BP1292
メダイ	04 01	築町遺跡	18.355	15.680	38.759	0.8543	2.1117	BP1255
メダイ	05 01	朝日新聞社長崎支局敷地（ミゼリコルディア跡）	18.188	15.651	38.185	0.8605	2.0995	BP1258
メダイ	06 01	万才町遺跡	18.608	15.719	38.913	0.8448	2.0912	BP1257
メダイ	08 01	山下大恵氏伝世品	18.755	15.769	39.481	0.8408	2.0977	BP1882
メダイ	08 02	山下大恵氏伝世品	18.723	15.780	39.322	0.8428	2.1002	BP1489
メダイ	08 03	山下大恵氏伝世品	18.552	15.727	39.121	0.8477	2.1087	BP1490
メダイ	08 06	河浦町崎津のキリシタン信者が所有	18.489	15.742	38.857	0.8514	2.1016	BP1491
メダイ	11 01	博多遺跡群第111次調査	18.716	15.753	39.264	0.8417	2.0979	HS1141
メダイ	12 01	東京駅八重洲北口遺跡	18.488	15.686	38.809	0.8485	2.0992	B5401
メダイ	15 01	黒崎城跡5区	18.279	15.715	38.512	0.8597	2.1069	BP1063
メダイ	22 01	小倉城三ノ丸跡	18.414	15.673	38.796	0.8512	2.1069	BP9451
メダイ	70 00	Museu Nacional d'Art de Catalunya	18.378	15.660	38.516	0.8521	2.0958	BP1831
メダイ	70 01	Museu Nacional d'Art de Catalunya	18.371	15.662	38.514	0.8525	2.0965	BP1832
メダイ	70 02	Museu Nacional d'Art de Catalunya	18.390	15.638	38.460	0.8503	2.0913	BP1833
メダイ	70 03	Museu Nacional d'Art de Catalunya	18.418	15.648	38.494	0.8496	2.0901	BP1834
メダイ	70 04	Museu Nacional d'Art de Catalunya	18.378	15.627	38.396	0.8503	2.0893	BP1835
メダイ	70 06	Museu Nacional d'Art de Catalunya	18.425	15.647	38.501	0.8492	2.0897	BP1836
メダイ	70 07	Museu Nacional d'Art de Catalunya	18.371	15.649	38.474	0.8518	2.0943	BP1837
メダイ	70 08	Museu Nacional d'Art de Catalunya	18.388	15.638	38.437	0.8504	2.0903	BP1838
メダイ	70 10	Museu Nacional d'Art de Catalunya	18.441	15.654	38.556	0.8489	2.0908	BP1839
メダイ	70 11	Museu Nacional d'Art de Catalunya	18.394	15.647	38.479	0.8507	2.0919	BP1840
メダイ	70 12	Museu Nacional d'Art de Catalunya	18.409	15.649	38.495	0.8501	2.0911	BP1841
メダイ	70 14	Museu Nacional d'Art de Catalunya	18.405	15.652	38.508	0.8504	2.0922	BP1842
メダイ	70 15	Museu Nacional d'Art de Catalunya	18.386	15.642	38.444	0.8508	2.0909	BP1843
メダイ	70 17	Museu Nacional d'Art de Catalunya	18.426	15.642	38.485	0.8489	2.0887	BP1844
メダイ	70 24	Museu Nacional d'Art de Catalunya	18.429	15.669	38.569	0.8503	2.0929	BP1845
メダイ	70 25	Museu Nacional d'Art de Catalunya	18.139	15.601	38.138	0.8601	2.1025	BP1846
メダイ	70 26	Museu Nacional d'Art de Catalunya	18.380	15.655	38.500	0.8517	2.0947	BP1847
メダイ	70 28	Museu Nacional d'Art de Catalunya	18.432	15.641	38.485	0.8486	2.0879	BP1848
メダイ	70 33	Museu Nacional d'Art de Catalunya	18.409	15.651	38.502	0.8502	2.0915	BP1849
メダイ	70 43	Museu Nacional d'Art de Catalunya	18.405	15.629	38.417	0.8491	2.0873	BP1850
メダイ	70 46	Museu Nacional d'Art de Catalunya	18.410	15.638	38.475	0.8495	2.0900	BP1851
メダイ	70 47	Museu Nacional d'Art de Catalunya	18.429	15.646	38.503	0.8490	2.0893	BP1852
メダイ	70 48	Museu Nacional d'Art de Catalunya	18.334	15.647	38.422	0.8535	2.0957	BP1853
メダイ	71 00	Museu Nacional d'Art de Catalunya	18.410	15.639	38.463	0.8495	2.0892	BP1855
メダイ	71 03	Museu Nacional d'Art de Catalunya	18.412	15.642	38.476	0.8495	2.0897	BP1856
メダイ	71 06	Museu Nacional d'Art de Catalunya	18.411	15.644	38.490	0.8497	2.0906	BP1857

Ⅲ．理化学分析データ一覧　［キリシタン遺物の鉛同位体比値］

資料名	資料番号		出土遺跡・発見地・出所	$^{206}Pb/^{204}Pb$	$^{207}Pb/^{204}Pb$	$^{208}Pb/^{204}Pb$	$^{207}Pb/^{206}Pb$	$^{208}Pb/^{206}Pb$	測定番号
メダイ	71	14	Museu Nacional d'Art de Catalunya	18.451	15.643	38.524	0.8478	2.0879	BP1858
メダイ	71	15	Museu Nacional d'Art de Catalunya	18.438	15.645	38.517	0.8485	2.0890	BP1859
メダイ	71	17	Museu Nacional d'Art de Catalunya	18.441	15.640	38.496	0.8482	2.0875	BP1860
メダイ	71	19	Museu Nacional d'Art de Catalunya	18.438	15.639	38.478	0.8482	2.0869	BP1861
メダイ	71	23	Museu Nacional d'Art de Catalunya	18.356	15.637	38.410	0.8519	2.0925	BP1862
メダイ	71	38	Museu Nacional d'Art de Catalunya	18.373	15.661	38.523	0.8524	2.0967	BP1863
メダイ	71	44	Museu Nacional d'Art de Catalunya	18.361	15.664	38.516	0.8531	2.0977	BP1864
メダイ	71	53	Museu Nacional d'Art de Catalunya	18.382	15.668	38.540	0.8524	2.0967	BP1865
メダイ	71	57	Museu Nacional d'Art de Catalunya	18.404	15.635	38.456	0.8496	2.0895	BP1866
メダイ	71	67	Museu Nacional d'Art de Catalunya	18.382	15.670	38.535	0.8525	2.0964	BP1867
メダイ	71	91	Museu Nacional d'Art de Catalunya	18.437	15.665	38.572	0.8496	2.0920	BP1868
メダイ	72	27	Museu Nacional d'Art de Catalunya	18.417	15.642	38.509	0.8493	2.0909	BP1869
メダイ	72	42	Museu Nacional d'Art de Catalunya	18.443	15.647	38.508	0.8484	2.0897	BP1870
メダイ	72	47	Museu Nacional d'Art de Catalunya	18.353	15.675	38.563	0.8541	2.1012	BP1871
メダイ	72	56	Museu Nacional d'Art de Catalunya	18.378	15.624	38.384	0.8501	2.0886	BP1872
メダイ	72	67	Museu Nacional d'Art de Catalunya	18.387	15.673	38.551	0.8524	2.0966	BP1873
メダイ	73	54	Museu Nacional d'Art de Catalunya	18.402	15.688	38.599	0.8525	2.0975	BP1874
メダイ	16	03	万才町遺跡（高島邸）	18.397	15.715	38.835	0.8542	2.1109	BP1256
指輪			中世大友府内町跡第43次調査区	18.463	15.802	38.967	0.8559	2.1105	BP1233
チェーン			中世大友府内町跡第43次調査区	18.325	15.714	38.812	0.8575	2.1180	BP1234
コンタ	01	001	中世大友府内町跡第48次調査区	18.462	15.725	38.968	0.8518	2.1107	BP1032
コンタ	01	002	中世大友府内町跡第48次調査区	18.545	15.748	39.078	0.8492	2.1072	BP1033
コンタ	01	003	中世大友府内町跡第8次調査区	18.587	15.764	39.090	0.8481	2.1031	BP1034
十字架			長崎県南有馬町原城跡	18.362	15.635	38.832	0.8515	2.1148	HS1160
十字架			長崎県南有馬町原城跡	18.249	15.758	38.500	0.8635	2.1097	HS1161
十字架			長崎県南有馬町原城跡	18.628	15.681	38.815	0.8418	2.0837	HS1162
十字架			長崎県南有馬町原城跡	18.352	15.605	38.633	0.8503	2.1051	HS1163
十字架	01	01	磨屋町遺跡	18.365	15.604	38.643	0.8497	2.1042	BP1249
十字架	01	02	磨屋町遺跡	18.357	15.602	38.628	0.8499	2.1043	BP1250
十字架	02	01	勝山町遺跡	18.277	15.628	38.370	0.8551	2.0994	BP1251
十字架	03	01	興善町遺跡（八尾町）	18.479	15.718	38.804	0.8506	2.0999	BP1252
十字架	04	01	万才町遺跡（高島邸）	18.374	15.741	38.667	0.8567	2.1044	BP1253
聖遺物入	01-1		築町遺跡	18.349	15.703	38.790	0.8558	2.1140	BP1259
聖遺物入	01-2		築町遺跡	18.470	15.702	38.852	0.8502	2.1035	BP1260
聖遺物入	02		興善町遺跡（新興善小跡）	18.462	15.688	38.817	0.8497	2.1025	BP1261
聖遺物入	03-1		聖骨箱						
聖遺物入	03-2		聖骨箱						
			鉛製燭台	19.673	15.894	40.155	0.8079	2.0411	HS1134

あとがき

　本書は平成23年広島大学大学院文学研究科に提出した博士学位論文に、その後発表した論文、新データ等を加えたものである。

　本書を書くきっかけとなったのは、今から14年前、私が担当した発掘調査現場で、府内型メダイが出土したことだった。担当した現場で出土した遺物が、論文のテーマになることはよくあることだが、このような本になるまでのテーマになるとは、当時は思いもしなかった。ただ、この府内型メダイを取り巻く新たな出会いが次から次へと訪れ、導かれるようにこの本は出来上がったように思う。

　2002年、大分市の中世大友府内町跡第21次調査区（府内古図の御内町にあたる）の調査で、ちょうど町屋の裏の溝の発掘を行っていたところ、小さな円形の鉛製金属製品が出土した。上には穴が横方向に空いていて、何かに吊るして使用したものであることは明らかだった。当時、これと同じような形態のものが、桜町一帯で複数出土しており、分銅と理解されていた。しかしその時私は、なぜか直感的にメダイだと思った。後で考えると一般のメダイをほとんど見たことがなく、恐らく先入観がなかったからかもしれない。

　これがメダイであることを立証すべく、長崎の原城跡や日本二十六聖人記念館へ調査に出かけた。原城を調査された松本慎二氏や日本二十六聖人記念館の故結城了悟氏に見ていただいたが、これが「メダイ」であることについて概ね肯定的だった。ただ、長崎にはこの形態のメダイは1点も無かった。ところが、原城には府内のメダイと同じように鉛で作った十字架が存在しており、日本二十六聖人記念館には21次調査区で出土したメダイのように窪みを有して、絵をガラスではめ込んだ聖遺物入等があった。そして、長崎のどのメダイも円形や楕円形の金属製品で、上には紐などを通す鈕が付いている点で、府内のメダイと共通するものであった。この長崎調査によって、やはりメダイであるという確信をもち、当時宣教師らがもたらしたメダイを模倣して、府内で独自に生産されたメダイであるとして、日本考古学協会で発表した。

　この発表が終わった後、東京駅八重洲北口遺跡で出土したメダイを持参して今野春樹氏が会場に訪ねてこられた。この出会いのおかげで神戸市立博物館のメダイ調査を共同で行う機会を得ることができた。この神戸での調査が、以後のメダイ調査の大きな引き金となった。神戸市博の調査では、38点のメダイを実見したが、それらの中には金色をしたものと銀色をしたものとがあり、数種類の素材の金属があるように見えた。当博物館では、岡泰正氏から詳しくご教示をいただき、メダイの図像については美術史において十分に研究されていることが分かった。しかし、それらの資料の歴史的背景、日本への流入過程や製作地ついては、

あとがき

まだまだ研究の余地があることを感じた。メダイの形態と素材をさらに詳しく検証すれば、それらが見えてくるのではないかと考えた。

そんな時、願ってもないタイミングで、素材で産地が特定できる鉛同位体比分析の権威者である平尾良光先生が別府大学に赴任された。早速、埋文センターの吉田寛氏と一緒に府内で出土したメダイを携えていき、素材の鉛同位体比分析をお願いした。急なお願いにもかかわらず、平尾先生は快く分析をお引き受けくださった。私としては、府内で作成されたメダイと考えていたので、日本産であることを示すデータを期待していた。ところが、数日後平尾先生からいただいた回答は、意外にも「産地不明」だった。これまで、平尾先生のご研究により、華南・華北、日本、朝鮮半島等の領域は確認されていた。ところが、この府内のメダイの産地はこれらのどこにも属さなかったのである。平尾先生もこの時困った顔をされていたのを記憶している。メダイであれば西洋か、あるいは、南蛮貿易の関係なら、東南アジアのどこかかもしれない……とりあえずこうした推測でこれから7年ほどを経過することとなる。そして、この府内のメダイの示す領域は「N領域」と名付けられた。この名称については、諸説あるようだが、1つは「南蛮領域」の「N」という説、ただ私は、当時平尾先生のもとで鉛同位体比分析を勉強し、主に府内の資料の分析、整理をしていた魯禔玹（ノジヒョン）氏（現在彼女は韓国国立中央博物館研究士）の「N」だと思っていた。府内の資料の貴重な分析データは彼女の存在なくしては手に入らなかったといっても過言ではないからである。

実は2002年、サッカーワールドカップという世界的スポーツが大分で開催されることになっていた。イタリアのチームが大分で試合をするということもあり、キリシタンに関するパンフレットをイタリア人向けに作成して配布する計画を立てた。この「イタリア人向け」という背景には別の重要な理由があった。それは、私が担当した第10次調査区でキリシタン墓が発見されたことだった。この時日本でキリシタン墓が発掘されていたのは、大分以外では高山右近の城高槻城跡と、東京都八重洲北口遺跡の2か所だけで、この内、高槻城跡の発掘調査はイタリアの新聞に載ったというとこだった。しかも奇しくもこの高槻城でキリシタン墓が発見されたのは、日本代表が初めてワールドカップに出場したフランス大会の年だった。このような不思議な因縁にあやかり、イタリア人向けにパンフレットを作成しようとしたわけである。ところが残念ながらパンフレットの完成を見ないままワールドカップは終了した。しかしこのチャンスに乗じて仕上げた日本語版のパンフレット「発掘された宗麟の城下町」Vol.1 は7月に完成し、その後 vol.3 まで刊行された。

このワールドカップの勢いに乗じて作成したパンフレットが、その後の私の研究の大きな推進力となるとは予想だにしなかった。このパンフレットが西洋美術史の研究者である長崎純心大学の浅野ひとみ先生の目に止まったのである。浅野先生はちょうどその頃マリア図像研究の一環でメダイを取り上げられていたかと思う。その関係でこの府内のパンフレットを

目にして、連絡をしてこられた。この時浅野先生からの連絡がなかったら、後のバルセロナの調査は実現しなかった。

　浅野先生から連絡があった後しばらくしてからだったであろう。BS-NHKのハイビジョン番組で、ザビエルの特集番組が放送された。その番組の中で、私の説明した府内の現場内容も紹介されたのだが、それよりも目を見張るものが映っていた。それは、平戸の根獅子町で伝世されているメダイであった。映ったメダイは、まさに府内で発見されている府内型メダイと、瓜二つだった。早速、私は平尾先生に連絡して平戸の根獅子町へ調査に同伴してもらうようお願いした。平尾先生は二つ返事でOKしてくれ、さらに、所有者（管理者）の川上茂次氏も快く承諾してくれて、調査は瞬く間に実現した。この時、この調査に行ったメンバーが、平尾先生と魯禔玹氏、そして別府大学の学生2名だった。この別府大学の学生の一人が稗田優生氏で、今大分県立歴史博物館で一緒に仕事をしている。そして、もう一人は、確か男子学生が一人いたが、なんと今稗田さんのご主人である。

　調査は、予想以上に大きな成果が得られた。府内型メダイは放映で映っていたもの以外に、もう1点あった。蛍光X線分析の機械を持ち込んで、計測した結果、1つは純銅製、もう1つは純鉛製だった。府内で発見されているメダイの素材は、まさに純銅製と純鉛製が中心を占めるのである。鉛同位体比分析こそ行えなかったが、キリシタン子孫の伝世資料に同じ形、同じ素材の府内型メダイが存在することが確認できたのは大きな収穫であった。これによって府内型メダイがメダイであるさらなる確信が得られた。

　2008年、報告書作成のため資料整理班に異動となり、その夏の展示担当となった。「大友宗麟とその時代」というテーマで、府内の発掘調査成果を中心に展示したが、そこでシンポジウムを開催し、美術史から浅野ひとみ先生、理化学から魯禔玹氏、文献から平井義人氏、考古学から今野春樹氏と私がパネラーとなり、坂本嘉弘氏にコーディネーターをしていただいた。また基調講演には坂本満先生、ヴィオラの演奏で小川伊作先生にもご協力いただき、これが、諸学問のコラボレーションによるキリシタン研究の最初の成果報告となった。

　そしてこの年、念願のバルセロナ調査が実現した。浅野ひとみ先生に交渉していただいて、千点以上のメダイを所蔵しているカタルーニャ国立美術館の調査が可能となった。調査に赴くにあたっては、大友氏遺跡の調査指導をしていただいている小野正敏先生が、科研費調査（研究代表者小野正敏『中世東アジアにおける技術の交流と移転－モデル、人、技術』平成18年度～平成21年度科学研究費補助金（基盤研究（A））のメンバーに私たちを加えていただいたおかげで実現した。調査は、平尾先生と魯禔玹氏がメダイの理化学分析、浅野先生がメダイの図像解釈、そして私がメダイの計測、写真撮影そして形態分類を行った。この調査は機械のトラブル等ハプニング続きだったが、結果的には、当初は難しいと考えられていたサンプリングが可能となり、40点の鉛同位体比分析データ・蛍光X線分析データを入手することができた。その結果、鉛同位体比分析の新たな西洋領域の発見へと至ったのである。

あとがき

　こうして翌年、これまでの研究成果をまとめて、母校の広島大学の古瀬清秀先生に送り、学位論文に値するか見ていただいた。学生時代は遊びほうけていて、全く勉強していなかった私の論文を先生は暖かく受け入れてくださった。そして、先生のご指導を受けながら、できあがった論文はいつでも出版できるような形にしていただいた。

　この論文を広島大学に送って間もない時のことである。思いもよらぬ大きな展開が待っていた。平尾先生から「N領域」がどこか分かったから一緒に調査に行こうとお誘いを受けたのである。それは、タイだった。タイのソントー鉱山の資料の分析依頼が平尾先生の元に届き、それが偶然にも「N領域」に一致したのである。あの府内型メダイの産地までたどり着くことができ、そこに実際に行くことができるとは思いもよらないことだった。

　さらにそのソントー鉱山で思いがけないものに出くわした。ソントー鉱山で、鉱山関係の資料を見せてもらっていた折、屋外に野ざらし状態で放置されていた30㎝大の土製品を見せてもらった。案内してくれた Waiyapot Worakanok 氏の話によれば、これは鉛のインゴットを作っていた鋳型だという。そして Surapol Natapintu 教授によれば、アユタヤではその鉛のインゴットが主要貿易品だったという。穴がたくさん空いて、まるでたこ焼き器のような形をしており、しかも外に置いてあったため、鳥の糞がついている。最初は何気なく話を聞いていたのだが、円錐状に窪んだ穴を見ている内に驚愕してしまった。府内に円錐形の鉛製品があることを思い出したのである。穴の大きさを測ってみたら、府内で出土しているものと全く同サイズだった。まさに府内の鉛製品はこのような土製品から作られたインゴットだったのだ。当然のようにこの府内の鉛製品は、平尾先生が鉛同位体比分析を行った結果、タイのソントー鉱山の数値と一致した。ついに、府内型メダイのインゴットとそのインゴットを作った鋳型にまでたどり着くことができた。

　こうしてみると、一連の成果は多くの人との出会いと、多くの資料との出会いが、すべて信じられないほど結びついている。研究とはこういうものかと今更ながら痛感した。ここまでお名前をあげさせていただいた方々の、誰一人として欠けていてはここまでたどり着けなかった。改めて感謝申し上げたい。そして、学問のコラボレーションの生み出す力を改めて感じた。

　さらにここまでに書き尽くしていない、まだ数多くの方にお世話になったことも事実である。五野井隆史先生は最初に府内型メダイを現地で見ていただいた際に、お忙しいにも関わらず、すぐに貴重な参考資料を送っていただいた。本書でも触れた高槻のメダイの素材に関わる文献である。以後五野井先生には様々な面で御指導をいただいている。東京国立博物館でメダイの調査を行った際には、神庭信幸氏先生に大変お世話になった。また、その時に坂本満先生にもお会いすることができ、先にも述べたように大分で講演もしていただいた。また長崎県では、下川達彌氏、大石一久氏、デ・ルカ・レンゾ氏、中園成生氏、佐々田学氏、熊本県では平田豊弘氏、山下大恵氏、福岡県では佐藤浩司氏、佐藤一郎氏、関西では井藤暁

子氏、高橋公一氏、関東では後藤宏樹氏、鯛茂氏の各氏に資料調査で大変お世話になり、さらにまた今でも様々な御教示を得ている。また地元大分では、田中裕介先生からキリシタン墓をはじめ、様々な御教示を得ている。そして県埋文センターの方々、大分市の坪根伸也氏、臼杵市の神田高士氏からも多くの情報提供を得た。これらの方々に改めて感謝申し上げたい。そして、まだまだここに記しきれていないたくさんのお世話になった方々に、重ねてお礼申し上げます。

　本研究により、府内のキリシタン遺物の様相と布教期におけるキリシタン遺物の流入過程について、一定の成果は得られたものと思う。しかし、まだ解明すべき課題は多々ある。特に今回タイで発見した鋳型をどうして持ち帰らなかったのかというお叱りを多々いただいた。再度行って持ち帰るのはかなり困難なことのようで、今後はこの鋳型の復元製作実験等を含め、キリシタン遺物の製作過程と流通過程をより具現化できたらと考えている。そして、西洋のデータがまだまだ不足している。北アイルランド近海で1588年に沈没したスペイン船「ジローナ号」の遺物が採集されており、その中にメダイがあることも分かっている。今後こうした資料も分析、検証していければ、16世紀のメダイの世界的様相がつかめてくることが期待できる。

　さらに、本書において、1590年頃を境にキリシタン遺物の様相に変化があることを述べたが、こうした変化は、他のキリシタン遺物やキリシタン墓においてどうなのか、今後はこれらを統合的に捉え、キリシタン文化全体の様相の変容を検証していく必要があろう。

　キリシタン大名大友宗麟がこの大分で築いたキリシタン文化が、まさに西洋につながり、花開いていた姿を現在に蘇らせる日は近いと信じ、さらに研究をすすめていきたい。

　本書の編集・出版にあたっては、渓水社の木村逸司氏には拙い私の原稿の出版をお引き受けいただき、貴重な助言をいただいた。また西岡真奈美氏には、写真掲載の申請から、膨大な写真図版の編集等で大変ご迷惑をおかけした。厚くお礼を申し上げます。

　最後に、地味な研究を常に評価し、色々な助言や支援をしてくれた父惣一と母京子に感謝したい。また、家族サービスの時間が大幅にとられたにも関わらず、私の研究を応援し支え続けてくれた妻朋子と、三人の娘有紗、美咲、優花に感謝の言葉を述べるとともに、本書をささげることをお許しいただきたい。

　なお、本書の刊行にあたっては、平成26年度日本学術振興会科学研究費補助金（研究成果公開促進費）による助成を受けた。

2014年12月

後 藤　晃 一

語句索引

【あ行】
アウグスチノ会　255
亜鉛　136, 181, 182, 228
アグヌス・ディ　1, 150, 151
アユタヤ　95, 109
有馬晴信　108
アルメイダ　64
生月島　33
育児院　12, 65
移動式竈　98
茨の冠　9, 39, 145, 149
イマジェン（影像）　151
インゴット（シート状）　96
インゴット（延板状）　96
インゴット（棒状）　96
ヴァチカン図書館　13, 57, 137
ヴァリニャーノ　108, 109, 211
ヴィオラ　64
ヴィレラ神父　33
ヴェロニカを描いたメダイ　148, 149, 155
御内町　67, 72
大友氏館　12, 60
大友宗麟　4, 12, 64, 70, 108, 146, 153, 205, 206, 230, 231, 250, 253
織田信長　98, 100, 108, 152, 253
オラショ（祈り）　33

【か行】
カクレ（かくれ）キリシタン　33
カタリナ・ラブレ　9
カタルーニャ国立美術館（MNAC）　15, 137, 140, 143, 148, 149, 167〜198, 228, 253
カップ型坩堝　136
華南領域　13, 15, 16, 207
カピタン・モール　108
カブラル　255
神の子羊　150
唐津系　15
教皇勅書　35
京都府福知山城堡内発掘　32
キリシタン墓　4, 15, 56, 64, 65, 206, 209, 210, 211, 231
型式的序列　83, 85, 86
クロッ　98
コレジオ　12, 64, 205
コンチリサン（コンヒサン）　33

【さ行】
桜町　14, 70, 225, 227
サルジニア島　181, 183
産地同定　88, 142, 181, 254
サント・ドミンゴ教会　14, 57, 137, 227
サン・フェリペ号　256
志賀太郎（ドン・パウロ）　11, 226
島津侵攻　53, 54, 234
島原の乱　1, 12, 54, 208, 224, 225
ジャンク船　100
十字架単独品　10, 232
ジュリア　11
巡察師　108, 211
純銅製　4, 16, 40, 88, 110, 132, 140, 225, 226, 251, 254
純鉛製　40, 79, 75, 87〜91, 96, 98, 100, 132, 137
硝石　108, 225
焼土層（焼土）　53, 71, 84, 225, 227
正面穿孔　71, 123, 124, 149, 174, 182, 249
初期伊万里　15, 54
白蝶貝製　40
信心具　10, 101, 151, 255
真鍮生産工房　136
真鍮製チェーン　64, 66
伸展葬　4, 64
真の像　33
錫製の影像　152, 213
錫のメダイ　10, 152, 153, 252〜255
スペイン船（SAN DIEGO号）　100, 108, 251
聖遺物入れ　1, 4, 39, 68, 146, 224〜226, 233
聖年　34, 35, 149, 150, 167〜169, 172, 174, 175
聖年のメダイ　35
聖ペトロ大聖堂　34
聖門　34

宣教師　1, 54, 83, 108, 109, 211, 212, 228,
　　　251, 252, 255, 256
潜伏キリシタン　1, 2, 33, 115, 143
ソントー鉱山　88, 91, 95, 96, 98, 100, 101,
　　　108, 109, 225, 227, 251

【た行】
ダイウス堂　64
タイの四耳壺　98
楕円形鉛インゴット　100
高山右近　4, 34, 64, 152
高山ダリオ（高山友照）　152
度島　33, 150
托鉢修道会　255, 256
朝鮮王朝陶器　56
朝鮮出兵　108
朝鮮半島（産）　14, 33, 88, 90, 101, 109, 110,
　　　144, 145, 225, 252
吊し用の十字架　10, 232
テカ　1, 210
鉄砲玉　98, 101, 102, 108, 109, 208, 225
トークン　143, 167, 169
突起楕円形　31, 32, 34, 36, 39, 40, 41, 114,
　　　115, 117, 118, 122〜125, 173, 249, 254
土製の鋳型（円錐形鉛インゴットの鋳型）
　　　95, 251
ドミニコ会　137, 140, 228, 229, 230, 253, 255,
　　　256
豊臣秀吉　33, 108, 256
ドン・アントニオ（籠手田安経）　33

【な行】
長崎奉行所旧蔵品（宗門蔵保管資料）　31
魚子文　224
鉛板　96
鉛ガラス　205, 206, 207, 208
鉛＋錫製　87, 88, 89
鉛製十字架　208, 224
鉛玉　101, 109, 225
鉛のメダイ　10, 152, 252〜255
丹生島城　146, 230
ノミナ　1

【は行】
波状楕円形　118
バッジ　11, 68, 118, 148
バテレン追放令　33, 255
嵌め込み　132
挽物師　152, 213
肥前陶磁　14, 57
火縄銃　108, 224
表採　13, 57, 137
病院　12, 64, 206
ファン・コボ　228
福者（Beatus）　3, 13, 32, 33, 34, 40, 41, 50,
　　　51, 56, 135〜137, 250
不思議のメダイ　9, 31, 68, 123, 167
不思議のメダイの聖母の聖堂　9, 68, 123
府内古図　64, 67, 70, 72
踏み返し　10, 15, 84, 143, 145, 231
フランシスコ会　255
フロイス「日本史」　10, 108, 146, 147, 150〜
　　　152, 207, 211, 212, 225, 226, 252, 254, 256
プロトタイプ　84, 90, 91, 110
ペディメント　40, 71, 79, 81, 84, 119
ボーニ山　181
堀ノ口町　67
ポルトガル船　100

【ま行】
松浦鎮信　10
水方　32, 143
木棺（墓）　1, 4, 65, 209, 231
木製珠　209, 210, 212

【や行】
指輪　1, 36, 53, 66, 101, 109, 146, 147
横穿孔　123, 124, 149, 174, 182, 249

【ら行】
龍造寺隆信　108
レリカリオ（ス）　1, 146
ローマの聖布　11
ロザリオの十字架　10, 232

メダイの図像
(*印：巻末資料頁)

【あ行】

アウグスティヌス大司教　*300

アッシジのフランチェスコ（聖痕を受けるアッシジの聖フランシスコ）　38, 39, 40, 41, 126～129, 131, 168, 170, *283, *287, *289, *291, *293, *295, *300, *301, *308

イグナティウス・デ・ロヨラ
　イグナティウス・デ・ロヨラ　3, 36, 51, 56, 135, 168, 169, *290, *295, *296, *297, *299, *306
　聖イグナティウス・デ・ロヨラ　32, 36, 38, 40, 126～129, 131, 174, 178, *275, *286, *291
　福者イグナティウス・デ・ロヨラ　13, 33, 41, 126～129, 131, 135, *276, *280, *291, *293
　ラ・ストルタにおける聖イグナチオ　14, *278
　聖イグナティウス・デ・ロヨラと聖フランシスコ・ザビエル　*309

イバラの冠　143

ヴェロニカ
　ヴェロニカ　5, 11, 12, 15, 32, 38, 39, 53, 56, 66, 72, 117, 131, 135, 142～166, 168, 231, 252, *269, *279, *281, *284
　ヴェロニカとペトロとパウロ　149, 168, 169, *296

【か行】

カメリーノの聖ヴェナンティウス　*308

義の門　34, *282

救世主像・IHS・3本の釘　36, 38～41, 126～129, 131, *282, *284, *288, *292, *293

キリスト
　イエス・聖母マリア・マグダラのマリア？　36, *283
　王冠を付けた磔刑のイエズス　38, *285, *286
　キリストの十字架の道行き　*302
　キリストの神殿奉献　*307
　キリスト　聖母マリア　鳩　35, *282
　キリストの洗礼　*298
　キリストの磔刑（磔刑図）　32, 34, 35, 38, 39, 40, 125～130, 177, 180, *276～282, *286, *288, *289, *291, *305, *309
　キリスト半身像（救世主）　13, 14, 15, 31, 32, 35, 38～41, 125～130, 145, 168, 170, 171, 177, *274, *275, *277, *279, *281, *282, *285, *286, *290, *293, *300, *306

グレゴリウス（グレゴリオ）14世　35, 50, 127, 128, 250, *282

クレメンス8世　34, 50, 127, 128, 250, *282

【さ行】

サン・ピエトロ大聖堂
　サン・ピエトロ大聖堂　173, *297
　サン・ピエトロ大聖堂とペトロとパウロ　149, 168, 169, *296

地獄　*310

十字架
　十字架・IHS・3本の釘　40, *291, *300
　十字架（ギリシャ十字）　68, *270
　十字架（線刻）　38, 68, 72, *284
　十字架捧持者（イグナティウス・デ・ロヨラ）　36, *283
　十字架捧持者（フランシスコ・ザビエル）　36, *283
　十字架・文字（CSPB）ベネディクト十字　171, 172, *303, *307, *310

受胎告知　*298, *307, *308

受難具　149, *270, *309, *310

女性聖人　*301

スカラ・サンタ、4聖人　170, *302

聖アロイシウス・ゴンザーガと聖スタニスラウス・コストカ　*309

聖アントニウスと傍らで跪くロバ　38, 127, 128, *284

聖家族　168, 169, *294, *311

聖カルロ・ボッロメーオ　38, 41, 51, 127～129, 131, 250, *274, *278, *283, *285, *294,

*298
聖クリストフォロス　*299
聖女バルバラ　*298, *299
聖ジョウジ（ジョルジュ）　*278, *309
聖人像（3聖人・4聖人・5聖人）　14, 31, 167～170, 175, 178, *274, *280, *294, *295, *296, *301, *304
聖セレスティウス　175, 178, *297
聖体　*310
聖体と文字（LOVVADO SEIA O SANCTISSIMO SACRAMENTO）　38, 40, *286, *291
聖大ヤコボ　*307, *308
聖ドミニコ像（聖ドミニクス）　31, 174, 178, *274, *295, *308
聖堂　*302
聖年
　　聖年1600年　34, 50, 250, *282
　　聖年1625年　149, 167, 169, 183, *294
　　聖年1750年？　167, 174, 178, 183, *307
聖ヒエロニムス　38, *289, *311
聖フアン・デ・ラ・クルース　*301, *302
聖フェリーペ・デ・ネリ　175, 178, *296, *299
聖フランシス・ボルジア　*311
聖ペトロ　4, 13, 174, *278, *307
聖ベネディクト　*307, *310
聖ベルナルドゥスと聖女スコラ　175, 178, *297
聖母マリア
　　悲しみの聖母　*307, *310
　　玉座の聖母　38, 39, 132, *285, *286, *294
　　聖心のマリア　*310
　　聖母子像　12, 13, 31, 32, 34, 35, 38, 39, 40, 78, 125～130, 142, 143, 152, 153, 169, 173, 175, 178, *269, *274, *276, *278, *279, *280, *282, *284, *290, *291, *294, *296, *305
　　聖母子像（カルメル山の聖母）　36, *274, *283, *309
　　聖母子像（三角構図）　171, 172, 175, 178, *284, *304
　　聖母を拝する僧　32, *275
　　トレドの聖母　*311
　　7つの悲しみの聖母　*302
　　被昇天の聖母マリア　*311

マリア半身像　13, 14, 15, 32, 35, 38～41, 78, 125～129, 131, 145, 149, 168, 170, 177, *275, *277, *279, *281, *282, *285, *286, *290, *293, *306
マリアへのお告げ　38, *288
無原罪の聖母　13, 14, 15, 31, 32, 34, 38～41, 125～130, 170, 173, 175, 176, 177, 179, 180, *273～277, *280 ～ 289, *291, *292, *293, *298, *301, *304, *305, *306
ロザリオの聖母　173, *297, *308
ロザリオの聖母（環状）　38, 175, 178, *284, *295
ロレートの聖母　171, 172, 175, 178, *300, *301
聖ライムンドゥス　38, 127, 128, *284
聖ロック　38, 127, 128, *285
洗礼者ヨハネ　38, 39, 127, 128, 129, 132, 171, 172, *285, *288, *300, *304, *308

【た行】
男性聖人　168, 169, 172, 175, 178, *300, *302, *303, *306
天使聖体礼拝図・聖体讃仰　13, 31, 32, 34, 36, 38, 39, 41, 125 ～ 130, 168, 169, 170, 173, 175, *273～280, *283, *287, *292, *295, *298, *305, *306

【な行】
日本人イエズス会士（1826年列聖）　*311

【は行】
パドヴァのアントニウス　169, 171, 175, 178, *296, *299, *300, *301, *303, *304
バルトロマイ　*301
ピエタ　177, 180, *298, *299, *302, *305
聖ヒエロニムス　38, *289, *304
福音記者聖ヨハネ　38, 127, 128, *289
二つの聖心　*311
フランシスコ・ザビエル
　　聖フランシスコ・ザビエル　32, 127～129, 169, 171, 174, 178, *275
　　福者フランシスコ・ザビエル　3, 13, 33, 36, 41, 50, 52, 56, 126～129, 131, 135, 137, *276, *280, *283, *293
　　フランシスコ・ザビエル　3, 36, *290,

*295, *296, *297, *299, *306
　　フランシスコ・ザビエルの死　*306
ペトロとパウロ　149, 155, 168, 169, *304

【ま行】

マギの礼拝（？）　*311
マグダラのマリア
　　マグダラのマリア　36, *283
　　苦行するマグダラのマリア　38, *288
ミカエル（聖ミカエル・大天使ミカエル）（最後の審判における魂の裁き）　31, 38, 40, *273, *288, *291, *298, *305, *309, *310

文字
　　LOV/VADO SE/IA O SANC/TISS
　　SA/CRAM　13, 31, 32, 34, 36, 38〜41, 125〜130, *273〜276, *279, *280, *283, *287, *292
　　ROMA　13, 168, 169, 170, 174, 175, 178, 182, *275, *276, *294 〜 297, *301, *302, *304, *305, *306, *310
　　S・P・S・P（聖ペテロと聖パウロ）　36, *283
モンセラト（聖母マリアとノコギリを持つ幼児キリスト背景にモンセラト）　38, *287, *289

【ら行】

リマの聖ロザ像　31, *274

遺跡・所蔵名索引
(キリシタン遺物・円錐形鉛インゴット関係)

出土資料
東京都
　東京駅八重洲北口遺跡（東京都）　4, 15, 30, 52, 56, 209, 210, 211, 216

静岡県
　駿府城跡（静岡県）　96, 97, 98, 99, 108, 251

大阪府
　高槻城キリシタン墓地（大阪府）　4, 64, 209〜212, 216, 231, 232, 241

和歌山県
　城山遺跡（和歌山県）　97, 98, 99, 100, 251

高知県
　岡豊城跡（高知県）　97, 98, 99, 102, 107, 108, 251

福岡県
　黒崎城跡（福岡県）　15, 30, 52, 54, 135, 136, 230
　小倉城（福岡県）
　博多遺跡群第111次調査（福岡県）　4, 10, 14, 28, 29, 52, 56, 66, 78, 110, 117, 135, 143, 145, 154, 155, 231, 232, 241

長崎県
　勝山町遺跡（長崎県）　4, 14, 28, 52, 57, 137, 227, 229, 234, 240, 253
　興善町遺跡（長崎県）　4, 208, 210, 216, 227, 232, 233, 239
　築町遺跡（長崎県）　4, 68, 69, 225, 239, 243, 244
　磨屋町遺跡（長崎県）　4, 225, 232, 233, 234, 239
　原城跡（長崎県）　4, 12, 24〜26, 50, 52, 54, 135, 137, 140, 208, 210, 211, 215, 223, 232, 233, 234, 235〜238
　万才町遺跡［朝日生命ビル］（長崎県）　4, 13, 27, 52, 57, 96, 97, 99, 102, 107, 108, 251
　万才町遺跡［県庁新別館］（長崎県）　4, 14, 27, 52, 57
　万才町遺跡（長崎県）　227, 232, 233, 234, 239
　ミゼリコルディア跡（長崎県）　4, 13, 27, 57, 137
　山見沖海底遺跡（長崎県）　96, 97, 98, 99, 251

大分県
　臼杵城（大分県）　230, 232, 240
　中世大友府内町跡（大分県）　4, 12, 18〜23, 52, 53, 60〜111, 142〜155, 206, 214, 250〜256

宮崎県
　中山遺跡（宮崎県）　5

外国
　スペイン船 SAN DIEGO 号（フィリピン）　98, 99, 100, 108

伝世資料
東京国立博物館蔵［東京都］
　長崎奉行所旧蔵品　31, 51
　京都府福知山城堡内発掘資料　31, 32

索　引

　　明治12年12月内務省社寺局より引継ぎ資料　32
澤田美喜記念館蔵［神奈川県］
　　臼杵市出土資料　228, 240
茨木市立文化財資料館蔵［大阪府］
　　中谷家伝世資料　34, 43, 120
　　東家伝世資料　35, 36, 43, 120, 130, 131
神戸市立博物館蔵［兵庫県］
　　福井医家伝来資料　36〜39, 43〜46, 50, 51, 130, 131, 132
　　島原旧教徒没収品　36〜39, 43, 44, 53, 143〜145, 252
生月町博物館「島の館」所蔵［長崎県］
　　生月町伝世資料　33, 34, 42, 50, 130
川上茂次氏所蔵［長崎県］
　　川上茂次氏伝世資料　40, 47
　　作尾藤四郎氏伝世資料　39, 40, 47, 78, 79, 110, 111, 120
土井の浦カリスト記念館所蔵［長崎県］
　　新上五島町土井の浦伝世資料　36
日本二十六聖人記念館蔵［長崎県］
　　大分市丹生出土資料　41, 48, 50, 131, 137
　　崎津発見資料　40, 47
天草ロザリオ館所蔵［熊本県］
　　山下大恵氏伝世資料　32, 33, 42, 143〜145, 154, 252
カタルーニャ国立美術館蔵［バルセロナ］
　　スペイン資料　155, 167〜198

【著者】

後 藤 晃 一（ごとう こういち）

1964年　大分県生まれ
広島大学文学部史学科考古学専攻卒業
広島大学文学研究科　博士（文学）
現在　大分県立歴史博物館主幹研究員

主要論文
「豊後府内のキリシタン遺物」（『戦国大名大友氏と豊後府内』高志書院、2008年）
「豊後府内出土のキリシタン遺物──府内型メダイの再考を中心として──」（『キリシタン大名の考古学』思文閣出版、2009年）
「スペインのメダイ」（『考古学ジャーナル』600、ニューサイエンス社、2010年）
「キリシタン遺物の考古学的研究──布教期におけるキリシタン遺物（メダイ）の流入プロセス──」（『日本考古学』第32号、日本考古学協会、2011年）
「鉛の流通と宣教師」（『大航海時代の日本と金属交易』思文閣出版、2014年）

キリシタン遺物の考古学的研究
──布教期におけるキリシタン遺物流入のプロセス──

平成27年2月27日　発行

著　者　後藤晃一
発行所　株式会社　溪水社
　　　　広島市中区小町1-4（〒730-0041）
　　　　電　話（082）246-7909
　　　　FAX（082）246-7876
　　　　e-mail：info@keisui.co.jp

ISBN978-4-86327-283-5　C3020
平成26年度日本学術振興会助成出版